사회 안의 조직, 조직 안의 사회

한 준

다 산 출 판 사

머리말

이 책은 사회학의 이론적 시각과 경험적 연구를 통해 한국 사회의 조직을 살펴보고 소개한 조직사회학 입문서이다. 이 책을 준비하며 조직을 사회학적으로 이해하고 설명하는 데 관심을 지닌 대학교 학부생들은 물론 석사과정 대학원생들에게 어떻게 도움이 될 수 있을까 고민했다. 아울러 조직의 여러 문제들에 관심을 가진 일반 독자들도 흥미롭게 읽을 수 있도록 하고자 노력했다.

그간 조직사회학에 대한 입문서가 없었던 것은 아니다. 많지는 않지만 몇 권의 입문서가 있다. 외국 입문서를 번역한 것도 있고, 새로 쓴 것들도 있다. 이미 조직사회학 입문서들이 있음에도 새롭게 이 책을 쓴 중요한 이유는 기존 입문서들을 교재로 삼아 강의하면서 느낀 아쉬움들 때문이다.

그간 출간된 조직사회학 입문서들은 대부분 조직사회학의 다양한 이론적 시각들을 설명하는 데 중점을 둬 조직 현실에 대한 소개는 그다지 많지 않다. 더욱이 한국의 조직 현실을 보여주는 내용은 매우 적다. 이 책에서는 이론적 내용의 소개와 함께 한국의 조직 현실을 통계자료와 사례들을 통해 보여주고자 노력했다.

또한 기존 입문서들은 조직 연구에서 어느 정도 확립된 주제별로 내용을 구성한 경우가 많은데 최근 조직 연구들은 이들 주제를 넘나들며 이루어지고 있다. 기술발전과 현실 조직의 변화 때문에 주제들의 현실 적합성이 떨어지기도 한다. 대표적인 예가 조직에서의 소통이다. 디지털 정보기술 발전과 활용은 조직 소통에 엄청난 변화를 가져왔지만 많은 조직 입문서에서는 이러한 변화들이 반영되지 못한 경우가 많다.

사회학에서 조직은 사회를 구성하는 행위자인 동시에, 인간 행위자들이 들어가서 활동하는 무대이다. 이 책의 제목이 『사회 안의 조직, 조직 안의 사회』인 이유이다. 그런데 기존 입문서들에서는 조직 안의 사회는 많이 다루는 반면, 사회 안의 조직에 대해서는 잘 다루지 않는 경우가 많다. 이 두 측면을 함께 볼 수 있어야 조직에 대한 종합적이고, 균형 잡힌 시각을 갖출 수 있다. 이 책은 사회 안의 조직과 조직 안의 사회를 함께 연결하여 설명하였다.

이 책을 쓰겠다고 마음먹고 출판사와 구체적 협의를 시작한 뒤 한참의 시간이 지났다. 2021년 2학기에 마침 학부 조직이론 수업을 맡게 되어 매주 강의 노트 형식으로 각 장의 원고를 써서 학생들에게 읽혔다. 매주 제출 기한에 쫓기는 힘든 시간을 보냈지만 오랜 숙제를 마칠 수 있어 보람된 한 학기였다. 강의 수강생들에게, 또한 조교로 많은 피드백을 주었던 대학원생 이시림에게 고마운 마음을 전한다.

오래전 학부를 마치고 대학원에 진학하여 은사이셨던 홍두승 교수님과 구해근 교수님의 『사회계층 · 계급론』 원고 준비를 잠시 도와드린 적이 있다. 한참 시간이 흘러 고(故) 한신갑 교수가 번역한 아브람 더 스반 교수의 『함께 산다는 것』의 서평을 썼다. 분야는 다르지만 두 권의 입문서는 이 책의 글쓰기에 본보기가 되었다. 이 책의 초고를 읽고 부족한 부분을 지적하고, 잘못된 내용을 바로잡아 주신 분들이 있다. 김선혁 교수(정치학), 김수한 교수, 이무원 교수(경영학), 이재열 교수께서 원고의 전체 혹은 일부를 읽고 많은 조언과 제언을 주셨다. 다산출판사는 기약 없이 늦는 원고를 오랜 시간 기다리며 많은 격려를 해 주었다. 이 자리를 빌려 모든 분들께 감사 인사를 올린다.

2022년 2월

한 준

차 례

제1장 조직이란 무엇인가? • 1

제2장 다양한 조직들: 현실과 관점 • 27

제3장 인간-조직-사회의 관계 • 59

제4장 조직의 생성, 성장과 사멸 • 87

제5장 기능적 체계로서의 조직 • 117

제6장 인간 세상으로서의 조직 · 145

제7장 자기조직 체계로서의 조직 · 173

제8장 유토피아와 디스토피아로서의 조직 · 199

제9장 시장 경제와 조직 • 223

제10장 민주적 거버넌스와 정부, 정당, 정치 조직 • 253

제11장 사회부문, 사회 구조와 조직 • 283

제 1 장

조직이란 무엇인가?

1. 왜 조직에 관심을 갖는가?
2. 조직을 어떻게 개념화할 것인가?
3. 조직의 개념적 구성요소와 모형
4. 조직 연구의 주요 질문들
5. 사회과학 분야별 관심과 접근

■ 연습문제

1. 왜 조직에 관심을 갖는가?

현대 사회는 조직사회이다. 개인 삶의 대부분이 조직 속에서 이루어지고 있으며, 인생은 자신이 속한 조직들이 바뀌는 과정의 연속이다. 조직들의 수는 계속 늘어나며 조직의 종류는 다양해지고 있다. 결국 조직은 개인의 삶을 구조화하는 동시에 사회의 핵심적이고 중요한 역할을 맡고 있다. 조직이 현대 사회에서 차지하는 중요성은 다음과 같다.

첫째, 조직은 사회에서 필요로 하는 기능들을 대부분 도맡아 수행하고 있다. 국가적 차원에서 국민들이 필요로 하는 공공업무의 수행은 군대, 행정부, 의회, 법원 등의 기관들이 맡아서 수행하고 있다. 민간 분야에서도 여러 상품이나 서비스의 생산 및 제공은 영리 기업이나 비영리 조직들이 담당하고 있다. 지식을 가르치고 직업능력을 익히도록 하는 역할은 학교 혹은 학원과 같은 교육기관이 담당한다. 몸이나 정신이 불편한 사람들을 치료하고 회복하도록 하는 역할은 병원이 담당하며, 범죄가 일어날 경우 범죄자를 사회로부터 격리시키거나 다시 범죄를 저지르지 않도록 교화하기 위해 교도소가 존재한다. 신앙의 필요를 느낄 때 사람들은 교회나 절 같은 종교조직을 찾는다. 사람들은 대부분 병원에서 태어나 학교에서 교육받고 직장에서 일하며 은퇴 후 기관에서 돌봄을 받다 생을 마감한다.

사회가 필요로 하는 기능의 수행이건, 개인이 느끼는 욕구의 충족이건 조직에서 맡아 수행하는 경우가 현대 사회에서는 다반사이다. 19세기 말 사회학자 Durkheim은 근대 사회의 발전과 함께 분업을 통해 사람들의 직업이 다양해진다고 하였다. 그런데 분업은 사람들 사이에서만 일어나는 것이 아니다. 조직들 역시 다양한 기능을 수행하는 조직들로 분화된다. 그 결과 분업의 진행과 함께 사람들의 직업이 다양해지듯 다양한 기능을 수행하는 조직들이 점점 더 늘어난다. 우리는 왜 사회에서 필요로 하는 기능들의 수행을 더 다양한 조직들이 담당하게 되는지 2장에서 살펴볼 것이다.

둘째, 조직은 사람들의 목적 달성을 위한 집단 행위를 가능케 하고, 사회 변화를 이루는 중요한 수단이다. 사회적 변화를 일으키려 하거나 사회적 혁신을 시도하려 할 때 개인들은 조직을 만들고 이를 통해 변화와 혁신을 시도한다. 이러한 시도 중에는 과거에 존중받지 못했던 사회적 가치의 실현을 목표로 하는 경우가 많은데 이를 사회운동이라고 부른다. 여성에게 제약을 가하는 가부장제와 젠더 불평등을 해결하기 위해 여성운동이 일어났고, 노동자들의 불리하고 열악한 처우와 지위를 개선하기 위해 노동운동이 시작되었다. 또한 사회적 참여와 시민권이 제약된 소수 인종이나 민족집단의 지위 향상을 위해 시민권운동이 일어났다. 사회운동을 주도한 사람들은 언제나 대의와 목적에 동의하는 주변 사람들을 조직한다. 그렇기 때문에 조직은 약자들의 운동에서 무기가 된다고 주장하기도 한다.

하지만 사회적 가치 실현을 위해서만 조직이 필요한 것은 아니다. 경제적 혁신의 확산이나 경제적 가치 생산을 위해서도 조직을 만든다. 혁신적 기술이나 서비스를 시장에서 인정받고자 하는 사람들은 창업을 통해 새로운 조직을 만든다. 20세기 초반 경제학자 Schumpeter가 주장했듯이 '창조적 파괴'를 통해 자본주의가 혁신과 발전을 할 수 있도록 하는 것은 새로운 기업들이다. Darwin의 진화론에서 환경 변화로 바뀐 환경에 적합한 새로운 종의 생명체들이 등장하고 증식하며 생물 진화가 일어나듯이, 정치, 경제, 사회 발전 역시 새로운 가치와 기술, 기능을 추구하고 체화한 새로운 형태의 조직들이 등장하고 확산되면서 일어났다.

셋째, 조직은 개인들의 삶과 사회적 지위에 지대한 영향을 미친다. 현대 사회에서 개인들은 최소 하나 이상의 조직에 참여한다. 한국에서 2022년 현재 경제활동을 하는 사람들의 76%는 조직에 고용되어 일하며 경제활동을 한다. 사무직, 생산직은 물론 서비스직이나 판매직에 종사하는 사람들도 조직에 고용되어 일하는 비율이 높으며, 과거에는 자유직 특성이 강했던 전문 직종인 의사, 변호사도 병원이나 법무법인, 기업 등에서 일하는 비율이 늘고 있다. 2020년 인구총조사에 따르면 전문직 종사자의 85%가 조직에 고용되어 일한다. 그런데 어떤 조직에서 일하는가에 따라 사람들은 사회적으로 다른 대접을 받는다. 기업에서 일하는 경우 기업 규모에 따라 사회적 지위가 다르다. 선망하는 직업처럼 선망하는 직장 순위가 있어서 높은 순위 직장에 다니는 사람들은 다른 사람들의 부러움을 사기도 한다. 때로는 어떤 직장이냐에 상관없이 직장에 속한다는 것만으로 지위가 달라지기도 한다. 실직이나 퇴직을 한 사람들이 생계가 어려운 경제적 문제 못지않게 인간관계에서 자신감을 잃고 자아존중감이 낮아지는 등 사회, 심리적 문제를 겪는 것을 주위에서 볼 수 있다.

현재 어떤 조직에서 일하는가만이 개인의 사회적 지위에 영향을 미치는 것은 아니다. 어떤 학교에 입학하고 졸업했으며, 이후 어떤 조직에서 일을 했는가, 즉 학력(學歷)과 경력(經歷)도 사회적 지위에 큰 영향을 미친다. 명문 고등학교, 대학교를 졸업한 사람들이 사회적 인정을 받고, 동문 네트워크를 통해 남들보다 유리한 조건을 누리는 것을 한국뿐 아니라 외국에서도 쉽게 볼 수 있다. 직장을 그만두고도 과거 저명한 직장의 근무경험이 새로운 직장을 구하는 데 도움이 되기도 한다. 일본이나 한국에서는 전관예우라는 형태로 권위 있는 대규모 조직에서 근무한 사람들이 퇴직 후에 혜택을 받는 경우가 많다. 개인의 사회적 지위에 영향을 미치는 것은 출신 학교나 과거 혹은 현재 직장 외에도 더 있다. 취미나 관심을 공유한 사람들은 동호회 혹은 클럽을 만들어 모임을 갖고, 정치 성향이나 가치 지향이 비슷한 사람들끼리 시민단체나 정치단체를 만든다. 이러한 모임들은 참여하는 사람들의 사회적 지위나 성향을 반영하기도 하고, 반대로 모임들이 참여하는 사람들의 지위나 성향을 드러내 보여주기도 한다. 이처럼 개인들과 그들이 참여하는 조직이 서로를 비추는 거울처럼 작동하는 현상을 사회학자 Breiger는 개인과 집단의 이중성(duality)이라고 불렀다(Breiger, 1974).

위에서 살펴본 것처럼 조직은 현대 사회에서 중요하고 다양하며, 영향이 크기 때문에 현대 사회를 이해하려면 조직을 잘 이해하는 것이 중요하다. 사회 여러 분야에서 일어나는 다양한 현상들을 설명할 때에도 조직은 중요한 설명 요인이 된다. 한 예로 현대 사회에서 대중문화가 어떻게 만들어지고 변화하는가를 이해하고 설명하려면 한편에서는 대중문화의 주역인 배우나 가수들을 살펴보아야 하지만 다른 한편에서는 대중문화를 생산하고 매개하는 조직들, 즉 문화산업에 속한 기업들에 대해 알아야 한다. 문화산업에서 대기업으로의 집중이 심해지면 경쟁의 압력이 줄어 문화적 혁신이 줄어든다는 연구 결과(Peterson & Berger, 1975)는 그 대표적인 예이다.

대표적 사회문제인 불평등에 대해서도 조직이라는 렌즈를 통해 들여다보면 설명과 이해의 폭이 넓어진다. 직장 규모에 따른 지불능력 차이, 즉 대기업과 중소기업의 격차가 확대되면서 대기업 종사자와 중소기업 종사자 간의 불평등이 심화되었다는 연구 결과(Baron & Bielby, 1980; 김영미 · 한준, 2007; 정이환, 2013)들은 조직 간 불평등이 소득불평등의 중요한 배경임을 보여준다. 가장 개인적이라고 할 수 있는 종교 생활의 변화를 설명하려면 종교조직인 교회나 절, 사원의 변화를 빼놓고는 제대로 설명하기 어렵다(Scheitle & Dougherty, 2008; 노치준, 1998). 사회문제뿐 아니라 사회문제의 해결 역시 조직이 중요한 역할을 한다. 사회

문제 해결을 위한 사회운동의 성패는 이를 위한 조직이 얼마나 잘 만들어지는가에 달려있다고 할 수 있다(Davis, McAdam, Scott, & Zald, 2005; 조대엽, 1999).

2. 조직을 어떻게 개념화할 것인가?

조직을 개념화한다는 것은 조직의 본질이 무엇인가를 따지는 것이다. 뒤에서 더 자세히 다루겠지만 조직이라는 단어가 지칭하는 대상은 매우 다양하다. 조직이라고 불리는 다양한 대상들이 가진 공통의 속성이 무엇인지를 살펴보아야 한다. 겉으로 보기에 너무 다른 대상들을 조직이라는 이름으로 부르는 까닭이 무엇인지 생각해 볼 필요가 있다. 조직이라는 단어는 상당히 추상적이다. "질서 있게 짜여져 있다."는 의미를 갖는 이 단어는 세포조직, 신체조직, 사회조직 등 다양한 분야에서 쓰인다. 흔히 조직이라고 부르는 이러한 대상들에 대해 사람들은 각 구성 부분들의 합을 넘어선 무언가가 전체에 있다고 말한다. 단백질조직인 세포조직과 세포 및 기관 조직인 신체조직에 비해 인간조직인 사회조직은 어떻게 다를까? 조직의 개념화는 이런 문제들을 다룬다.

조직에 대한 사회과학적 개념 정의는 다양하다. 대표적인 정의로는 다음과 같은 것들이 있다.

- 고도로 특정화된 구조를 지니고 조정이 이루어지는 상호작용하는 사람들의 집합체(March & Simon, 1958)
- 특정 목표의 추구를 위해 의도적으로 구성되고 또한 재구성되어진 사회적 단위(혹은 인간 집단)(Etzioni, 1964[1975])

- 목표를 지향하며 경계를 유지하는 사회적으로 구성된 인간 행위의 체계(Aldrich, 1999)
- 특정한 목표들을 협력해서 추구하는 것을 돕기 위해 인간들이 만들어 낸 사회구조들(Scott, 1981)

조직의 다양한 개념 정의들에는 몇 가지 공통된 핵심 내용들이 있다. 첫 번째 내용은 "경계를 유지하는 인간 행위의 체계" 혹은 "상호작용하는 사람들의 집합체"라는 표현에서 보듯이 조직이 인간들의 모임이라는 점이다. 인간은 사회적 동물이기 때문에 함께 모여 다양한 활동을 수행한다. 그런데 함께 모여 활동하는 모든 사람들의 집합을 조직이라고 부르지는 않는다. 길거리에서 사고가 발생하거나 구경거리가 생겨 함께 구경하는 사람들의 모임을 우리는 조직이라고 부르지 않는다. 또한 명절이나 경조사에 모이는 가족, 친지들의 모임을 조직이라고 부르지도 않는다. 반면 매일 출근해서 일하고 정기적으로 봉급을 받는 직장이나, 매일 등교해서 학습하는 학교를 우리는 조직이라고 부른다. 매주 함께 모여 예배나 종교 의식을 올리는 교회나 절, 회원 가입을 하고 정기적으로 만나 공통의 취미나 봉사 활동을 하는 모임을 우리는 자발적 결사조직으로 부른다.

조직의 개념 정의에 공통된 둘째 내용은 따라서 사람들이 모여 함께 활동하되 반복적이고, 지속적이며, 경계가 분명하다는 것이다. 우연히 만난 사람들의 모임이나 부정기적으로 만나 활동하는 사람들의 집합은 지속되기 어렵고 고유한 정체성을 갖기도 힘들다. 조직은 사람들의 활동이 반복적으로 지속되고, 조직 성원 혹은 회원과 그렇지 않은 사람이 분명히 구분되도록 상당한 노력을 기울인다. 이렇게 조직이 스스로를 재생산하고 경계를 유지하고자 노력을 기울이는 측면을 우리는 체계 혹은 구조라는 말로 표현한다. 조직은 자신을 유지하기 위해 사람들에게 일정한 규칙과 공식적인 참여를 요구한다. 조직의 규칙을 받아들이고 공식적으로 참여하는 사람들은 자신들만의 정체성을 갖는다. 조직 내부와 외부의 경계는 이렇게 생겨난다. 조직의 경계는 시간과 공간에서도 존재한다. 조직의 주된 활동이 일어나는 물리적 공간과 시간을 둘러싸고 경계가 존재한다. 최근 직장인들이 일과 삶의 균형을 중시하는 것은 일터와 개인적 삶 사이의 시간과 공간의 경계를 분명히 하려는 노력의 하나이다.

조직의 개념 정의에 공통된 셋째 내용은 모임과 활동이 특정 목적과 의도를 지향한다는 점이다. 이것은 반복되고 지속되는 체계 혹은 구조라는 점과 함께 조직을 가족이나 친구 모임으로부터 구분하는 특징이

조직을 체계(system)로 보는 관점은 20세기 중반에 일반화되었다. 체계라는 용어는 자연과학 특히 생물학을 중심으로 해서 나타나기 시작해서 다른 분야로 확산되었다. 생물학에서는 다양한 생명체들의 공통된 특성으로 이들이 유기체(organism)라는 점을 강조한다. 유기체는 환경에 적응해서 살아남기 위해 외부로부터 에너지의 원료를 받아들여 스스로 에너지를 산출하며, 외부로부터의 위협이나 변화에 대처하기 위해 정보를 받아들여 판단하고 행동한다. 이러한 과정을 외부환경으로부터의 투입(input)과 내부에서의 처리(throughput) 그리고 그 결과로서 외부환경에 대한 산출(output)의 연속으로 보는 관점이 20세기 중반 여러 학문 분야에서 널리 받아들여졌다. 체계라는 관점을 생물학적 유기체로부터 인간이 만든 조직에 확대 적용하면 매우 유사한 통찰을 조직에 대해서 얻을 수 있다. 조직을 체계로 보는 순간 우리는 조직이 어떻게 자신을 둘러싼 환경과 상호작용하면서 조직을 지속적으로 유지해 나가는가에 관심의 초점을 맞추게 된다. 조직이 유지되는 것은 한편에서는 에너지이건 정보이건 조직으로의 투입에 비해 조직으로부터의 산출이 더 많기 때문이며 또 다른 한편에서는 조직 내부로의 구심력이 외부로부터의 원심력에 비해 커서 경계를 유지하기 때문이다.

다. 조직은 각자가 어떤 목표 달성을 위해 만들어지며, 목표 달성의 수단으로 존재한다. 조직의 목표는 조직에서 매우 중요하기 때문에 조직의 헌법과도 같은 정관에는 조직의 목표를 맨 앞부분에 적고 있다. 예컨대 기업은 영리 추구, 즉 돈을 벌어 이윤을 남기기 위해 활동하며, 교회나 사원은 각자의 신을 섬기며 신도들의 신앙생활을 조직하고자 만들어진다. 정당은 선거를 통해 정권을 장악하고 자신들의 정치 이념과 정책을 실현하고자 생겨나고, 병원은 아프고 병든 사람들을 치료하고 건강을 회복하도록 하고자 만들어진다. 조직의 목표는 조직의 가장 근본적 정체성을 규정한다. 조직 성원들은 조직의 목표에 동조하고 개인으로서 자신의 목표와 부합되기 때문에 조직에 몸담고 활동한다. 조직의 의사결정과 활동은 조직의 목표 달성을 위한 것이기 때문에 의사결정의 기준과 우선순위, 결과의 평가 역시 목표 달성에 얼마나 기여하는가를 중심으로 이루어진다.

특정 목표를 달성하기 위해 만들어진 조직을 사회학에서는 공식(formal)조직, 이차적(secondary) 조직, 만들어진(constructed) 조직으로 부른다. 기업, 교회, 성당, 시민단체, 학교 등이 그 예이다. 이와 대비되는 것은 비공식(informal)조직, 일차적(primary) 조직, 자연적(natural) 조직이다. 그 예로는 친구나 동료 집단, 가족이나 친족, 이웃과 마을 등이 있다. 이들 두 종류 조직을 망라해서 사회조직이라고 부르는 경우도 있지만, 대개 조직이라고 할 때에는 공식조직을 지칭한다. 비공식, 일차적, 자연적 조직은 공식, 이차적, 만들어진 조직이 등장하기 이전부터 존재하였다. 이들은 뚜렷한 목표 달성을 위해 만들어지지 않고 구성원 서로의 혈연이나 유대에 따라 자연스럽게 생겨났다. 구성원들 간에도 누가 무슨 일을 할지 분명하고 제한된 역할과 그에 따른 의무와 권리, 책임이 주어지는 경우는 드물다. 서로의 관계에 기반해서 광범하고 무제한적인 상호 기대가 존재한다. 특히 가족의 경우 전근대 사회에서 공식조직들이 등장하기 이전에는 개인들이 필요로 하는 다양한 기능들(예컨대 생산, 교육, 의료, 돌봄 등)을 복합적으로 수행했지만 다양한 공식조직들이 등장하면서 많은 기능들을 더 이상 수행하지 않고 개인의 사적인 혈연과 애정에 기반한 관계의 유지를 중심으로 하게 되었으며 그나마도 1인 가구의 증가와 함께 축소되는 과정에 있다.

조직의 개념 정의에서 공통된 넷째 내용은 조직에 대한 사람들의 소속과 참여가 제한적이라는 점이다. 특정 목적 달성을 위해 만들어진 조직에 참여하는 사람들은 이 목적에 동의했기 때문에 소속되고 참여해서 활동한다. 사람들은 다양한 목적을 지닌 여러 조직들에 동시에 참여하는 경우가 많다. 학생의 경우를 예로 들어보면 학교에서 주로 시간을 보내고 활동하지만, 아르바이트로 고용되어 일하기도 하고, 취미활동 동호회나 교회나 절 같은 종교조직, 시민운동 조직에 참여할 수도 있다. 이 경우 사람들은 동시에 여러 조직에서 활동하지 못하기 때문에 시간과 공간을 나누어 활동한다. 각 조직은 소속된 성원들의 온전한 전체가 아닌 한정된 활동들로 이루어진다는 의미이다. 앞서 조직에 대한 개념 규정 중 '인간 행위의 체계'란 이런 의미를 갖는다. 하지만 조직에 대한 소속과 참여가 한정적이 아니라 전체적인 경우도 예외적으로 존재한다. 군대, 교도소, 정신병동과 같은 조직에서는 소속된 성원들의 시간과 활동 전체가 그 안에 온전히 갇힌 채로 이루어진다. 이러한 조직은 '전체적 기관'(total institution)이라 부르며 이에 대해서는 다음 장에서 자세하게 다룬다.

3. 조직의 개념적 구성요소와 모형

앞서 다양한 조직들이 공통으로 지니는 특성들을 개념적으로 정리해 보았다. 이제 조직들의 이러한 핵심적 특성들이 조직의 구성요소와 어떤 관계를 지니는지 살펴보도록 하자. 아래 [그림 1-1]은 조직사회학자 Scott이 조직의 개념적 구성요소들과 이들의 관계를 도식적으로 표현한 것이다(Scott, 1981). 이 모형은 인간 생태계의 구성요소를 POET(인구(population), 조직(organization), 환경(environment), 기술(technology)) 모형으로 도식화한 사회학자 Duncan(1964)의 도식을 원용해서 수정한 것이다.

모형의 구성요소들을 살펴보자. 조직에 대한 개념 정의에서 조직이 사람들, 보다 정확하게는 사람들의 행위로 구성된다는 것은 안쪽 마름모 아래 꼭지점의 '구성원'에 해당된다. 조직에 참여하는 사람들이 우연

그림 1-1 | 조직의 개념적 모형 도식

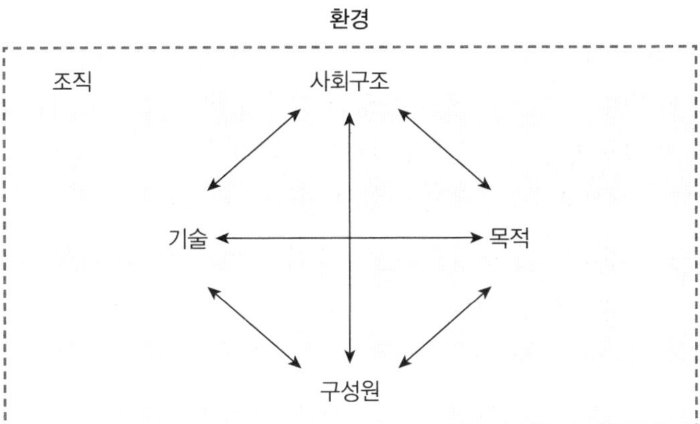

출처 : Scott, 1981.

히, 비정기적으로 참여하지 않고, 규칙에 따라 일정 자격을 갖고 반복적 · 정기적 · 지속적으로 참여하는 것은 마름모 위 꼭지점의 '사회구조'에 해당된다. 사람들이 특정한 공동 목적 달성을 위해 조직을 만들고, 참여하는 것은 마름모 오른편 꼭지점인 '목적'에 대응한다. 마름모 왼편 꼭지점의 '기술'은 기계 혹은 컴퓨터에 체화된 좁은 의미의 기술이 아니라 조직에서 활용되는 지식과 정보, 기술을 망라한 것이다. 모든 조직은 고유한 '목적' 달성을 위해 사람들을 모으고, 조직하고, 활동을 조정하면서 지식과 기술을 동원한다. 질병을 치료하고 건강을 관리하는 병원의 기술이 의학이라면, 우수한 인재와 건전한 시민을 양성하는 학교의 기술은 학문과 교육이고, 정권을 획득해서 자신들의 뜻대로 사회를 운영하겠다는 정당의 기술은 정강과 정책, 선거 전략과 대중 전술이다.

이처럼 목적, 구성원, 사회구조와 기술로 이루어진 조직은 위 그림에서 바깥 직사각형 점선으로 표시된 조직의 경계를 통해 환경과 구분되고, 환경의 영향을 받으면서 환경에 적응하고자 노력한다. 조직의 환경은 조직을 둘러싼 다양한 조건들을 망라한다. 조직에 대한 외부의 시선과 기대, 시장에서 획득해야 할 자원과 기회, 목표 달성을 위한 운영에 필요한 정보와 지식 모두 조직의 환경에서 획득해야 한다. 조직이 자급자족적으로 운영되지 않는 한, 조직의 운영에 필요한 대부분의 자원과 정보는 환경에서 얻는다. 조직 운영의 기본이 되는 규칙과 기술 역시 사회 전반의 규범과 규칙, 지식에 적합해야 한다. 물고기가 물에서 벗어나 살 수 없는 것처럼, 조직 역시 환경이 없다면 생존하기 힘들다.

이제 조직의 개념적 구성요소들을 각각 살펴보았으니 이들 간의 관계를 보도록 하자. 조직의 내적 구성요소들 간의 관계를 먼저 보자.

조직의 목적과 구성원의 관계를 살펴보자. 조직은 공동의 목적을 위해 모인 사람들이 결성하며, 조직은 목적 달성에 필요한 구성원들을 선별해서 충원한다. 정당에는 이념과 정책에 동의하는 사람들이 참여하며, 교회나 절에는 해당 종교의 신자들만이 참여한다. 기업들은 자신의 목적 달성에 필요한 재능과 역량을 지닌 사람들을 선발해서 충원한다. 요컨대 목적에 따라 구성원의 특징이 정해진다. 이러한 측면에서 보면 조직의 성원들은 그 조직에 속해서 활동하는 한 자신의 개인 목적을 조직 전체의 목적에 종속시키게 된다. 조직의 목적과 개인의 목적이 충돌하면 개인이 조직을 떠나는 경우도 종종 있다.

하지만 조직의 목적은 본래부터 주어진 것에 한정되지 않고 참여 성원들이 수정하거나 추가로 만들기도 한다. 조직의 목적과 개인의 목적이 충돌할 때 개인들이 힘과 뜻을 모아 조직의 목적을 바꾸거나 추가하고자 시도한다. 대표적인 예가 조직 자체의 생존이 목적이 되는 경우이다. 목적의 입장에서 보면 조직은 목적 달성의 수단이다. 따라서 목적을 이미 달성했거나 아니면 반대로 실패한 조직은 소멸되어야 한다. 하지만 목적이 달성된 후에도 조직이 소멸하지 않고 계속 유지되는 경우가 있다. 그것은 조직 성원들이 조직의 지속과 유지 자체를 목적으로 만들었기 때문이다(Meyer & Zucker, 1989). 또 다른 예로는 부가적 목적의 등장이다. 교회나 절 같은 종교조직은 신앙생활이 주된 목적이지만, 신도들의 교제 혹은 더 나아가 경제적, 정치적 목적까지 갖게 되는 경우도 있다. 본래 목적보다 부가된 목적이 더 강조되거나 중요해지면 목적의 뒤바뀜(displacement of goal)이 일어났다고 할 수 있다(Merton, 1949).

다음으로 조직의 사회구조와 구성원의 관계를 생각해 보자. 조직의 사회구조는 크게 공식 구조와 비공식 구조로 나뉜다.

공식 구조란 조직의 목적 달성을 위한 수단으로서 만들어진 구조이다. 조직의 헌법과도 같은 정관 외에 복무 규정과 같은 다양한 규칙들 모두 조직의 공식 구조의 핵심을 이룬다. 이러한 규칙들은 조직 운영의 합리성과 효율성을 높이고자 만들어진다. 조직의 공식 구조는 또한 목적 달성을 위한 분업과 질서와 협력을 위한 조정이라는 관점에서 성원들의 자격과 지위, 역할을 규정한다. 성원들의 자격과 지위, 역할은 성원들에게 권한과 의무를 부여하는 근거가 될 뿐 아니라, 성원들 간의 상호작용을 규정짓는 원칙이기도 하다. 예컨대 수평적으로 나뉜 부서 간에는 소통과 협력이, 수직적으로 위계화된 직급 간에는 지휘, 명령, 복종, 책임 등이 강조된다.

그런데 조직의 목적에 따라 만들어진 공식 구조와 달리 비공식 구조는 성원들 자체의 자발적 상호작용에 의해 생겨난다. 성원들 간의 친분관계만 보더라도 서로 다른 부서에 속하지만 친한 사람들이 있는가 하면, 같은 부서에 속하지만 친하지 않은 사람들도 많다. 자신의 직속 상사가 아닌 다른 부서의 상급자에게 영향을 받는 이른바 비공식 라인도 있다. 이러한 비공식적 구조는 구성원들이 조직에 참여하기 이전부터 지니고 들어온 특성(예컨대 성별, 연령대, 종교, 인종 등)이나 관계(혈연, 학연, 지연 등)에 따라 만들어지기도 한다.

어느 조직이건 공식적 구조와 비공식적 구조는 있게 마련이다. 이들이 서로 충돌하지 않고 공존하거나 서로 상승작용을 한다면 조직은 잘 운영되지만, 이들이 서로 충돌하면 조직은 혼란이나 갈등을 겪게 될 가능성이 높다.

조직의 기술과 목적, 기술과 구성원의 관계를 살펴보자. 조직에서 기술은 목적 달성을 위해 최선의 수단으로 선택된다. 제조업체에는 생산기술, 금융기관에는 금융 지식과 정보기술, 미디어에는 콘텐츠와 정보기술, 종교기관에서는 신학 체계, 의료기관에서는 의료 지식과 기술이 선택된다. 일단 조직 목적 달성을 위한 최적의 기술을 선택하면, 기술에 따라 조직 구조는 바뀌고 구성원은 적응해야 한다. 조직 구조는 기술의 구현과 운용에 방해가 되지 않도록 바뀌어야 하고, 구성원들은 기술에 필요한 훈련을 받고 새 역할을 부여받거나 교체되어야 한다. 이러한 관점은 사회과학에서 기술결정론으로 불린다. 새로운 기술의 도입에 따라 그에 맞게 사회 제도나 사람들의 생각이 바뀌어야 한다는 것이다.

하지만 기술결정론에 반대하는 관점이나 입장으로 구성주의가 있다. 구성주의에서는 기술이 인간이나 사회로부터 독립된 객관적, 중립적 존재가 아니라고 본다. 목적 달성을 위해 조직이 기술을 선택하고 조직에 도입하더라도, 조직 구조와 구성원들은 기술의 요구에 맞춰 쉽사리 바뀌거나 일방적으로 영향을 받기만 하지는 않는다는 것이다. 새로운 기술이 조직 성원들의 가치나 규범에 맞지 않거나, 성원들의 이해관계를 심하게 침해할 경우 새로운 기술은 도입이 지연되거나 아니면 기술이 기존 성원들과 구조에 적응해서 변형되기도 한다(Barley, 1986). 새로운 기술이 인간과 사회구조에 심각한 위협이 될 경우 그 기술은 도입되지 않을 때도 있다. 생명복제기술이나 생명살상기술이 대표적인 예이다.

사회나 조직에서 현실은 기술결정론과 사회구성주의의 중간에 놓여 있다. 기술이 일방적으로 사회구조와 인간을 바꾸는 것이 불가능한 것처럼, 기술을 무시하고 인간의 생각과 규범, 가치로 기술 발전과 혁신을 막을 수도 없다. 오히려 더 중요한 것은 기술과 인간, 사회구조가 어떻게 상호작용하는가를 면밀하게 살펴보고 그 결과가 사회 발전과 인간 삶의 질에 어떤 영향을 미치는가 적절히 판단하는 것이다.

그림의 바깥쪽 점선으로 표시된, 조직 경계를 둘러싼 조직과 환경의 관계 및 상호작용을 살펴보자. 환경이 조직을 둘러싸고 영향을 미치는 총체라고 한다면 조직은 환경에서 벗어날 수 없다. 그런 의미에서 조직은 환경에 의존하고 환경은 조직을 제약한다. 조직을 둘러싼 환경의 제약은 조직의 적응을 요구하지만, 환경이 급격하게 변화하면 조직들은 적응이 어렵다. 결국 적응에 실패한 조직들이 도태되면 새로운 조직이 그 자리를 채운다. 조직이 자원을 획득하는 시장이 불안정하거나 비용이 증가하면 조직은 그에 적응하기 위해 다양한 전략을 동원한다. 시장에 참여하는 조직들의 수가 늘어나 경쟁이 심해지면 조직들은 사멸의 위험이 높아진다. 조직을 제약하는 환경은 시장만이 아니다. 사회적 규범이나 기대에 어긋난 조직은 시장 경쟁 외에 사회적으로 제재를 받는 경우도 점점 늘어나고 있다.

하지만 조직과 환경의 관계가 그렇게 일방적인 것만은 아니다. 조직은 자신에게 도움이 되는 환경을 찾거나 환경에 영향을 미쳐 유리하게 만들고자 시도한다. 조직의 혁신이 대표적인 예이다. 혁신은 기존의 시장과 사회의 질서에 충격을 주기 때문에 처음에는 잘 받아들여지지 않는 경우도 있지만, 초기의 어려움을 극복하면 혁신적 조직은 결국에는 다른 조직보다 우월한 위치를 점할 수 있다. 환경에 영향을 미치기 위해 평소에는 서로 경쟁하는 조직들도 모여서 집단 행동을 하기도 한다. 정부의 정책에 영향을 미치고자 같은 분야의 조직들이 연합회나 협회를 구성하고 자신들의 요구나 주장을 제시하는 경우가 대표적이다. 전국경제인연합회, 대한상공회의소 등이 기업들의 대표적인 연합체라면, 한국노총, 민주노총 등은 그 반대편인 노동조합의 대표적 연합체이다.

4. 조직 연구의 주요 질문들

조직들은 모두 특정한 목적 달성을 위해 의도적으로 만들어졌다. 목적 달성에는 많은 비용과 노력이 들기 때문에 사람들은 조직을 만들어 힘과 노력, 정보와 지혜를 합친다. 목적지향적 측면에서 본다면 조직에 제기되는 문제는 "조직의 목적 달성이라는 성공적 결과를 낳을 수 있도록 어떻게 조직을 잘 만들고, 운영할 것인가?"이다. 이 점에서 조직 연구는 응용적이고 실용적인 연구이다. 실제 문제의 해법을 찾는 것이기 때문이다. 하지만 응용적 · 실용적이라고 해서 기초적 · 본질적인 문제를 도외시할 수는 없다.

조직의 성과가 좋지 못할 때 조직 지도자가 조직 구성원들을 다그치고, 각자의 성과를 높이도록 압박한다고 생각해 보자. 모두가 평소보다 더 열심히 일할 것이기 때문에 이 조직은 단기적으로는 성과가 개선될 것이다. 하지만 장기적 · 지속적으로 성과가 좋아지기는 힘들다. 능력 있는 구성원들은 같은 보상을 받으며 더 일해야 하는 자신의 처지에 불만을 갖고 이직하려고 할 것이다. 반면 능력이 뛰어나지 않은 다수의 구성원들은 업무 부담 증가에 집단적으로 저항하거나 아니면 겉으로만 일하는 척할 것이다. 조직 성과 개선이라는 문제에 대해 조직은 그냥 놔둔 채 구성원들만 압박하는 것은 현명한 해결책이 아니다.

그러면 조직을 어떻게 바꾸어야 조직의 성과가 좋아질까? 장기적인 발전과 성장이 가능한 조직은 어떤 조직일까? 조직을 더욱 효율적이고 합리적으로 만들어야 한다는 해결책이 제시되었는가 하면, 조직 구성원들이 좀 더 만족스럽게 일할 수 있도록, 서로 좋은 인간관계를 맺을 수 있도록 해야 한다는 대안이 제시되기도 했다. 조직을 불안정 속에서 동요하지 않도록 안정적으로 만들어야 한다는 주장이 제기되는가 하면, 반대로 조직이 혁신을 통해 끊임없이 변화를 추구해야 한다는 주장도 제시되었다. 또 다른 입장에서는 조직 내부의 합리화나 인간관계가 아니라 조직 외부 환경에 잘 적응해야 좋은 성과를 거둘 것이라고 주장한다.

상이한 해결책들의 바탕에는 인간에 대한 상반된 가정과 함께 조직의 핵심적 요인이 무엇인가에 대한 상반된 생각도 깔려 있다. 조직의 핵심 요인을 달리 보는 입장과 관점들은 어떤 조직이 잘될 것인가에 대해서도 서로 다른 결론들을 제시한다.

조직에 대한 연구 질문은 조직 성과에만 집중되지 않는다. 조직에 대한 많은 경험적 연구성과들을 종합해 보면 조직의 성과에 영향을 미치는 요인들은 매우 다양할 뿐만 아니라 때로는 동일한 요인이 상이한 결과를 낳기도 해서 일관된 결론을 내리기 어려운 경우가 매우 많다. 그렇기 때문에 조직 연구의 대가인 James March는 "어떤 조직이 성과가 좋은가?"라는 질문은 너무 야심적이고 해답을 찾기 어렵기 때문에 질문을 바꿔 성과에 대한 집착에서 벗어나야 한다고 주장한다. 조직의 성과 개선이라는 문제 외에 어떤 문제들이 조직에 대한 사회과학적 연구를 촉발시켰는가?

조직의 목적 달성과 성과 향상이라는 문제는 얼핏 간단해 보이지만 깊이 생각해 보면 그렇지 않다. 조직의 목적이 무엇인가에 대해 모호하거나 다양한 주장이 있을 수 있고, 성과의 기준이 무엇인지, 어느 정도의 성과가 좋은 것인지에 대해서도 합의가 쉽지 않다. 반면 조직의 생존과 유지는 분명하다. 어떤 조직 연구자들은 이런 의미에서 조직의 생존은 가장 근본적인 성과라고 주장한다. 이들은 조직이 자신의 존재와 내부 질서를 지속적으로 재생산하는 것이 조직의 생존과 유지에 가장 중요하다고 생각한다. 이러한 관점에서 조직이론이 답하고자 하는 근본적 질문의 하나는 "조직은 자신의 존재와 내부 질서를 어떻게 지속적으로 재생산하는가?"이다.

조직들은 자신의 존재를 유지하고 생존하기 위해 많은 자원이 필요하다. 조직 생존에 필요한 자원들은 대부분 조직의 외부, 즉 환경으로부터 유입된다. 조직에 필요한 자원 조달에 불확실성이 생긴다면 조직은 이에 대처할 수 있어야 한다. 조직을 유지하려면 물적 자원은 물론 조직을 이루고 움직여가는 사람으로서 인적 자원도 유지되어야 한다. 소속감을 느끼고 자신의 역할을 충분히 수행하도록 구성원들은 동기부여와 사회화가 되어야 하고, 갈등 없이 협력할 수 있도록 구성원들은 서로 신뢰해야 한다. 신뢰는 조직 구성원들 서로만이 아니라 구성원과 조직 간에도 필요하다. 조직이 자신의 존재와 질서를 유지하려면 목적 달성의 고유 활동과 업무가 안정적으로 수행돼야 한다. 조직이 제공하는 제품이나 서비스가 고객이나 이해관계자들을 만족시킬 수 있도록 일관된 품질과 수준을 계속 유지해야 한다는 것이다. 이런 의미에서 조직들이 자기 존재와 질서를 지속적으로 재생산한다는 것은 간단한 일이 아니다.

조직의 존재와 질서의 재생산은 한편에서는 조직의 생존과 유지를 낳지만, 다른 한편에서는 변화에 대한 조직의 관성과 저항을 낳기도 한다. 오랜 시간에 걸쳐 안정적으로 유지되어 온 조직들은 자기만의 관례(routine)를 만들고 유지한다. 조직 구성원들은 조직의 정체성을 중심으로 조직문화를 발전시켜 소속감과 신뢰를 높인다. 외부의 고객이나 이해당사자들 또한 조직에 대해 과거의 경험을 바탕으로 일정한 기대와 신뢰를 갖는 경우가 많다. 만약 조직이 이전과 크게 달라질 변화를 시도하게 되면 조직 내외에서 안정과 질서 유지에 기여했던 이러한 신뢰와 기대는 변화에 반대하는 힘으로 작용할 가능성이 높다. 외부 고객이나 이해당사자들은 신뢰와 지지를 낮출 것이고, 내부 구성원들도 변화가 가져올 미래 불확실성 때문에 변화에 주저하거나 저항할 수 있다.

조직은 변화에 대한 관성과 저항에도 불구하고 변화를 적극적으로 시도해야 할 경우가 발생한다. 이제까지의 활동을 개선하거나 문제점을 해결하고자 하는 점진적 변화일 수도 있고, 환경의 급격한 변화로 인한 근본적 변화일 수도 있다. 경쟁 조직을 앞서기 위한 공격적 · 적극적인 변화일 수도 있고, 문제에 직면해 이를 해결하거나 다른 조직들에 뒤처지지 않기 위한 방어적 · 소극적인 변화일 수도 있다. 어느 경우이건 조직 변화의 의도는 더 좋은 결과를 얻거나 최소한 나쁜 결과를 피하고자 하는 것이다. 하지만 그 결과는 매우 불확실한 경우가 많다. 이제까지 안정적으로 유지되어 온 정체성과 질서를 해체하고 새로운 정체성과 질서를 도입하기 때문이다. 변화를 시도하는 조직들은 따라서 다음과 같은 질문을 피할 수 없다. "조직은 언제, 어떻게 변화를 시도하며, 그 결과는 어떠한가?"

조직들의 생존과 유지, 변화와 혁신은 개별 조직 수준에서도 흥미로운 질문을 제기하지만, 조직들의 집합체, 즉 산업이나 사회 전체 수준에서도 흥미로운 질문을 제기한다. 조직들은 각자 자신의 생존과 목적 달성을 위해 노력하지만 동시에 다른 조직들과 끊임없이 비교하고 경쟁하거나 협력하며 상호작용과 관계맺기를 통해 집합적 질서를 만들어 낸다. 집합적 질서의 의미는 조직들의 생성과 소멸, 성장과 변화가 일정한 양상을 보이는 것이다. 조직들의 집합적 질서는 사회마다 차이를 보일 뿐 아니라 분야 혹은 산업마다 다를 수 있다. 예컨대 전통적 산업에 비해 신생 산업에서 조직들의 생성과 소멸이 활발할 가능성이 높고, 또한 조직 간 경쟁 강도가 심한 경우에 조직들은 서로 벤치마킹을 통해 비슷해지는 경향을 보이기도 한다. 조직들의 집합적 질서는 역동적이어서 그 자체의 규칙성을 갖고 진화, 발전하기도 한다. 이러한 집합적 질서의 진화, 발전 과정은 조직들이 경쟁하는 속에서 생존을 위한 노력과 변화의 시도들에 영향을 받기도 하지만, 조직을 둘러싸고 있는 환경의 변화 또한 중요하게 영향을 미친다.

조직들이 모여서 만들어지는 집합적 질서와 관련해서 조직 연구가 답하고자 하는 질문은 다음과 같다. "조직의 생성과 소멸, 조직의 획일성과 다양성에 영향을 미치는 요인들은 무엇인가?" 이 질문에 대한 해답을 찾고자 할 때 이전 질문들과 달리 개별 조직은 스스로 통제하거나 영향을 미칠 수 있는 여지가 적다. 개별 조직의 생사나 성과에 관심이 많은 이들에게 조직들의 집합적 질서에 대한 질문은 흥미가 덜할 수 있다. 하지만 사회 전체의 관점, 사회정책적 측면에서 이 질문은 매우 중요하다. 조직의 활발한 생성은 사회적 활력의 원천이 될 수 있을 뿐 아니라, 조직의 높은 소멸률은 한편에서는 사회적 비용을 유발하지만, 다른 한편에서는 새로운 조직이 등장할 수 있는 공간 창출을 의미하기 때문이다.

위에서 살펴본 개별 조직의 유지와 변화, 조직들의 집합적 질서에 대한 질문의 밑바탕에 깔린 근본적이고 심오한 질문이 하나 더 있다. 그것은 바로 "왜 조직인가, 사람들은 왜 조직을 만들고, 조직은 왜 필요한가?"라는 질문이다. 이 질문은 앞서 살펴본 질문들과 다르다. 앞의 질문들이 경험적 연구를 통해 답할 수 있는 성격의 질문들이라면, 이 질문은 경험적으로 답할 수 있는 질문이 아니다. 하지만 그렇다고 해서 이 질문이 답할 수 없거나, 의미 없거나 덜 중요한 것은 결코 아니다. 왜 조직인가라는 질문에 대해 연구자들은 선험적 · 논리적 생각을 통해서 답하고자 해 왔으며, 이 질문에 대한 서로 다른 답변들은 위 질문들에 대한 서로 다른 해답의 방향을 가리킨다. 이러한 의미에서 왜 조직인가라는 질문은 메타 질문, 즉 질문에 대한 질문이라고 할 수 있다.

왜 조직인가란 질문에 대한 답변은 대부분 개인들이 왜 많은 비용과 수고를 들여 굳이 조직을 만들고 유지하는가라는 질문을 중심으로 이루어진다. 그 하나의 답변은 경제학적 사고에서 출발한다. 경제학에서는 인간 행동이 경제적 동기에서 출발해서, 최소의 비용으로 최대의 편익을 얻으려 하기 때문에 조직을 만드는 것은 그 비용에도 불구하고 편익이 크다고 본다. 그리고 그 편익은 뒤에서 자세히 살펴보겠지만 Adam Smith가 주장한 핀공장에서의 '분업의 경제적 효과', 기업사학자 Alfred Chandler의 '규모의 경제'에서 보듯이 기업을 통한 생산비용 절감이 될 수도 있고, Ronald Coase나 Oliver Williamson처럼 시장의 '거래비용'을 줄이는 위계의 형성이 될 수도 있다. 이러한 경제학적 답변에 대한 사회학적 대안은 사회구조에서 개인과 조직의 비대칭적 지위에서 출발한다. 사회학자 James Coleman은 사회에서 개인과 구별되는 법인의 지위를 얻은 조직들이 자원의 집적을 통해 개인에 대해 우월한 지위를 얻는다고 보았다. 또한 사회학자 Michael Hannan과 John Freeman은 비대칭적 지위의 조직들이 개인들에 비해 서비스나 제품 제공에서 공신력과 책무성, 신뢰성의 이점을 갖기 때문에 사회 규모가 커지고 익명적이 되면 조직을 통해 사회의 다양한 기능들을 수행하게 된다고 주장한다.

5. 사회과학 분야별 관심과 접근

조직 연구는 매우 학제적이다. 사회과학 여러 분야들에서 조직과 관련된 문제들을 다룬다. 기업 조직이 주된 연구 대상인 경영학이나 공공조직이 주된 연구 대상인 행정학처럼 응용학문 분야에서는 여러 사회과학 분야에서 이루어진 학문적 연구성과들을 가져다 활용한다. 따라서 경영학이나 행정학의 접근은 보다 실용적이면서 학제적이다. 조직을 중요한 연구 대상으로 삼는 그밖의 사회과학 분야로는 경제학, 사회학, 법학, 심리학 등을 들 수 있다.

먼저 경제학의 경우를 보면 경제학은 주로 기업에 집중해서 조직을 다룬다. Coase와 Williamson의 거래비용 경제학은 경제적 거래관계의 거버넌스에서 시장이 아닌 위계가 왜 필요한가를 거래비용 절감의 논리로 설명한다. 그 밖에도 경제학에서는 기업 내부의 다양한 쟁점들을 다룬다. 대리인 이론에서는 기업의 주주와 경영자처럼 주인-대리인 관계에 있는 사람들 간에 상충할 수 있는 이해관계 조정을 집중적으로 다룬다. 기업 내 고용주와 피고용인 간의 관계에서 정보 비대칭 문제를 해결하고 최적의 고용계약과 보상 체계를 찾는 시도가 이루어진다. 기업에 대한 경제학적 접근의 핵심에는 기업의 구성원들이 경제적 주체로서 자신들의 이해관계를 극대화하기 위한 전략적 고려에서 정보의 부족과 모호성, 거래의 불확실성 등에 대처하고자 하는 조직적 선택이 중요시된다.

법학에서 조직은 두 가지 측면을 갖는다. 하나의 측면은 사회 속에서 권리와 책임, 의무를 갖는 주체로서 법인을 둘러싼 것이고, 또 하나의 측면은 조직에 속한 개인들의 다양한 권리와 책임, 의무가 규정되고 이들 둘러싼 갈등이 발생할 수 있는 무대가 된다는 것이다. 조직에 참여하는 개인들은 한편에서는 조직의 이익을 대변해야 할 의미를 갖지만 종종 이러한 행동이 개인으로서 자신의 이익과 얽히거나 상충할 수도 있다. 법인으로서 조직은 그에 참여하는 다양한 개인들의 권리를 보호할 필요가 있다. 비대칭적으로 불리한 조건에 놓인 개인이 조직의 우위를 극복하고자 조직한 노동조합이나 소비자단체의 권리와 활동 역시 법학의 대상이며, 대등한 지위의 법인들이 시장에서 서로 계약을 맺거나 경쟁하면서 특허의 보호, 경쟁 제한과 독점의 문제 등을 둘러싸고 벌이는 분쟁 또한 중요한 법학 연구 문제이다. 결국 법학에서는 조직을 사회의 법률 체계 속에서 권리의 소재와 내용이 서로 엇갈리는 다양한 관계에 얽혀 있는 것으로 접근한다.

사회학은 조직을 집합적 목적을 이루고자 연합한 개인들이 참여하며 상호작용하는 대상인 동시에 개인 및 다른 조직들과 관계를 맺고 상호작용하는 사회적 주체로 본다. 사회학은 조직에 참여하는 개인들을 경제적 이해관계와 전략, 법적 권리와 의무 외에도 이들이 배태되어 있는 (embedded) 사회적 관계와 구조에 기반한 가치와 이해관계의 영향을 받는 행위자로 본다. 이처럼 사회에 배태된 조직 구성원들 간의 신뢰와 협력, 경쟁과 갈등 같은 다양한 상호작용의 결과로 생겨나는 사회적 연결망의 패턴과 역동성에 사회학자들은 관심을 갖는다. 사회학의 입장에서 조직의 특성은 한편에서는 개인들의 경제적 이익과 법적 권리를 고려한 설계의 결과지만, 동시에 조직에 참여하는 개인 간 상호작용의 결과로 나타나는 창발적(emergent) 속성이기도 하다. 사회적 주체로서 조직 역시 조직에 참여하는 개인들과 마찬가지로 다른 조직들과의 관계 및 상호작용, 사회적 장의 영향력 속에 놓여 있다.

심리학은 주로 조직에 참여하는 개인들이 다양한 상황에 직면해서 보이는 심리적 반응들과 함께 조직에서 일하면서 발생하는 집단적 역동의 과정에 초점을 맞춘다. 개인들이 조직에 소속되어 참여하기로 결정하거나, 조직 내부에서 활동할 때 모두 동기부여가 필요하다. 개인의 다양한 욕구가 조직에서 어떻게 충족되는가의 문제는 조직에의 참여와 활동의 동기부여 측면에서 매우 중요하다. 개인 역량의 평가와 성과의 측정 및 그에 따른 보상과 함께 업무에 대한 만족, 집단적 업무성과와 관련해서 개인들 간의 심리적 상호작용을 다루는 집단적 역동 역시 심리학적 연구의 중요한 주제가 된다. 최근 들어 조직에서 빈번하게 발생하고 중요하게 다루어지는 개인들의 소진(burn out), 부정적 감정경험 등의 문제 역시 심리학적으로 중요한 주제인 동시에 사회학적 주제이기도 하다.

최근 들어 나타나는 조직 연구의 특징은 여러 분야들이 협력해서 학제 간 연구가 늘고 있다는 점이다. 대표적인 예가 심리학, 경제학, 경영학, 사회학 등을 망라한 신카네기학파(March 및 그의 제자들 중심)의 연구이다. 또한 심리학과 경제학이 힘을 합친 행동경제학 접근이나 법학과 경제학이 함께 발전시킨 법경제학 접근, 그리고 사회학과 경제학, 통계물리학이 함께 참여하는 네트워크 접근도 활발하다.

연습문제

01 조직 개념의 구성요소로서 맞지 않는 것은 다음 중 무엇인가?

① 인간(행위)의 집합체　　② 반복성과 지속성

③ 목적 달성을 위한 수단　　④ 인간의 온전한 소속과 참여

02 조직이론이 답하고자 하는 질문으로 적합하지 않은 것은 다음 중 무엇인가?

① 성공적 조직을 어떻게 만들고 운영할까?

② 조직의 변화는 언제 어떻게 일어나며 결과는 어떤가?

③ 조직은 자신의 존재와 내부질서를 어떻게 지속적으로 재생산하는가?

④ 조직을 대체할 사회적 제도는 무엇인가?

03 조직의 개념적 모형의 구성요소로 적합하지 않은 것은 다음 중 무엇인가?

① 조직의 목적　　② 조직의 규칙

③ 조직의 구조　　④ 조직의 기술

04 조직이 사회학적으로 중요한 주제가 되어야 하는 이유로 적합하지 않은 것은 다음 중 무엇인가?

① 조직은 사회의 중요한 기능을 맡아 수행한다.

② 조직은 개인의 삶에 중요한 영향을 미친다.

③ 조직은 개인과 동등한 권리와 책임을 갖는다.

④ 조직은 사회적 변화를 위한 중요한 도구가 될 수 있다.

05 조직에서 기술이 목적 달성을 위한 수단으로 선택되어 의도된 문제해결에 기여하는 측면을 강조한 입장을 (　　　　)이라고 하며, 기술이 인간의 활용과 가치, 규범에 영향을 받는 측면을 강조한 입장을 (　　　　)라고 한다.

정답 ————

01 ④　02 ④　03 ②　04 ③　05 기술결정론, 구성주의

제 2 장

다양한 조직들: 현실과 관점

1. 외적 특성의 다양성: 규모와 인구적 특성
2. 구성 원리의 다양성: 목적, 통제, 전략
3. 조직은 왜, 어떻게 다양해지는가?
4. 조직에 대한 다양한 관점과 논리

■ 연습문제

'조직이란 무엇인가?'에 대한 답변은 조직이란 이름으로 불리는 대상들의 공통점에 초점을 맞춘다. 경제학에서는 조직을 '위계' 혹은 '기업'으로 부르며 시장과 대비시킨다면, 사회학에서는 조직을 '공식조직' 혹은 '복잡조직'으로 부르며 가족 같은 단순조직, 친구나 동료 같은 비공식조직과 구분한다. 그렇다 보니 조직 개념 정의에 등장하는 내용을 공유하는 조직들은 서로 비슷하다고 암묵적으로 여길 수 있다. 하지만 현실은 전혀 그렇지 않다.

우리가 이 책에서 조직이라고 부르는 여러 대상들은 실제 매우 다양하고 큰 차이를 보인다. 지구상의 인종이 다양하고, 생물의 종이 다양하듯 조직들 역시 매우 다양한 종류들이 있다. 어떤 조직은 크고 복잡한 반면, 다른 조직은 작고 단순한 것처럼 외형의 특성 면에서 조직들은 매우 다양하다. 내적인 측면에서도 조직들은 서로 목적하는 바나 운영 원리와 규칙이 전혀 다른 경우가 많다.

우리는 앞에서 다룬 조직 개념 규정과 모형에 이어 현실에 존재하며 활동하는 조직들이 보이는 다양성을 다루고자 한다. 왜 다양한 조직들이 존재하는가? 다양한 조직들을 비교하고 구분하는 기준들로는 어떤 것들이 있는가? 조직의 다양성은 자연스러운 결과인가 아니면 의도된 차별화의 산물인가? 조직들이 보이는 다양한 모습과 특성의 차이는 어떤 결과를 낳는가? 이러한 질문들에 대한 답을 찾아보고자 한다.[01]

현실에서 보이는 조직의 모습과 특성이 다양한 만큼이나 조직을 보는 관점, 조직을 설명하는 논리와 시각도 다양하다. 인간의 본성을 보는 관점은 성선설과 성악설로 나뉜다. 인간 행위에 대한 설명 역시 본능과 진화의 결과로 보는 시각과 사회화와 학습의 산물로 보는 시각이 대립한

01 이 장에서는 조직의 다양성과 그 배경을 주로 다루지만 조직들이 서로 유사해지는 것 또한 중요한 사실이다. 이 주제는 사회학적 신제도주의 이론에서 주로 다룬다. 이 책의 11장에서 신제도주의 관점에 대해 살펴볼 것이다.

다. 마찬가지로 조직에 대해서도 서로 상반된 관점들이 각축을 벌인다. 조직을 이해하고 설명하는 상이한 입장들은 조직의 본질이 무엇인가에 대한 상반된 가정에서 출발해서 조직의 구조적 특성, 의사결정과 행위, 결과를 설명하는 서로 다른 논리에 이르기까지 다양한 측면들을 보인다.

조직에 대한 관점 차이는 단지 생각의 차이에 그치는 경우가 많다. 하지만 때로 조직에 대한 상반된 관점과 입장은 생각의 차이에 머물지 않고 상반되는 주장 간의 충돌이나 갈등을 가져오기도 한다. 이 장에서는 조직 현실의 다양성과 조직을 보는 관점, 설명하는 논리에서의 차이를 함께 다룬다. 조직을 보는 관점과 설명 논리의 차이는 어떤 내용인가? 이러한 차이는 어디에 기인하며 어떤 결과를 낳는가? 이 질문들에 대한 답변도 함께 찾아본다.

1. 외적 특성의 다양성: 규모와 인구적 특성

(1) 조직의 크기

조직들이 보이는 속성의 차이와 다양성은 겉으로 쉽게 드러나기도 한다. 대표적인 것이 조직의 크기, 규모의 차이이다. 조직들의 규모의 차이는 엄청나다. 전 지구적으로 활동하며 글로벌 시장을 장악한 기업이 있는가 하면, 동네 골목 고객들만을 주로 상대하는 상점들도 있다. 조직의 규모를 측정하는 기준은 조직이 보유한 자산이나 활동의 산물로서 수입과 같은 경제적 규모, 그리고 조직에 속한 사람의 수로 나타나는 인구적 규모가 있다. 그러면 조직들의 경제적 규모와 인구적 규모의 차이는 얼마나 날까?

먼저 조직의 인구적 규모를 살펴보자. 2019년 현재 한국에는 75만 개가 조금 넘는 영리법인이 존재한다. 그중에서 고용 인원이 9명 이하인 영세자영업자는 전체의 81%에 달한다. 10인 이상인 기업들 중에서 고용 인원이 300인 이하에 속하는 중소기업은 14만 3,199개로 자영업자를 제외한 기업들 중에서 98%이다. 또한 고용 인원이 1,000명 이상인 기업의 수는 738개로 전체 기업의 0.5%에 불과하다(통계청, 영리법인통계). 하지만 종사자 수의 비중으로 보면 상당히 다르다. 1,000명 이상 사업체에 고용된 종사자의 수는 144만 명으로 전체 종사자의 12%에 달하며, 고용 인원 300인 이하 사업체의 종사자 수는 907만 명으로 전체 종사자의 76% 정도이다(고용노동부, 사업체노동실태현황).

다음으로 경제적 규모에 따른 조직 분포를 살펴보자, 먼저 자산의 규모에 따른 분포를 보면 2019년 전체 영리법인 중에서 자산이 10억 원에 못미치는 기업체 수는 47만 개로 전체 기업체의 62.4%에 달한다. 반면 자산이 1조 원을 넘는 기업체의 수는 655개로 전체 기업체의 0.1%에 불과하다. 한편 자산이 10억 원에서 100억 원, 100억 원에서 1,000억 원, 1,000억 원에서 1조 원 사이의 기업체 수 비중은 각각 31.7%, 5.1%, 0.7%이다. 하지만 기업체의 수와 이들이 보유한 자산 비중은 정반대이다. 자산이 10억 원에 못미치는 47만 개 기업의 자산은 전체의 1.3%에 불과한 반면, 자산 1조 원 이상 기업 655개의 자산은 전체의 70.8%에 달한다(통계청, 영리법인통계).

매출 혹은 수입 측면에서 조직의 분포 역시 자산 규모에 따른 분포와 비슷하다. 매출액이 10억 원 이하로 영세한 법인의 수는 47만 개로 전체 영리법인의 62.4%이다. 반면 매출이 1조 원 이상인 영리법인의 수는 434개로 0.1%에 불과하다. 그런데 전체 영리법인 매출 총액에서 차지하는 비중을 보면 0.1%에 불과한 1조 원 이상 영리법인의 매출 비중은 46%나 되는 반면, 전체 영리법인의 62.4%를 차지하는 영세법인의 매출 비중은 2.3%에 불과하다(통계청, 영리법인통계).

이러한 조직의 경제적 규모의 엄청난 차이는 개인의 경제적 격차와 비교해도 훨씬 정도가 크다. 개인의 경우 종합소득세 신고 내역을 보면 2019년도 전체 신고자 중 소득 상위 1%에 속하는 74,696명의 소득 합계가 전체 개인소득에서 차지하는 비중이 12.8%이고, 상위 10%에 속하는 74만 6,963명의 비중은 42.5%이다. 반면 전체 신고자 중 하위 50%에 속하는 373만 4,815명의 소득 합계 비중은 16.7%에 불과하다. 하지만 법인의 경우를 보면 소득 상위 1%에 속하는 법인 7,874개의 소득 합계가 전체 법인소득에서 차지하는 비중은 71%나 되고, 상위 10%에 속하는 7만 8,743개 법인의 합계는 전체의 87.2%나 된다. 반면 전체 신고

그림 2-1 | 개인과 영리법인의 소득 불평등 정도의 비교

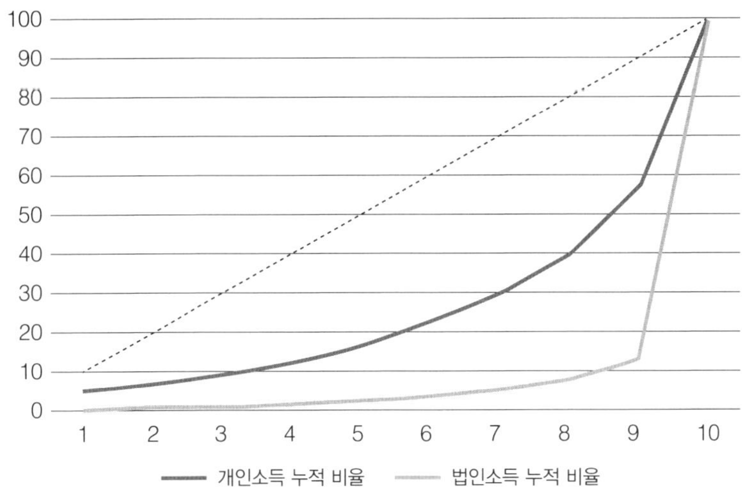

출처 : 국세청, 국세통계연보.

법인 중에서 하위 50%에 속하는 39만 3,715개 법인의 소득 합계 비중은 2.3%에 불과하다(국세청, 국세통계연보). 앞의 [그림 2-1]은 10분위별 누적 비율을 토대로 개인과 법인 소득의 로렌츠 곡선을 구한 것이다. 점선이 완전 평등이고 이로부터 멀어질수록 격차가 크다고 볼 때 법인소득의 격차가 개인소득 격차보다 훨씬 크다는 것을 알 수 있다.

(2) 조직의 인구적 특성

조직의 크기와 함께 자주 비교되는 것이 조직의 인구적 특성이다. 인구적 특성으로는 조직 자체의 인구적 특성과 조직에 속한 구성원들의 인구적 특성이 모두 포함된다.

조직 자체의 인구적 특성으로 가장 두드러진 것은 조직의 연령이다. 조직의 연령은 한편에서는 조직의 생애 과정에서의 위치와 함께 다른 한편으로는 조직이 설립될 당시의 시대적 조건을 나타낸다. 다음의 [그림 2-2]는 한국노동연구원 사업체패널조사 2017년 조사 자료에 나타난 기업 조직의 연령 분포이다. 조사된 기업체들의 평균 연령은 24.3년이지만, 중간값은 20년이며, 가장 빈도가 높은 연령은 17년이다. 36년 이상 기업체가 20%, 45년 이상 기업체가 10%이다.

기업 조직의 연령은 산업이나 분야에 따라 다르다. 경제의 주력산업이 바뀌고 새로운 산업이 등장하면서 이들 산업에서는 새로운 기업들이 대거 설립되기 때문이다. 반대로 오랜 전통산업에서는 기존 기업들 때문에 신규 진입이 쉽지 않다. 2017년 사업체패널조사에 나타난 산업별 기업 연령을 비교해 보면 이런 특성이 잘 나타난다. 전 산업에 걸친 기업 평균 연령은 24.3세이다. 신규 조직이 많은 산업은 컴퓨터 및 통신기기 제조(21.3년), 의료 정밀기기 제조(18.2년), 영상 오디오 기록 제작 및

그림 2-2 | 기업 조직의 연령 분포

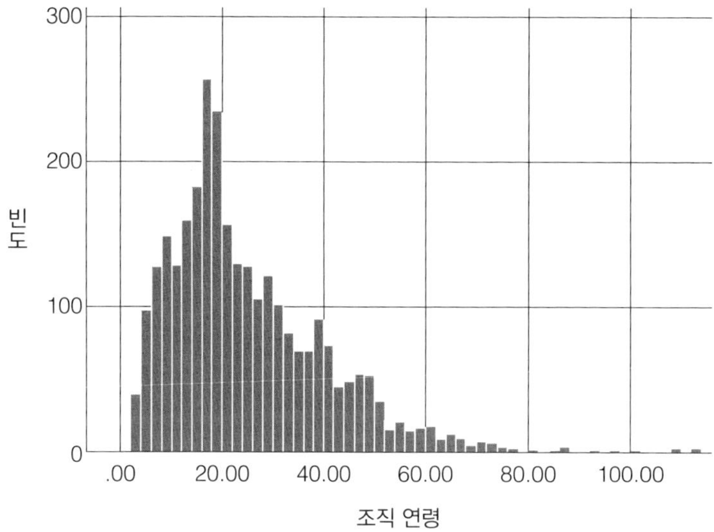

출처 : 한국노동연구원, 사업체패널조사.

배급(16년), 컴퓨터 프로그래밍, 시스템 통합(18년), 정보서비스(15.7년), 사업서비스(16.5년) 등의 첨단기술산업이나, 음식점 및 주점(16.4년) 처럼 경쟁이 치열해서 교체가 활발한 산업이다. 반대로 오랜 조직이 많은 산업은 담배 제조(43.5년), 석탄 및 석유 정제(42.7년), 금융업(40.2년), 보험업(38.2년) 등 규제로 경쟁이 약한 산업 혹은 종이 제조(34.1년) 등 전통산업이다.

조직 구성원의 인구적 특성으로 중요한 것은 성별과 연령이다.

한국은 기업 구성원의 인적 구성 국제 비교 측면에서 여성 경제활동 참여가 저조한 나라에 속한다. 2017년 사업체패널조사 대상 기업의 여성 비율은 30%이다. 하지만 기업별로 차이가 큰 편이라 여성 비율이 10%에 못미치는 기업 비율이 전체 30% 정도에 달하는 반면, 여성이

그림 2-3 | 기업 세대별 여성 비율의 비교

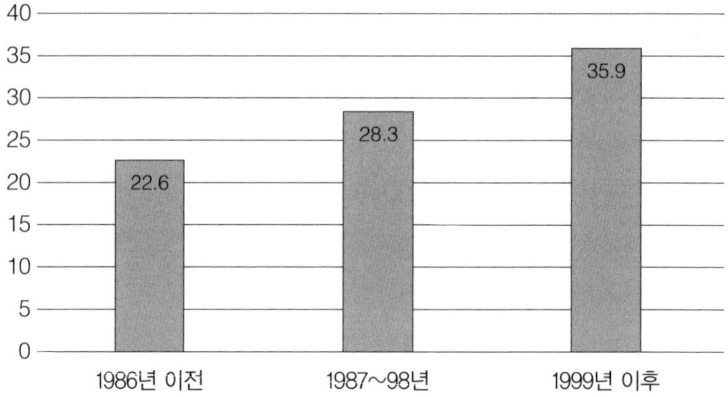

출처 : 한국노동연구원, 사업체패널조사.

70% 이상인 기업 비율은 11.5%이다. 기업의 세대 특성에 따라 여성의 비율은 상당한 차이를 보인다. [그림 2-3]에서 보듯이 1986년 이전에 설립된 기업의 여성 비율이 평균 22.6%인 반면, 1999년 이후 설립된 기업의 여성 비율은 평균 35.9%이다. 기업의 설립 연대에 따른 이러한 차이는 조직들이 설립될 당시의 사회적 분위기를 지속적으로 반영한다는 각인(imprinting) 효과(Stinchcombe, 1965) 주장과 일치한다. 여성들의 사회 참여가 저조했던 시기에 설립된 기업들에서 여성의 채용과 활용이 소극적인 반면, 여성 고학력화가 빠르게 이루어지고 경제활동 참여가 활발해진 이후 설립된 기업들은 보다 적극적으로 여성 구성원을 활용한다.

조직 구성원의 연령 분포 역시 다양하다. 한국노동연구원의 사업체패널조사 2017년 조사 결과에 따르면 55세 이상 고령 비율이 10%에 못 미치는 기업이 47.1%나 되는 동시에 50%를 넘는 기업도 11.6%이다. 또한 35세 이하 청년 비율이 10%에 못 미치는 기업 비율이 28%인 동시에 50% 이상인 기업도 15%가 있다.

한국에서 조직 구성원의 연령 분포는 그 조직의 연공제적 위계 구조와 밀접한 관련을 갖는다(이철승, 2019). 연공제가 강한 조직에서는 연공서열에 따라 권위와 보상이 주어지기 때문에 조직에 오래 머물 유인이 생겨 연령이 높은 구성원 비중이 높아진다. 반면 연공제가 약해지면 조직에 오래 머물 유인이 줄어든다. 한국처럼 고령화가 빠르게 진행되는 사회에서 베이비붐 세대처럼 대규모 코호트가 기득권을 장악하면 연공제는 젊은 세대의 조직 진출을 어렵게 만드는 결과를 낳는다. 이 경우 기업 구성원의 여성 비율처럼 연령대별 분포 역시 기업의 설립 연대에 영향을 받을 가능성이 크다. [그림 2-4]를 보면 1986년 이전 설립된 기업은 1999년 이후 설립된 기업에 비해 55세 이상 비중은 더 높은 반면, 35세 이하 비중은 더 낮다. 가장 연공제적 성격이 약한 다국적 기업의 경우 35세 이하 비중은 30%가 넘는 반면, 55세 이상 비중은 10%도 채 못된다. 상호출자 제한을 받는 대기업들 역시 비슷한 경향을 보인다.

그림 2-4 | 기업 세대 및 특성별 고령과 청년 비율 비교

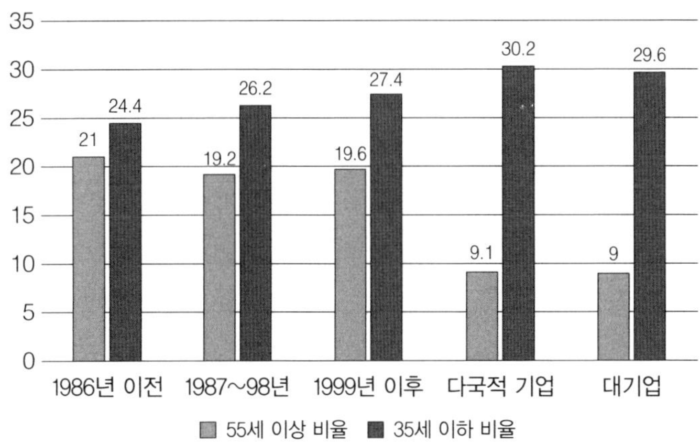

출처 : 한국노동연구원, 사업체패널조사.

2. 구성 원리의 다양성: 목적, 통제, 전략

(1) 영리, 비영리, 공공의 법적 구분

조직의 다양한 특성을 구분짓는 대표적 기준들 가운데 하나는 조직의 설립 주체와 목적, 활동 분야에 대한 법적 구분이다. 법률에서는 조직의 목적 및 분야에 따라 조직들을 민간조직과 공공조직으로 구분한다.

공공조직은 정부에 속하거나 정부에 의해 만들어진 조직들로 그 설립과 운영은 해당 법률과 행정 명령에 따라 이루어진다. 공공조직의 법적 근거는 중앙행정기관과 주요 산하기관의 경우 '정부조직법'에, 지방자치행정기관의 경우 '지방자치법'에, 그 밖의 공공기관은 '공공기관운영법'에 명시되어 있다. 행정기관이 아닌 공공기관으로는 공기업과 준정부기관이 있다. 준정부기관은 기금을 관리운영하거나 정부의 업무와 관련된 활동을 위탁받는 기관이며, 공사, 공단, 진흥원, 개발원, 평가원, 정보원 등의 이름으로 불리는 많은 기관들이 있다.

공공조직의 예산과 자원은 대부분 국민 세금을 재원으로 하는 중앙정부나 지방자치단체 예산으로 충당되기 때문에, 특정 개인이나 집단의 이익보다는 전체 국민의 공공 필요를 충족시켜야 한다. 그런 의미에서 이들 기관의 운영은 공공성과 공익성 기준으로 각종 법률과 규정에 따라 엄격하게 제약된다. 이러한 엄격한 관리와 감독은 시대적 변화에 따른 혁신의 수용에 소극적이고, 업무의 효율성보다 문서상의 규정을 더 중시하는 문제를 낳기도 한다. 공기업의 경우 해당 상품이나 서비스를 독점하는 경우 그에 따른 비효율까지 발생할 위험이 있다. 이러한 문제점에 대해 공공기관 혁신이라는 이름으로 변화 시도가 이루어지기도 한다. 행정조직이나 공공기관의 일자리는 민간조직에 비해 보수가 적은 대신 안정적이라는 이유에서 최근 들어 선호가 크게 높아지고 있다.

한국에서 공공조직의 규모는 공무원 수만 따져보면 중앙, 지방 공무원을 모두 합쳐 2020년 연말 기준 113만 명(정부조직관리정보시스템, https://www.org.go.kr)이다. 한편, 공무원 외의 공공기관 임직원 수는 43만 6,000명에 조금 못미친다(공공기관 경영정보 공개시스템, http://www.alio.go.kr). 이들을 합치면 공공조직 종사자의 규모는 156만 6천명 가량으로 같은 시기 전체 취업자 2,800만 명의 5.6%에 가깝다. 한편 기관의 수로 따지면 2020년 연말 기준 공기업 수는 36개, 준정부기관은 96개, 기타 공공기관은 218개이다.

민간조직은 개인들이 자발적으로 만든 조직으로 영리조직과 비영리조직으로 나눈다. 이들의 설립과 운영의 법적 근거는 영리법인은 '민법'과 '상법', 그리고 비영리법인의 경우 '민법'이다. 이들의 설립과 운영이 궁극적으로 법률을 따르기는 하지만, 영리 혹은 비영리 목적으로 조직을 설립하는 것은 개인의 자유로운 선택과 결정이며, 조직 운영의 구체적인 사항들은 조직을 설립한 개인들이 합의해서 정한 정관과 규칙에 따른다.

영리조직은 자본주의 기업이 대표적이며, 조직 참여자들은 투자자들과 경영자, 직원들로 구성된다. 영리조직의 목적은 자신이 속한 산업의 시장에서 소비자들이 원하는 상품이나 서비스를 판매해서 이윤을 얻고 궁극적으로 투자자들의 자본을 증식시키는 것이다. 영리조직의 물적 자원은 주로 투자자들의 투자나 시장 판매를 통한 매출, 그리고 외부로부터의 차입을 통해 확보된다. 영리조직에서 일하는 경영자나 직원들 모두 고용계약을 통해 참여하고 일하는 조건이 정해진다. 영리조직으로서 기업은 공공조직이나 비영리조직에 비해 자유로운 활동을 보장받는 대신 시장에서의 경쟁에서 살아남아야 한다. 영리조직의 활동이 자유롭다고 하지만, 시장에서의 경쟁 질서를 어지럽히거나, 소비자에게 피해를 입히면 공정거래 위반으로 벌칙을 받게 된다. 이에 덧붙여 요즘에는 기업들 역시 일정한 사회적 책임을 져야 한다는 의견이 강하게 제기되고 있기도 하다.

기업은 현대 사회에서 가장 대표적인 조직형태이다. 2019년 현재 한국에서 전체 일자리 2,400만 개 중에서 47.5%에 달하는 1,140만 개가 기업에 속한다(통계청, 일자리행정통계). 이들 중에서 100명 이하의 기업에서 일하는 비율이 48%, 1,000명 이상의 기업에서 일하는 비율이 26.4%이다. 2019년 법인세 신고를 한 영리조직의 수는 75만 1,474개이며, 이들의 수입총액은 4,962조 원이다(국세청, 국세통계연보).

비영리조직은 영리조직과 달리 이윤을 얻고자 상품이나 서비스를 판매하지 않는다. 비영리조직의 활동은 병원의 환자, 학교의 학생, 문화예술단체의 관객, 복지시설의 수혜자처럼 해당 서비스를 필요로 하는 일반 대중을 지향할 수도 있고, 각종 조합, 협회나 학술단체, 친목단체, 상호부조단체처럼 조직 소속 회원들의 편익이나 친목, 상호교류를 목적으로 할 수도 있다. 비영리조직의 활동은 사회 일반 대중을 대상으로 하건, 제한된 소속 회원들을 대상으로 하건 영리를 목적으로 한 판매를 하지 않기 때문에 시장을 통한 자원 확보가 어렵다. 따라서 비영리조직의 운영에 필요한 자원의 획득은 시장에서의 투자나 판매 수익이 아닌 사회로부터의 기부와 정부 지원 등을 통해 확보된다. 비영리조직에서 일하는 사람들 역시 임금을 받고 고용되는 경우와 자원봉사 등 자발적으로 참여하는 경우가 섞여 있다.

비영리조직은 전체 규모의 면에서는 크지 않지만 사회에서 반드시 필요한 활동을 담당한다. 2019년 현재 비영리조직의 일자리는 239만 개 가량으로 전체 2,400만 개 중에서 전체의 10% 가량을 차지한다(통계청, 일자리행정통계). 이들 중에서 100명 이하의 비영리조직에서 일하는 비율이 25.7%, 1,000명이 넘는 대규모 비영리조직에서 일하는 비율이 36.3%이다. 2019년 법인세 신고를 한 비영리조직의 수는 35,964개이며 이들의 수입총액은 198조 원이다(국세청, 국세통계연보).

시장과 정부 이외의 활동 영역이란 의미에서 비영리조직의 활동 분야를 제3섹터로 부르기도 한다. 영리조직과 구분해서 비영리(non-profit) 조직으로 부르는 것과 비슷하게 정부조직과 구분해서 비정부(non-governmental)조직으로 부르기도 한다. 그러면 정부 혹은 시장과 별도의 활동 분야에 별도 형태의 조직이 등장한 이유는 무엇인가? 비영리조직 혹은 비정부조직이 등장한 이유를 경제학에서는 시장실패와 정부실패에서 찾는다. 시장실패란 복지, 문화예술, 교육 등 사회적 가치가 있는 양질의 서비스를 다수의 시민들에게 충분히 제공하는 것이 시장의 영리조직을 통해서 불가능한 상황을 일컫는다. 정부실패란 정부가 독점적으로 이러한 서비스를 제공하는 것이 민간의 자발성을 제약해서 정당성이 약하거나, 다양성이 부족해서 효율성이 낮을 수 있는 상황을 의미한다. 결국 사회에서는 꼭 필요로 하지만 시장이나 정부에 맡기면 제대로 공급되기 어려운 복지, 교육, 문화예술 및 그 밖의 다양한 서비스의 공급을 비영리조직이 맡게 되었다.

하지만 경제학적 설명에서는 비영리조직의 필요성은 밝힐 수 있지만, 그 주체의 등장에 대해서는 간과하는 한계가 존재할 수 있다. 사회학에서는 이러한 비영리조직을 만드는 주체의 측면에 주목해서 비영리조직의 등장을 사회운동의 결과로 설명한다(Davis, McAdam, Scott, & Zald, 2005). 경제적 가치에만 초점을 맞추는 시장의 영리조직과 달리 사회적 가치를 중시하는 여러 분야에서 이러한 가치를 중요하게 생각하는 개인들이 모여 시장이나 정부에 의존하지 않고 자신들이 원하는 바대로 독립적으로 서비스를 제공하기 위해서 비영리조직을 결성하게 되었다는 것이다(DiMaggio, 1987; Frumkin, 2009). 정부나 시장에 대한 시민들의 신뢰 수준이 낮은 경우 그 대안을 비영리 혹은 비정부 조직에서 찾고자 하는 시도는 더욱 활발하게 이루어지기도 한다.

공공조직과 영리조직, 비영리조직은 서로 구분되는 조직 형태이지만, 이들 간에 중첩되는 부분도 존재한다. 앞서 공공조직인 공기업이 한편에서는 기업으로서의 효율성을 높여야 하는 동시에 공공기관으로 공공성을 추구해야 하는 양면성이 있다는 것을 살펴보았다. 반면 영리조직에 해당되는 사회적 기업의 경우 한편에서는 시장 경쟁에 직면하면서도, 사회적 가치를 기업활동의 핵심에 놓는다는 면에서 비영리조직과 공유하는 측면이 있다. 법률상으로 이들 조직은 분명히 구분되지만, 이들 조직에서 일하는 사람들이나 관계하는 사람들은 실제 활동 과정에서 이들 조직 정체성의 혼종성을 느낄 것이다.

(2) 수혜자의 종류, 구성원의 통제에 따른 분류

조직들은 활동 분야와 법적 지위만이 아니라 누가 조직 활동에 따른 혜택을 주로 받는가, 구성원들에 대한 통제는 어떻게 이루어지며, 어느 정도인가에 따라 다양한 차이를 보인다. 조직은 자연인인 개인들이 모여서 만들어지기 때문에 구성원들이 없는 조직은 생각하기 힘들다. 앞장에서 설명한 대로 현대 사회 대부분의 조직들은 조직의 목적이 제한적이고, 구성원의 참여가 자발적 · 한정적이다. 조직이 계속 생존하는 것은 그 활동의 결과 혜택을 받는 사람들이 조직의 활동을 지지하기 때문이다. 조직의 목적과 구성 원리가 다양한 만큼 조직 수혜자들의 종류, 조직 구성원들의 지위와 역할 및 그들의 조직 구성원에 대한 통제의 종류와 정도 또한 다양하다.

Blau & Scott(1962[2003])은 조직 활동의 결과로 “누가 혜택을 받는가

(*cui bono*)?"라는 질문을 던지고 그에 대한 대답에 따라서 조직들을 구분하였다. 조직 활동의 수혜자들은 사회의 일반 대중일 수도, 조직 구성원들 자신들일 수도, 혹은 특정 집단의 사람들일 수도 있다. 이처럼 조직의 활동이 누구에게 혜택을 제공하는가에 따라 Blau & Scott은 다음과 같은 네 가지 종류로 조직 유형을 나누었다.

표 2-1 ▪ 조직의 수혜자에 따른 조직 구분

조직유형	혜택을 받는 사람들	예
상호부조조직	구성원들	노동조합, 정당, 협동조합, 회원조직
서비스조직	고객들	병원, 학교, 복지기관
비즈니스조직	소유자들	은행, 기업, 식당, 호텔
공공조직	일반 대중	경찰, 군대, 우체국

출처 : Blau & Scott, 2003.

Blau & Scott의 분류는 공공, 비영리, 공공 조직의 법적 구분과 유사한 면이 있다. 다만 이들의 분류에서는 비영리조직이 상호부조조직과 서비스조직으로 나뉘는 차이가 있다.

상호부조조직은 공동 이익을 도모하는 사람들이 설립한 조직이며, 회원들은 특정 자격증을 취득하거나, 직업, 정치 이념이나 활동에 동의하는 등 특정 조건을 충족할 경우 가입할 수 있고, 회비 납부를 통해 조직 활동에 필요한 자원을 제공하는 대신 조직 활동을 통해 혜택을 받는다. 이들이 받는 혜택은 상호 교류와 정보 교환 외에도 정치적 영향력, 집단적 이해관계의 대변 등 다양하다. 전문직 협회나 노동조합 같은 경우 일할 기회나 자격을 관리하기도 함으로써 회원들의 이해관계에 보다 직접적으로 영향을 미치기도 한다.

또 다른 비영리조직의 형태인 서비스조직은 환자, 학생, 취약층 등 특정 집단에 속하는 고객들에게 필요한 서비스를 제공하기 위해 설립, 운영된다. 이들 조직이 비영리지위를 갖는 이유는 보다 많은 사람들에게 서비스를 제공하기 때문이다. 서비스조직이 상호부조조직과 구별되는 것은 이들에게 필요한 자원을 제공하는 사람들과 혜택을 받는 고객들이 서로 다르다는 점이다. 사회에 따라 영리병원이나 영리학교처럼 서비스조직에게 영리 활동이 가능하도록 허용하는 경우도 있지만 한국의 경우는 서비스조직의 활동을 비영리로 제한하고 있다.

Etzioni(1964[1975])는 조직이 제공하는 혜택이 아니라 조직이 행사하는 통제의 유형과 정도에 따라 조직들을 구분하였다. 조직들에 따라서 구성원들을 통제하는 정도도 다르지만, 왜 구성원들이 조직의 통제를 받아들이는가, 즉 순응의 이유도 서로 다르다. Etzioni는 조직의 통제에 대한 구성원들의 순응의 이유에 따라 규범적 · 공리적 · 강제적 조직을 구분하였다.

Etzioni의 조직 분류 역시 공공, 영리, 비영리 조직의 구분과 겹치는 면이 있다. 하지만 구분의 기준이 다르고, 구분하는 내용의 초점도 다르다. Etzioni의 규범적 조직은 비영리조직과 연결되며, 이 조직의 구성원들은 종교적 신념(종교조직), 학술적 가치(대학교) 등 조직의 목적과 활

표 2-2 ■ 구성원의 통제 방식과 순응 이유에 따른 조직의 구분

통제유형	통제 방식과 순응 이유	예
규범적	상징적 보상이 제공되며, 순응은 자신이 기여하는 가치에 대한 믿음에 기반	언론, 종교조직, 대학교
공리적	우수 성과에 대한 물질적 보상을 통해 통제 행사, 순응은 긍정적 강화에 기반	은행, 식당, 기업, 호텔
강제적	위협과 강제 통해 통제 행사, 순응은 선택이 아니며 순응 거부는 처벌	교도소, 경찰, 군대

출처 : Etzioni, 1964[1975].

동 내용에 대한 내면적 동의를 중요시한다. 이들 조직은 구성원들의 공유된 가치와 이익을 기반으로 하며, 조직에서의 활동에 대해 금전적 보상보다 규범적이고 상징적인 보상을 더 중시하는 특징을 보인다. 반면 영리조직과 연결되는 공리적 조직에 참여하는 구성원들은 자신의 활동이 조직의 재무적 성과에 기여한 만큼 받는 물질적 보상의 유인을 중요시한다. 더 열심히 일하고 좋은 성과를 내는 만큼 더 많은 보상을 받는다는 긍정적 강화(reinforcement)가 공리적 조직에서는 중요하다. 마지막으로 강제적 조직은 억지로 구성원이 될 수밖에 없는 조직이며, 이러한 경우는 교도소의 죄수, 군대에 징집된 군인, 정신병원이나 요양원의 환자 등에 해당된다. 이러한 구성원들은 직접적이고 엄격한 신체적 통제를 받으며, 자발적 선택보다는 외적 강제 때문에 어쩔 수 없이 조직의 통제를 따른다. 결국 이들 조직에서 규칙에 대한 순종은 필수이며 선택이 아니다.

Etzioni의 조직 유형 구분에서 마지막 유형인 강제적 조직을 Goffman (1961)은 보다 상세하게 연구하였다. 정신병원에서의 관찰과 인터뷰를 토대로 그 안에서 치료받는 사람들이 어떤 일상을 보내는가를 연구한 Goffman은 『수용소(*Asylums*)』에서 강제적 조직에서의 생활과 상호작용의 특징을 상세히 서술했다. 강제적 조직은 양로원, 고아원, 장애인 수용시설 등 취약 집단에 대한 보호를 위해, 교도소처럼 사회에 위협이 될 수 있는 사람들의 격리를 위해, 군대, 선원, 기숙학교 등 작업의 특성상 일반 사람들로부터의 분리가 필요해서, 정신병원처럼 치료와 보호를 위해, 수도원이나 공동체처럼 외부 세상으로부터의 도피를 위해 구성원들에게 엄격한 격리와 통제를 요구한다. 이들 조직 내부에서의 생활은 대체로 다음과 같은 특징을 공유한다.

이들 조직에서는 우선 구성원들이 수용자와 감시자, 피보호자와 보호자의 두 집단으로 엄격히 구분된다. 교도소에서는 간수와 죄수가, 정신병원에서는 간호사와 환자가, 요양원에서는 요양사와 노인이, 군대에서는 장교와 사병이 구분된다. 두 집단 간의 관계는 한쪽이 다른 쪽을 통제하는 일방적인 것이며 그렇기 때문에 두 집단에 속한 개인들은 서로 친밀하기 어렵다. 감시자 혹은 보호자는 외부 일반인들과 큰 차이를 보이지 않지만, 수용자 혹은 피보호자는 외부인들과 엄격하게 구분된 삶을 산다. 이들은 개성이 말살되어 획일적인 제복을 입고 생활하며, 호칭도 이름이 아닌 번호로 불리는 경우가 많다. 이들 조직에서는 개인시간과 행동의 자유를 최소화하기 위해 빡빡한 일정에 따라 생활이 이루어진다. 개인으로서의 삶은 조직에 전면적으로 포섭·통제되며, 이러한 의미에서 Goffman은 이들 조직을 통칭해서 전체주의 기관(total institution)이라고 부른다.

한 가지 주목할 것은 Etzioni의 조직의 구성원에 대한 통제 방식과 순응의 원천에 따른 구분이 이념형적이라는 점이다. Weber가 처음 사용한 이념형이라는 말은 현실이 이러한 유형과 일치하는 정도에 어느 정도 차이가 있다는 의미가 포함되어 있다. 권위주의와 집합주의가 강한 사회의 경우 공리적 조직에서도 강제적 조직처럼 엄격한 권위와 복종이 강조되기도 한다. 한국의 경우 1960년대와 70년대에 군부 중심의 병영적 문화와 사회 분위기가 지배적이었는데, 이 당시 학교 학생들의 생활이나 공장 노동자들의 생활에서도 엄격한 규율과 통제가 강조되었다. 1980년대 후반 이후에 정치, 사회적 민주화가 이루어지고 개인주의가 강해진 최근에는 강제적 조직인 군대에서도 개인들에 대한 과도한 통제를 줄이려는 변화가 나타나고 있다.

(3) 조직의 포괄범위에 대한 전략적 선택

조직들은 구성원을 충원하는 범위나 조직 활동의 산물인 제품과 서비스를 제공하는 범위가 얼마나 넓고 포괄적인가, 아니면 좁고 제한적인가에 따라 종합주의(generalism)와 전문가주의(specialism) 조직으로 구분된다. 종합주의란 조직의 포괄범위를 가능한 한 넓게 설정하고 다양한 제품이나 서비스를 제공하며 광범한 고객을 만족시키려고 한다. 반면 전문가주의는 조직의 포괄범위를 좁게 설정하고 자신의 전문성을 내세워 한정적인 제품이나 서비스, 혹은 고객층에 자신의 활동을 특화한다. 종합주의와 전문가주의 조직의 구분은 조직의 전략적 선택의 결과인 경우가 많다.

다양한 제품이나 서비스를 제공하고, 고객이나 구성원이 다양한 종합주의 조직의 경우 규모의 경제와 범위의 경제에 따른 이득을 제공할 수 있다. 하지만 큰 규모와 넓은 범위를 관리하고 조정하는 데 들어가는 비용 때문에 비효율이 발생할 수 있고, 전문성을 추구하기 쉽지 않다는 어려움도 있다. 여러 진료과목을 가진 종합병원, 다양한 전공 분야를 가르치는 종합대학교, 다양한 제품을 판매하는 백화점과 종합상사, 다양한 종류의 기사나 프로그램을 제공하는 종합신문과 종합방송채널 등이 종합주의 조직의 예이다. 20세기 중반 미국의 대표적 기업이었던 GE (General Eletric)나 GM(General Motors)처럼 기업의 명칭에 종합적이라는 수식어를 붙인 경우도 있었다. 상품이나 서비스를 다양하게 넓히지 않더라도 시장에서 가장 대중적인 제품이나 서비스를 제공하는 종합주의도 있다. 대중적 취향의 맥주를 생산하는 맥주회사나 상비약 중심으로 생산하는 제약회사, 많은 사람들이 찾는 패스트푸드 식당 등이 이런 경우이다.

반면 전문가주의는 범위의 경제에 따른 이득 대신 제품과 서비스에 대한 전문적 기술이나 정보, 지식을 내세워 장점 혹은 전략적 이점으로 삼는 경우이다. 전문가주의는 전문적 분야의 제품이나 서비스를 선호해서 찾아오는 고객들에 집중해서 활동을 한다. 전문적 의료 서비스를 제공하는 클리닉, 공과대학이나 과학기술대학교처럼 특정 분야나 여자대학처럼 특정 집단에 전문화된 대학교, 특정 상품이나 브랜드에 특화된 부티크 전문점, 특정 분야의 전문적 기사나 프로그램을 다루는 경제지 같은 특수신문이나 영화, 다큐멘터리, 자연 등의 전문 방송채널 등이 전문가주의 조직의 예이다. 전문가주의 조직은 전문적 기술, 정보, 지식 등 전문성과 함께 특정한 상품이나 서비스를 필요로 하는 고객과의 긴밀한 관계가 중요하지만, 만약 냉면 식당이나 스키용품 판매점처럼 계절적 요인의 영향이 너무 강하면 어려움을 겪을 수도 있다.

일반적으로 종합주의 조직은 넓은 범위를 포괄하려다 보니 조직의 규모가 커지는 경우가 많고, 전문가주의 조직은 반대로 좁은 전문 분야에 특화하려다 보니 조직의 규모가 작아지는 경향이 있지만 반드시 그런 것은 아니다. 어느 동네에나 있는 잡화점이나 편의점의 경우 다양한 상품을 갖춘 종합주의 조직이지만 규모는 크지 않다. 또한 본래 고급 취향의 한정된 상류층 고객들만을 전적으로 상대했던 명품 브랜드 기업들은 명품을 찾는 고객층이 상류층만이 아니라 중산층으로 확대되고, 고객 범위가 글로벌해지면서 대규모 조직으로 성장해 왔다.

3. 조직은 왜, 어떻게 다양해지는가?

조직들은 왜 이처럼 다양해질까? 조직들이 다양해지는 것은 불가피하고 자연적인 과정의 산물인가? 아니면 조직의 다양화는 의도적이고 전략적인 선택의 결과인가? 외적인 양상과 내적인 조직원리 측면에서 다양한 조직들을 비교하고 난 뒤에 이러한 질문은 자연스럽게 제기된다. 조직들의 다양성을 높이는 요인들 중에는 자연적인 것도 있고, 의도적인 것도 있다. 다양성을 높이는 힘은 환경에서 비롯된 것도 있고, 조직 내부에서 시작된 것도 있다. 이들 요인들을 하나씩 살펴보도록 하자.

먼저 환경적, 자연적 요인부터 살펴보자. 우선 조직의 다양화는 조직환경으로서 사회에서 분업의 결과로 나타난다. Durkheim(1893[1984])은 사회적 분업이 사회의 인구 증가와 함께 이루어진다고 주장했다. 사회의 인구가 늘어나면 비슷한 기능이나 일을 담당하는 사람들 간에 경쟁이 격화된다. 경쟁이 격화되면 사회적으로 경쟁을 완화하기 위해 서로 다른 일과 기능을 담당하는 다양한 직업으로의 분화가 나타난다고 Durkheim은 보았다. 사회의 규모 증가와 분업의 증가가 함께 진행되면 사회는 점점 더 복잡해지고 그에 따라 사회 구성원들의 욕구나 기능적 필요 또한 세분화된다. 이처럼 세분화되고, 다양해진 필요와 기능을 충족시키기 위해 다양한 조직들이 새롭게 등장하면서 조직들도 다양해진다. Durkheim이 주목했던 것은 분업에 따른 직업의 다양화였지만, 조직의 입장에서 본다면 분업의 결과로 조직들이 활동하는 분야인 산업의 다양화도 함께 나타난다고 할 수 있다.

조직 다양화를 가져오는 또 다른 환경적 요인으로 사회변동에 따른 각인(imprinting) 효과를 들 수 있다(Stinchcombe, 1965). 각인이라는 현상은 조직이 처음 만들어질 때 당시의 사회, 경제, 문화적 환경의 특성이 조직에 그대로 반영되는데, 일단 설립된 이후 이처럼 환경을 반영하는 조직 특성이 환경 변화에도 불구하고 지속되는 것이다. Stinchcombe은 조직이 환경적 특성을 각인하는 예로서 미국 대학 자치 기숙사(fraternity)에서 나타난 인종 구성의 획일성을 들었다. 미국에서는 인종 관계가 20세기 중반 이후 흑인과 백인의 분리(segregation)로부터 통합(integration)으로 바뀌었다. 이러한 변화 이전에 설립된 대학의 자치 기숙사는 백인 전용인 경우가 많았던 반면, 통합 이후에 설립된 기숙사들은 백인과 흑인 학생들을 모두 허용하는 경우가 대부분이다. 사회 전체적으로 인종통합이 진행되었음에도 이전에 설립된 기숙사들에서는 과거의 분리 관행이 유지되어 기숙사 인종구성에 변화가 없었기 때문이다. Barron, Mittman, & Newman(1991)은 미국 주 행정기관에 종사하는 사람들의 성별 구성 역시 이들 행정기관이 만들어질 당시의 남녀 차별에 대한 사회적 분위기에 따라 차이를 보인다는 것을 보였다.

Stinchcombe의 조직적 각인에 대한 설명은 이 장 앞부분에서 살펴본 한국 기업들의 설립 시기별 성별, 연령별 구성의 차이에도 유사하게 적용될 수 있다. 1980년대 후반까지 설립된 기업들보다 2000년대 이후 설립된 기업들에서 구성원의 여성 비율과 청년 세대 비율이 모두 더 높다. Stinchcombe의 주장대로라면 이것은 2000년대 이후 설립 기업들이 양성 평등이라는 사회적 분위기의 영향을 더 많이 받고, 연공제 인사관행의 영향을 덜 받았기 때문이다. 만약 양성 평등과 연공제 약화라는 사회적 변화에 맞춰 기업들이 변화한다면, 서로 다른 시기에 설립된 기업들 간에 여성과 청년의 비율 차이가 줄어들고 비슷할 것이다. 하지만 조직들이 설립 당시의 특성을 계속 유지하는 경향이 강하기 때문에 기업 간의 차이가 나타난다.

조직의 다양성을 낳는 또 다른 요인으로 종합주의와 전문가주의의 분화를 가져오는 생태적 과정을 들 수 있다(Carroll, 1985). 같은 분야에서 활동하는 조직군의 생태적 진화의 결과 조직 간의 집중이 일어나면서 경쟁에서 살아남아 성장한 대규모 조직들은 점점 더 종합주의 조직에 가까워진다. 집중의 결과 조직 수가 줄어들고 지배적인 대규모 조직의 영향력이 커지면 [그림 2-5]에서 보듯이 지배적 종합주의 조직이 시장

그림 2-5 | 조직군에서 종합주의와 전문가주의 조직으로의 자원분할 과정

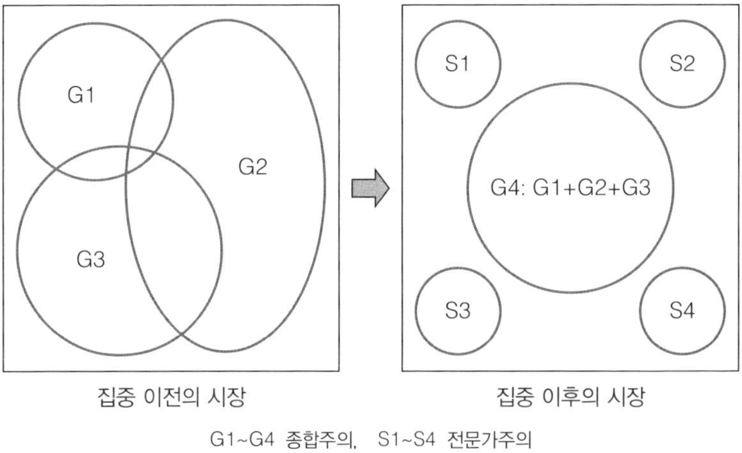

출처 : Carroll, 1985에서 수정.

에서 포괄하는 범위는 과거 종합주의 조직들이 함께 포괄하던 범위에 비하면 줄어든다(G4 < G1+G2+G3). 그 결과 시장에서 수요자들의 수요나 필요가 충족되지 못하는 빈 공간이 시장의 주변부에서 발생하고, 시장의 이러한 빈 공간을 채우기 위해 전문가주의 조직들(S1, S2, S3, S4)이 새롭게 등장할 수 있는 기회가 열린다.

조직군 수준에서 집중의 결과 새롭게 등장한 이들 전문가주의 조직은 시장의 지배적인 종합주의 조직과는 시장이 중복돼 경쟁할 가능성이 낮다. 이러한 현상을 조직생태학에서는 시장이 종합주의와 전문가주의 조직 간에 분할된다는 의미에서 자원분할(resource partitioning)이라고 부른다. 이러한 자원분할 이론과 모형은 미국 신문산업에서 중앙 종합 일간신문의 지배력이 커지면서 역설적으로 새로운 지방신문이 대거 등장하는 현상(Carroll, 1985)이나, 미국 맥주산업에서 냉장차량을 이용한 장거리 운송이 등장하면서 전국적 맥주시장의 집중이 강화된 이후 소규모

브루어리의 등장이 늘어난 현상(Carroll & Swaminathan, 2000)에 적용되었다. 이 과정에 대한 설명은 9장에서 다룬다.

조직의 다양화를 가져오는 조직 수준에서의 의도적인 요인으로 대안적 조직의 시도를 들 수 있다. 대안적 조직은 기존 조직과 동일한 분야에서 차별화된 목적이나 조직원리를 갖고 설립된 조직들이다. 대안적 조직의 예는 협동조합과 같은 대안적 작업조직, 대안적 유통조직, 대안적 학교, 대안적 정치조직, 대안적 언론, 대안적 금융 등 다양하다(Parker, Cheney, Fournier, & Land, 2014). 미국이나 유럽에서 대안적 조직의 설립이 1960년대와 70년대 무렵 활발했다가 다시 2000년대 들어 증가했다면 한국에서는 1990년대 중반 이후 대안적 조직을 만들려는 시도들이 생겨나 2000년대 들어 빠르게 늘기 시작했다. 기존 입시 위주의 교육에서 벗어나려 대안 학교를 만들고, 기존 금융권이 대출을 꺼리는 빈곤층을 돕기 위해 대안적 금융을 시작했다면, 기업의 주주나 경영자보다 작업자, 소비자, 생산자들에게 더 많은 혜택을 주기 위해 대안적 작업조직과 유통조직이 시작되었다. 이처럼 동일한 분야에서 다른 목적을 갖고 시작된 대안적 조직들은 조직의 구성과 운영원리 측면에서도 차이를 보였다. Rothschild-Whitt(1979)는 대안적 작업조직의, Swidler(1979)는 대안적 학교들의 조직과 운영원리를 연구하였다. 이들이 공통으로 발견한 사실은 대안적 조직들이 기존의 관료제적 조직들과 달리 권위를 특정한 사람에게 몰아주기보다 집단적 의사결정을 하려 하며, 그 때문에 비효율이 생기더라도 이를 조직 안에 민주주의를 실현하는 것에 대한 대가로 생각한다는 것이다. 결국 대안적 조직화는 기존 조직들과 다른 목적과 조직 및 운영원리를 지닌 조직들을 만듦으로써 조직들을 더욱 다양하게 만드는 역할을 했다.

4. 조직에 대한 다양한 관점과 논리

조직의 현실적 특성이나 조직 및 운영원리만 다양한 것이 아니라 조직을 바라보는 관점이나 설명과 운영의 논리도 다양하다. 조직에 대한 상반되고 때로 상충하는 관점과 논리는 현실에서 갈등과 충돌을 일으키기도 한다. 왜냐하면 한 관점이나 입장에서는 조직의 장점이자 미덕이라고 생각하는 것을 다른 관점이나 입장에서는 조직의 결점이자 문제점으로 볼 수 있기 때문이다. 그렇다면 조직에 대한 상이한 관점과 논리의 차이는 어디에서 출발하는가? 조직에 대한 상반된 관점과 논리는 서로 양립 불가능한가? 뒤이어 살펴보게 될 조직의 다양한 측면들에 대한 서술과 설명에 앞서 조직을 보는 관점을 설명하는 논리를 비교해 보는 것은 준비 작업으로서 의미가 있다.

(1) 조직과 인간에 대한 가정

조직에 대한 관점과 논리의 가장 첨예한 충돌은 조직의 본질과 인간의 본성에 대한 입장 차이에서 비롯된다. 이러한 차이는 앞 장에서 살펴본 조직의 개념적 모형에서 조직의 구성요소들 간의 관계에 대한 설명에서도 모습을 드러냈다.

조직에 대한 하나의 관점과 논리에 따르면 조직은 목적을 이루기 위한 수단이며, 수단으로서의 조직은 목적 달성을 위해 최대한 합리적 · 기능적으로 설계되고 운영되어야 한다. 조직의 합리적 · 기능적 설계와 운영을 위해서는 조직의 활동과 상호작용을 엄격하게 제약하는 규칙(rule)과 역할(role)의 체계를 갖추고 가장 앞선 지식과 기술을 조직이 주도적으로 도입해야 한다. 조직 구성원들은 정교하게 짜여진 규칙과 역할의 체계 속에서 마치 기계의 부품처럼 주어진 업무를 신속하고, 정확하게, 오류없이 수행해야 한다. 개인의 감정이나 사적인 연고, 이해관계는 엄격히 제약되고, 구성원에 대한 권한 부여와 보상은 개인 역량과 업무 성과에 대한 객관적 측정 결과에 근거해야 한다. 조직이 구성원들을 통제하고 성과에 따라 보상을 제공하는 이유는 이들을 그냥 내버려두면 나태해지거나 개인적 이해관계만을 추구할 수 있기 때문이다. 결국 인간 자발성에 대한 불신과 조직에 대한 도구적 관점이 핵심이다.

조직의 공식적 측면을 강조하고, 조직 합리성에 기반해서 개인의 나약함이나 이기심을 통제해야 한다는 관점과 논리는 조직 연구가 출발하던 시기 독일 사회학자 Weber(1947)의 관료제 이론, 미국의 엔지니어이자 컨설턴트 Taylor(1911[2004])의 과학적 관리 이론, 그리고 프랑스의 엔지니어이자 경영자 Fayol(1916)의 경영의 일반원리 등에서 일관되게 발견된다. 19세기 말에 엄청난 규모로 성장한 기업 조직의 경영 경험과 관찰을 토대로 이들은 조직이 효율적으로 운영되어 높은 성과를 올릴 수 있는 방안을 제시했다. 조직과 인간에 대한 이들의 가정과 관점은 Weber가 조직을 '기계'에 비유하고, Taylor가 자신의 관리법을 '과학적'이라고 부른 것에 잘 나타나 있다. 인간적 관점은 최대한 배제되고, 객관적이고 엄밀한 과학적 지식에 기초해서 기계처럼 조직을 설계하고 운영해야 한다는 것이다. 이러한 관점에 대한 비판과 대안이 이후 활발하게 제기되었지만 많은 경영자들과 조직 연구자들은 이 관점에 동의할 뿐 아니라 발전시켜 조직의 구조설계, 의사결정, 자원관리 등에 적용해 왔다.

조직에 대한 도구적, 합리적 관점이 등장한 뒤 얼마 되지 않아 그에 대한 비판과 대안도 등장했다. 이러한 비판에서는 조직이 특정 목적 달성을 위해 만들어졌다는 점을 부정하지는 않지만, 동시에 조직이 단순한 수단에 머물지 않고, 구성원들이 조직에 참여해 활동하고 상호작용한 결과 조직이 그 자체의 삶을 갖게 된다는 점에 주목한다. 조직 구성원들이 완전히 기계 부품처럼 움직이는 것은 불가능하며, 개인의 가치와 목적에 따라, 인간관계를 고려해서 행동할 수밖에 없다는 점을 인정할 것을 이 관점은 주장한다. 조직 행동에서 인간적 측면이 강조되는 것은 경영자이건, 노동자이건, 중간관리자이건 마찬가지이다. 경영자나 중간관리자들은 조직 안에서 자신의 입지를 높이기 위해 가까운 사람들과 연합(coalition)을 만들고, 노동자들도 함께 일하는 동료들과 겉으로는 잘 드러나지 않는 자신들만의 문화와 규범을 형성하기도 한다.

바깥에서 보기에는 공식 규칙과 역할 분담에 따라 움직이는 것처럼 보이는 조직도 실제 안에 들어가 보면 보이지 않는 인간관계와 암묵적 규범과 문화의 영향이 지대하다. 따라서 비공식 인간관계를 무시하거나 거스를 경우 조직 운영에는 심각한 문제가 발생할 수 있다는 것을 조직에 대한 인간적 관점은 강조한다. 이 관점에서는 공식적 지시와 명령, 물질적 유인과 외부적 통제에만 의존하기보다 조직 구성원들의 자발성을 최대한 이끌어내고, 상호작용을 통해 질서를 만들도록 허용하고 장려할 때 더 좋은 성과를 얻게 된다고 주장한다. 인간적 관점은 합리적 관점과 반대로 인간이 게으르거나 이기적이지 않고 자발적이며 적극적이라고 보아 이러한 적극성을 잘 활용해야 한다고 주장한다.

조직의 인간적 측면은 1924년부터 32년까지 미국 중서부 일리노이주의 웨스턴 일렉트릭회사 호손공장에서 이루어진 대규모 연구를 통해 밝혀졌다. 애초 과학적 관리법의 효과를 실험하고자 시작된 연구에서 예상과 다른 결과들이 나타나면서 연구자들은 의외의 결과를 설명하고자 했다. 작업자들이 연구자들과 상호작용한 결과, 또한 자신들의 암묵적 규범에 민감하게 반응한 결과 예상 밖의 결과가 생겼다는 것을 발견하고 연구자들은 객관적 업무와 환경이 아닌 인간관계에 주목하기 시작했다. 이 실험을 주도한 Mayo(1933)는 이러한 조직 내의 인간관계를 공식 구조를 이루는 수평적 업무 분담과 수직적 명령, 복종관계와 구분해서 비공식 구조라고 불렀다. 이 외에도 여성 사회복지 전문가이자 경영자였던 Follet(1926)의 인간 존중 경영, 성공적 경영자의 경험을 살려 기업 내 구성원들의 동기부여와 협력을 강조했던 Barnard(1938), 목적 달성의 도구로 처음 시작된 조직에 구성원들의 가치와 이해관계가 스며들어 제도로 변모한다고 주장한 Selznick(1948), 그리고 이러한 인간적 관점을 종합적으로 정리한 McGregor(1957)를 거치면서 조직의 인간적 관점은 발전했다.

(2) 조직과 환경의 관계

조직과 인간에 대한 가정 외에도 조직을 보는 관점은 조직과 환경의 관계를 어떻게 보는가에 따라 크게 달라진다. 체계로서 조직은 환경에 의존할 수밖에 없다는 점을 앞서 살펴보았다. 그런데 내적으로 규칙과 역할구조를 통해 안정과 질서를 유지하고자 하는 조직과 달리 환경은 끊임없이 변화하며 불안정과 무질서를 특징으로 한다. 시장 거래는 수요와 공급의 끊임없는 변동에 따라 거래조건이 바뀌며, 조직은 이러한 불확실성에 적응해야 한다. 조직에 충원된 구성원들은 생각과 이해관계가 다양할 수 있고, 세대가 다르면 그만큼 다양성은 더욱 커진다. 글로벌 시대에 접어들어 조직의 활동범위가 넓어지고, 조직 구성원 또한 여러 문화와 사회로부터 충원되면 조직의 다양성과 이질성은 더욱 커진다.

내적으로 안정과 질서를 유지해야 하는 조직과 본질적으로 불확실성과 변동성을 안고 있는 외부 환경의 관계에 대해서는 상반된 두 관점이 존재한다. 한편에는 불안정하고 변화무쌍한 환경의 영향을 조직은 차단해야 하며, 자신과 환경과의 경계(boundary)를 분명히 구분해야 한다고 보는 관점이 있다. 조직을 폐쇄적으로 보는 이 관점에 따르면 조직은 환경으로부터 유입되는 정보, 에너지, 자원 중에서 자신에게 적합한 것만을 엄격히 선별하거나, 자신에게 맞도록 변형해야 한다. 환경의 불확실성에 대응하기 위해 조직 내부에 자원의 여유분을 충분히 준비하거나 아니면 아예 조직 내부에서 필요한 공급을 제공할 것을 주장한다.

조직 내부와 외부 환경의 차이가 큰 조직, 예컨대 앞서 살펴본 '전체주의 기관(total institution)'에 속하는 군대나 수도원은 이런 경향이 매우 강하다. 이들 조직에 새롭게 충원된 사람들은 상당히 오랜 기간의 교육과 훈련을 통해 외부 환경의 영향을 없애거나 약화시키고, 조직에 적합한 사람으로 새롭게 사회화될 것을 요구받는다. 내부 활동 역시 고도로 획일화, 표준화된 일정과 규칙을 따르고, 필요한 물품이나 서비스 또한 자급자족 원칙에 따라 내부에서 공급한다. 또한 이러한 조직들은 내부에서 어떤 일이 일어나는지 외부에서 알 수 없도록 비밀 유지를 매우 엄격히 요구한다. 하지만 군대나 교도소, 수도원처럼 엄격한 규율이 강조되는 조직만이 환경에 폐쇄적인 것은 아니다. 매우 경쟁적인 상황에 놓인 첨단기술 기업들도 외부에 대해 높은 담장을 친다. 물리적인 의미에서의 담장보다는 외부와의 상호작용을 통제하고, 외부 인물과의 접촉도 제한하는 등 보안을 철저히 지키는 것이다.

외부 환경 변화 속에서 조직 내부 질서를 유지해야 하는 것은 필요하지만, 지나치게 조직을 폐쇄하고 외부와의 연결이나 상호작용을 제한, 통제하는 것은 조직에 부정적인 영향을 미칠 우려가 있다. 대표적인 경우가 외부 환경에 대한 조직의 적응력 약화이다. 외부 환경이 빠르고 급격하게 변하면 이러한 조직은 외부 환경으로부터 내적 질서를 지키기 힘들게 된다. 자신을 지키기 위해 폐쇄적이 된 조직은 유연성을 잃고 경직적으로 변화며, 그 결과 변화의 여지나 가능성은 더욱 낮아질 뿐 아니라 아예 거부하거나 저항하는 성향도 생긴다. 폐쇄적 조직이 빠지기 쉬운 또 하나의 함정은 비효율이나 비리의 위험이 높아지는 것이다. 기존 방식과 질서를 고수하면 새로운 혁신의 여지는 줄어든다. 조직에 문제가 생겼을 때 외부의 시선이나 관점이 전혀 없으면 내부 성원들끼리 서로 덮어 주고 넘어갈 가능성도 있다. 이런 경우라면 폐쇄적인 조직은 겉에서 보기에는 문제가 없는 듯이 보이지만 사실 그것은 문제가 드러나지 않을 뿐 오히려 문제가 더욱 심각해지고 있는 것이다.

조직에 대한 폐쇄적 관점과 달리 개방적 관점에서는 환경의 영향을 차단하거나 조직을 보호하기보다는, 환경과 조직의 역동적 균형을 유지해서 환경으로부터의 위험은 피하되 환경이 제공하는 기회는 적극적으로 활용할 것을 강조한다. 환경이 다양하거나 변화무쌍하고 불확실할 경우 조직이 이를 완전히 통제하는 것은 매우 어렵다. 오히려 환경의 다양성을 조직 내부에도 부분적으로 도입해서 조직이 환경에 빠르게 적응하고 적극적으로 대응하는 능력을 갖출 필요가 있다. 예컨대 글로벌 시장에 진출한 조직에서는 다양한 인종이나 문화적 배경을 가진 구성원들이 조직에 필요하다. 조직의 기존 방식이나 질서가 도전을 받더라도 이러한 도전에 적극적으로 대응할 때 환경에 적응할 수 있는 유연성과 적응력이 생긴다. 다양한 배경을 가진 구성원들 간의 의사소통은 때로 시간이 걸릴 수도 있지만, 창의적 · 혁신적 아이디어의 원천이 될 수도 있다.

외부 환경이 제공하는 기회의 대표적인 경우가 외부 다른 조직들과의 네트워킹을 통한 정보 획득이나 아이디어 발굴, 그리고 비즈니스 기회의 포착이다. 기업 간의 합작투자, 기술제휴나 전략적 제휴, 컨소시엄 구성은 점점 늘어나는 추세이며, 협력 대상은 글로벌 기업들로 확대되어 왔다. 기업 간의 네트워킹을 통해 서로에 대한 정보 교환 가능성을 높일 뿐만 아니라 기술 개발과 혁신에 따르는 위험을 공유하기도 한다. 그 결과 오늘날 글로벌 시장에서의 기업 간 경쟁은 기업 간 네트워크 혹은 생태계 간의 경쟁으로 바뀌었다고 할 수 있다(Moore, 1996; Iansiti & Levien, 2004). 이런 변화된 조건에서는 기업들 간의 관계도 경쟁만이 아니라 협력과 경쟁이 뒤섞이게 되었다는 진단도 나온다(Nalebuff, Brandenburger, & Maulana, 1996).

연습문제

01 한국 사회의 조직에 대한 설명으로 옳지 않은 것은 다음 중 무엇인가?

① 법인 간 경제적 격차가 개인 간 경제적 격차보다 크다.
② 영리법인의 8% 이상이 9인 이하의 영세법인이다.
③ 연공제가 강한 대기업일수록 나이 많은 구성원의 비율이 더 높다.
④ 최근 생긴 조직일수록 여성의 비율이 더 높게 나타난다.

02 조직의 구분에 대한 설명으로 옳지 않은 것은 다음 중 무엇인가?

① 공공조직의 설립은 법적 근거에 따른다.
② 민간조직의 설립은 법으로부터 자유롭다.
③ 가장 수가 많은 조직은 영리조직이다.
④ 비영리조직은 시장에서 벗어나 있다.

03 조직 구분에서 서로 연결이 맞지 않는 것은 다음 중 무엇인가?

① 공리적 조직 – 노동조합

② 서비스조직 – 복지 기관

③ 규범적 조직 – 교회

④ 강제적 조직 – 경찰

04 조직이 다양해지는 이유와 배경으로 적절하지 않은 것은 다음 중에서 무엇인가?

① 제도적 압력

② 사회 변화와 각인

③ 자원분할

④ 대안적 조직 시도

05 조직들이 처음 만들어질 때 당시의 사회, 경제, 문화적 환경의 특성이 조직에 그대로 반영되며, 설립된 이후 이러한 조직 특성이 환경 변화에도 불구하고 지속되는 현상을 (　　)이라 한다.

06 개인의 삶을 온전히 통제하며, 개성과 자율성을 제약하는 조직을 (　　　　) 이라고 부른다.

정답

01 ③ 02 ② 03 ① 04 ① 05 각인 06 전체주의 기관(조직)

제 3 장

인간-조직-사회의 관계

1. 근대 사회에서 인간-조직 관계의 변화
2. 개인-조직 비대칭 관계와 그 결과
3. 조직 환경으로서 인적 속성의 분포
4. 조직 내 개인과 조직 인구학
5. 개인의 사회와 조직의 사회

■ 연습문제

이 장에서는 조직과 인간, 조직과 사회의 관계를 살펴본다. 근대 조직의 등장은 과거 전근대 사회의 인간과 조직 관계를 바꾸어 놓았을 뿐 아니라 근대 사회의 새로운 행위자 등장을 의미한다. 조직의 등장으로 새롭게 전개된 인간과 조직의 관계 및 상호작용의 특성을 살펴보고, 이어서 조직의 측면에서 인간의 영향을, 인간의 측면에서 조직의 영향을 살펴본 뒤 대형 조직의 성장과 발전이 사회적으로 가져온 결과와 함의를 살펴보고자 한다.

사회학은 개인과 사회의 역동적 관계를 중심으로 사회 현상을 설명한다. 행위 중심의 미시적 사회학의 주된 관심이 개인의 행위와 개인 간 상호작용의 심리, 의식, 문화적 측면들에 있다면, 체계와 구조 중심의 거시적 사회학은 사회의 제도적 제약 속에서 정치와 행정, 경제와 법, 문화 영역에서의 체계 혹은 구조적 현상과 변화를 다룬다. 사회학 이론은 미시와 거시, 행위와 구조로 구분되는 이론적 관심과 설명을 어떻게 잘 연결시킬 것인가에 대해 많은 논의를 해 왔다(Coleman, 1986; Alexander, 1987). 인간 중심의 미시적 수준과 사회 중심의 거시적 수준의 중간에는 조직이 중심이 되는 중위(meso) 수준이 존재해서, 이것이 미시와 거시의 연계에 중요한 역할을 한다(DiMaggio, 1991; 이재열, 1996).

미시와 거시 중간의 중위 수준으로서 조직이 사회 현상의 이해와 설명에 도움을 주는 것은 다음과 같다.

첫째, 인간 개인과 사회 체계 간의 관계는 구체적이지 못하고 추상적이다. 예컨대 거시 사회이론의 주장대로 사회가 개인을 사회화시켜 의식과 규범에 따라 판단하고 행동하게 만든다면, 개인은 사회 전체 혹은 일반의 지식이나 규범이 아니라 특정한 조건과 상황에 따른 지식과 규범을 주입받을 가능성이 높다. 사회 전체의 입장이나 관점이 구체화되는 것은 학교나 직장과 같은 조직을 통해서이다. 따라서 이 경우 우리는 조직에 대한 관찰을 통해 사회 전체보다 덜 추상적이고, 일반적이면서 개인에게 구체적으로 영향을 미치는 사회적 힘(social forces)의 작용을 볼 수 있다.

둘째, 개인이 사회 체계에 영향을 미칠 수 있는 가능성은 일반적으로 매우 낮은 반면 개인들이 모여 조직을 만들면 사회에 변화를 일으킬 수 있는 가능성이 높아진다. 조직을 만들고 유지하며 성공적으로 목적을 이루는 것은 쉬운 일이 아니지만, 일단 조직을 만들어 활동하면 개인 각자에 비해 사회적 영향력이 커진다. 그래서 사회 변화를 원하는 사람들은 먼저 이것을 위한 조직을 만드는 경우가 많다. 경제성장을 위해 기업을 만들고, 정치 개혁을 위해 정당을, 사회 개혁을 위해 사회운동 단체를 만드는 것이 대표적 예이다.

셋째, 개인 입장에서 조직은 각종 행위와 상호작용이 벌어지는 무대이자 맥락인 동시에, 사회 입장에서 조직은 개인과 더불어 사회에서 권리와 자원, 책임을 갖는 행위자이다(Pfeffer, 1997). 개인 간 혹은 개인과 조직의 상호작용은 조직에 대한 미시적 접근의 주된 관심사이고, 조직 간 혹은 조직과 사회의 상호작용은 조직에 대한 거시적 접근의 주된 관심사이다. 조직은 사회구조가 개인에 미치는 영향을 매개하는 동시에, 개인이 사회에 반작용할 수 있도록 하는 거시적 행위자로 역할한다. 이러한 의미에서 조직은 개인과 사회의 중간에서 개인과 사회의 관계와 상호작용에 대한 설명에 도움을 준다.

1. 근대 사회에서 인간-조직 관계의 변화

고전 사회학 이론은 전통 혹은 전근대 사회와 근대 사회를 비교하며 주장과 논의를 시작하는 경우가 많다. 이때 전근대와 근대 사회의 비교 내용은 대부분 사회조직에서 나타난 근본적 변화와 관련이 깊다. Karl Marx는 전근대 사회의 경제 외적 강제를 통한 착취가 어떻게 자본-임금노동 관계에 기반한 잉여가치 착취로 바뀌는지에 주목했다. Emile Durkheim은 분업이 발달하지 못한 사회에서 지배적인 동질성에 기반한 기계적 유대가 분업의 발달을 거치면서 어떻게 이질성에 기반한 유기적 유대로 바뀌었는지를, 다양한 직업과 산업의 등장을 중심으로 설명했다. 근대 사회의 특징을 종교라는 미몽으로부터 깨어난 후 합리성이 지배하게 된 것이라고 보았던 Max Weber는 합리성이 조직에 실현된 대표적인 예로 관료제를 들었다. 또한 Georg Simmel은 전근대로부터 근대 사회로의 변화를 인간과 조직 관계에서의 근본적 변화로 특징지었다. Simmel의 핵심적 주장은 다음의 [그림 3-1]과 같이 간단히 나타낼 수 있다.

[그림 3-1] (a)는 전근대 사회의 인간과 조직 관계를 나타낸다. 동심원에서 가운데 점은 개인이다. 개인을 둘러싼 동심원은 가족, 친족, 마을 등으로 바깥을 향할수록 더 확장된다. 작은 원이 나타내는 작은 단위는 큰 원이 나타내는 큰 단위에 포함된다. 예컨대 가족은 친족에 속하며, 친족은 마을에 속한다. 이러한 포함관계는 일생에 걸쳐 개인이 이들 조직에 계속 소속되며, 친구나 마을 사람들처럼 개인을 둘러싼 주변 사람들 역시 서로 친숙한 관계를 지속으로 유지한다는 것을 의미한다.

동심원적 포섭관계를 이루는 이들 조직에 개인은 온전히 속하며 다른

그림 3-1 | 전근대로부터 근대 사회로의 변화에 따른 인간, 조직 관계 변화

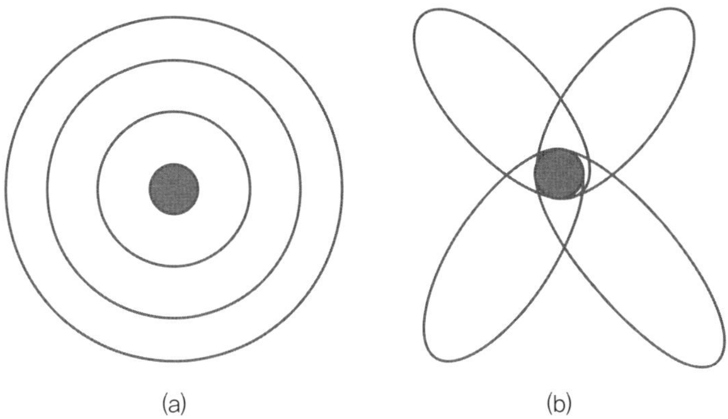

출처 : Simmel, 1955 내용을 재구성.

조직으로의 이동은 매우 드물다. 이렇게 긴밀히 얽히고 포섭된 관계와 이동의 여지가 적은 고정적 지위 때문에 가족, 친족, 마을은 개인을 상당한 정도로 통제할 수 있다. 그 결과 개인은 자신만의 개성이나 선택의 여지가 매우 적었다. 앞서 설명한 '전체주의 기관'처럼 강제적이지는 않지만 개인의 삶이 전적으로 이들 동심원적 조직 안에서 이루어지기 때문이다.

근대 사회로의 변화는 개인과 조직 관계를 [그림 3–1]의 (a)에서 (b)로 바꾸어 놓았다. 중심의 개인을 둘러싼 원으로 표시된 조직들이 바뀌었다. 조직들은 서로 완전한 포함관계가 아닌 부분적으로 중첩된 관계로 바뀐다. 개인은 이제 조직에 온전히 속하지 않고 부분적으로, 즉 일정 조건과 일정에 따라 참여한다. 또한 평생 같은 조직에 줄곧 참여하지 않고 조직들을 빈번히 이동하며 일생을 보내게 되었다. 학교에서 학업을 마치고, 상급학교로 진학하고, 최종 학교를 졸업하면 직장으로 이행(school–to–work)을 하는 것이 대표적인 예이다.

[그림 3-1] (b)에서 조직이 개인을 통제하는 정도는 개인이 조직에 부분적으로만 참여하고 참여 조건과 기간도 한정적이기 때문에 (a)에 비해 훨씬 약하다. 조직에 참여하는 사람들 간의 관계 또한 서로 잘 아는 끈끈한 강한 관계(strong tie)로부터 서로 부분적으로만 아는 느슨하거나 약한 관계(weak tie)로 바뀌었다. 조직의 통제도 약해지고 인간 관계의 강도 역시 약해지면 개인은 더 많은 자율성을 누릴 수 있을 뿐 아니라, 참여하는 조직에 따라 개인이 서로 다른 모습을 보이는 것도 가능하다. (a)에서 가장 핵심적 역할을 하는 가족은 (b)에서는 다른 조직들과 비슷한 지위로 바뀐다.

Simmel은 위 그림에서 인간과 조직의 관계가 (a)의 동심원으로부터 (b)의 부채 모양으로 바뀌면서 개인주의가 가능해졌다고 주장한다. 그것은 개인에 대한 집단의 영향력과 통제가 약해졌을 뿐 아니라 완전히 중첩되지 않는 조직들에 개인이 동시에 참여하면서 자율성을 누릴 수 있게 되었기 때문이다. 개인주의의 확대는 개인과 조직 관계가 변한 결과이지만, 동시에 개인주의 확대의 결과 개인들의 다양한 조직에 대한 참여가 가능해졌다. Stinchcombe(1965)은 조직이 사회에서 빠른 속도로 증가할 수 있는 조건으로 개인의 교육 수준 향상과 함께 개인주의로 개인 선택의 폭이 넓어진 것을 들었다.

위에 설명한 근대적 개인-조직 관계로의 변화가 갖는 또 다른 함의는 조직이 개인의 사회적 지위에 미치는 영향의 변화이다. (a)의 동심원 모형에서 개인의 사회적 지위는 주로 타고난 가족적 배경에 좌우된다. 대표적인 예가 신분제로 전근대 사회에서 신분은 부모가 자녀에게 물려주는 것이었다. 개인 선택의 폭이 제약된 상황에서 개인 노력으로 사회적 지위를 바꾸는 사회이동은 매우 드물었다. 반면 (b)에 제시된 관계에서 개인의 사회적 지위는 개인의 선택과 노력의 결과인 직업적 성취에 의해 주로 결정된다. 근대 사회에서도 부모의 자녀 교육과 직업 선택에 대한 영향이 매우 크기 때문에 세습 경향이 여전히 존재한다(Erickson & Goldthorpe, 1992). 하지만 근대 사회에서는 개인의 교육 성취가 어떤 조직에 참여하는지를 결정하고, 참여한 조직에서 어떤 위치에 도달하는가에 따라 사회적 지위가 주로 정해지기 때문에 사회이동의 여지는 늘어났다.

한국 사회에서 개인과 조직 관계의 근대적 변화에서 중요한 역할을 한 것은 1960년대와 70년대 산업화에 따른 기업의 급증과 이촌향도(離村向都), 즉 농촌을 떠나 도시에 취직하는 지리적 이동이었다. [그림 3–2]는 한국에서 경제활동인구 중 피고용의 비율을 보여준다. 1960년대 30%에 불과하던 조직에 고용된 인구의 비율은 1980년대 초반 50%를 넘었고 2010년 이후 70%를 넘었다. 산업화와 도시화를 거치면서 개인은 직장생활을 통해 가족, 친족, 마을을 벗어난 조직생활을 경험할 기회가 크게 늘어난 것이다.

그림 3-2 I 경제활동인구 중 임금근로자 비율의 변화

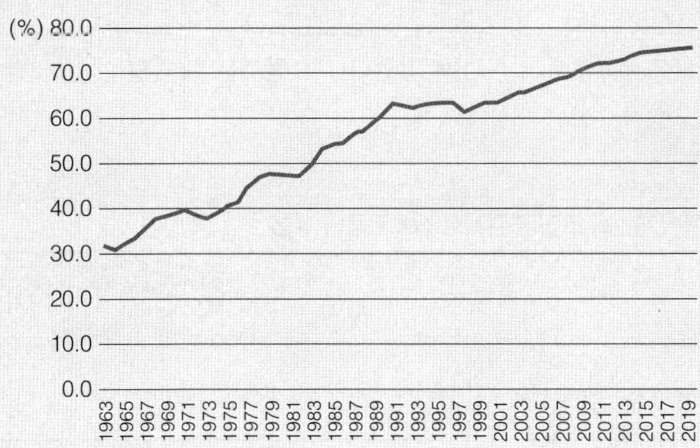

출처 : 통계청, 경제활동인구조사 각 연도.

2. 개인–조직 비대칭 관계와 그 결과

근대 사회에서 조직은 개인과 다중적(multiplex), 부분적, 선택적 관계를 맺을 뿐 아니라 자연인인 개인과 구별되는 법인으로서 행위자의 역할과 지위를 갖는다. 이렇게 자연인(natural person)으로서의 개인과 구별되는 법인(corporate actor)으로서의 행위자 자격과 지위를 조직에 부여한 것을 Coleman은 일종의 '사회적 발명'이라고 불렀다(Coleman, 1970). 이러한 변화는 19세기 후반부터 시작되어 20세기 중반 이후에 가속화되었는데, 그 결과 사회 구조가 이전과 근본적으로 다르게 바뀌었다고 Coleman은 주장한다. 조직의 법인 지위 획득에 따른 사회구조 변화를 Coleman은 '비대칭(asymmetric) 사회'의 등장으로 표현했다(Coleman, 1982).

Coleman은 비대칭 사회의 의미를 개인과 법인의 관계가 비대칭적인 사회라고 설명했다. 법인으로서 조직이 사회에서 중요한 역할을 담당하게 되면서 자연인인 개인과 〈표 3–1〉에 보는 것과 같은 네 가지 유형의 관계와 상호작용이 일어나게 되었다. 첫 번째는 자연인 개인들 간의 관계와 상호작용이다(유형 1). 친구들의 우정, 연인들의 교제, 개인 간의

표 3-1 ■ 개인과 조직의 관계와 상호작용의 유형

		대상	
		자연인	법인
주체	자연인	1	2a
	법인	2b	3

출처 : Coleman, 1982.

협력과 거래, 경쟁과 갈등이 모두 이에 속한다. 세 번째는 법인 간의 관계와 상호작용으로서 법인 간 계약이나 소송, 때로는 국가라는 특수한 법인과 다른 법인과의 권위적 관계 등 다양한 관계가 포함된다(유형 3). 첫 번째와 세 번째는 서로 동일한 성격의 주체들 간의 관계와 상호작용이라는 공통점을 갖는다.

Coleman이 주목하는 것은 두 번째 유형으로 법인 조직이 자연인을 대상으로 하거나(유형 2b) 혹은 반대로 자연인 개인이 법인을 상대로 하는(유형 2a) 관계와 상호작용이다. 몇 가지 예를 들어보면 다음과 같다.

- 자동차 보험이 필요한 사람이 고등학교 동창인 보험 판매원에게 연락해서 좋은 조건으로 보험을 가입할 수 있게 해 달라고 부탁한다. 이 경우 두 사람은 동창이라는 개인적 인연이 있지만, 보험 판매원인 친구는 공식적으로는 보험회사를 대표해서 보험 가입자와 상호작용을 하는 것이다. 친구에게 유리한 조건으로 보험 계약을 할 경우 이는 친분에 기반한 호의일 수 있지만, 규정에 따른 것이라면 고객의 이익을 우선시하는 기업의 우수한 서비스라고 할 수 있다.
- 대학교수인 아버지가 개설한 학부 교양과목을 같은 학교에 재학 중인 딸이 수강 신청하고자 한다. 아버지는 딸이 진심으로 그 과목에 관심이 있다는 것을 알지만 딸이 수강 신청을 포기하고 다른 과목을 신청하도록 설득한다. 최근 교직원 자녀의 입학이나 학사관리에 대한 학교 본부의 관리가 엄격해졌기 때문이다. 이때 교수 아버지는 아버지로서가 아니라 교수로서 이해 충돌(conflict of interest)을 피하기 위해 딸의 수강 신청을 포기시킨 것이다.
- 분양을 받아 내집 마련의 꿈을 이루었다고 기뻐한 신혼 부부는 새로 입주한 집의 천장에서 물이 새고, 벽에 금이 가는 등 문제가 발생해 대단히 화가 났다. 문제 해결을 위해 하자를 보수해 줄 것을 요구했지만, 분양사는 시공사 탓으로 시공사는 분양사 탓으로 돌리

며 책임을 회피한다. 비슷한 문제를 겪는 주민들이 모여 집단소송을 제기하기로 의견을 모았다. 하지만 분양사는 일부 주민들을 회유해서 집단소송을 어렵게 만들고 있다. 이 경우 법인인 분양사와 시공사가 자연인인 입주민들에게 부실 공사로 인한 피해를 끼쳤다.

- 2009년 5월 쌍용자동차 노조는 사측의 정리해고 결정에 반대하며 평택 공장을 점거하고 파업을 시작했다. 사측은 정리해고를 포함한 회사 구조조정 관련 사항이 경영권 행사에 해당하고 파업 대상이 될 수 없다는 이유에서 불법파업으로 고발하였다. 불법파업의 경우 노조법에서 보장하는 민형사 면책 규정이 적용되지 못해서, 파업으로 인한 손실의 손해배상 청구가 가능해지기 때문이다. 기업은 영업손실에 대해, 경찰은 진압 과정의 장비 손괴에 대한 손해배상을 노조에 청구하였다. 2013년 1심 판결에서 약 47억 원의 손해배상이 인정됐고, 2020년 현재 지연이자까지 붙어 손해배상액은 100억 원을 넘는다. 평생을 일해도 갚을 수 없다고 비관한 조합원 일부는 스스로 목숨을 끊었다. 이 경우는 법인인 회사가 자연인인 노조원들에게 큰 규모의 손해배상을 청구한 경우이다.
- 공정성에 대한 사회적 관심과 문제제기가 고조되면서 지난 4년간 대학교 입시, 특히 수시전형에 대한 2020년 교육당국의 조사에서 일부 문제점들이 지적되었다. 수도권 소재 주요 대학의 전형 실태 조사 결과 지역균형 선발 면접에서 규정을 어기고 지원자를 전원 탈락시킨 경우가 있었다. 불합격 이유는 학업능력 미달이었지만 서류심사 결과 최상 등급 학생도 포함되어 있었다. 학생부종합전형에서도 평가기준 적용이나 채점분담에서 원칙을 지키지 못한 경우가 발견되었다. 하지만 정작 피해자들인 불합격자들은 자신들이 피해자라는 사실도 제대로 알지 못하는 경우가 많다. 전형 과정은 엄격하게 비밀에 부쳐지기 때문이다.

위의 사례들은 모두 자연인 개인과 법인 조직 간의 상호작용이다. 앞의 두 사례는 자연인과 조직에 속한 자연인 간의 상호작용이며, 뒤의 세 사례는 모두 자연인과 법인 조직 간의 상호작용이다. 이 사례들에서 자연인과 조직에 속한 자연인 간에는 서로 인간적 인연이 있지만, 실제 현실이 언제나 그렇지는 않다. 다만 위의 두 사례들에서는 인간적 인연 때문에 상호작용이 더 복잡해진다. 왜냐하면 조직에 속한 자연인의 경우 동시에 두 개의 상호작용에 관여하게 되기 때문이다. 또한 자연인 개인과 조직의 일부로서 개인의 이해가 상충될 때에는 문제가 발생한다. 이처럼 자연인과 법인 간의 관계와 상호작용에서는 법인에 속한 개인들의 상황이 복잡해진다는 특징이 존재한다.

자연인 개인과 법인 조직 간의 관계와 상호작용에서는 Coleman의 지적대로 관계와 상호작용이 비대칭적이라는 사실이 가장 중요하다. 비대칭적이라는 것은 법인 조직이 유리하고 자연인 개인이 불리하다는 의미이다. 비대칭이 발생하는 주된 이유는 법인 조직이 자연인 개인에 비해 월등하게 우월한 자원을 지녔고 규모도 크며, 정보의 면에서도 이점을 갖기 때문이다. 그 결과 법인 조직과 자연인 개인 간에 분쟁이나 갈등이 발생하면, 자연인 개인들은 법인들을 상대로 자신들의 이해를 지키기가 어려운 경우가 많다. 그뿐이 아니다. 법인 조직이 사고를 일으키거나 문제가 발생해서 자연인 개인들에게 피해를 입힐 경우, 그 피해는 자연인 개인으로부터 피해를 입는 경우보다 더 규모가 크기도 하고, 문제를 바로잡기 위한 원인 규명과 책임 소재를 따지는 것도 훨씬 복잡하다. 법인 조직의 최고 의사결정자로부터 가장 아래 실무자에 이르기까지 어느 단계에서 어떤 원인이 문제 발생에 기여했는지를 따지기도 쉽지 않고, 실제 책임이 있는 사람을 찾아내서 책임을 묻기도 어렵기 때문이다.

법인 조직과 자연인 개인 간의 비대칭적 관계와 상호작용의 결과로 다음과 같은 사회적 결과들이 주목할 만하다.

첫째, 법인 조직과의 관계 및 상호작용에서 불리함을 겪은 개인들은 비대칭성에 대응하기 위해 조직들을 결성한다. 기업의 소비자들은 자신의 권익 보호를 위해 소비자 단체를 만들고, 기업에서 일하는 노동자들은 자신의 노동권 보호를 위해 노동조합을 결성한다. 기업의 폐기물이나 오염물질 방출로 피해를 입은 인근 주민들은 환경단체를 만들어 환경권을 옹호하고자 한다. 인간과 조직의 비대칭을 극복하기 위한 노력의 결과 새로운 조직들이 등장한다.

둘째, 비대칭성 극복을 위한 개인들의 노력은 조직 결성에서 그치지 않고 공공정책과 법 제정 등 제도적 변화도 가져온다. 법인 조직과 자연인 개인 모두 행위자로서 소유권과 계약주체로서의 권리 등은 함께 갖지만, 법인 조직은 자연인 개인과 달리 인권을 갖지 못한다. 기업과의 상호작용에서 자신의 인권이 침해당할 위험을 자각한 개인들은 인권 보호를 내세운 사회운동을 통해 공공정책의 개입을 요구하고, 법 제정 등을 통해 기업활동의 규제를 요구한다. 최근 들어 기업의 활동무대가 글로벌해지면서 글로벌 공조의 노력도 등장하고 있다.

셋째, 조직과 개인의 비대칭성은 사회적 신뢰 구조 또한 변형시켰다. 피해를 입을 위험부담에도 불구하고 상대방의 선한 의도와 능력을 믿는 것이 신뢰(trust)라면, 개인 간 신뢰의 경우 계약에서 보험이나 담보와 같은 기제가 부족한 신뢰를 보완할 수 있다(Cook, 2001). 하지만 비대칭적으로 불리한 조건에 놓인 개인은 조직에 대해 보험이나 담보를 요구할 수 있는 가능성이 제한된다. 결국 개인은 조직과의 과거 경험에 기반해서 자신이 피해를 입지 않을 기댓값이라고 할 수 있는 확률적 의미의 신임(confidence)만을 조직에 대해 가질 수 있다. 비대칭성의 결과로 개인이 조직으로부터 피해를 입은 경험이 늘고 그에 대한 우려가 높을수록 조직에 대한 불신은 높아진다(Lipset & Schneider, 1987).

3. 조직 환경으로서 인적 속성의 분포

조직과 개인 관계는 비대칭과 같은 관계의 특성이 관심 대상이 되기도 하지만, 조직 구성원들의 인적 속성의 분포가 조직의 환경적 특성으로서 생태지위(niche)를 규정하기도 한다. 생태지위란 조직의 유지 및 존속, 발전과 성장을 가능하게 하는 환경의 자원적 특성이다. 예컨대 기업의 경우 아동이나 여성용품, 노인용 서비스, 상류층을 겨냥한 명품 등 제품이나 서비스를 구매하는 소비자의 특성이, 비영리조직의 경우 학자나 전문가 대상 협회, 장애인 지원조직처럼 후원하거나 서비스를 이용하는 사람들의 특성이 생태지위를 정한다. 생태지위의 폭이 넓은 조직이 다양한 조건에서 생존, 발전할 수 있는 종합주의 조직이라면, 생태지위 폭이 좁은 조직은 특정 조건에만 특화된 전문가주의 조직이다. 보육원과 유치원처럼 생태지위가 많이 중복되는 조직들은 서로 경쟁이 심한 반면, 생태지위가 중복되지 않는 조직들은 서로 경쟁의 정도가 약하다. 이러한 의미에서 생태지위는 조직의 경쟁과 생존에 중요한 제약조건으로 작용한다.

사람이 주된 자원인 조직들에서 생태지위는 다른 조직들보다 더 구성원의 인적 속성 분포에 의존한다. 그 대표적인 예가 사람들의 다양한 관심, 이해관계, 가치지향에 기반해서 만들어진 자발적 결사체이다. 사람들의 관심, 이해관계, 가치지향 등은 생애주기별 연령대, 사회경제적 지위와 교육 수준 등에 따라 다르다. 게다가 비슷한 배경과 관심을 가진 사람들은 서로에 대해 인간적으로 끌리는 유유상종(homophily) 경향을 보인다(McPherson & Smith-Lovin, 2001). 이처럼 구성원들의 인적 속성 조합에 의해 규정되는 조직의 환경적 특성을 McPherson은 블라우 공간(Blau space)이라고 불렀다(McPherson & Ranger-Moore, 1991; McPherson, 2004). 사회구조의 패러미터로 인적 속성(성별과 연령) 및 사회경제적 속성을 제시한 사회학자 Peter Blau의 주장을 자발적 조직의 생태지위에 적용한 것이다(Blau & Schwartz, 1974; Blau, 1977).

한국 사회에서 자발적 결사체들의 생태지위, 즉 블라우 공간은 지난 20년간 어떻게 변화했는지 자료를 통해 살펴보자. 통계청 사회조사를 이용해서 분석한 한국의 자발적 조직 참여 비율은 [그림 3-3]처럼 1999년 30%에도 못 미치는 수준에서 2019년 60%를 넘는 수준까지 두 배가 넘게 증가했다. 이것은 15세 이상에서 친목 · 사회단체, 종교단체, 취미 · 스포츠단체, 봉사 · 시민단체, 학술단체, 이익단체, 정치단체 등 일곱 종류의 자발적 조직들 중 하나라도 참여하는 사람들의 비율이다.

이처럼 급속한 성장을 보인 자발적 조직에 참여하는 인적 속성 분포에는 어떤 변화가 있었을까? 다음의 〈표 3-2〉와 〈표 3-3〉은 '블라우

그림 3-3 | 자발적 결사체 참여 비율의 변화

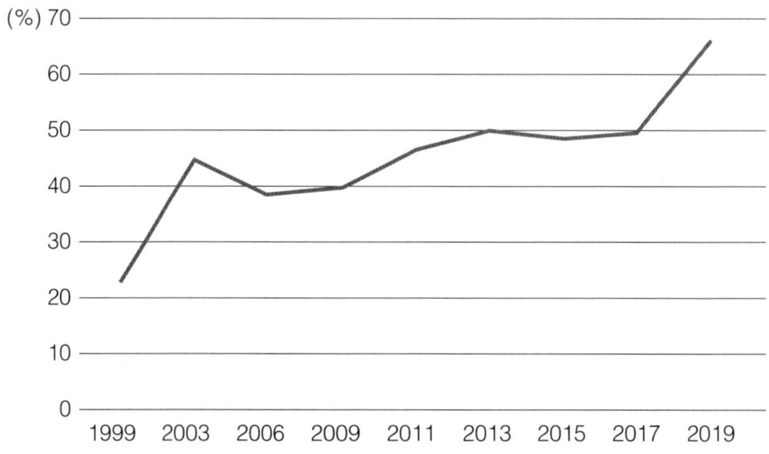

출처 : 통계청, 사회조사 각 연도.

공간'이란 개념에서 제시한 대로 조직에 참여하는 구성원들의 연령과 교육연수 등의 분포를 통해 어떤 사람들이 어떤 종류의 자발적 결사체에 참여하는가와 이러한 분포가 지난 20년간 어떻게 바뀌었는지를 보여준다. 연령과 교육연수를 이용한 생태지위 측정은 다음과 같이 이루어졌다. 먼저 각 유형의 자발적 결사들에 참여하는 설문 응답자의 연령과 교육연수 평균과 표준편차를 구한다. 정규분포를 가정할 때 평균을 중심으로 표준편차의 1.5배를 더하거나 뺀 범위에 전체 사례의 95%가 포함되는 것을 고려하여 연령과 교육연수 모두 범위를 [평균±1.5×표준편차]로 계산하였다. 연령과 교육연수 분포에서 평균이 각 유형 자발적 조직의 생태지위의 중심을 정하고, 그 주변에 표준편차의 1.5배를 양측의 범위로 잡아 생태지위 범위가 얼마나 넓게 혹은 좁게 설정되는가를 본 것이다.

〈표 3-2〉에서 연령의 생태지위를 보면 1999년에 상대적으로 젊은 연령층이 참여하는 자발적 조직은 취미·스포츠단체와 봉사·시민단체

표 3-2 ■ 자발적 결사 참여자 연령 분포와 변화

	1999		2019	
	평균−1.5×SD	평균+1.5×SD	평균−1.5×SD	평균+1.5×SD
친목·사회단체	21.5	60.3	26.6	73.7
종교단체	20.0	62.1	27.7	79.3
취미·스포츠단체	19.0	55.8	21.1	70.0
봉사·시민단체	18.0	59.8	19.2	72.2
학술단체	19.6	58.7	17.4	64.5
이익단체	24.5	54.8	29.6	63.8
정치단체	32.0	63.2	32.8	68.4

출처 : 통계청, 사회조사 각 연도.

였으며, 고연령층이 참여하는 조직은 정치단체였다. 또한 참여층의 연령범위가 넓은 조직으로 종교단체가 있다면, 범위가 좁은 단체는 이익단체와 정치단체였다. 2019년에 크게 바뀐 점은 사회의 전반적 고령화 때문에 참여층이 고령층으로 이동하는 동시에 연령층 범위가 넓어진 것이다. 고령화가 가장 많이 진행된 것은 종교단체이며 가장 적게 고령화된 것은 학술단체이다. 2019년에 가장 연령범위가 넓은 단체가 종교단체와 봉사 · 시민단체라면 좁은 단체는 이익단체와 정치단체이다. 유형별 조직의 생태지위 변화를 보면 정치단체는 1999년에 고연령층 중심의 연령범위가 좁은 단체였는데, 2019년에는 특별히 더 고령화되지는 않았으나 여전히 연령범위가 좁은 단체이다. 연령범위가 넓은 조직으로 고령화가 많이 진행된 것은 친목 · 사회단체 및 종교단체이다.

〈표 3-3〉을 통해 자발적 결사의 구성원 생태지위에서 교육연수 분포 변화를 살펴보자. 1999년에 교육 수준이 평균적으로 가장 높은 조직은 학술단체이다. 반면 가장 낮은 조직은 정치단체이다. 교육 수준 범위가

표 3-3 ■ 자발적 결사 참여자 교육연수 분포와 변화

	1999		2019	
	평균−1.5×SD	평균+1.5×SD	평균−1.5×SD	평균+1.5×SD
친목 · 사회단체	7.7	17.8	7.4	18.1
종교단체	6.7	18.1	6.1	18.4
취미 · 스포츠단체	8.8	17.7	9.0	18.1
봉사 · 시민단체	7.6	17.1	8.6	18.1
학술단체	13.2	20.1	11.7	20.3
이익단체	9.0	18.2	10.5	18.5
정치단체	6.7	16.5	4.9	17.5

출처 : 통계청, 사회조사 각 연도.

좁은 조직이 학술단체라면 넓은 조직은 종교단체이다. 20년 동안 연령 측면에서는 자발적 조직 참여자들의 고령화와 범위 확대가 있었다면, 교육 수준에서는 큰 변화가 보이지 않는다. 그동안 고등교육의 빠른 확대의 결과 전반적 교육 수준이 높아진 것을 고려하면 주목할 점이다. 교육 수준이 높아진 단체로 봉사 · 시민단체와 이익단체가 있다면 낮아진 단체로는 정치단체가 있다. 이익단체 참여자들의 교육 수준이 높아진 것은 전문직 중심 단체가 늘어난 결과이다. 한편 정치단체는 교육 수준의 평균적 하락과 함께 범위의 확대도 있었다.

4. 조직 내 개인과 조직 인구학

앞서 살펴본 대로 조직 구성원들의 인구학적, 사회경제적 구성은 사람이 주된 자원인 자발적 결사의 생태지위를 결정하지만, 그 밖에도 모든 조직에서 조직 구성원 개인의 사회 관계와 기회구조에 중요한 영향을 미친다. 조직 구성원의 특성의 분포는 조직 인구학(organizational demography)에서 다룬다(Pfeffer, 1983, 1985; Stewman, 1988; Lawrence, 1997). 인구학이 사람들의 인구적 속성의 분포와 변화를 다루는 학문이라면, 조직 인구학은 조직에 속한 사람들의 인구적 속성과 구성을 분석하는 것이 주된 관심사이다. 그런데 조직 인구학에서는 이와 함께 이러한 구성과 분포가 조직 및 구성원들의 삶과 기회에 미치는 영향 역시 중요하게 다룬다.

먼저, 사회적 관계의 측면에서 살펴보면 사람들은 유유상종(homophily) 경향 때문에 자신과 비슷한 사람들과 더 가깝게 느낄 뿐 아니라 관계를 맺고 상호작용할 가능성이 높다(Lazarsfeld & Merton, 1954). 유유상종을 낳는 것은 객관적 사회적 지위와 주관적 가치 모두 가능하다. 사회적 지위 중에서 노력에 의한 성취지위는 학교 동문 등 사회경제적 측면에서, 타고난 귀속지위는 성별, 세대, 인종 등 인구적 측면에서 중요하다. 만약 유유상종이 단지 개인적 관계에서 상대방에 대한 선호에만 영향을 미치지 않고, 능력이나 업적을 기반으로 해야 할 공식적인 선발이나 선정, 사업 판단에 영향을 미친다면 우리는 이를 연고주의적 폐해라고 부른다. 대부분 조직의 현실은 단순한 개인 관계의 유유상종과 심각한 연고주의 폐해의 중간쯤 어딘가에 존재한다. 개인적 친분관계만이 아니라 멘토링이나 팀 구성, 조직 내 승진 등 중요한 조직 내 결정에서도 유유상종은 작용한다.

기회구조 측면에서 보면 조직 내부의 승진이나 이동 기회는 빈자리(vancancy)의 분포와 밀접하게 관련된다(White, 1970; Chase, 1991). 빈자리의 연쇄란 위에 빈자리가 생기면 아래로부터의 상향이동이 발생하고, 이러한 기회와 이동이 아래로 연쇄적으로 내려가는 것을 의미한다. 그런데 조직 내 구성원의 연령과 세대 구성은 빈자리가 생길 가능성에 크게 영향을 미친다. 서열적 위계구조를 가진 조직에서 고령 세대의 비중이 크다면 승진 기회는 그만큼 적거나 늦어진다. 반대로 청년 세대에서 올라오는 비중이 작다면 위에서 자리를 유지할 가능성이 커진다. 빈자리와 함께 기회구조에 영향을 미치는 것이 집단행동의 가능성이다. 베이비붐 세대처럼 대규모 동기집단이 조직 내에 존재할 경우 이들이 집단규모를 무기로 정치적 영향력 행사를 통해 자신들에게 유리한 조건을 만드는 행동을 할 가능성이 있다(Pfeffer, 1985). 반대로 대규모 코호트가 그에 속한 개인의 기회구조를 불리하게 만들 수도 있다. 대규모 코호트에서는 동일한 자리를 놓고 서로 경쟁자가 늘어나기 때문이다. 특히 한국처럼 자신의 동기가 상관으로 승진할 경우 같은 동기집단 다수가 조직을 떠나는 전통이 있는 경우 대규모 코호트의 기회구조에 대한 부정적 효과는 더욱 커진다(이철승, 2019).

조직 인구학 측면에서 한국의 기업조직들은 어떤 특성을 보이는가? 그리고 이 특성들은 구성원들의 관계와 기회에 어떤 영향을 미치는가? 먼저 연령 구성을 살펴보자. 아래의 [그림 3–4]는 한국노동연구원의 사업체패널조사에 나타난 기업 구성원들의 청년과 고령 비율 변화이다. 2005년에서 2013년까지 청년 30세 이하, 고령 50세 이상이며, 2015년 이후는 청년 35세 이하, 고령은 55세 이상이다. 이 그림에서 보듯이 기업들에서 청년 비율은 지속적으로 낮아지고, 고령 비율은 지속적으로 높아졌다. 2009년 청년과 고령 비율이 서로 엇갈렸으며, 2017년까지 고령 비율은 지속적으로 증가하고, 청년 비율은 2015년부터 조금 높아진 것으로 나타나지만 이것은 청년 기준을 30세에서 35세로 올린 것의 영향이다. 청년층과 고령층의 고용 비율 변화가 시사하는 바는 결국

그림 3-4 | 한국 기업의 청년과 고령 비율의 변화

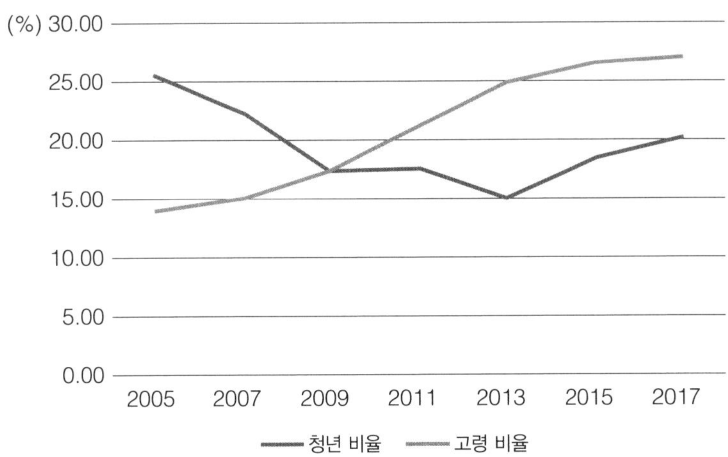

출처 : 한국노동연구원, 사업체패널조사, 각 연도.

2005년 이후 베이비붐 세대가 지속적으로 누적되어 비중이 높아졌고 그 결과 자녀 세대인 밀레니얼 세대의 기회가 줄어들고 있는 것이다. 고령층 비율은 노동조합이 있는 사업장이나, 제조업인 사업장에서 더 높은 것으로 나타났다.

다음으로 성별 구성을 살펴보자. [그림 3–5]는 사업체패널조사에 나타난 전체 기업 직원 및 관리자 중 여성 비율 변화이다. 직원 중 여성 비율은 2005년 28%에서 2017년 32%까지 완만하게 증가했다. 관리자 중 여성 비율은 2005년 7% 정도로 매우 낮았으나 2017년 16%까지 높아졌다. Kanter(1977)는 기업들이 성차별이 없다는 인상을 주기 위해 형식적으로 소수 여성을 선발하는 토크니즘(tokenism) 전략을 사용하며, 이로부터 벗어나 실질적으로 여성들에게 기회를 부여하려면 여성이 전체의 1/3 이상은 되어야 한다고 주장한다. 남성들이 유유상종적 관계맺기를 하는 가운데 여성들이 기업조직에서 자신의 역할을 본격적으로 담

그림 3-5 | 한국 기업의 여성 근로자 및 관리자 비중의 변화

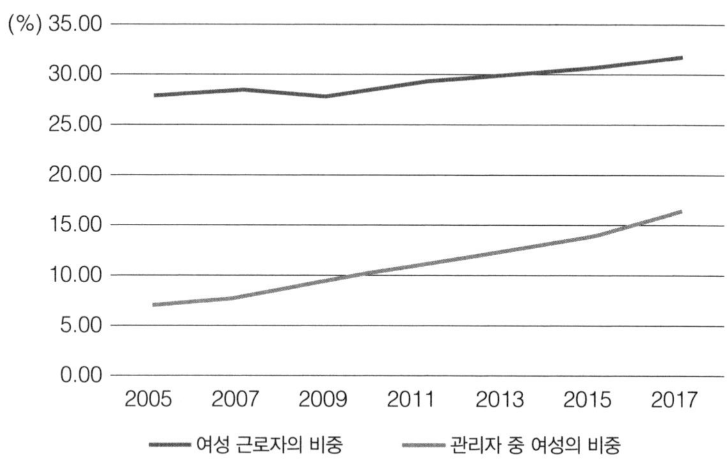

출처 : 한국노동연구원, 사업체패널조사, 각 연도.

당하려면 현재보다 두 배 정도 더 많은 여성들의 관리직 진출이 필요한 것이다(이주희, 2003; 박기남, 2002; 김수한 · 신동은, 2014).

다음으로 출신 지역과 학교에 따른 한국 조직에서의 유유상종 정도를 살펴보자. 김용학과 김용민(Kim & Kim, 2008)은 한국 대기업 임원들의 출신 학교 및 지역 구성이 1998년 외환위기 전후로 어떻게, 얼마나 바뀌었는가 분석하였다. 외환위기를 맞은 기업들이 과거의 연고주의적 관행에서 벗어나 좀 더 합리적, 기능적이 되고자 능력 위주로 임원을 발탁한다면 출신 지역과 학교가 다양화될 것인가 검증하고자 한 것이었다. 이들은 상장 대기업 임원들의 출신 고등학교, 대학교, 지역에 대한 자료를 분석하여 출신 학교와 지역이 특정 학교나 지역에 집중된 정도를 지니계수로 계산하였다. 그 결과를 연도별로 비교한 것이 [그림 3–6]이다. 대기업 임원들의 출신 지역 불평등은 외환위기 이후 줄어들었지만,

그림 3-6 | 한국 대기업 임원들의 출신 학교 및 지역 불평등의 변화

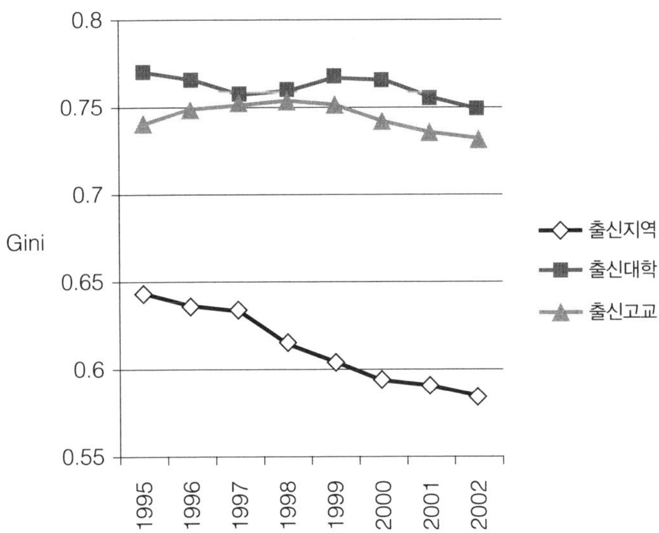

출처 : Kim & Kim, 2008.

출신 학교에 따른 유유상종은 줄어들지 않았다.

가장 지배적인 학교나 지역이 각 기업 임원 중에서 차지하는 비율을 통해서도 유유상종을 확인할 수 있다. 아래의 [그림 3-7]을 보면 임원

그림 3-7 | 대기업 임원의 지배적 출신 학교와 지역 비율의 비교

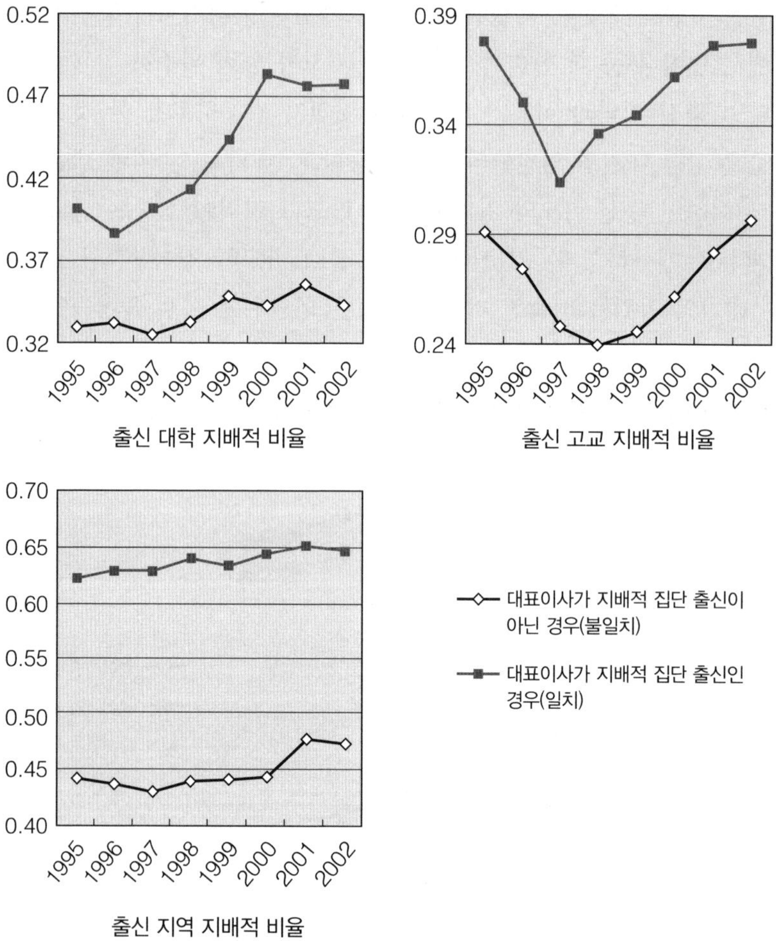

출처 : Kim & Kim, 2008.

중에서 지배적 학교와 지역의 비율은 해당 대기업의 대표이사가 동일한 지배적 대학과 고교, 지역 출신일 경우와 그렇지 않을 경우에 큰 차이를 보이는데, 대표이사가 일치할 경우 지배적 비율이 크게 높아진다. 이것은 지배적인 학교나 지역 출신의 대표이사들이 같은 배경을 가진 임원들을 선호하는 유유상종의 경향이 있음을 보여준다고 이들은 해석했다. 한국은 기업의 사내 임원만이 아니라 사외이사 선임에서도 유유상종의 경향이 존재한다(이항영 · 백경민, 2007).

5. 개인의 사회와 조직의 사회

개인과 조직의 관계에 이어 조직과 사회의 관계를 살펴보자.

Coleman의 지적대로 근대 사회에서 조직은 개인과 마찬가지로 법적으로 행위자의 지위를 갖게 되었다. 이러한 변화의 의미는 조직도 인간과 마찬가지로 이해관계를 갖고 재산을 소유할 뿐 아니라 권리와 책임, 의무를 갖게 되었다는 것이다. 개인들이 주민세와 소득세, 재산세를 납부하듯 조직은 법인세를 낸다. 납세의 의무를 갖기 때문이다. 개인들과 함께 조직들은 계약과 재산 등기의 주체가 된다.

그런데 개인과 마찬가지 행위자 지위를 갖는 법인이 개인과 다른 몇 가지가 있다. 가장 두드러진 차이는 개인 생명이 생물학적 한계 때문에 유한한 반면, 법인은 대표자와 구성원이 바뀌면서 지속 가능하다는 것이다. 다음은 법인이 개인보다 경제적, 사회적으로 훨씬 큰 규모까지 성장할 수 있다는 점이다. 그 결과 앞 장에서 보았듯이 개인 간의 경제적 격차보다 조직 간의 경제적 격차는 훨씬 커진다. 2019년 말 현재 자산

10조 원이 넘는 기업 129개(전체 기업 수의 0.017%)가 전체 기업 자산의 58%에 가까운 6,553조 원을 소유하고, 연간 매출 총액의 30%에 가까운 1,478조 원을 벌었다. 또한 전체 기업의 0.3%를 차지하는 대기업에 고용된 사람들의 비중은 전체 기업에서 일하는 사람 1,000만 명의 20%를 넘는 208만 명에 가깝다.

우리가 사는 세상을 조직 사회(organizational society)로 부른 것은 이미 반세기도 훨씬 전인 20세기 중반이었지만(Presthus, 1962), 그 이후로 사회에 대한 대규모 조직의 영향력과 지배력은 더욱 커졌다. 조직은 개인에 비해 훨씬 강한 힘의 우위를 가질 뿐 아니라, 전체 사회에 대해서도 영향력이 계속 커지고 있다. 이러한 변화에 대해 Perrow(1991, 2002)는 "대규모 조직들이 사회를 흡수해 버렸다."고 표현한다. 그가 의미하는 바는 다음과 같다. 상대적으로 자율적이고 보통은 소규모인 비공식적 집단들(가족이나 이웃들)과 소규모 자율적 조직들(영세상인, 지방정부 등)이 행하는 활동들을 대규모의 관료제화된 조직들이 모두 차지해 버렸다. 대부분 사람들이 조직에서 일하며 소득을 얻고, 일상에 필요한 물건과 서비스의 생산과 구매가 대부분 대기업이나 그 지점, 프랜차이즈에서 일어나며, 미래에 대한 개인의 대비인 저축과 연금, 보험 또한 대규모 기업들이 담당하고 있다. 의료 서비스와 사회복지, 공연예술을 지원하고 제공하는 대규모 비영리법인 역시 대기업들에 의해 만들어지고 운영되는 경우가 많다. 신문이나 방송, 통신 등의 미디어와 소통 역시 대기업이 운영하는 경우가 많다. 대기업에서 일하는 사람들은 특히 주거, 식사, 돌봄, 연금과 보험, 문화 · 여가와 사회적 교제까지 삶의 대부분 영역이 기업에 의해, 혹은 기업 안에서 이루어지는 경우가 많다. 더 이상 우리가 사는 사회는 개인의 사회가 아니라 조직의 사회라고 Perrow는 주장한다.

그렇다면 이러한 대규모 조직에 의해 흡수된 사회는 어떤 변화가 있을까? 이에 대해서는 긍정적 평가와 부정적 평가가 엇갈린다. 대표적인 긍정적 평가로는 20세기 초반 미국에서 대기업들이 등장하는 과정을 규모와 범위의 경제의 실현으로 평가한 Chandler가 있다(Chandler, 1977, Chandler, Hikino, & Chandler, 1990). Chandler는 미국에서 20세기 전반 듀퐁, 제너럴모터스, 스탠다드 오일, 제너럴일렉트릭과 같은 대기업들이 대규모 생산과 분배의 체계를 갖추면서 20세기의 물질적 풍요의 시대가 가능했다고 평가한다. 대규모 기업에서 일하는 다수의 사람들이 중산층 삶을 누릴 수 있는 소득 증가가 있었었고, 소수의 부유층만 누리던 자동차, 가전제품 등이 대량생산되어 중산층이 소비할 수 있게 되었으며, 기술 혁신과 대량생산을 통해 의식주와 여가생활의 획기적 향상이 이루어져 중산층 생활양식이 자리잡게 되었다.

하지만 대기업의 영향력 강화와 조직사회로의 이행에 대해 긍정적 평가만 있는 것은 아니다. 대기업의 경제적 지배력이 아닌 사회적 영향에 대한 대표적 문제 제기로는 Whyte(1956)의 조직인간(organization man) 비판이 있다. 언론인 Whyte는 대규모 조직에서 일하는 사람들이 늘면서 이들의 삶에서 진취성과 자율성은 사라지고, 명령과 통제, 복종과 순응만이 남게 되었다는 우려와 비판을 제기했다. 냉전이 여전히 맹위를 떨치던 분위기에서 대중사회의 소외와 개성의 말살에 대한 우려(Riesman, 1950)와 함께 조직인간의 삶에 대한 우려는 서로 연결되는 점들이 있다. 대규모 조직의 문제점을 Max Weber의 합리화와 연결시켜 문제점을 부각시킨 대표적 주장으로는 사회의 맥도날드화 주장이 있다. Ritzer(1993)는 패스트푸드 체인 맥도날드가 대표적으로 보여주는 대규모 조직의 효율성, 예측 가능성, 계산 가능성, 통제 가능성이 미국을 넘어 전 세계적으로 확산된 결과 생산성과 효율성은 높아졌지만 비인간화를 조장하는 문제점을 낳고 있다고 비판하였다.

문화적, 심리적, 개인적 차원의 부정적 영향과 함께 20세기 후반에 부각된 문제점이 바로 대규모 조직으로 인한 사회적 위험이다. 대규모 조직이 합리적이고 과학적인 기술과 통제 체계를 적극 도입한다는 점에서 이들로 인한 위험은 역설적이다. 하지만 대규모 조직, 특히 대기업이 도입한 통제기술이 한편에서는 사고와 재난의 빈도를 줄이지만 역설적으로 대규모 사고와 재난의 위험을 부추길 수 있다는 주장들이 제기되었다. 대표적인 것이 Perrow(1984)의 '정상사고(normal accidents)'에 대한 분석이다. 정상사고란 표현은 통계의 정규분포의 끝부분에 가까울수록 확률은 낮지만 극단적 값을 갖는다는 사실에 기인하며, 드물게 발생하는 대규모 사고를 지칭한다. Perrow는 미국의 1979년 쓰리마일 아일랜드 핵발전소의 유출사고를 계기로 복잡하고(complex), 고도로 짜여진(tightly coupled) 체계가 지닌 재난의 위험을 연구했다. 그 결과 그는 고도의 복잡한 기술시스템이 단순한 사고는 줄이지만 이 체계의 상호작용에 의해 증폭된 위험이 현실화될 경우 대규모 재난을 낳는다고 주장하였다. 한국의 경우 사고와 재난은 조직의 과도한 복잡성과 함께 안전장치의 미비에 기인하는 이중성을 갖는다(이재열, 2004). 기술적 위험만이 아니라 경제적 위험도 마찬가지이다. 현재 월가를 비롯한 전 세계의 금융시스템의 근간을 이루는 것은 대단히 복잡한 위험관리 체계이다. 이 체계는 고도의 수학적, 통계적 지식과 대규모 정보를 동원하여 위험을 계산하고 이를 관리한다. 하지만 이러한 위험관리에도 불구하고 일단 위기가 발생하면 그 결과는 대단히 파괴적이고 수많은 사람들의 삶을 망칠 수 있는 대규모적인 위기로 확대, 증폭된다.

연습문제

01 개인과 집단(조직)의 이중성(duality)에 대한 설명으로 옳지 않은 것은 다음 중 무엇인가?

① 자신이 참여하는 조직의 특성이 개인들에 대한 정보를 제공한다.
② 조직은 참여하는 개인들의 특성에 의해 그 특성을 알 수 있다.
③ 개인과 조직이 서로를 규정하는 거울처럼 작용한다는 것이다.
④ 개인과 조직이 서로 감추는 이중적인 모습을 지니고 있다는 의미이다.

02 조직을 사회학에서 미시와 거시의 이론적 연계에 도움이 된다고 보는 이유로 적당한 것은 다음 중 무엇인가?

① 개인과 사회의 관계가 너무 대칭적이어서 이를 교정할 수 있다.
② 사회적 힘은 너무 구체적이어서 일반화하기 어렵다.
③ 조직은 행위자이자 무대와 맥락이기도 하다.
④ 조직은 개인과 달리 사회적 영향을 덜 받기 때문이다.

03 조직과 개인의 비대칭의 결과로 나타난 현상으로 적절하지 않은 것은 무엇인가?

① 조직 수의 증가
② 개인보호 제도의 등장
③ 개인의 무력감 증가
④ 대규모 조직에 대한 신뢰 하락

04 조직 구성원들의 인구적, 사회경제적 특성의 조합으로 규정되는 조직의 환경적 특성을 가리키는 개념은 무엇인가?

05 조직에서 구성원의 인구적 분포에 따른 결과로서 인간적 상호작용이 특정 패턴을 보이는 것을 무엇이라 하는가?

06 조직에서 차별이 없다는 인상을 주기 위해 형식적으로 소수자를 소수만 선발하는 현상을 무엇이라 하는가?

07 조직사회가 등장한 결과에 대한 내용으로 옳지 않은 것은 다음 중 무엇인가?

① 긍정적 결과 – 효율성 제고

② 부정적 결과 – 과도한 순응

③ 긍정적 결과 – 물적 풍요

④ 부정적 결과 – 비정상 사고의 증가

정답

01 ④ 02 ③ 03 ③ 04 블라우 공간 05 유유상종 06 토크니즘 07 ④

제 4 장

조직의 생성, 성장과 사멸

1. 조직의 생성
2. 조직의 성장과 생애 과정
3. 조직의 사멸
- 연습문제

조직이 인간과 마찬가지로 법인으로 행위자의 지위와 자격을 법적으로 인정받는다면, 조직의 생성과 소멸 또한 법적으로 기록된다. 인간의 출생과 사망이 가족의 신고를 통해 가족관계등록과 주민등록으로 기록된다면, 법인으로서 조직의 생성과 소멸의 기록은 조직 설립자와 책임자가 법원에 제출한 법인 설립과 해산 신고를 통해 기록된다.

조직의 설립은 공유하는 목적을 이루기 위해 뜻을 합친 개인들이 모여 법적 요건들을 갖춰 진행된다. 이 과정에서 개인들은 자신의 시간과 노력을 들여야 하고, 조직활동에 필요한 자원을 동원하기 때문에 조직의 설립은 간단하거나 쉬운 일이 아니다. 조직을 함께 만드는 사람들의 의지와 노력, 그리고 상호 협력과 신뢰가 없으면 조직 설립은 가능하지 않다.

조직은 인간과 달리 생물학적 수명의 제약을 받지 않는다. 조직의 구성원들이 탈퇴 혹은 퇴직하더라도 조직은 지속된다. 하지만 조직이 지속되려면 새로운 구성원들이 충원되어야 하고, 또한 조직의 활동에 필요한 자원이 원활하게 공급되어야 한다. 만약 구성원들이 조직에 더 이상 참여하지 않으면 조직은 위기에 빠진다. 조직은 외부로부터 인원과 자원이 계속 투입되지 못하면 지속할 수 없고 소멸한다.

조직은 일단 설립되면 끊임없는 변화와 발전을 경험한다. 자신의 분야에서 독점적 지위를 누리는 공공조직을 제외하면 영리조직이건 비영리조직이건 경쟁에서 살아남아야 한다. 경쟁의 압력이 영리조직에 비해 낮지만 비영리조직들 간에도 자원, 특히 구성원 충원을 둘러싸고 경쟁이 존재한다. 대학교들이 우수한 학생과 교원의 충원을 둘러싸고 경쟁하고, 병원이 우수한 의료진 충원과 환자들의 만족을 두고 경쟁하는 것이 대표적인 예이다. 경쟁에서 탈락하지 않은 조직들은 시간이 지나면서 규모가 커지고, 내부적으로는 구조가 복잡해지면서 성숙한다.

조직이 성장하고 성숙하면 한편에서 조직은 안정되지만, 오랜 시간이 지나 환경 변화를 따라가지 못하게 되면 조직은 노쇠한다. 혁신을 통해 노쇠를 극복하지 못한 조직들은 소멸하게 된다. 조직의 소멸은 때로는 조직이 목적 달성에 실패했을 때만이 아니라 목적한 바를 성공적으로 달성하였을 때 일어나기도 한다. 특정 문제의 해결 수단으로 만들어진 조직은 문제가 해결되면 존재 이유가 없어지기 때문이다. 성공한 기업이 다른 기업에게 인수합병되는 경우도 있다. 하지만 대부분의 경우 조직 소멸은 문제 해결에 실패하거나 조직의 성과가 좋지 못해 구성원들의 참여나 외부로부터의 자원 유입에 실패한 결과이다.

이제까지 개별 조직의 생애주기 관점에서 살펴보았다. 그런데 조직이 만들어지고, 성장하고, 소멸하는 과정이 동시에 진행되는 조직들의 집합적 생태계 관점에서 보면, 조직의 생성과 소멸은 일종의 역동적 균형과 변화를 반복한다. 경쟁에 패배해 소멸한 조직의 빈자리를 새로운 조직들이 채우고, 환경 변화에 적응하지 못한 조직들을 새로운 환경에 적합한 조직들이 대체하면서 생태계는 역동성을 유지한다. 경제를 주도하는 산업이 바뀌어 신산업의 혁신 기업들이 등장하거나, 정치적 변화 과정에서 유권자의 지지를 잃은 정당을 민심을 대변하는 새로운 정당이 대체하는 것이 그 예이다.

만약 조직들의 생태계에서 소멸하는 조직에 비해 새로 생겨나는 조직들이 많으면 생태계는 확장되고, 반대로 새로운 조직들에 비해 소멸하는 조직들이 많으면 생태계는 위축된다. 만약 조직의 생성, 소멸이 활발하지 못하고 지지부진하면 생태계는 정체되고, 너무 많은 생성과 소멸이 한꺼번에 일어나면 생태계는 불안정해진다. 이런 측면에서 조직들의 생태계는 균형과 질서, 역동과 혁신이 동시에 필요하다. 여기에서는 조직들의 생성과 성장, 소멸을 개별 조직의 생애주기와 조직들의 생태계 관점에서 각각 살펴보고자 한다.

1. 조직의 생성

[그림 4-1] (a)는 한국 사회에서 해마다 법인으로 활동하는 조직들의 수를 보여준다. 1967년 11,467개였던 조직들은 1992년 100,000개를 넘어선 뒤 2012년 500,000개를 넘어서고, 2020년에는 950,000개를 넘었다. 매년 소멸되는 조직들도 있지만 그보다 훨씬 많은 조직들이 새로 생겨난 결과이다. 지수함수에 가까운 조직 수의 증가는 현대 사회의 대표적 조직인 기업의 증가를 가져온 경제 성장에 기인한다고 볼 수 있다. 하지만 [그림 4-1] (b)를 보면 경제 성장률과 조직 증가율이 대체로 비슷한 경향을 보이지만 연도별로는 상당한 차이를 보인다. 예컨대 1972년 조직들이 급속히 감소한 때에 경제적 충격은 없었고, 1980년 경제 성장률이 추락했을 때나 최근의 경제 성장률 둔화에도 조직의 증가는 계속되었다. 1972년 조직의 급격한 감소는 경제적 요인보다는 10월 유신과 권위주의 강화라는 정치적 요인이 작용한 결과이다. 또한 1987년 이후 조직 증가율은 경제 성장률보다 계속 우위를 보인다. 이것은 1987년 정치적 민주화 이후 시민적 자유 증가와 관련이 있다.

사회에서 조직의 설립은 개인들의 주도로 이루어지지만, 조직을 만들겠다는 개인들의 결정과 행위는 정치, 경제, 사회적 조건에 크게 의존한다. Stinchcombe(1965)은 서구 사회에서 19세기 중반 이후 20세기까지 기업을 포함한 공식조직들이 급속하게 증가한 사회적 배경과 이들 조직의 향후 생존에 영향을 미치는 사회구조적 요인들을 검토하였다. 그가 제시한 사회구조적 요인들은 어느 특정 집단이나 개인들의 조직 설립 및 설립된 조직들의 지속적인 생존의 조건보다는 사회 전반에 걸쳐 조직의 생성과 생존, 번영을 위한 일반적인 조건들이다.

그림 4-1 | 법인 수의 증가 및 증가율

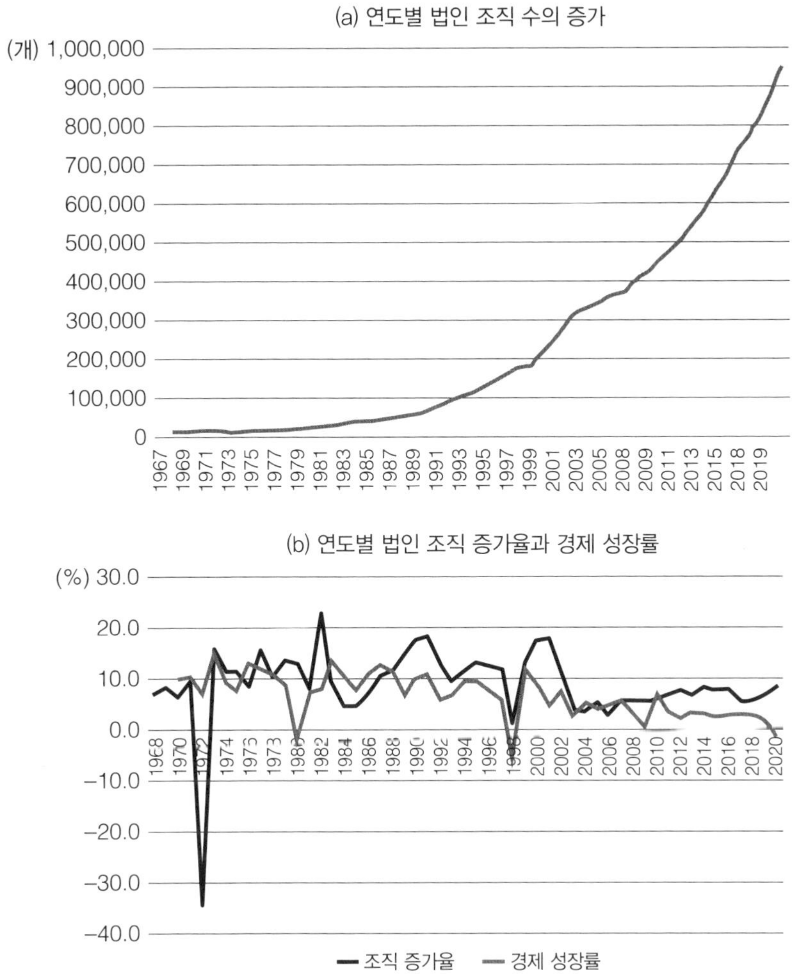

출처 : 국세청, 국세통계연보, 각 연도 및 한국은행 경제통계.

Stinchcombe은 사회 전반적으로 조직들이 원활하게 설립되기 위해 필요한 조건들로 다음의 다섯 가지를 들었다.

첫째, 사회 전반적으로 교육을 통해서 문자해독률이 높아지고 전문화된 고등교육이 제공되어 인적 자원의 수준이 높아야 한다. 교육을 통해서 사회 전반적으로 합리성과 예측 가능성이 높아질 수 있기 때문이다. Weber는 자본주의 정신이 개신교라는 신앙 체계에서 비롯된다고 했지만 20세기, 특히 중반 이후에는 고등교육이 합리성을 고취시켜 자본주의 정신을 지속적으로 촉진했다고 할 수 있다. 한국에서 가족과 국가가 힘을 합쳐 만든 높은 교육열은 이러한 조건을 일찌감치 충족시켰다.

둘째, 인구 다수가 도시에 거주하는 도시화가 진행되어 이방인 간의 교류와 접촉, 상호작용 및 조직 설립을 위한 자원동원이 쉬워진다. 앞 장에서 살펴본 근대 사회에서의 개인주의 증가가 도시화와 밀접하게 관련된다. 도시화는 인구집단 다양화 외에도 인적 교류의 급격한 확대를 통해 다양한 자원에의 접근을 촉진한다. 한국에서 1960년대 산업화 이후 경제적 기회를 찾는 이촌향도 현상으로 도시가 급격하게 팽창한 것이 이러한 조건 형성에 도움이 되었다.

셋째, 화폐의 사용이 활발해져 자원의 유동화가 이루어짐으로써 자원동원에 유리한 조건이 등장한다. 20세기 전반까지는 단지 화폐 유통의 확대가 있었지만 20세기 후반 이후에는 금융의 다양화와 확대가 이루어져 자원의 동원이 훨씬 더 편리해졌다. 대표적인 것이 벤처자본과 같은 모험적 투자의 확대 및 주식시장의 발달에 의한 기업공개(IPO) 등의 제도적 절차 도입이다. 한국에서 근대적 화폐의 도입은 20세기 초반에 이루어졌지만 금융의 발전은 1980년대 중반 이후 빠르게 진행되었다.

넷째, 정치적 혁명을 통해 민주주의가 실현되어 사회 전반에 자유가 보장되고 조직 설립의 위험요인들이 제거되거나 감소한다. 다양한 사회적 제약이 개인을 옭아매던 전근대로부터 근대 사회로 넘어오면서 개인의 자유와 창의성은 빠르게 확대되었다. 근대적 소유권의 확립과 경제적 자유 보장은 새로운 조직 설립을 통해 얻는 이득의 전유 가능성을 높였다. 기업의 설립을 위한 경제적 자유는 해방 후 정부 수립과 함께 그리고 경제성장을 위한 정부의 노력으로 1960년대 보장되었지만, 다양한 조직들의 설립을 위한 정치적 자유는 1987년 민주화 이후에 주어졌다.

다섯째, 사회생활 밀도가 높아져서 사람들 간의 사회적 관계가 돈독해지고 신뢰가 형성되면서 조직 경험이 사람들 간에 전파되고 학습될 조건이 갖추어진다. 조직 설립을 위한 혁신적 아이디어는 고립된 개인의 생각보다는 활발한 상호작용 속에서 등장할 가능성이 높다. 실험적 시도에 대한 격려와 조언 역시 주변 사람들과의 활발한 상호작용으로부터 온다. 시민들 간의 활발한 교류가 이루어지는 시민사회의 등장 역시 한국에서는 1980년대 중반 이후 본격화되었다.

Stinchcombe이 제시한 조직의 자유롭고 활발한 설립의 사회적 조건들 중에서 교육, 도시화, 경제적 자유는 한국 사회에서 1950~60년대에 갖추어졌으며, 금융화, 정치적 자유, 시민사회는 1980년대 후반에야 갖추어졌다. 만약 이러한 사회적 조건들이 없었다면 개인 수준에서 조직을 설립하고자 하는 의도와 시도가 있더라도 조직들의 설립이 활발하기 어려웠을 것이다.

조직의 설립에는 사회적 조건뿐 아니라 조직을 만들려는 개인의 의지, 노력과 주변의 협력이 반드시 필요하다. 이러한 제반 조건들의 결합을 우리는 기업가정신(entrepreneurship)이라고 부른다. 사회구조가 복잡하게 짜여진 현대 사회에서 기업가정신은 다음과 같은 의미에서 주목할 필요가 있다. 우리는 현대 사회에서 태어나 자라면서 가족, 특히 부모와 학교 선생님, 친구와 선배들로부터 사회적 기대와 야망, 이를 위한 준비와 노력에 대해 배운다. 이 과정을 우리는 '사회화'라고 부르는데 정상적으로 사회화된 개인은 사회가 차려 놓은 밥상의 메뉴에서 자기 마음에 드는 것을 고르거나 사회가 깔아 놓은 궤도 위에서 자신이 원하는 경로를 선택한다. 그런 의미에서 개인은 자유롭다고 해도 제한된 자유를 누릴 뿐이고, 창의성을 갖고 있다고 해도 이를 제대로 발휘할 기회가 많지는 않다. 기업가정신은 사회가 정해 놓은 규칙과 규범, 성공의 공식에서 벗어나 개인이 가진 자유와 창의성을 최대한으로 발휘해서 혁신적 시도를 통해 새로운 조직을 만들어 내는 것이다.

이때 혁신적이라는 것은 남들이 가지 않은 길을 가는 것이고, 사회에서 정해 놓은 길에서 벗어난 새로운 길을 만드는 것이다. 혁신의 시도는 성공보다 실패 가능성이 높아서 위험부담이 크지만 일단 성공하면 기존 사회 통념과 규범, 규칙을 새로운 것으로 대체하는 결과를 가져온다. 그리고 이러한 혁신적 변화를 이룬 사람은 혁신가, 선구자, 개척자 등으로 추앙받게 된다. 이런 의미에서 기업가정신은 비즈니스 분야에서 조직의 창출을 통한 '개인'의 혁신 시도인 동시에 이를 통해 '사회'가 변화할 수 있는 동력이다.

개인들은 어떤 조건에서, 어떤 동기로 기업가정신을 발휘하는 것인가? Stinchcombe(1965)은 개인들이 조직을 설립하게 되는 동기 및 조건을 다음과 같이 제시하였다. 첫째, 어떤 과업 수행이나 문제 해결의 더 나은 대안적 방식에 대해 알거나 생각한다. 이제까지 제공되지 않았던 서비스나 제품을 제공하거나, 혹은 기존 제품을 더 효율적으로 생산할 수 있다면 조직을 만들 가능성이 높다. 둘째, 이러한 개인이 자신의 대안적 방식으로부터 이득을 얻고, 이것을 본인과 동료들이 온전히 취할 수 있다는 확인을 갖는다. 셋째, 이득을 얻을 기회인 대안적 방식을 조직적으로 실행에 옮기는 데 필요한 물적, 인적 자원과 정보를 쉽게 구할 수 있다. 넷째, 기존 방식을 고수하는 기득권 세력의 방해가 별로 없거나 있어도 피할 수 있다.

기업가정신의 개인적 동기와 조건에 대한 Stinchcombe의 설명은 여전히 추상적이고 일반적이다. 어떤 조건에서 누가 기업가정신을 발휘할 것인가라는 질문에 대한 대답은 다른 사회과학 이론들에 의해 주어졌다. 이러한 설명들은 크게 개인의 특성을 중심으로 한 설명과, 개인의 사회적 조건과 지위를 중심으로 한 설명으로 나뉜다.

먼저 사회적 조건과 지위를 중심으로 살펴보자. 사회학자들은 사회의 주류나 내집단에 속하는 사람들보다 비주류나 경계집단에 속한 사람들이 기업가정신을 발휘할 가능성이 크다는 점에 주목해 왔다. Simmel (1908)이 이방인(stranger), 또한 Park(1928)가 주변인(marginal man)이라고 부른 인종적 소수자들은 서로 연락과 교류가 거의 없는 집단들 간의 소통과 거래를 담당하는 상인 역할을 맡아 새로운 기회의 포착과 활용 가능성이 높다. 또한 사회 주변과 경계에서 활동하는 사람들은 주류사회의 동조 압력으로부터 상대적으로 자유로울 뿐 아니라 다양한 문화에 접할 기회가 많아 혁신적 생각의 가능성이 높다. 서구에서 19세기 후반과 20세기 초반 유대인이 이방인과 주변인의 대표적인 예라면, 20세기 후반과 21세기 초반 미국에서는 인도인과 중국인, 한국인 등이 기업가정신이 활발한 경우로 평가된다.

Merton(1938)은 혁신이나 기업가 활동이 폐쇄적 사회구조로부터의 일탈 혹은 대안 추구로 일어난다고 주장했다. 다음의 [그림 4-2]에 따르면 사회에서 중요시하는 가치와 목표, 이러한 목표 달성을 위해 사회적으로 제도화된 수단을 개인들은 수용할 수도 거부할 수도 있다. 사회의 제도화된 목표와 수단에 동의하고 수용한 경우가 순응이라면, 가치와 목표는 동의하지만 수단을 거부하고 대안적 수단을 추구하면 혁신이다. 목표는 거부하지만 기존 방식을 답습할 경우 의례주의가 되고, 목표와 함께 수단도 거부한다면 패배주의 혹은 회피주의가 된다. 물론 동일한 상황에서 새로운 가치를 새로운 수단과 방식으로 적극적으로 추구하는 반란도 가능하다.

Merton의 유형 구분 중 기업가정신과 관련해서 가장 흥미로운 것은 혁신이다. 목표를 수용하되 수단에 접근할 기회가 제한되거나 현저하게 불리한 경우 개인들은 다른 수단을 찾는데, 이방인이나 주변인에서 이

그림 4-2 | 사회구조와 아노미에 대한 대응의 유형화

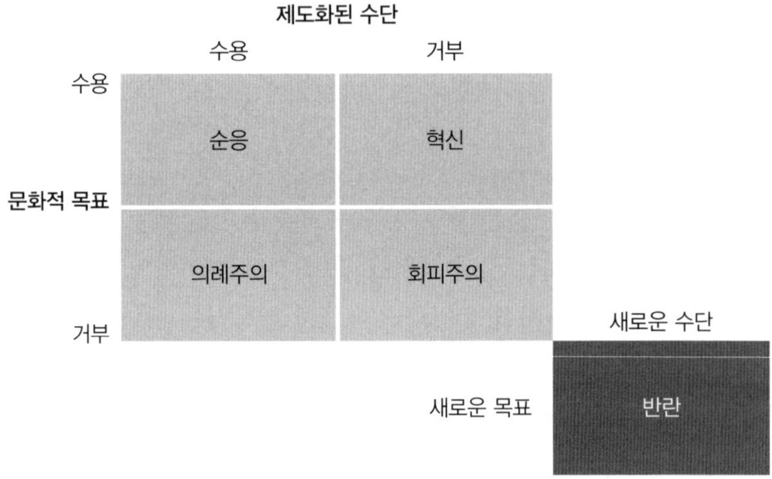

러한 사례가 더 많이 발견된다. Merton에 따르면 기업가정신의 사회적 조건은 결국 기회와 수단에 대한 제한된 접근 혹은 거부와 그에 따른 대안의 추구라고 할 수 있다.

개인의 특성을 중심으로 한 설명의 대표적 예는 McClelland(1967)의 성취동기이다. 그는 동기 부여에 대한 연구를 통해, 사람들이 돈이나 그 밖의 외적인 보상에 대한 욕구에 이끌려 행동할 때와 자신이 하는 일 자체에서 만족을 얻고자 하는 동기에서 행동할 때를 구분하였다. 후자의 경우가 성취동기(achivement motivation)인데 성취동기가 높은 사람은 과업지향적 성향, 모험가적 특성, 목표 성취에 대한 높은 자신감과 적극성, 강한 책임감, 노력의 결과에 대한 높은 관심과 미래지향성을 보인다. 성취동기는 이후 기업가정신의 심리적 특성으로 많이 언급되었다. McClelland는 성취동기가 강한 사람들이 많은 사회에서 기업가정신이 활발할 뿐 아니라 성공한 기업가들을 역할모형으로 삼는 사람들의 성취동기도 높아져 경제발전을 이룰 수 있다고 보았다.

기업가정신 발휘의 결과라고 할 수 있는 새로운 조직의 등장과 관련해서 생태적 관점에서는 다음 두 종류의 조직 설립을 구분하고 있다.

하나는 이전에 없던 새로운 형태의 조직 설립이다. 개인 간의 금전거래만 있던 사회에서 은행이라는 조직을 처음 만들거나, 인터넷이라는 디지털 통신 서비스를 처음 제공하는 조직을 만들거나, 기존의 기업과 다른 사회적 기업, 혹은 영리조직과 구별되는 비영리조직이라는 새로운 형태의 조직을 만드는 경우가 그러한 예이다. 새로운 형태의 조직을 설립하는 것은 기존 형태의 조직을 따라 만드는 것과는 매우 다르다. Powell은 이처럼 전혀 새로운 형태의 조직을 만드는 것을 '제도적 기업가정신'이라고 불렀다(Hwang & Powell, 2005). 제도적 기업가정신은 기존 선례가 없이 새로운 조직 유형을 만들어야 하기 때문에 흥미로운 반면, 드물고 시도와 성공 모두 어렵다.

제도적 기업가정신과 달리 일반적인 창업활동은 기존의 선례를 따라 주변 환경 조건들에 반응하며 일어난다. 유사한 종류의 조직들이 많이 설립될 경우 잠재적 창업가는 이러한 흐름을 좇아 모방적으로 조직을 설립할 가능성이 높아진다. 잠재적 창업가들은 또한 자신이 만들고자 하는 조직 형태의 사회적 인지도가 높고, 주변의 유사한 조직들로부터 견제나 경쟁이 심하지 않을 때 조직 설립을 시도할 가능성이 높을 뿐 아니라 조직 설립 시도가 성공할 가능성도 높다. 요컨대 조직의 설립 시도와 성공 가능성은 동일한 형태나 종류의 조직에 대한 모방과 정당화의 정도가 높을수록, 경쟁의 정도가 낮을수록 높아진다(Hannan & Freeman, 1989).

조직의 신규 설립은 산업이나 분야의 환경적, 생태적 조건 외에 시장과 제도적 조건에 의해서도 영향을 받는다. 대표적인 예가 시장의 진입장벽이다. 첨단 기술을 활용하는 분야에서는 해당 기술에 대한 지식과 경험이 없으면 조직을 만들기가 어렵다. 첨단 디지털 기술을 활용하는 디지털 산업이나 생명과학 기술을 활용하는 바이오 산업이 대표적인 예이다. 진입장벽의 또 다른 형태로 규모의 경제가 있다. 조직 운영의 최소 규모가 큰 경우 적은 규모로는 다른 기존 조직들과 경쟁이 어렵기 때문에 신규 조직들은 진입이 어렵다. 마지막으로 규제에 의한 진입장벽도 있다. 공공기관이 허락한 조직들만 활동할 수 있는 경우 규제기관의 허락을 받지 못한 조직들은 설립 자체가 불가능하다.

한국은 1960년대 산업화를 시작한 이후 1980년대 중반까지 국가 주도의 산업화가 일어났다. 산업화를 정부가 주도해서 주력 산업 지원, 기업에 대한 정책금융, 국내산업 보호를 위한 보호무역정책 등을 실시한 것은 맞다. 하지만 정부가 공기업을 통해 직접적으로 산업화를 진행한 분야는 주로 기간산업들에 국한되고, 그 밖의 대부분 산업에서는 민간기업들이 정부의 지원과 보호 속에서 산업화를 이끌어 갔다. 그렇기 때문에 한국의 산업화는 국가와 국내기업이 결합한 양자동맹을 특징으로 한다(임현진, 2020). 한국전쟁 이후 폐허와 같았던 한국에서 기업을 설립하고 성장시킬 수 있었던 것도 기업가정신의 발로라고 할 수 있다. 이것은 같은 시기 남미에서 정상적 기업활동보다 권력과 결탁해서 부정과 비리로 돈을 버는 지대추구적 기업들이 경제발전을 저해했던 것과 대비된다. 이런 측면에 주목해서 Jones와 Sakong(1980)은 한국의 고도성장기 경제발전을 연구하며 국가정책과 함께 기업가정신을 강조하였다. 그러면 한국의 기업가정신은 20세기 중반 이후와 21세기에 어떤 특징을 갖는가?

한준 · 김수한(2017)은 1960년대 산업화 이후 한국의 기업가정신을 기업사 자료들을 이용해서 사회학적으로 연구했다. 이들은 한국의 경제발전에 큰 기여를 했고 현재도 주력 산업인 전자산업에서의 기업가정신을 시대별로 살펴보았다. 1960~80년대 창업자들은 다른 산업의 기업가들이나 관료 출신이 대부분이었고, 창업을 위한 기술은 주로 해외로부터 도입된 경우가 많았다. 반면 1980~2000년대 창업한 이들은 대기업 근무 경험을 가진 엔지니어들이 많았고, 창업을 위한 기술은 자체 개발인 경우가 많았다. 두 시기에 창업한 기업들의 기록으로부터 창업 과정에서 겪은 환경의 장애 요인을 1점(낮은 수준)에서 3점(높은 수준)까지 점수로 평가한 결과가 〈표 4-1〉이다.

표 4-1 ■ 시대별 전자산업 창업의 환경적 장애 요인 비교

환경적 장애 요인	1960~80년대	1980~2000년대
신기술, 기술 혁신	2.43	2.42
국내 경제, 정치 상황의 불안정	2.76	2.4
해외기업의 횡포, 견제, 진입	2.17	2.33
산업기반시설 미비	2.72	2
업종 미성숙	2.71	2
정부의 규제	1.42	2
해외시장의 불안정	2.62	2
경쟁 수준	2.2	1.77
대기업의 횡포, 견제, 진입	1.74	1.5
국내외 수요의 변화	2.44	0.5

표를 보면 1960~80년대 창업의 가장 큰 장애 요인은 국내 경제, 정치 상황의 불안정(2.76점)이었던 반면, 1980~2000년대에는 신기술과 기술 혁신(2.42점)이다. 또한 전반적으로 창업의 장애 정도가 낮아진 것도 주목할 만하다. 장애 정도가 낮아진 항목이 대부분인 반면 높아진 항목은 해외기업의 횡포, 견제, 진입(2.17점 → 2.33점)과 정부의 규제(1.42점 → 2점)이다. 전 지구적 경쟁이 심화되면서 해외기업의 도전이 심해졌고, 또한 발전국가 시기가 지난 뒤에 규제가 늘었다는 사실을 반영한다. 이러한 변화는 21세기 들어 과거에 비해 창업에 유리한 환경적 조건이 늘었다는 것을 의미한다.

한국의 기업가정신은 어떤 수준인가? 글로벌기업가정신지수(GEI: global entrepreneurship index)를 발표하는 기관인 GEDI의 2018년 순위에서 한국은

100점 만점에 54.2점으로 137개국 중 24위였다. 1위인 미국의 점수는 83.6점이었다. 그러면 한국과 미국은 어떤 점들에서 차이를 보였는가? [그림 4-3]은 한국과 미국이 기업가정신의 각 측면에서 어떤 차이가 있는지 보여준다. 한국은 기술 흡수, 공정 및 제품 혁신 등 기술적 측면에서는 차이가 없는 것으로 나타난 반면, 경쟁, 기회의 인지, 국제화, 고성장, 문화적 지지, 창업 기술 등 문화적 · 환경적 측면에서 크게 떨어지는 것으로 나타났다. 결국 한국의 기업가정신을 높이려면 사회적 · 문화적 · 제도적 측면에서 혁신이 필요한 것이다.

그림 4-3 | 한국과 미국의 기업가정신 격차의 다측면 비교

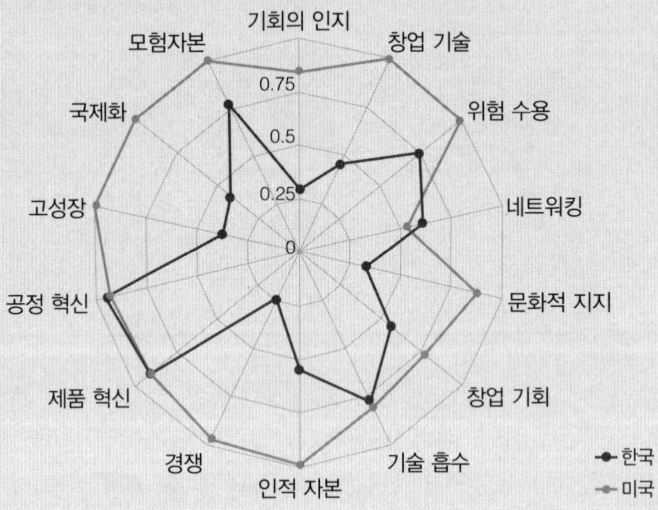

출처 : GEDI, 2019.

2. 조직의 성장과 생애 과정

새롭게 생겨난 조직은 대부분의 경우 규모가 작다. 대규모로 설립되는 예외적인 경우는 대개 기존 대규모 조직의 후원을 받거나 여러 조직들이 합쳐 새로운 조직을 만든 경우이다. 소규모로 시작한 조직들은 환경 적응에 성공하고, 주변 조직들로부터의 견제와 경쟁을 이겨내면, 활동 규모가 커지면서 성장한다. 새로운 시장과 고객이 생겨나고, 신규 참여자들이 조직과 관계를 맺으면서 조직의 규모는 더욱 커진다. 조직의 규모가 커진다는 것은 조직이 보유한 자원인 자산 규모의 증가, 구성원 수의 증가, 그리고 조직 활동 규모의 증가를 모두 포함한다.

조직의 성장은 자연스러운 과정을 거쳐 점진적으로 이루어지는 경우가 대부분이다. 조직의 외형 성장은 내적 구조의 변화를 동반한다. 조직의 규모가 작을 때에는 구성원도 적고 분업도 단순하지만 규모가 커지고 구성원이 늘어나면 조직에서 수행하는 활동과 업무도 늘어나고 역할의 분담도 전문화된다. 구매, 생산, 판매로 단순하던 분업에 마케팅, 영업, 인사, 기술개발 등 다양한 역할들이 늘어나는 것이 그 예이다. 전문적으로 분화된 역할들을 서로 조율할 필요가 생겨나고, 서로 친숙한 소규모 조직일 때에는 필요치 않았던 소통과 상호작용, 보고와 명령의 체계와 방식도 공식화된다. 개인 간 관계로 충분하던 것을 역할과 지위, 기능 간의 관계가 대체하는 것이다. 마지막으로 복잡한 분업과 소통의 원활한 조율을 위해 업무 방식이나 서류의 양식과 일정의 표준화를 통해 충돌과 혼란을 줄일 필요도 생긴다. 이러한 전문화, 공식화, 표준화의 결과 조직에서 조정(coordination)과 지원(support)을 담당하는 역할들이 독립하면서 구조는 더욱 복잡해진다(Blau, 1970).

조직이 외적으로 규모가 성장하면서 내적으로 구조가 복잡해지는 것은 인간이나 생물 유기체가 출생할 때부터 내부 기능과 기관이 완결적으로 갖춰져 있는 것과 다르다. 오히려 단순한 하등생명에서 복잡한 고등생물로 진화하면서 겪는 과정이 내적으로 일어난다. 이러한 점에서 조직의 성장과 구조변화 과정은 생물에서 개체발생과 계통발생 과정을 결합한 것에 가깝다. 생물 유기체(organism)와 조직(organization) 성장의 또 다른 차이는 생물 유기체의 경우 몸 안의 DNA와 환경이 상호작용하며 비슷한 크기로 성장하는 반면, 조직의 경우 환경에 얼마나 성공적으로 적응하는가에 따라 비슷하게 출발한 조직들도 엄청난 차이를 보이며 다양한 크기로 성장한다는 점이다.

조직의 외적 성장과 내적 구조변화는 생애주기(life cycle)에 따라 일정한 패턴을 그리며 일어나는 경우가 많다. 조직 성장에 따른 구조분화 모형의 대표적인 예가 Greiner(1972)의 조직 생애주기의 단계별 유형화이다.

첫 번째는 창의적 확장 단계이다. 설립 초기의 조직은 설립자의 창의성과 적극성을 통해 확장을 하는데, 이 단계는 성장에 따른 구조분화의 결과 구조화된 관리 형태가 요구됨에 따라 리더십의 위기를 낳는다. 이제 창업자가 아닌 관리자가 필요한 것이다. 창의적 확장이 조직의 진화적 성장이라면 리더십 위기는 혁명적 변화를 필요로 한다.

두 번째는 방향성 확대 단계이다. 조직이 관리자의 명령과 지시의 리더십을 통해 체계적, 기능적 관리 시스템을 채택함에 따라 새로운 확장을 경험하지만, 결과적으로 자율성의 위기로 이어진다. 최고 의사결정자는 자신의 권한을 포기하고 싶지 않지만, 하위 관리자에게 보다 많은 권한이 위임되어야 한다.

세 번째는 위임을 통한 확장 단계이다. 이 단계에서는 조직 구조의 복잡화에 따라 일상적 의사결정을 하위 관리자에게 위임하면서 고위 의사결정자들은 부담이 줄어 전략적 의사결정에 전념할 수 있게 된다. 위임의 결과 하위 관리자가 고위 관리자의 간섭 없이 작업하는 데 익숙해지면서 결국 통제의 위기를 맞는다. 확장된 조직에 대한 통제력을 상실했다고 느끼는 고위 관리자의 불만이 누적되어 통제의 위기가 나타난다.

네 번째는 조정을 통한 확장 단계이다. 통제의 위기 극복을 위해 조직이 여러 관리 시스템들(예컨대 제품별 사업부, 프로젝트 시스템 등)을 도입해서 조정을 하지만, 결과적으로 관리 시스템들이 늘어나 관료화된 장애물이 되면 효율과 혁신을 저해하는 형식주의(red tape)의 위기를 낳을 우려가 있다.

마지막 다섯 번째는 협업을 통한 확장 단계이다. 조직은 구조를 유연하고 다양하게 만들어 관료주의의 장벽을 극복하려고 한다. 복잡하고 형식적인 시스템도 단순화되고 중요한 문제를 해결하기 위해 관리자 간의 의사 소통이 강조된다.

위의 단계들을 [그림 4-4]와 같이 정리할 수 있다.

그림 4-4 | 조직의 성장에 따른 생애주기 변화의 단계적 모형

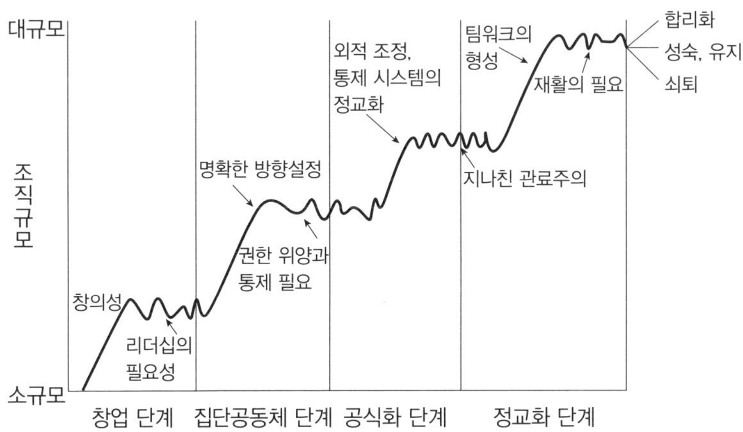

출처 : Greiner, 1972.

거시적 관점에서 조직의 성장은 개별 조직의 성공적 적응과 고성과의 산물이지만, 동시에 조직이 속한 산업과 분야가 제공하는 성장 기회에 대한 반응이라고도 할 수 있다. 산업별로 성장의 기회는 다르다. [그림 4-5]는 한국의 산업별 기업 자산 성장률 평균을 2001~3년과 2018~20년을 비교한 것이다. 전반적으로 2000년대 초반에 비해 최근 들어 각 산업에서 기업의 평균 성장률이 하락하였다. 제조업 중에서는 기술집약적 산업일수록 평균 성장률이 높으며, 공공적 성격의 전기, 가스, 수도나 폐수처리, 자원재활용 산업의 평균 성장률이 높다. 하지만 비슷한 기술 수준으로 묶인 산업군 안에서도 큰 편차가 보인다. 고위 기술산업 중에서 전기차 보급으로 수요가 빠르게 늘어난 전지는 성장률이 29%이며, 중저위 기술산업 중에서도 세라믹산업은 15%의 성장률을 보인다. 전반적으로 성장률이 높은 편인 서비스업에서도 음식숙박업은 5.8%, 방송업은 1.8%에 불과한 반면, 정보서비스업은 14.4%, 사업지원서비

그림 4-5 | 산업별 기업 자산 성장률의 시기별 비교

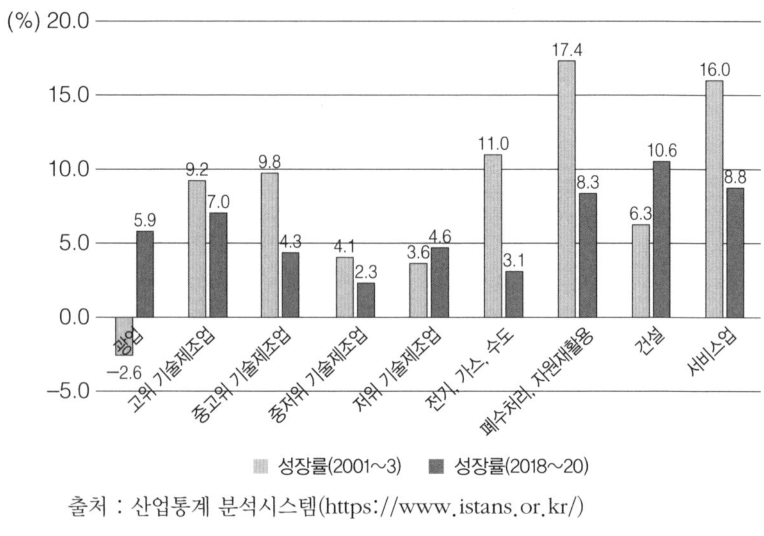

출처 : 산업통계 분석시스템(https://www.istans.or.kr/)

스업은 16.2%의 높은 성장률을 보인다.

산업별 기업 성장률의 평균 못지않게 고성장 기업의 비율도 중요하다. 왜냐하면 최근의 연구들에 따르면 경제 발전과 성장을 주도하는 것이 바로 고성장 기업이기 때문이다. 고성장 기업을 일컫는 대표적 명칭인 가젤(Gazelles)기업은 설립 후 5년이 지나지 않은 기업들 중에서 매출액과 종사자 수가 3년 연평균 20% 이상 성장한 기업이다. [그림 4-6]은 2011년과 2019년의 산업별 고성장 기업이 차지하는 비율을 비교하고 있다.

그림 4-6 | 산업별 고성장 기업 비율의 시기별 비교

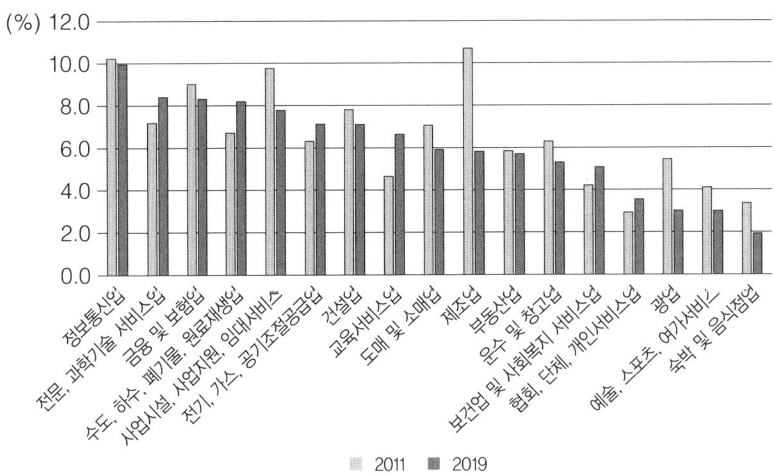

출처 : 통계청, 기업생멸행정통계.

위의 산업별 평균 성장률과 산업 분류가 일치하지 않아 직접 비교는 어렵지만, 이 그림에서도 2011년에 비해 2019년 고성장 기업 비율이 낮아졌다는 것과 함께 산업별 기업 성장의 기회가 차이를 보이는 것을 확인할 수 있다. 고성장 기업의 비율 측면에서 보면 공공적 성격이 강한 전기, 가스, 수도와 폐수처리, 자원재활용업 그리고 첨단 과학기술에 의존하는 정보통신과 전문 과학기술 서비스업의 고성장 기업 비율이 높다.

조직의 성장에는 산업별 시장조건과 함께 제도적 요인도 크게 영향을 미친다. 대표적인 것이 중소기업에 대한 정부의 지원 제도이다. 한국은 일본과 함께 대표적으로 정부가 중소기업을 적극적으로 지원하는 편이다. 중소기업 지원금융에서부터 세제상의 혜택, 인력지원, 보호 업종 지정 등에 이르기까지 다양한 정부 지원이 중소기업들에게 제공된다. 중소기업과 대기업의 구분은 시대 변화에 따라 계속 변해 왔지만 종소기업에 대한 정부의 지원은 계속되었다. 그렇다고 해서 중소기업과 대기업의 격차가 줄어든 것은 아니고 앞의 장에서 본 것처럼 최근 들어 격차는 더욱 늘어나는 추세이다. 중소기업에 대한 정부 지원이 많다 보니 중소기업이 성장해서 중소기업 기준을 넘어서면 그동안 받았던 여러 가지 정부의 지원이나 혜택을 받지 못하게 될까봐 성장을 꺼리는 현상도 나타난다. 이러한 현상을 가리켜 '피터 팬 신드롬'이란 용어를 사용하기도 한다. 중소기업을 지원하고자 하는 정책이 역설적으로 중소기업의 성장을 제약하는 것이다. 이러한 문제를 해결하고자 중소기업과 대기업의 중간 범주인 중견기업에 대한 정책적 관심도 높아지고 있다. 중소기업에서 중견기업으로, 중견기업에서 대기업으로 성장하는 사다리를 강화할 수 있는 정책적 노력을 시도하는 것이다.

3. 조직의 사멸

조직의 사멸은 조직의 성공과 실패의 경우에 모두 일어날 수 있지만,

여기에서는 주로 실패에 따른 사멸을 다루고자 한다. 조직은 설립도 쉽지 않지만 지속적 생존도 어렵다. 조직이 설립된 지 얼마 되지 않은 시기에 조직은 더욱 취약하고 실패 위험이 높다. Stinchcombe(1965)은 이를 '신생의 부담(liability of newness)'으로 부르며, 새로 조직군에 등장한 조직들의 사멸률을 높이는 여러 가지 어려움들을 설명했다. 새로 만들어진 조직들은 다음과 같은 내부적, 외부적 조건들 때문에 오래된 조직들에 비해 사멸률이 높다.

내부적으로 새로운 조직에서는 구성원 간에 신뢰가 부족할 가능성이 높다. 신뢰의 형성에는 시간이 필요하다. 그런데 신생조직의 구성원들은 서로 함께 일하기 시작한 지 얼마 되지 않아서 신뢰를 쌓을 시간이 충분치 못하다. 조직 또한 새롭다 보니 아직 불안정하고 조직 구성원들에게 신뢰를 주기 쉽지 않다.

신생조직은 신뢰의 부족 외에도 각자의 역할이나 작업 관례(routine)가 안정적으로 자리잡지 못할 가능성도 높다. 서로 팀워크가 갖춰지지 못하고 예외적 상황이 발생할 경우 임기응변으로 대처해야 할 경우도 생긴다. 신생조직의 구성원들은 서로의 협력을 위한 관례와 팀워크의 부족으로 조직역량이 미숙할 가능성이 높다.

외부적으로 신생조직은 자신을 둘러싼 환경에 대한 정보를 수집하고 환경의 요구에 대응하는 경험이 부족하다. 환경이 낯선 신생조직은 평소 기존조직에서는 당연시할 정보도 새롭게 수집해야 하는 경우가 많다. 또한 환경에 익숙치 못해서 환경의 요구가 조금이라도 예상에서 벗어날 경우 대응에 시간과 노력이 필요하다.

신생조직은 외부 환경의 다른 조직들과 협력적 혹은 호혜적 관계를 형성하는 데에도 시간과 노력이 필요하다. 조직 간의 관계가 협력적, 호혜적이려면 신뢰가 필요하다. 지속가능 여부가 확실하지 않은 신생조직에 대해 다른 조직들은 협력하는 데 적극적이지 않을 뿐 아니라 새로운 조직을 경쟁상대로 보고 우호적이지 않을 가능성도 있다.

다양한 내외적 여건들이 신생조직들에게 불리하게 작용한 결과 사멸률은 높아진다고 Stinchcombe은 주장한다. 아직 면역체계가 완전히 갖춰지지 못한 신생아의 사망률이 높은 것과 유사하게 신생조직은 실패 가능성이 높지만 시간이 지나 내부적으로 안정되고 외부적으로 능숙하게 대응과 협력이 가능해지면서 사멸률은 낮아진다. 조직생태학은 신생조직의 높은 사멸률, 즉 부(負)의 연령의존성(negative age dependence)을 기초적인 사실로 인정하고 있다(Carroll & Hannan, 2000).

한국 조직들의 사멸률에서도 과연 신생의 부담이 나타나는지 확인하기 위해 기업들의 업력별로 조사멸률, 즉 해당 업력의 전체 조직 중 사멸한 조직의 비율을 비교한 결과가 [그림 4-7]에 제시되어 있다. 이것은 동일 기업들을 시간의 흐름에 따라 추적한 결과가 아니라 연령별로 사멸률을 단순 비교한 것이다. 업력이 3년 이하인 기업의 16%가 사멸한 반면, 4~6년 업력인 경우 조사멸률은 10%, 7~9년 업력이 되면 3년

그림 4-7 | 한국 기업의 연령별 사멸률 비교

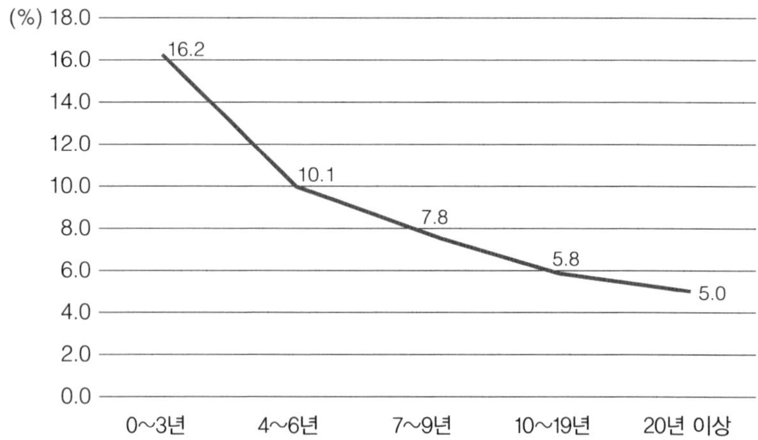

출처 : 통계청, 기업생멸행정통계, 2019.

이하의 절반 이하인 7.8%로 낮아진다. 그리고 20년 이상 업력인 기업들의 조사멸률은 3년 이하의 1/3보다 낮은 5%이다. 설립 후 얼마 되지 않은 기업들이 더 오래된 기업들에 비해 조사멸률이 높다는 결과는 조직 사멸률에서 신생의 부담을 지지하는 간접적 증거이다. 하지만 이것은 신생의 부담 가설에 대한 직접적 검증이 되기는 어렵다. 같은 시점에서 업력이 다른 기업들은 서로 설립 시기가 다르기 때문에 서로 다른 특성을 지니게 되었을 가능성을 배제하기 어렵기 때문이다.

신생의 부담에 대한 보다 직접적인 검증은 기업들의 연령별 생존함수의 패턴을 살펴보는 것이다. 생존함수란 시간의 경과에 따른 생존확률의 변화를 의미한다. [그림 4-8]에서 직선은 동일조직의 연령 증가에 따른 생존함수의 변화를 보여준다. 이때 조직의 생존함수는 해당 연령까지 조직들이 생존할 확률을 보여준다. 이 그래프에 따르면 한국의 조직들은 2018년을 기준으로 설립 뒤 1년이 지난 시점에서 72%, 3년이 지난 시점에서는 52%가 생존한다. 생존함수는 5년에는 40%, 7년에는

그림 4-8 | 한국 법인조직의 생존함수 추정

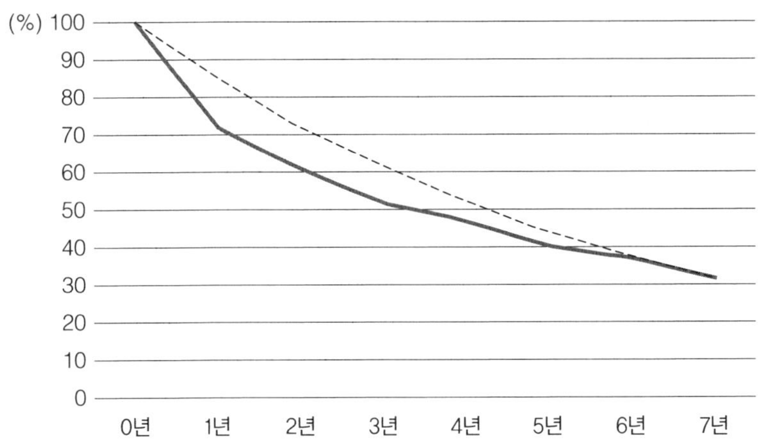

출처 : 통계청, 기업생멸행정통계, 2019.

32%로 낮아진다. 우리는 이 결과에 대해 사멸률이 설립 후 초기에 더욱 높고, 연령 증가와 함께 낮아진다고 볼 수 있을까? [그림 4-8]에서 점선은 7년 뒤의 생존함수에 이르기까지 매년 동일한 사멸률로 감소한다고 가정했을 때의 생존함수를 나타낸다. 만약 이 점선보다 생존함수가 위에 있다면 초반에는 사멸률이 낮다가 후반에 높아지는 것이고, 반대로 생존함수가 점선 아래에 있다면 초반에는 사멸률이 높다가 시간이 지나면서 낮아지는 것이다. 이 그래프는 후자의 경우를 보여준다. 한국 기업들의 생존함수는 일단 사멸률에서 부의 연령의존, 즉 신생의 부담을 지지하고 있다.

연령과 함께 조직의 특성으로서 사멸률에 대표적으로 영향을 미치는 것이 조직의 규모이다. 규모가 큰 조직은 위기 상황에 놓였을 때 이를 극복할 때까지 완충적 역할을 할 수 있는 여유자원을 가져 사멸률이 낮은 반면, 소규모 조직은 여유자원이 적어 사멸 가능성이 높아진다. 만약 조직 규모에 따른 여유자원 차이가 사멸률의 차이를 낳는 것이라면, 사멸률의 차이를 낳는 규모의 한계점(threshold)이 존재할 것이다. 일정 규모 이하에 비해 이상인 조직들의 사멸률이 현저하게 낮아지는 지점을 의미한다. 하지만 조직의 규모가 크면 클수록 조직의 사멸률이 일관되게 낮아질 가능성도 배제할 수 없다. 다음의 [그림 4-9]는 구성원 수로 측정한 기업 규모별 조사멸률, 즉 사멸한 기업의 비중을 2012년부터 2018년까지 비교한 것이다.

이 그림에서 기업의 조사멸률은 연도별로 일관되게 소규모 기업에서 대규모 기업으로 규모가 증가할수록 낮아진다. 조사멸률의 차이는 1~9인의 영세 자영업자와 10인 이상 100인 미만의 소기업의 차이가 가장 크다. 1~9인 영세 자영업자의 조사멸률이 12~15%인 반면, 10~100인 미만의 소기업 조사멸률은 2~4%이다. 그에 비해 100~300인 미만 기업 조사멸률은 2% 이하이고, 300인 이상 기업의 조사멸률은 1% 이하로

그림 4-9 | 기업 규모별 사멸률 비교 추이

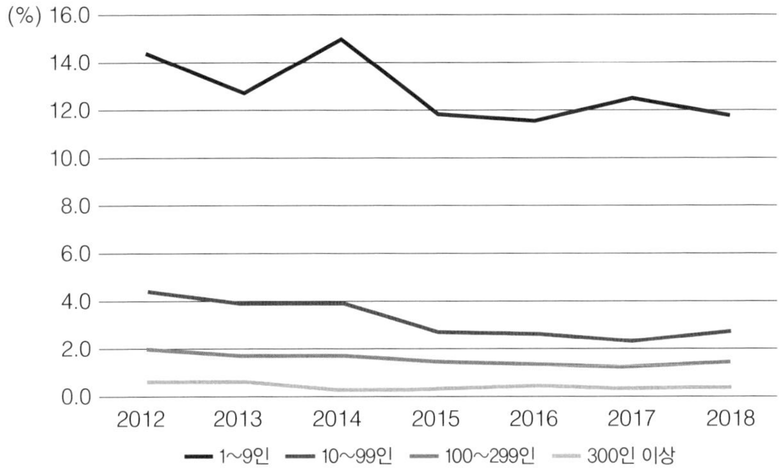

출처 : 통계청, 기업생멸행정통계.

가장 낮다.

산업이나 분야의 수준에서는 경쟁의 강도가 조직사멸에 큰 영향을 미친다. 조직 생성률이 경쟁 압력이 강한 조건에서 낮아지는 것과 같은 논리로 높은 경쟁 압력은 조직의 사멸률을 높인다. 산업에서 경쟁의 압력은 조직 밀도, 즉 해당 산업에서 활동하는 조직의 수와 비례하기 때문에 조직의 수가 늘어나면 조직의 사멸률도 높아진다(Carroll & Hannan, 2000). 밀도의존적 경쟁에 따른 사멸률 증가가 한국 기업들에 적용되는가의 여부를 확인하기 위해 2012~18년 59개 산업별 조직의 밀도와 사멸률의 관계를 분석한 결과가 다음의 [그림 4-10]과 〈표 4-2〉에 있다.

그림 4-10 | 산업별 기업밀도의 사멸률에 대한 효과 추정 결과

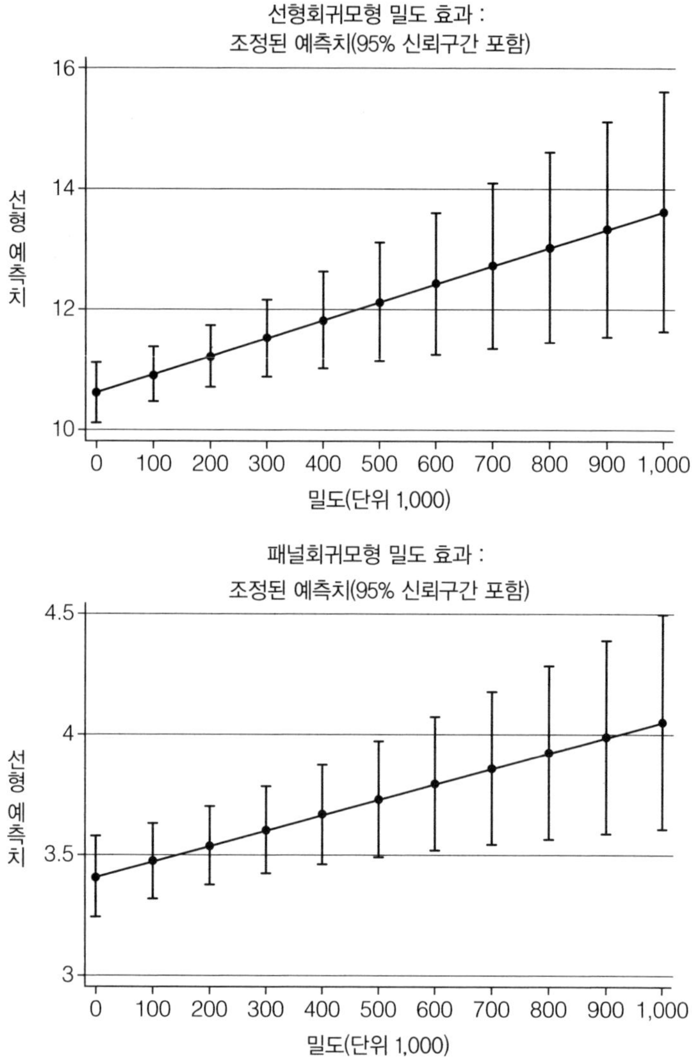

출처 : 통계청, 기업생멸행정통계, 원자료 분석.

표 4-2 ■ 산업별 기업밀도의 사멸률에 대한 효과 추정 결과

	계수값	t-값
선형회귀모형(종속변수=조사멸률)	.0029959	2.77
패널회귀모형(종속변수=로그 사멸 건수)	.0006405	2.68

출처 : 통계청, 기업생멸행정통계, 원자료 분석.

〈표 4-2〉의 윗줄에 제시된 결과는 59개 산업과 7개 연도를 교차한 413건의 연도-산업 사례에 대해 전년도 밀도와 조소멸률(전년 조직 중 금년 사멸한 비율) 관계를 선형회귀모형으로 분석한 추정치이다. 아랫줄의 결과는 산업별 차이를 통제한 뒤 연도별 밀도 변화와 조직 사멸 건수 로그값의 관계를 음이항(negative binomial) 패널회귀모형으로 분석한 추정치이다. 두 모형의 차이는 음이항 회귀모형의 추정 결과가 사건의 건수라는 종속변수의 특성을 고려하는 동시에, 산업별 차이를 통제한 채 연도별 변화를 중점적으로 분석한 엄밀한 분석 결과라는 점이다. 두 분석 결과 모두 밀도의 계수값은 통계적으로 유의한 양의 값이다. 이것은 밀도가 올라갈수록 조사멸률(선형모형)과 로그 사멸 건수(음이항회귀모형) 모두 높아진다는 것이나. [그림 4-10]은 〈표 4-2〉에 제시된 밀도의 조직 사멸에 대한 효과를 그래프로 보여준다.

이제까지 우리는 조직의 사멸을 조직 실패의 결과로 보았다. 하지만 실패했음에도 불구하고 사멸하지 않는 조직들도 적지 않다(Meyer & Zucker, 1989). 성과가 악화되어 사멸해야 할 조직들이 사멸하지 않고 지지부진하게 유지되는 이유는 무엇일까? 성과가 좋지 못한 실패한 조직들의 구성원들은 조직에서 이탈하는 경우가 많다. 하지만 이들 조직의 일부 참여자들이나 관계자들은 자신들이 조직으로부터 얻는 이득을 지키기 위해 조직의 해산 혹은 사멸을 거부한다. 대표적인 예가 기업 경영성과의 악화에도 불구하고 자신들의 일자리와 임금 유지를 요구하는 노동조합이다. 특히 다른 기업으로의 이직이 어려운 경우 이러한 저항은 더욱 강해진다. 또 다른 예로는 학생들의 충원이 어려워 학교 문을 닫고자 하는 학교에 반발해서 폐교를 반대하는 재학생이나 학부모, 졸업생들이다.

연습문제

01 조직이 설립되기에 유리한 사회적 조건으로 옳지 않은 것은 다음 중 무엇인가?

① 정보기술 발전　② 높은 교육 수준
③ 이방인과의 만남　④ 민주주의와 자유

02 기업가정신에 대한 사회학적 설명으로 적합하지 못한 것은 다음 중 무엇인가?

① Maslow의 동기이론　② Simmel의 이방인이론
③ Merton의 아노미이론　④ Park의 주변인이론

03 조직의 성장과 생애 과정에 대한 설명으로 옳은 것은 다음 중 무엇인가?

① 조직은 만들어질 당시에 크기가 다양한 것이 일반적이다.
② 조직의 성장은 점진적이기보다는 단절적이다.
③ 조직의 성장은 내적인 구조의 변화를 동반한다.
④ 조직의 구조변화는 계통발생과 구별되는 개체발생 과정이다.

04 조직의 생애주기 단계와 각 단계별 극복할 문제의 연결이 잘못된 것은 다음 중 무엇인가?

① 방향성 확대 – 위임의 위기
② 창의적 확장 – 리더십 위기
③ 조정을 통한 확장 – 형식주의의 위기
④ 위임을 통한 확장 – 통제의 위기

05 정부의 과도한 지원 때문에 중소기업이 성장을 꺼리는 현상을 무엇이라고 하는가?

06 조직이 설립된 지 얼마 안된 시기에 조직이 취약하고 실패의 위험이 높은 현상을 무엇이라고 하는가?

정답

01 ① 02 ① 03 ③ 04 ① 05 피터 팬 신드롬 06 신생의 부담

제 5 장

기능적 체계로서의 조직

1. 기능적 체계로서 조직의 이론들
2. 목적에 따른 기능과 업무의 배분
3. 의사결정, 관례와 상호작용
4. 조직의 통제, 조정과 구조

■ 연습문제

조직은 공동의 목적 달성을 위한 수단으로 만들어진다. 조직을 함께 만들거나 조직에 참여한 사람들은 이 공동 목적에 뜻을 같이했기 때문에 참여한 것이다. 조직의 구조, 작동이나 운영은 이러한 의미에서 목적 달성에 얼마나 도움이 되는가, 얼마나 '기능적'인가가 가장 중요하다. 조직을 설립해 많은 양의 자원을 모으고, 분업과 협업을 통해 활동을 효율화하며, 조직의 구조를 짜고 과정을 설계하는 것이 모두 목적 달성을 위한 조직의 기능적 측면이다.

'기능적'이라는 말은 한편에서는 문제가 없이 원활하게 작동한다는 의미와 함께 보다 큰 전체의 유지, 발전을 위해 각 부분이 기여하도록 만들어지고 움직인다는 의미를 갖는다. 자동차나 컴퓨터와 같은 기계가 기능적이라고 할 때 첫 번째 의미로 쓰인다면, 우리 몸의 순환계, 소화계, 신경계의 기관들이 기능적이라고 하면 두 번째 의미이다. 사회학 이론에서 기능주의는 우리 몸과 비슷하게 사회의 여러 제도와 조직, 기관들이 사회의 질서 유지를 위해 기능한다는 것을 강조한다. 마찬가지로 조직을 기능적 체계로 보는 것도 조직의 각 부분이 목적 달성을 위한 수단으로서 최적화되도록 짜여지고 운영된다는 것이다.

목적 달성에 기능적일 수 있도록 조직을 최적화하려면 무엇을 어떻게 해야 하는가? 이 질문에 답하기 위해 조직에 대한 다양한 이론들이 등장했다. 특히 조직에 대한 최초의 이론들은 주로 조직의 기능적 측면에 초점을 맞춘 것들이 많다. 이러한 이론들은 기본적으로 조직이 목적에 맞게 하향적(top-down) 방식으로 합리적으로 설계되어야 하고, 조직의 운영은 과학적 원리에 따라 자원, 정보, 사람을 효율적으로 배분하고 통제해야 한다고 본다.

이 장에서는 조직을 기능적 측면에 초점을 맞춰 설명하는 이론들을 먼저 살펴보고, 조직의 구성요소인 구조와 사람, 기술이 조직의 목적에 어떻게 최적화하는가를 하나씩 살펴보고자 한다.

1. 기능적 체계로서 조직의 이론들

조직을 기능적 체계로 보고 그 짜임새와 운영을 설명한 첫 사회학 이론은 Weber의 관료제 이론이다(Weber, 1947). 관료제(bureaucracy)의 사전적 의미는 관료의 지배이다. Weber는 공공조직이건 민간영리조직이건 합리적 목적 달성을 위해 만들어진 모든 조직을 관료제로 포괄해서 설명했다.

Weber에게 관료란 누구인가? 관료는 단지 국가조직에서 일하는 관료만이 아니다. 관료는 조직에서 일하는 데 필요한 전문적 지식을 갖추고 시험과 같은 공식적 선발 과정을 거쳐 조직 구성원이 된 사람들이다. 이들은 집과 구분되는 공간인 사무실에서 전임으로 일하는 대가로 현금으로 지급되는 봉급을 받으며, 정해진 절차에 따라 업적을 기준으로 승진의 기회가 부여된다. 관료의 신분과 지위는 공식 규칙으로 보장되며, 조직 지도자의 자의적인 판단이나 변덕으로부터 보호받는다.

관료들이 일하는 방식과 관련해서 Weber는 이들이 엄격한 수직적 위계질서 속에서 상명하복 원리에 따라 일하며, 의사결정과 업무처리는 규칙에 따라 전문적 지식을 동원해 이루어진다고 설명한다. 특히 이들은 자신의 감정이나 사적 이해관계를 배제한 채 조직의 이익을 최우선으로 해야 한다. 또한 엄격한 분업에 따라 권한을 명확히 하고, 전문성을 발휘해 일해야 하며, 자신의 업무 과정과 결과를 문서로 기록해서 남기고 책임 소재를 분명히 해야 한다.

Weber는 관료제가 근대 사회의 합리성 원리를 구현한 가장 효율적인 조직이며, 비합리적 요소를 배제하기 때문에 마치 기계처럼 움직일 수 있다고 주장했다. 특히 관료제는 목적 달성을 위한 합리적 수단이자 도구이기 때문에, 관료제 조직을 다른 세력이 장악하더라도 이들의 목적을 위해 마찬가지로 효율적으로 쓰일 수 있다고 보았다. 그 예로 Weber는 사회주의 세력이 자본주의를 타도하고 집권하더라도 자본주의하에서 만들어진 관료제는 사회주의를 위해 기능할 것이라고 보았다. 이러한 주장은 자본주의가 소멸하면 국가나 기업 같은 억압적 조직은 사라지고 사람들의 자유로운 결합만이 존재할 것이라고 예언한 Marx의 주장과 정반대이다. 러시아에서 처음으로 등장한 사회주의 사회에서 현실은 Weber의 주장을 지지했다. Lenin이 이끄는 사회주의 세력은 자본주의에서 만들어진 국가와 기업 조직을 장악한 뒤 기본 형태를 유지한 채 자신들의 지배를 공고히 하는 데 사용했기 때문이다.

사회학의 이론적 체계 속에서 조직을 설명한 Weber와 달리 공학의 배경을 가졌던 미국의 Taylor와 프랑스의 Fayol은 각자 기업조직 경영의 경험을 기반으로 기능적인 조직의 구조와 관리방안을 주장했다.

Taylor는 작업자들이 자신의 기술적 숙련을 앞세워 공장의 주도권을 쥐고 있으면 합리적 관리가 어려워지기 때문에, 조직의 경영자들은 과학적으로 작업과정을 분석하고 연구해야 한다고 주장했다(Taylor, 1911[2004]). 경영자들이 분석과 연구를 통해 생산 과정에서 무엇을 어떻게 해야 하는가에 대한 결정과 구상을 독점하면, 작업자들은 이러한 구상을 현장에서 실행하는 역할만 맡되 엄격한 통제를 통해 일사분란하게 작업이 이루어져야 한다고 Taylor는 주장했다. Taylor는 이처럼 과학적 원리를 이용해서 효율성을 높여 얻은 성과를 작업자들에게 성과급의 형태로 나눌 것을 제안하기도 했다.

미국의 Taylor가 생산작업 과정에 초점을 맞추었다면 프랑스의 Fayol은 Weber와 비슷하게 조직의 관리에 초점을 맞추었다(Fayol, 1916). 그는 조직이 잘 관리되려면 업무의 계획과 지휘, 자원과 활동의 조직화와 조정 및 통제가 잘 이루어져야 하며, 이를 위해 조직관리의 원칙들을 지켜야 한다고 보았다. 그 원칙에는 전문성에 의한 분업, 책임과 권한의 구분, 규칙과 규율의 준수, 위계적 구조 속에서 명령과 지휘의 일원화 및 집중, 조직 이익의 최우선, 공정한 보상과 고용안정 등이 포함된다. Fayol이 주장한 원칙들은 대부분 Weber가 조직의 합리성에서 출발해서 제시한 내용들과 일치한다.

20세기 초반 Weber, Fayol, Taylor 등이 제시한 기능적 조직에 대한 고전적 이론과 원칙들은 강조점의 차이는 조금씩 있지만 모두 다음 측면에서 비슷하다.

첫째, 이들 이론은 조직에 참여하는 사람들을 매우 단순화시킨다. 사람들이 지닌 욕망과 열정, 이해관계 등은 합리성을 방해하기 때문에 이러한 비합리적 개인들을 합리적 조직이 통제해야 한다. 조직의 사람에 대한 통제는 한편에서는 명령을 통한 강제적 측면과 함께 다른 한편에서는 보상을 통한 욕구충족적 측면이 결합해 있다. 조직은 구성원들을 기계의 부품처럼 교체가 가능한 존재로 보며, 이들의 내면적 심리나 외면적 사회관계 모두 조직의 입장에서는 중요하게 고려할 필요가 없다. 하지만 조직의 구성원들을 기계의 부품처럼 감정과 심리, 사회적 관계가 없는 존재로 간주하는 것은 무리이다. 결국 이러한 한계는 기능적 체계로 조직을 보는 관점을 새롭게 혁신한 Simon과 March를 통해 극복된다(March & Simon, 1958).

둘째, 고전적 이론은 조직이 처한 상황이나 환경의 다양성을 고려하지 않고 모든 경우에 최적의 기능적 조직 모형이 있다고 가정한다. 조직은 각각의 목적이 다양할 뿐 아니라 활동하는 환경이나 상황도 다양하다. 서로 다른 상황과 조건에 맞게 최적의 조직 모형이나 원칙이 바뀔 여지를 고전적 이론은 허용하지 않는다. 다양한 조직의 현실에 대한 연구가 축적되면서 상황과 조건에 따라 잘 기능하는 조직의 원칙과 모형이 다를 가능성이 제기되었다. 결국 이 가능성을 상황적합(contingency)

이론이 체계적으로 정식화되면서 이러한 한계가 극복될 수 있었다 (Lawrence & Lorsch, 1967; Donaldson, 2001).

먼저 Simon과 March의 기능적 조직에 대한 이론을 살펴보자. Simon과 March는 20세기 중반 행동주의(behaviorism)의 흐름을 받아들여 조직을 기계로 보는 고전적 이론을 더 정교하게 만들 필요가 있다고 주장했다. 행동주의는 인간 행동의 면밀한 연구를 기반으로 한다. 조직에서 행동주의는 조직에 참여, 활동하는 사람들의 의사결정에 영향을 미치는 요인들을 고려할 것을 제안한다. Simon과 March에 따르면 조직과 이에 참여하는 인간은 모두 합리적이고자 하지만 여러 제약 조건들 때문에 충분히 합리적이지 못하고 이러한 합리성의 한계, 혹은 제한적 합리성(bounded rationality)을 극복하고자 다양한 시도를 한다.

조직은 구성원들이 적극적으로 참여하고 최선을 다해서 일하도록 동기 부여와 사회화를 위해 노력하며, 매번 반복되는 상황에서 불필요한 의사결정 부담을 덜고자 업무를 프로그램화해서 관례(routine)를 발전시킨다고 Simon과 March는 주장한다. 관례는 업무의 효율성을 높일 뿐 아니라 조직 구성원들이 업무를 익히고 협력할 수 있도록 해 준다. 만약 관례가 적용되기 어려운 새로운 상황이 발생하면 조직은 새로운 해결방안의 검색(search)을 통해 새로운 업무수행 방식을 발전시키는 조직 차원의 학습을 한다. 결국 Simon과 March에게 조직이 기능적이고 합리적이라는 것은 고정된 규칙이나 원리만을 고수하지 않고, 자신의 인지적 한계를 극복하며 변하는 조건에 적응할 가능성을 갖는다는 의미이다.

다음으로 상황적합이론의 기능적 조직에 대한 설명을 살펴보자. 기능적 조직에 대한 고전 이론들이 모두 비효율을 줄이고 구성원 통제를 강화함으로써 조직을 기능적으로 만드는 데 집중한다면, 상황적합이론은 서로 다른 환경 조건이나 급격한 변화에 조직들이 어떻게 적응하는가에 집중한다. 고전 이론들이 제안하는 원칙들—기계적 조직 모형이라고 부를 수 있다—이 대체로 급격한 변화가 없는 안정적이고 예측 가능한 환경에 놓인 조직들에 적합하다면, 급격한 변화가 자주 일어나 불안정하고 불확실한 환경에서 활동하는 조직들에 이러한 원칙을 천편일률적으로 적용하기 어렵다는 것이 상황적합이론의 주장이다.

상황적합이론에 따르면 불확실하고 불안정한 환경에 놓인 조직들은 환경 변화에 보다 유연하게 적응할 수 있도록 기계적 모형이 아닌 유기적 모형을 따라야 한다. 유기적 조직들은 엄격한 분업, 명확한 권한과 책임, 고정된 규칙보다는 구성원들의 역량과 지식을 동원해서 함께 논의하고 의사결정을 함으로써 변화에 적절히 대응할 필요가 있다. 기계적 조직이 정해진 계획과 업무 관례에 따라 일사불란하게 움직이는 군대나 공장과 비슷하다면, 유기적 조직은 임기응변이 필요할 때도 있고 해보지 않았던 일도 할 수 있는 연구소와 비슷한 면이 있다(Burns & Stalker, 1961), 또한 기계적 조직이 전문화를 살린 분업을 통해 축적된 지식과 기술의 극대화된 활용(exploitation)에 주력한다면, 유기적 조직은 다양한 기능들을 적절히 조율하고 조정하며 새로운 전략이나 기술의 탐험(exploration)에도 힘쓴다(March, 1991).

2. 목적에 따른 기능과 업무의 배분

조직은 목적 달성을 위한 집합적 수단으로 만들어진다는 것이 기능적 체계로 조직을 보는 관점의 출발점이다. 그렇기 때문에 기능적 체계로서 조직은 자신의 목적을 스스로 정하기보다는 외부에서 주어진, 설립 당시의 목적에 충실할 것을 내부적, 외부적으로 요구받는다. 자신이 추구하는 목적이 정당한지, 어떤 목적이 더 중요한지를 따지기보다는 주어진 목적을 어떻게 하면 잘 달성할 것인가를 연구하고, 노력하는 것이 기능적 체계로서 조직이 해야 할 일이다.

행위자의 목적은 자신이 추구하는 가치로부터 도출된다는 것이 사회학의 일반적인 입장이다. 공리주의적, 물질적 가치에서 경제적 이윤이 도출되고, 공동체주의적 가치에서 사회 봉사가 도출되며, 계몽적 가치에서 언론과 학술이 도출되고, 미적 가치에서 문화와 예술이 도출된다. 이때 가치는 개인의 가치일 수도, 사회로부터 주어진 가치일 수도 있다. 인간 행위자의 가치는 유소년기의 사회화 과정을 거쳐 개인 정체성 등장과 함께 형성되지만 살아가면서 가치가 바뀌는 경우도 드물지 않다. 한 개인의 내부에서 둘 이상의 가치가 충돌하는 경우도 있다. 이러한 경우 인간 행위자는 가치 혼란을 경험하지만 결국 어떤 가치를 추구할 것인가는 개인의 선택이라는 것이 근대 사회의 기본적 전제이다.

집합적 행위자로서 조직은 가치에 대한 태도가 개인과 다르다. 조직은 설립될 때부터 추구하는 가치와 근본 목적이 정해진다. 조직에게 부여된 설립 당시의 목적은 바꾸기가 어렵다. 비영리조직의 경우 설립될 당시 정관에 명시한 목적을 바꾸려면 새로 설립하는 만큼의 노력이 필요하다. 공공조직의 경우는 법적으로 설립 목적이 못 박혀 있기 때문에 바꾸는 것이 더욱 어렵다. 영리조직의 경우에도 경제적 이윤이란 목적을 바꾸면 자본을 투자한 사람들의 거센 저항에 부딪칠 것이다.

행위자가 목적 달성을 위해 동원하는 수단과 방법은 한편에서는 효율성과 효과성의 측면에서 또 다른 한편으로는 사회적 규범이나 규칙의 측면에서 선택된다. 효율성은 투입 대비 산출이라는 양적 측면에서, 효과성은 목적의 달성에 대한 기여라는 질적 측면에서 수단과 방법의 기능성을 따지는 기준이 된다. 사회적 규범이나 규칙은 목적의 달성을 위한 집합적 노력이 사회적으로 받아들일 수 있는 수단과 방법에 의존하는가를 따진다. 효율적이고 효과적인 목표 추구의 수단과 방법을 선택하고 활용하는 것은 정보와 지식에 의존한다. 개인 행위자들은 정보와 지식을 교육과 학습을 통해 얻는다. 조직 행위자도 크게 다르지는 않지만, 조직은 목적 달성의 수단, 방법에 대한 정보와 지식을 조직 설립 때부터 확보하는 경우가 많다. 설립될 때부터 생존 경쟁이 시작되기 때문에, 주변 다른 조직들과의 경쟁에서 살아남을 수 있는 정보와 지식, 전략을 조직들은 갖고 출발하려 하기 때문이다.

조직의 목적은 다양한 기능을 한다. 조직의 설립 과정에서 목적에 동의하는 사람들이 모이고, 자원을 제공한다. 설립된 후에도 목적은 조직 구성원 선발에서 과연 필요한 인재인가를 결정하는 중요한 기준이다. 조직의 목적은 조직 내부의 다양한 활동을 조율하고 조정해서 협력이 이루어지도록 한다. 활동의 선택과 조정의 기준인 동시에 그 결과에 대한 평가의 기준도 된다. 조직의 목적은 조직 정체성의 근본적인 구성요소이다. 이 조직이 무엇을 하는 조직인가라는 외부 관심과 질문에 대한 조직의 답변은 언제나 조직의 목적에서 출발한다. 최근 조직들에서 많이 사용하는 조직의 비전(vision)이라는 용어는 조직의 목적과 비슷한 의미를 갖는다.

하지만 실제 현실에서 조직의 목적을 의사결정이나 의사소통에 활용하고자 하면 모호하고 추상적이어서 곤란할 수 있다. 대학교의 목적은 사회에 필요한 우수 인재를 교육시키고 학술 연구를 통해 지식의 발전에 기여하는 것이지만, 과연 대학교가 이러한 목적에 얼마나 잘 기여하는지를 따져보기는 쉽지 않기 때문이다. 그렇다 보니 실제 조직 현상에서는 조직을 설립하면서 제시한 추상적 목적보다 이를 구체화한 목표가 더 많이 활용된다. 조직의 근본적 목적을 보다 구체화시키고 현실적으로 활용할 수 있게 만든 것을 조직의 운영목표(operative goals)라고 한다. 최근 조직들에서 많이 사용하는 용어를 빌리자면 조직의 미션(mission)이 이에 해당된다.

앞서 대학교의 예를 다시 들면 다음과 같다. 대학교에서 우수한 인재의 교육이라는 목적과 관련해서, 그 달성 여부나 성과를 측정하고 평가할 때에 대학교가 배출한 졸업생들의 사회 진출 성과, 대학교에 대한 사회의 전반적인 평가 수준, 내부 학생들의 만족도 등을 따지고, 이를 대학교 운영의 중점 목표로 삼기도 한다. 또한 지식의 발전에 대한 기여라는 대학교의 목적 달성 정도를 구체화해서 소속 교원들이 생산한 연구성과의 양과 질, 대학교의 학계에서의 평판 등으로 규정하고 이를 중심으로 더 나은 성과를 올리도록 노력하는 것이 그 예이다(한준 · 김수한, 2017).

조직의 목적과 운영목표는 조직 위계의 작동에도 중요하게 작용한다. 조직의 최고 지도자나 의사결정자에서 최하위 직급의 구성원까지 모두 같은 목적을 추구하지만, 이들의 업무와 의사결정의 기준이 되는 운영목표는 같지 않다. 조직의 최고 지도자가 조직 전체의 목표 달성을 위해 노력한다면, 일반 직원들은 자신의 부서와 직급에 따라 주어진 과제를 목표로 삼아 노력한다. 분업을 통해 상세하고 복잡하게 나뉜 부서와 직급의 목표는 서로 어떤 관계를 갖는가? 수평적이고 수직적인 분업의 결과로 서로 다양한 목표를 추구하는 다양한 활동들은 조직 전체의 목표와 어떻게 연결되는가?

Simon과 March는 조직에서 다양한 목표들이 서로 목표-수단 관계로 체계적으로 연결된다고 설명한다. 조직에서 개인이나 부서의 활동은 목표 달성을 추구하기 때문에 목표지향적(purposvie)이며 목표의 달성을 위한 최적의 수단과 방법을 찾고자 하기 때문에 합리적(rational)이다. 각 개인이나 부서의 고유한 관점과 이해관계, 습관 등의 요인은 이러한 목표지향적이고 합리적인 행동이 조직 전체의 관점에서 잘 조정되고 통합되기 어렵게 만든다. 이 문제를 해결하려면 조직의 여러 부서들의 목표들이 체계적으로 연결되어야 하며, 그 기본 원칙은 상위 운영목표에 대해 하위 운영목표가 수단이나 방법이 되는 것이다. 예컨대 기업 전체 목표가 이윤을 늘리는 것이라면, 하위 부서 중에서 연구개발 부서는 더 혁신적이고 매력적인 제품의 개발을, 생산 부서는 저비용, 고품질의 제품 생산을, 마케팅 부서는 더 많은 소비자의 관심과 구매욕구 자극이라는 하위 운영목표의 달성을 통해 전체 목표에 기여한다. 각 하위 부서의 목표가 상위 목표인 전체 조직의 목표 달성의 수단이자 방법이 되는 것이다.

조직에서 상위 목표와 하위 목표를 목적-수단으로 연결하는 것은 반복적으로 적용되어 가장 아래 수준의 개인까지 이어질 수 있다. 규모가 큰 조직에서 다양한 기능과 활동을 담당하는 개인들은 자신이 하는 업무가 어떻게 조직 전체의 목표와 연결되는지 명확하게 인지하거나 이해하기 어려울 수도 있다. 하지만 잘 설계되고 짜여진 조직에서 각 개인이 자신의 업무를 잘 수행하면 조직 전체의 목표를 달성하는 데 분명 기여할 것이다. 그 밑바탕에 깔린 전제가 되는 것은 조직이 자리(position)들의 체계라는 것이다. 기계와 비슷한 기능적 체계로 보자면 조직은 기계 부품들처럼 각자 나름의 기능을 하는 다양한 자리들로 구성된 체계이다. 각 자리는 수행해야 할 업무에 대한 조직의 기대와 업무 수행에 따른 보상에 대한 개인들의 기대가 서로 맞물려 있다.

기능적 체계로서 조직에서 자리는 조직의 기능적 필요에 따라 생겨나며 누가 그 자리를 맡는가에 상관없이 객관적으로 존재한다. 그 자리에 누가 들어오건 상관없이 기대되는 업무 내용이 규정되어 있다. 만약 그 자리에 들어온 사람이 자신의 자리에 기대되는 업무 수행을 만족스럽게 못하면 조직은 그 담당자를 재교육하거나, 지시와 명령으로 통제하려 하고, 그래도 만족스럽지 못하면 교체할 것이다. 조직을 기능적으로 우수하게 만들려면, 필요한 역할과 업무를 잘 반영한 자리들을 만들고, 자리에 해당하는 기능과 능력이 서로 잘 맞물리도록 최적의 유능한 사람들을 배치하고, 이들이 자신의 자리에서 업무와 기능을 잘 수행하도록 해야 한다.

첫째와 둘째 과제가 조직 설계의 문제라면 셋째와 넷째 과제는 인사 관리의 문제이다. 조직 설계의 문제는 뒤에 별도로 살펴보고 먼저 기능적 조직에서 인사 관리를 생각해 보자. 조직이 잘되려면 우수한 능력을 갖춘 사람들이 참여해야 하지만 더 중요하게는 자리마다 그에 적합한 사람이 배치되고, 그 사람이 자신의 능력을 충분히 발휘해야 한다.

먼저 자리에 맞는 사람의 배치를 생각해 보자. 조직의 모든 자리에는 그 자리에서 담당하는 업무에 필요한 능력의 종류와 수준이 있다. 보다 중요한 자리에는 보다 많은 교육과 훈련, 경험을 가진 사람이, 그리고 업무의 내용에 따라 그에 맞는 분야의 지식과 기술을 갖춘 사람을 충원해야 한다. 이에 덧붙여 조직에서는 독립적으로 자신의 업무만 잘 수행하면 되는 것이 아니기 때문에 위아래의 상사와 부하, 옆의 동료들과 함께 원활히 협력할 수 있는 사람이 필요하다. 자리에 따른 역량의 종류와 수준, 업무 협력에 대한 이해와 실행을 모두 합쳐 조직에서는 각 자리마다의 역할과 책임(role & responsibility, 줄여서 R&R)이라고 부른다. 조직의 모든 구성원들은 자신의 역할과 책임을 잘 이해하고 수행해야 한다.

기능적 측면에서 조직의 자리에 대한 역할과 책임은 명확해야 한다. 역할과 책임이 명확하게 정의된 조직에서는 상사로부터의 업무 위임과 실행 과정에서 혼란이 없고, 업무의 중복이 없이 혼선이나 갈등이 줄며, 업무 관리와 평가도 분명해지고, 서로 기대하는 바가 어긋나지 않아서 협력이 잘 이루어진다. 역할과 책임이 명확하도록 조직을 설계하는 문제와 각 자리를 맡은 사람이 역할과 책임을 잘 이해하는 것은 별개의 문제이다. 편하고 싶어 역할과 책임을 줄이는 것도 문제지만, 역할과 책임을 부풀려 생각하는 것도 문제이다. 각자의 역할과 책임을 잘 이해하고 실행하려면 개인의 분명한 인식, 조직의 교육과 훈련, 상사의 리더십 등이 필요하다. 특히 새로운 자리에 배치되었거나, 조직의 변화가 발생해서 전반적으로 역할과 책임에 변동이 생겼을 때에는 더욱 이러한 노력이 필요하다.

자리에 요구되는 역량을 갖춘 개인들을 배치한다고 해서 이들이 언제나 자신의 역량을 충분히 발휘하는 것도 아니다. 노력을 충분히 안하는 경우도 있지만 많은 경우 조직보다 자기 자신을 위해 노력하기도 한다. 활동 내용이나 정도가 금방 외적으로 드러나는 생산노동이 아니면 외적 감시와 통제는 효과적이지 못하다. 통제 시도는 때로는 노골적이거나 때로는 은밀한 저항에 부딪칠 수도 있다. 조직에 필수적이거나 중요한 역할을 맡은 사람들이 최대한 역량을 발휘하는 것은 더욱 중요하다. 이 경우 개인의 충분한 역량 발휘를 위해 조직의 목표와 개인의 목표를 연계시키는 것이 필요하다고 Simon과 March는 강조한다. 개인 업무 성과가 조직 전체 성과에 지대한 영향을 미친다면, 조직이 얻는 성과와 이익을 개인의 이익과 직결시켜야 한다는 것이다. 업무에 대한 금전적 보상 외에 스톡옵션이나 승진 기회처럼 조직과 개인의 목표를 가깝게 만드는 것이 그 예이다.

3. 의사결정, 관례와 상호작용

목표 달성을 위한 효율적이고 효과적인 전략과 방법에 대해 의사결정을 하고, 결정된 바를 실행에 옮기는 것은 조직 각 부서와 개인 업무의 대부분을 차지한다. 의사결정은 대부분 직급에서 이루어지지만, 그 내용과 중요도는 직급에 따라 크게 다르다.

조직의 최상위 수준에서 일어나는 의사결정은 전략적 의사결정이다. 조직 전체의 방향이나 운명을 좌우할 수 있기 때문이다. 조직 전체 차원의 자원 획득과 배분, 조직의 구조적 변화나 인사이동, 다른 조직과의 경쟁이나 협력과 관련된 중요한 의사결정 등이 이에 해당된다. 새로운 사업 분야로의 진출, 다른 기업과의 합병이나 기존 조직의 분사, 많은 자원을 투입한 신기술 개발의 시작 등은 전략적 의사결정에 해당한다. 대학교의 경우 교무에 관련된 중요한 규칙의 변경, 학과나 단과대학의 신설이나 통합, 해외 학교와의 공동학위 수여 등에 대한 결정을 예로 들 수 있다. 조직의 입장에서 전략적 의사결정은 조직의 임원회의, 이사회, 총회 등을 통해 집단적으로 일어나는 경우가 많다.

조직의 하위 수준에서 일어나는 의사결정은 대부분 실무적(operational) 의사결정이라고 부른다. 조직의 상부에서 정해진 목표를 달성하기 위한 업무 추진 혹은 수행 과정에서 필요한 의사결정이기 때문이다. 이러한 실무적 의사결정에는 배당된 자원이나 인원의 투입에 대한 계획과 수정, 업무 진행 과정에서 일어나는 예외적 상황이나 문제점들에 대한 대응, 일상적 조직 관리 사항의 검토 등이 포함된다. 생산 부서에서 생산계획에 따른 근무 교대와 품질 점검, 부서원들의 휴무에 대한 관리, 연구개발 부서에서 프로젝트 진행의 확인과 수정, 영업 부서에서 고객에 대한 관리와 대응, 관리 부서에서 원자재, 재고, 예산 등의 점검과 집행 등이 이에 해당된다. 실무적 의사결정의 중요한 부분은 부서 회의에서 이루어질 때도 있지만 일상적, 반복적 의사결정은 부서 책임자나 때로는 담당자들이 맡아 하기도 한다.

최근 들어 조직들은 점점 더 실무적 의사결정을 조직 하위의 담당자들에게 위임하는 추세이다. 이것은 조직 전체에서의 과도한 권한 집중을 피하고 분산과 위임을 통해 조직의 형식주의화를 탈피하고 업무 효율성을 높이려는 노력이다. 그 결과 조직의 일상적 업무에서 결재라는 형태로 상급자의 확인을 받는 경우가 많이 줄고 있다. 하급자의 상급자에 대한 서면 보고와 결재 대신, 정보기술을 이용해서 누구나 온라인에서 업무 진행 및 조직 현황 파악을 할 수 있도록 바꾸어 가고 있다.

조직에서의 전략적 의사결정은 문제나 의제의 발견, 대안의 탐색, 대안들에 대한 비교 검토를 거쳐 최선의 방안을 확정하고 이를 구체화하는 방식으로 이루어진다. 의사결정이 필요한 문제나 의제는 현재 조직 성과의 저해 요인, 향후 조직의 위협 요인, 혹은 향후 조직 발전에 필요한 것 등이다. 이미 발생한 문제에 대한 수동적, 대응적(reactive)인 내용도 있고, 향후 발생할 수 있는 문제에 대한 능동적, 선제적(proactive)인 내용도 있다. 문제나 의제는 조직 내부에서 나올 수도 있고, 외부의 환경으로부터 제기될 수도 있다. 문제 해결을 위한 대안 역시 내부 연구, 검토를 통해 제안될 수도 있고, 외부 사례를 참고해서 검색할 수도 있다. 가능한 대안들이 정해지면 예상 결과를 통해 대안들을 비교하고, 최적의 대안을 선정해서 이를 실행할 수 있도록 구체화한다.

개인이나 조직 모두 중요한 사안은 충분한 검토를 거쳐 신중하게 의사결정을 해야 하지만, 모든 상황에서 새롭게 의사결정을 해야 하면 의사결정의 부담이 커진다. 그래서 반복적, 주기적으로 상황에 대해서는 굳이 대안 검토와 의사결정을 거치지 않고 과거 경험을 기반으로 대응하는 경우가 많다. 이러한 일상화된 대응은 행위자 입장에서 굳이 의식하지 못한 채 습관적으로 이루어지는 경우도 많다(Dewey, 1948). 반복적이고 주기적으로 발생하는 상황에 대해 조직이 과거의 성공적 경험을 기반으로 동일하게 대응하는 것을 관례(routine, Nelson & Winter, 1982) 혹은 수행프로그램(performance program)이라고 부른다(March & Simon, 1958).

개인의 습관은 무의식적으로 몸이 기억하는 반응이다. 특정 개인의 습관은 지속적, 안정적이지만 개인 간에는 습관의 차이가 존재한다. 반면 조직에서 프로그램이나 관례는 조직 구성원 개인들이 동일 상황에서 동일한 반응을 일사분란하게 보여야 하기 때문에 더 복잡하다. 개인의 습관이 자발적이고 무의식적으로 발전하는 반면, 조직의 프로그램이나 관례는 조직 구성원 간의 조율과 일정한 의식적 개입 혹은 반복적 경험을 통해 익숙해질 필요가 있다.

프로그램이나 관례가 조직 업무와 활동에서 등장하려면 몇 가지 조건이 필요하다.

하나는 예외가 별로 없이 동일 상황이 반복되는 경우에 관례가 등장할 가능성이 높다(Perrow, 1967). 예외적 상황이 자주 발생하면 그때마다 관례를 만드는 노력보다 상황을 파악하고 대안을 모색하는 의사결정에 의존하는 편이 더 낫다. 그러나 만약 예외적 상황에 대한 신속하고 질서 있는 대응이 필요하다면 관례가 생겨날 수 있다. 대표적인 예가 위기의 발생이다. 위기는 예외적인 상황이다. 화재 같은 재난이나, 금융 혹은 기술 사고와 같은 조직에서의 위기 상황에서는 의사결정 여유가 없이 신속하고 질서 있는 대응이 매우 필요하다. 따라서 조직은 이러한 경우 예외적 상황을 대비해서 대응 프로그램을 준비하기도 한다.

프로그램이나 관례 등장을 촉진하는 또 다른 조건은 외부에서 업무 활동이나 결과의 관찰이 쉬울 때이다(March & Simon, 1958). 프로그램은 일종의 대본(script)처럼 상호작용을 정례화해서 순서대로 정해 놓은 경우가 많다. 프로그램을 통해 조직 구성원들이 서로 행동과 반응을 조율하고 조정하려면 연극에서 상대방 동작이나 대사를 신호로 삼는 것처럼 서로 동작과 반응을 관찰할 수 있어야 한다. 서비스조직에서 고객 응대 프로그램 같은 경우가 대표적이다. 고객 반응이나 요구에 따라 어떻게 행동하고 응대할지를 미리 정해 놓고 이를 따른다면 어떤 경우에나 고객에게 동일한 서비스를 제공할 수 있다.

프로그램이나 관례는 조직의 업무와 상호작용에 많은 영향을 미친다. 이제까지 우리는 프로그램이나 관례가 의사결정 부담을 줄이고 상호 조정과 조율을 편하게 해 주는 긍정적 측면을 주로 보았다. 하지만 과도한 프로그램이나 관례는 조직에 부정적 영향을 미칠 수도 있다. 프로그램이나 관례는 상황에 대한 표준화된 반응인데 만약 이것이 과도해지면 조직 구성원들은 자율성과 창의성을 제약당하고, 상호작용이나 업무는 형식적이 되어버린다. 대표적인 예가 과도한 의전의 문제이다. 조직의 윗사람에 대한 예우를 갖추는 의전은 조직 질서와 정체성 유지에 필요하지만 그것이 과도해지면 구성원들에게 많은 부담이 된다. 군대와 같은 전체주의 기관(total institution)의 특징의 하나가 행동의 표준화인 점을 상기할 수 있다.

조직에서 의사결정과 함께 중요한 것이 업무의 원활한 수행을 위한 의사소통과 상호작용이다. 기능적 체계로서의 조직에서 중요한 의사소통과 상호작용은 수직적인 것과 수평적인 것으로 구분된다.

수직적 의사소통과 상호작용의 전통적인 예는 상급자의 명령과 지시, 통제 및 하급자의 보고 및 복종이다. 조직의 위계를 강조하고 상명하복 원칙을 중시하던 과거에는 엄격한 수직적 의사소통과 상호작용의 형식적 규칙(protocol) 준수가 중요했다. 하지만 사회 변화로 수직적 의사소통과 상호작용의 핵심은 형식보다는 내용 면에서의 복종이 더 중요해졌다. 과도한 상명하복의 강조가 아래로부터의 자발성을 제약하고 창의적 제안이나 혁신적 발상을 억누를 수 있다는 우려도 있다. 이제는 수직적 의사소통과 상호작용에서 지시와 명령 못지않게 업무에 대한 피드백과 조언이 상급자의 역할로 중요해졌다. 조직에서 상급자는 지시와 명령을 통해 하급자에게 리더십을 발휘해야 하지만, 동시에 하급자가 자신의 역할과 책임을 명확하게 깨닫고 업무 역량을 키워 성장할 수 있도록 지도해야 한다. 상급자의 하급자에 대한 지도와 피드백은 상급자의 업무 역량이 충분하고, 서로를 존경하고 신뢰할 수 있어야 가능하다.

수평적 의사소통과 상호작용의 대표적인 경우가 같은 부서 구성원 간의 혹은 다른 부서 간의 업무 협조이다. 같은 부서에 속한 사람들은 서로 친분을 나눌 기회도 많지만 서로 유사한 업무를 수행하며 함께 협력해야 할 경우가 많다. 특히 부서 단위로 업무 성과가 측정되는 경우가 많기 때문에 같은 부서 성원들은 서로 돕고 협력할 필요가 높다. 한국의 조직에서는 부서를 벗어난 소통과 협력이 쉽지 않다는 이야기를 많이 한다. 하지만 점점 더 다른 부서와 협력할 필요가 늘고, 태스크 포스처럼 상시적으로 다른 부서 사람들과 함께 업무를 수행해야 할 경우도 있다. 부서 간 의사소통과 상호작용의 기회는 부서장처럼 직급이 올라갈수록 더 늘어난다. 서로 다른 부서 간에는 의사소통과 상호작용의 어려움이 더 많다. 업무에 대한 이해가 서로 많지 않고, 부서 단위 성과 평가로 인한 경쟁도 존재한다. 그 결과 부서 간에 정보공유도 잘 안되고, 상호 신뢰도 높지 않기 쉽다. 최근에 올수록 조직에서 수평적 협력의 필요가 점점 더 높아지면서, 부서를 넘어선 조직 차원의 정보 공유와 상호 이해 및 신뢰의 중요성은 더욱 높아지고 있다.

조직에서 수직적, 수평적 의사소통과 상호작용이 집중적으로 일어나는 구체적인 경우가 회의(meeting)이다. 회의는 의사결정을 위한 조직 최상위에서의 회의 외에도 업무 수행을 위해 여러 수준에서 일상적으로 일어난다. 아이디어를 모으고 의견 교환을 하기 위한 비공식적 회의와 함께 업무 진행 상황을 살펴보고, 문제점과 해결책을 찾고, 새로운 프로젝트와 전략을 논의하는 공식 회의에 이르기까지 회의는 다양하다. 조직의 성공적 업무 수행을 위한 집단지성 발휘라는 의미에서 회의는 중요한 의사소통과 상호작용이지만, 종종 형식적으로 의례화되어 버리거나 아니면 하급자에 대한 상급자의 명령, 지시, 추궁과 질책의 장이 되어 버리기도 한다. 이런 경우에 회의는 많은 사람들의 시간과 노력의 낭비에 불과하다. 회의가 생산적이 되려면 사전 준비를 통한 충분한 정보의 공유, 발언 기회를 골고루 부여하는 운영, 그리고 상대방 의견을 존중하고 배우려는 열린 태도와 자세가 필요하다.

4. 조직의 통제, 조정과 구조

조직의 업무 진행 과정에서 중요한 관건은 업무 중복이나 충돌 없이 서로 조화와 균형을 이루며 원활하게 업무를 진행하는 것이다. 여기에서 중요한 것은 효과적인 통제와 조정(control & coordination)이다. 조직은 어떻게 내부에서 일어나는 다양한 활동을 성공적으로 조정하고 문제가 발생하지 않도록 하는가?

다소 극단적인 예로 생각해 볼 수 있는 것이 교향악단 지휘자와 프로스포츠 팀의 감독이다. 교향악단의 연주는 작곡가의 악보에 따라 이루어지지만 곡의 전반적 템포와 악기별 소리의 조화, 연주의 느낌과 독주악기의 등장 순간 등 음악적 조화에 필요한 다양한 선택이 순간적으로 이루어져야 한다. 지휘자는 미리 단원들과 리허설을 통해 이를 사전에 조율하지만, 공연 현장에서 지휘자는 매 순간 연주자들에게 손짓과 표정으로 자신의 음악적 견해와 느낌을 전달하며 아름다운 연주를 이끈다. 스포츠 팀의 감독 역시 공격과 수비를 반복하며 시시각각으로 바뀌는 상황 속에서 각 포지션을 담당한 선수들의 플레이를 지시하면서 상대방의 약점을 공략하고, 기회를 포착하고 활용하며, 위기를 극복하도록 선수들의 협력을 지휘한다. 교향악단 단원들이나 프로 스포츠 선수들은 모두 전문적 기량과 경험을 가졌지만 전체 연주나 시합을 위한 최종적 판단과 조정은 지휘자와 감독에게 맡기고 따른다.

우리가 알고 있는 대부분의 조직들은 교향악단이나 프로 스포츠 팀처럼 집중되고 긴장된 상호작용의 조정을 필요로 하지는 않는다. 그렇기 때문에 이들 조직은 지휘자나 감독의 지시와 개입 같은 것이 없이도 업무와 활동 조정이 가능하도록 계획(planning), 일정짜기(scheduling), 표준화(standardization)에 의존한다.

조직에서 계획은 미래의 조직 운영목표를 정하고 이를 위해 활동과 업무를 맞춰가는 것이다. 조직의 계획은 보통 연간, 월간 등의 주기로 작성된다. 보다 장기적 계획도 가능하지만 그것은 조직의 미래 활동에 대한 예측과 조정보다는 향후의 방향 설정 측면이 더 강하다. 조직은 자신의 고유한 핵심 업무와 활동을 미리 계획함으로써 어느 시점에서 얼마만큼의 자원을 투입할지 예측하고, 어느 정도의 성과를 얻을지 기대하며 그에 필요한 각 부서의 활동을 진행한다. 생산 기업에서는 시장 전망에 따라 생산 계획을 짜고 자금 순환과 원료 구매 등을 결정하며, 판매 계획과 재고 관리를 맞춘다. 연간 계획에서 업무가 많이 늘어날 것으로 예상되면 그에 맞춰 신규충원을 진행한다. 연간 퇴사나 퇴직으로 인한 결원 규모도 고려된다. 조직에서 계획이 가능한 것은 과거 경험에 대한 자료가 있기 때문이다. 과거 경험을 토대로 미래를 예측하고 그에 맞춰 기간별 업무를 계획한다. 조직의 계획에는 미래 예측과 전망을 토대로 운영목표가 정해지며, 이 목표는 조직과 부서의 성과 평가 기준이 된다.

계획이 조직활동의 장래 목표치와 함께 투입과 산출에 대한 예측을 제공한다면, 일정은 보다 상세하게 조직에서 진행되는 업무와 활동의 시간 계획을 제공한다. 조직은 일정에 기반해서 충돌 없이 사람과 비품, 공간 등 조직 업무와 활동에 필요한 자원을 시공간적으로 배분한다. 대표적인 예가 대학교에서 강의시간표 작성이다. 강의시간표에 따라 학생들은 원하는 강의가 중복되지 않도록 수강하고, 교수들은 연구와 교육에 투입할 시간을 예측·관리하며, 학교는 미리 정해진 시간에 중복과 혼선이 없이 체계적이고 질서 있게 강의를 진행한다. 강의시간표 외에도 교수와 직원들은 회의 시간과 장소를 미리 정해서 조율한다. 기업 일정이 연간, 월간 형태로 짜인다면 대학교에서는 학기, 주간 단위로 일정이 짜인다. 조직별로 업무와 활동의 고유한 시간적 리듬이 존재하기 때문이다.

표준화는 조직의 다양한 업무와 활동, 상호작용 형식과 양식에 표준을 정하고 이를 활용하는 것이다. 조직 구성원들이 활동할 때 입는 제복을 표준화하기도 하고, 조직의 보고에 사용하는 서류 양식을 표준화하기도 하며, 생산에 사용되는 부품 규격을 표준화하기도 한다. 조직의 온라인 소통을 위한 소프트웨어와 홈페이지 양식도 표준화하고, 조직 정체성을 표현하는 상징과 이미지도 표준화한다. 표준화는 집합적 정체감을 높이고, 다양한 업무와 활동 내용의 일관성을 높인다. 하지만 과도한 표준화는 조직 구성원들의 개성과 창의성을 제약하기 때문에 피하려 노력하기도 한다.

조직에서 업무와 활동의 통제와 조정에 유용하게 사용되는 계획과 일정은 업무와 활동이 정해진 대로 진행된다는 예측 가능성을 전제로 한다. 하지만 모든 조직의 활동이 예측 가능한 것은 아니다. 조직에 따라 예측 가능성이 현저히 떨어지는 경우 계획과 일정은 도움이 되지 못한다. 예측 가능성을 낮추는 것은 불확실성과 우발성이다. 불확실성과 우발성은 미래에 전개될 상황에 대해 정확한 정보를 얻을 수 없거나, 어떤 결과의 가능성을 명확히 측정할 수 없는 상태이다. 미래에 어떤 일이 일어날지 알기 어려울 때 계획이나 일정은 무력해질 수 있다.

불확실성과 우발성이 높은 조직에서는 이를 고려하여 업무와 활동에 대한 통제를 해야 한다. 대표적인 경우가 여유자원(slack resource)의 활용이다(Galbraith, 1973). 만약 생산 원료가 부족해질 가능성이 있거나, 제품에 대한 수요가 급증할 가능성이 있으면, 기업은 원료나 제품의 재고를 늘림으로써 갑자기 줄어든 공급이나 늘어난 수요에 대응할 수 있다. 정확히 예측할 수 없지만 급격한 변화로 영향을 받을 상황에서는 여유자원을 통해 대응가능하다. 조직 입장에서 여유자원은 굳이 현재 필요하지 않은 자원을 보유하는 것이기 때문에 손해일 수 있다. 하지만 급격한 변화에 대응하지 못해서 발생하는 손해가 더 크다면 여유자원을 유지할 필요가 있다. 조직의 인원과 시간도 여유가 필요할 수 있다. 서비스조직에서 고객의 서비스 요구가 갑자기 늘어날 경우를 대비해 인력과 시간에 여유를 두기도 한다.

여유자원 외에 조직이 불확실성과 우발성에 대응하는 수단으로 시나리오 계획이 있다. 과거의 경험을 토대로 한 계획이 불확실성 때문에 유용하지 못할 때 불확실성에 영향을 미치는 요인을 미리 따져 볼 수 있다면 그에 따라 달라질 미래 상태를 구분해서 시나리오에 따라 미래에 대비하는 것이다. 계획대로 미래가 전개되지 않을 때 일종의 플랜 B를 생각하고 그에 대비하는 것이다. 이 경우에도 다른 시나리오에 따른 대비에 추가 비용이 들지만, 미래 대비를 못했을 때의 손해를 고려하면 시나리오를 이용한 대비가 필요하다. 여유자원이나 시나리오 계획이나 모두 불확실성에 따른 추가비용 지출을 감수할 필요가 있음을 의미한다.

여유자원이나 시나리오 계획의 활용 외에 조직은 조직의 유연성을 높임으로써 불확실성에 대응할 수도 있다(Scott, 2003: 238-244). 조직에서 예상치 못한 상황이 발생하면 조직은 이 상황에 대응하기 위해 별도의 팀을 조직하는데 이러한 임시조직을 태스크 포스(task force)라고 부른다. 2차 대전 중에 미국 해군에서 처음 사용되었던 이 용어는 모든 형태의 조직에서 예외적 상황이나 정규적이지 않은 별도 과제에 집중하는 다기능의 전문적 조직을 의미한다. 태스크 포스는 정규 지휘계통과는 별도로 존재하며 일상 업무나 활동이 아닌 별도 과제에 집중한다. 태스크 포스는 조직의 임시 단위라서 예외적 상황이나 별도 과제가 해결 혹은 해소되면 해산한다.

임시조직인 태스크 포스와 달리 특정 과제에 집중하며 정규조직 일부로 존재하는 것이 매트릭스조직이다. 수학에서 행렬의 영어 표현인 매트릭스로부터 유래한 매트릭스조직은 조직의 구조를 두 축을 교차시켜 구성한다. 한 축은 생산, 구매, 판매, 연구개발, 인사 등 조직의 기능적 구분에 따른 것이다. 또 하나의 축은 조직이 해결해야 할 특정 과제이다. 조직이 해결하려는 과제가 일시적이 아니라 상시적일 경우, 조직에서 진행하는 각 프로젝트와 조직의 기능적 역할을 교차해서 두 축 모두에 소속을 두는 것이 매트릭스조직의 특징이다.

불확실성과 우발성이 높은 경우의 조직 구조의 특성을 살펴보았다. 그렇다면 예측 가능성이 높고 안정적인 조건에서 조직의 구조는 어떻게 구성되는가? 조직 구조는 조직에서 일어나는 업무와 관련된 상호작용 패턴을 안정적으로 고정시킨 것이다. 조직을 구성하는 자리들이 어떻게 묶이고 이러한 묶임들이 어떤 관계들로 서로 연결되는지를 나타낸 것이 조직의 구조이다. 결국 조직 구조는 조직활동에 대한 위로부터의 통제와 조정 시도를 구조적으로 표현한 것이다. 그렇기 때문에 조직의 구조를 보면 조직의 업무와 활동이 어떤 흐름으로 진행되는지 이해할 수 있다.

조직의 구조 설계에는 어떤 원칙들이 적용되는가? 조직 구조 설계의 기본 원칙들은 다음과 같다.

- 비슷한 업무를 담당한 자리는 동일한 부서로 묶고, 서로 다른 업무의 자리는 다른 부서로 묶는다.
- 서로 연관된 업무를 담당하는 부서들은 상위 수준에서 함께 묶어

명령과 보고의 수직적 위계에 포함시킨다.

- 동일 업무를 담당하는 조직 부서가 너무 커진다면 이를 나눌 수 있는 기준을 찾아서 나눈다.

조직에서 업무와 관련된 상호작용은 동일 부서 내에서 가장 활발하며, 상위 수준에서 서로 연결된 부서들 역시 긴밀하게 상호작용한다. 조직의 구조를 직관적으로 이해하기 쉽도록 그림으로 나타낸 것이 조직도이다. 잘 짜여진 구조를 갖춘 조직은 조직도만 보아도 업무의 흐름을 대체로 이해할 수 있다.

조직 구조에는 몇 가지의 대표적인 유형들이 존재한다. 대표적 조직 구조의 유형에는 어떤 것들이 있는가? [그림 5-1]에서 볼 수 있는 기능적 구조는 가장 기본적인 형태로 조직의 기능에 따른 분업을 중요시해서 짜여진 구조이다. 조직의 업무에서 구별되는 주요 기능별로 부서를 구성한 것이다. 기능적 구조는 가장 기본적인 조직 구조 유형으로 비교적 소규모의 단순한 조직에 주로 많이 적용된다.

그림 5-1 | 기능적 조직 구조

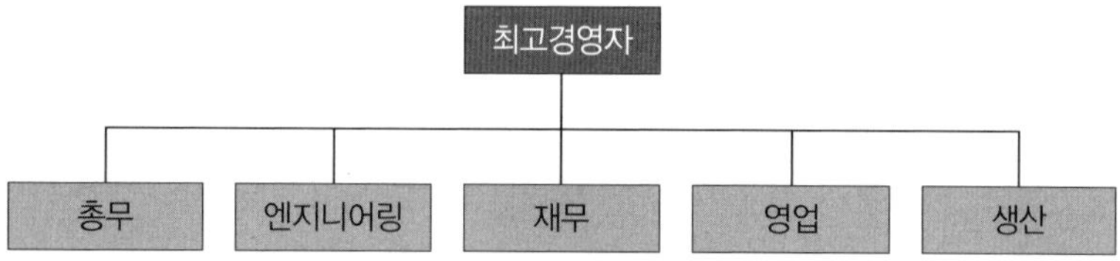

앞에서 설명한 것처럼 조직의 규모가 커지면 조직 구조는 더 복잡해진다. 기능적 구조가 더 복잡한 구조로 바뀌는 것은 [그림 5-2]와 같이 두 가지 방향으로 세분된 결과이다. 하나는 [그림 5-2] (a)처럼 기능별 부서를 더욱 세분해서 구조를 복잡하게 만드는 방향이다. 또 하나는 [그

그림 5-2 I 기능적 조직 구조의 세분화

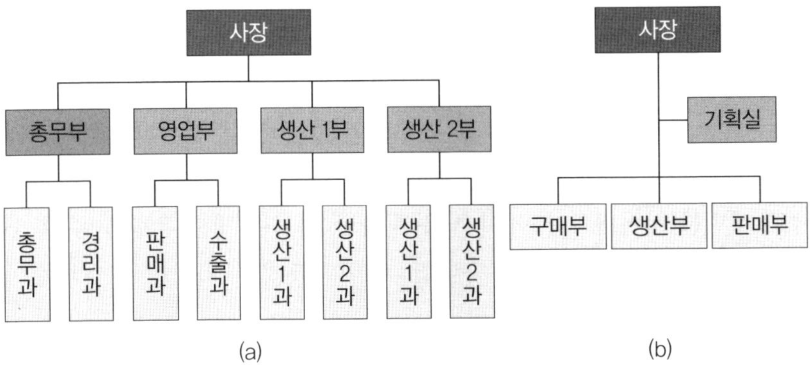

림 5-2] (b)처럼 기능별 부서 외에 조직 전체의 조정을 담당하는 부서를 별도로 추가하는 방향이다. 이때 기능별로 구분되는 부서들은 라인 기능으로, 전체 조직의 조정을 맡은 부서들은 스태프 기능으로 부른다. 하지만 실제로 기능적 구조가 복잡하게 분화될 때에는 이들 두 방향 중 어느 하나보다는 이들 둘을 모두 택하는 경우도 많다.

기능적 구조를 가진 조직이 더욱 성장하면 서로 다른 지역이나 제품별로 사업부를 나누고 각 사업부 내부에서 기능들을 구분하는 [그림

그림 5-3 I 사업부제조직 구조

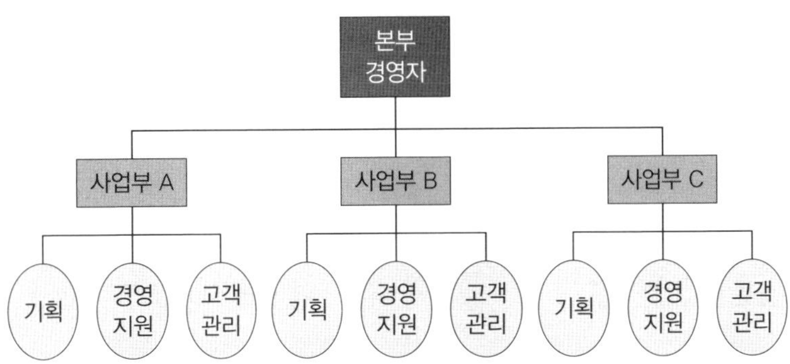

5−3]과 같은 사업부제(multi−divitional) 구조가 등장한다. 영문의 앞 글자를 따서 M−형 구조로도 불리는 사업부제 구조의 첫 등장은 미국에서 자동차 시장을 소비자 계층별로 구분하여 다양한 모형을 출시한 GM사였다(Chandler *et al.*, 1990). 1920년대 중반 GM의 대표가 된 Alfred Sloan이 기능적 구조로 조직된 GM을 자동차 모형별로 구분된 사업부제로 재편한 것이다. GM에서 처음 등장할 때처럼 제품 유형과 주된 소비자층을 나누기도 하지만, 글로벌 기업의 등장은 지역별 사업부제의 등장을 촉진시키기도 했다. 지역별로 소비자의 취향이나 관심, 정부의 정책과 제도 모두 다를 수 있고, 업무상 상호작용이 지역별로 집중되는 경우가 많아서 지역별 사업부제가 등장한 것이다. 대부분의 글로벌 기업과 같은 대규모 조직에서는 제품별, 지역별 사업부제를 모두 구조에 채택하는 경우가 많다.

사업부제는 각 제품별, 지역별 사업부 안에 기능적 구분을 둔 것이라, 사업부 내부에서의 조정과 통제는 잘 이루어지는 반면, 각 기능들의 전문성이나 기능별 협조는 상호작용이 쉽지 않기 때문에 어렵다는 단점

그림 5-4 ❙ 매트릭스조직 구조

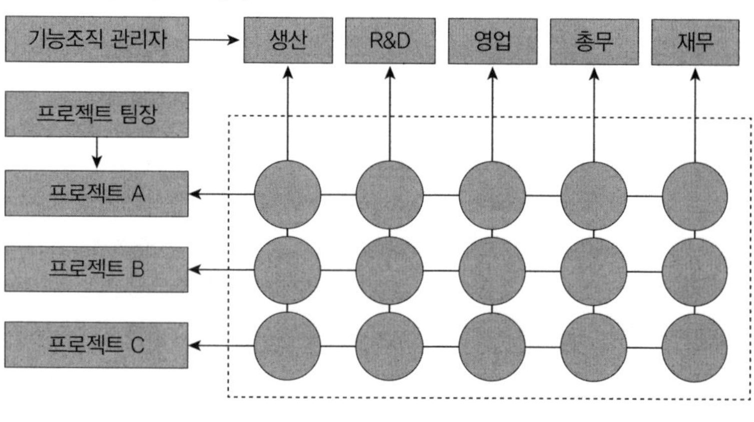

이 있다. 이러한 문제점을 해결하기 위해 도입된 것이 매트릭스 구조이다. 매트릭스 구조는 [그림 5-4]처럼 프로젝트축과 기능축을 서로 교차시켜 구성된다. 두 축이 교차하는 지점에 있는 각 부서의 책임자와 구성원들은 한편에서는 사업부에, 다른 한편에서는 기능적 구분에 따라 상호작용하고 보고하며 감독을 받는다. 매트릭스조직 구조는 이상적으로는 두 시스템의 장점을 모두 취할 수 있다는 장점을 갖지만, 현실에서는 적용해서 운영하기 어려운 조직 형태라는 평가가 많다. 조직 구조 편성의 기본 원칙인 명령과 통제의 일원화가 위반되기 때문에 두 축에 속하는 관리자들이 서로 갈등할 가능성이 있고, 두 축의 통제를 받는 부서들에서 모호성이 높아져서 결국 조정이 어려울 수 있기 때문이다.

연습문제

01 조직을 기능적 체계로 보는 이론가에 속하지 않는 사람은 다음 중 누구인가?

① Weber ② Merton
③ Fayol ④ Simon

02 상황적합이론에 대한 설명으로 옳지 않은 것은 다음 중 무엇인가?

① 하나의 조직 모형이 최선이라는 주장의 문제점을 해결하려 노력했다.
② 환경적 조건에 따라 적합한 조직모형이 다르다고 본다.
③ 안정적인 환경에서 선호하는 조직은 기계적 조직이다.
④ 유대감을 중시하는 스포츠 팀에 적합한 조직은 유기적 조직이다.

03 조직에서의 관례에 대한 설명으로 옳지 않은 것은 다음 중 무엇인가?

① 조직의 습관과도 비슷한 것이다.

② 수행프로그램으로 불리기도 한다.

③ 부정적 결과로서 조직이 형식주의에 빠질 수 있다.

④ 조직활동의 반복과 가시성이 낮을 때 유리하다.

04 조직에서 불확실성에 대응하는 기능적 방편으로 적절하지 않은 것은 다음 중 무엇인가?

① 여유자원 활용 ② 시나리오 계획

③ 일정 짜기 ④ 유연성 강화

05 조직의 목적을 보다 구체적 · 현실적으로 활용할 수 있도록 만든 것을 무엇이라 부르는가?

06 조직을 기능적 측면에서 자리의 체계로 볼 때 자리마다 조직에서 기대하는 바를 요약하는 것이 (   )이다.

정답

01 ② 02 ④ 03 ④ 04 ③ 05 운영목표 06 역할과 책임

제 6 장

인간 세상으로서의 조직

1. 인간 세상으로서 조직의 이론들
2. 조직에서 사람들의 적극적 활동
3. 조직의 비공식 구조와 권력
4. 조직에서서의 신뢰, 감정과 주의

■ 연습문제

조직은 공동 목적 달성의 수단으로 만들어지지만 일단 사람들이 참여하게 되면 처음 설립 당시의 의도 및 모습과는 많이 달라진다. 조직에 참여한 사람들의 이익, 의견과 주장, 가치와 규범, 감정과 기억이 조직에 스며들어 조직은 객관적 자리의 체계만이 아닌 사람들의 이권과 가치, 주장이 반영된 존재로 변모한다. 조직 입장에서는 조직에 필요한 일을 수행하고 자원을 제공하도록 사람들을 충원하지만, 사람 입장에서는 함께 어울리면서 새로운 인간관계를 맺고, 야망과 꿈이 펼쳐지며, 정체성을 만들고 자존감 또한 높아진다. 조직은 이제 인간 드라마가 펼쳐지는 무대가 된다. 그 결과 사람들은 자신이 현재 참여하거나 과거 참여했던 조직들을 때로는 즐겁고 기쁜 마음으로 떠올리기도 하고, 때로는 우울하고 힘들어하며 잊어버리고 싶어 한다.

조직을 인간의 다양한 집단적 상호작용과 경험, 감정, 기억을 통해 보는 것은 단지 관점의 전환에 그치지 않는다. 조직에 참여하는 인간들의 다양한 시도와 활동, 영향 때문에 조직은 인간적 요소가 제거된 기계에 머물기 어려워진다. 조직에서 인간의 영향은 긍정적일 때도 있고, 부정적일 때도 있다. 인간들의 적극적 노력과 공들인 협력 덕분에 얻기 힘든 성과를 성공적으로 거둘 수도, 인간들이 서로 갈등하거나 집단이익을 노린 일부의 활동 때문에 조직이 목적 달성에서 멀어질 수도 있다.

조직을 기능적 체계로 보는 20세기 초의 이론과 연구들에 이어 조직의 인간적 측면을 무시해서는 안 된다는 주장들이 20세기 중반에 등장했다. 이러한 주장은 심리학, 인류학, 사회학 등을 지적 배경으로 삼아 제기되었다. 이 시기는 사회학에서 20세기 초반을 주도했던 거시적 구조기능주의의 독주가 끝나면서 인간 행위의 다양한 측면을 미시적으로 살펴보려는 다양한 이론들이 등장해서 각축하던 시기이다. 그 결과 상징적 상호작용 이론, 연극적 사회학, 제도화 이론, 교환이론, 민속방법론 등 다양한 시각에서 인간 행위와 상호작용을 설명하려 했으며, 조직에서의 인간 행위와 상호작용에 대해서도 흥미로운 시사점들을 제시하였다.

여기에서는 조직을 인간 세상으로 보는 다양한 이론들을 먼저 살펴본 뒤에, 조직 안에서 일어나는 다양한 인간의 판단과 결정, 감정 경험과 표현, 행위와 상호작용에 대한 설명들을 차례대로 알아볼 것이다.

1. 인간 세상으로서 조직의 이론들

조직에서 인간의 역할과 영향에 처음 주목한 것은 1920년대 중반에서 30년대 초에 걸쳐 9년간 이루어진 웨스턴 전기(Western Electric)의 호손 공장에 대한 경험적 연구와 그로부터 출발한 인간관계 학파이다. 하버드 경영대학의 Mayo와 Roethlisberger는 미국 정부의 연구지원을 받아 작업장 환경이 생산능률에 미치는 영향을 연구하기 시작했다. 이들은 조명의 밝기가 바뀌는 것이 여성 노동자의 생산성에 미치는 영향, 노동 시간이나 속도가 생산능률에 미치는 영향, 작업장의 사회적 관계나 집단적 규범이 생산에 미치는 영향 등을 연구하였다. 객관적 환경과 조건이 생산성에 영향을 별로 미치지 못한다는 의외의 결과를 접한 연구진이 그 이유를 찾고자 노동자들과 대규모 면담을 하면서 사회적 관계나 집단적 규범에 대한 관심이 생겨났다.

호손 연구는 시작 무렵에는 Taylor의 과학적 관리와 비슷한 관심을 갖고 있었지만 점차 연구진들은 노동자들이 객관적 물리적 조건이나 경제적 보상에 따라 움직이는 존재가 아니라는 점을 깨닫게 되었다. 호손 연구를 통해 심리학자 Mayo와 제자 Roethlisberger는 노동자들이 모래

알처럼 흩어진 존재가 아니라 참여의 욕구를 갖고 서로 긴밀한 사회적 관계를 맺고 있으며, 작업장의 공식적인 관계보다 비공식적인 관계가 작업 과정에서 더 중요한 역할을 한다는 점을 알게 되었다. 연구 결과에 따르면 노동자들은 단순히 명령과 지시를 받기보다 의사결정의 배경에 대한 충분한 설명을 듣고, 관리자와 인간적으로 친밀한 관계를 맺을 때 더 능률이 향상되었다. 노동자들이 비공식 지도자와 집단 규범의 영향을 많이 받으며 동료들과의 의리나 유대감을 중시한다는 것도 확인되었다. 이 연구를 통해 조직에 참여하는 사람들을 기계의 부품이나 톱니바퀴처럼 여기면 안 된다는 시사점이 도출되었다.

1940년대에 등장한 심리학자 Maslow의 욕구와 동기의 단계 이론은 호손 연구 결과의 해석을 더욱 풍부하게 했다. 인간 행동의 동기가 신체적 욕구에 한정되지 않고 인간적 교류와 집단 소속, 사회적 인정이나 자기 실현 등으로 확장된다는 Maslow의 주장은 조직에서 인간의 판단과 행위에 대한 이해의 지평을 확장시켰다. 인간의 통제를 중심으로 했던 기능적 조직 관점에서는 조직 구성원들 간의 비공식적 인간관계는 효율성에 방해가 되기 때문에 금지해야 하는 것이었다. 조직에서의 동기부여도 주로 물질적 보상에 집중되었다. 반면 Maslow의 입장에서 호손 연구 결과를 해석한다면 오히려 조직 내 구성원들에게 강제적 통제를 강화하기보다는 이들이 자발성을 발휘하고 동료들과 친밀한 관계를 갖도록 격려와 설득을 시도하는 것이 더 중요하다.

조직의 인간적 측면에 대한 관심을 체계화시킨 것은 McGregor의 『기업의 인간적 측면(*The Human Side of Enterprise*)』이라는 책이었다(McGregor, 1957). McGregor는 기능적 조직 관점을 X이론으로 그리고 이에 반하는 인간적 관점을 Y이론으로 부르며, 이들의 주장을 다음과 같이 대비하였다.

표 6-1 ■ 기능적 이론(X 이론)과 인간적 이론(Y 이론)의 비교

X 이론	Y 이론
인간은 일을 싫어하며 일에서 벗어나고자 한다.	대부분의 사람이 일을 본래 싫어하는 것은 아니다. 일의 신체적, 정신적 소모는 휴식이나 놀이와 크게 다르지 않다.
각자의 목표 달성에 필요한 노력을 기울이게 하려면 사람들을 강제, 통제, 명령, 처벌로 위협해야 한다.	외적 통제나 처벌의 위협만이 조직 목표를 향한 노력 동원의 유일한 수단이 아니다.
인간은 보통 명령받기를 선호하고, 책임을 피하고자 하며, 대체로 야망이 없고, 무엇보다 도전보다는 안전을 바란다.	가장 중요한 보상은 자아 만족 및 자기실현 욕구 충족과 관련된 것들이다.

Barnard는 조직의 인간적 측면에 대한 관심을 높이는 데 크게 기여했다. 경영자로 성공적 경력을 쌓은 Barnard는 자신의 경험을 토대로 『경영자의 역할(*Function of the Executive*)』이라는 책을 저술하였다(Barnard, 1938). Barnard는 조직을 "인간의 행위로 이루어지며, 여러 사람들의 조정된 노력으로 만들어진 협력적 행위체계"라고 보았다. 그가 주장한 협력이란 조직과 개인 간의 균형 혹은 상생의 관계로, 그는 개인의 조직에 대한 기여와 조직의 개인에 대한 보상이 적절히 균형을 이루어야 한다고 보았다. 조직이든 개인이든 어느 한쪽에 불만이 쌓이면 이러한 균형이 깨지고 조직은 붕괴된다고 Barnard는 주장했다. 특히 조직에 참여하는 개인은 한편에서는 고유한 인격체로서 자유로운 활동을 추구하는 개성적 측면과 타인과의 관계에서 자신에게 주어진 역할을 수행하는 기능적 측면이 결합되어 있다고 봄으로써 Barnard는 후자의 측면만을 강조한 기능적 조직의 관점을 넘어서려 하였다. 초기의 기능적 조직이론의 약점을 조직 내 인간의 동기부여에 대한 행동주의적 접근으로 극복하려 했던 Simon과 March의 신고전주의 조직이론도 Barnard의 관점에 영향을 받은 것이다.

사회학에서 기능적 조직 관점의 비판과 대안을 찾는 시도는 Merton과 제자들인 Selznick, Gouldner, Blau 등이 시작했다. 1940년대 초반 Merton은 대학원생 제자들과 함께 당시 미국에 소개된 Weber의 관료제 이론을 토론하였고, 이러한 관심은 다양한 종류의 조직들—노동조합, 기업, 중앙 정부조직, 지방정부 프로젝트 등—에 대한 경험적 연구로 이어졌다. 이 연구들에서는 Weber가 제시한 관료제의 이념형과 상당한 차이를 보이는 여러 조직들의 현실을 밝혔다.

광산과 공장 조직을 연구한 Gouldner는 현장 관리자들과 노동자들이 엄격한 권위와 복종 관계보다는 친분에 기초한 교섭적 관계를 갖고 서로 양보하며 일종의 비공식적 질서를 이루고 있다는 사실을 발견했다. 조직에 새로운 관리자가 들어와 관료제 규칙을 엄격히 적용해서 기존의 암묵적 교섭관계를 파기하자 노동자들이 집단적 저항으로 대응한 사례에 Gouldner는 주목했다(Gouldner, 1954).

정부조직에서 관료제의 역동성을 연구한 Blau는 관리자들이 관료제 규칙을 다양하게 해석하고 다르게 적용하며, 하급자들의 대응과 반응에 따라 관리자들의 행동도 바뀐다는 사실을 발견했다. 상·하급자 간의 수직적 관계만이 아니라 동료들 간의 수평적 관계에서도 서로 도움과 자문을 주고받는 과정에서 비공식적 권력과 신뢰관계가 생겨난다는 점을 밝히기도 했다(Blau, 1955). Blau의 연구 결과는 이후 사회학적 교환이론의 출발점이 되었다.

1930년대 뉴딜 일환으로 이루어진 연방정부의 테네시강 유역 댐 건설과 지역개발 프로젝트를 연구한 Selznick은 연방정부의 이상적 개발계획이 지역 차원에서 실제 수행되는 과정에서 이상에서 벗어나 변질되는 과정을 추적했다. 연방정부의 지역개발사업이 지역의 다양한 이권과 부딪치며 난관에 봉착하자, 결국 이들 이권을 대변하는 지역 유지들이 프로젝트에 참여하게 되었고, 그 결과 애초의 이상과 거리가 먼 결과들이 발생하게 된 것이다(Selznick, 1949).

이들 경험적 연구가 한결같이 보여준 것은 관료제가 인간을 배제한 기계가 아니라 사람들의 관계와 상호작용, 이해관계와 규범에 따라 변화하는 유기적인 존재라는 점이다. Selznick은 이러한 관료제의 변화를 조직으로부터 제도로의 변화, 즉 제도화(institutionalization)라고 불렀다(Selznick, 1949). 공식 관료제 구조 안에서 사람들은 자신들의 암묵적인 질서와 문화, 규범으로 만들어진 비공식 구조를 만들어 낸다. 사람들의 적극적 활동과 상호작용의 결과로 관료제는 때로는 긍정적, 때로는 부정적 방향으로 변화한다. Merton은 이 과정을 일반화시켜 의도된 행동의 의도치 않은 결과들(unintended consequences of intended action)이라고 불렀다. 의도치 않은 결과의 대표적인 예로 Merton은 관료들이 규칙을 엄격히 지키고 적용하는 데 몰입한 결과 이루고자 하는 목적 자체보다 규칙 자체에 더 집착함으로써 역설적으로 규칙은 지키지만 목적 달성에는 실패하는 경우가 있다는 점을 지적하고, 이를 수단이 목적으로 뒤바뀌는 목적의 뒤바뀜(displacement of goal)이라고 불렀다(Merton, 1943).

기능적 체계이자 목적 달성의 수단으로서 조직은 인간을 조직 목적 달성을 위해 일하는 존재로만 보려고 하지만, 실제 현실은 그와 많이 다르다. 인간들은 조직에서 일하면서 조직이 요구하는 대로 자신의 욕망, 이해 관심, 사회적 관계나 감정, 문화와 가치를 버린 채 진공상태에서 일하는 것이 아니다. 오히려 적극적으로 사회적 관계를 추구하고 이를 통해 조직의 관료제적 속성과 규칙을 변형시키고 길들인다. 만약 이러한 암묵적 질서와 비공식적 구조를 무시한 채 조직이 관료제적 절차와 규칙을 일방적으로 강요하면 관료제는 저항과 위기에 빠지게 된다. 조직은 기능적 체계일 뿐 아니라 동시에 인간 세상이기 때문이다. 조직의 이러한 두 측면은 서로 맞물려 있는 동시에 긴장을 유지하고 있다.

2. 조직에서 사람들의 적극적 활동

조직을 자리(position)들의 체계로 보는 것이 기능적 체계의 관점이라면, 조직을 사람들(persons)의 모임이자 협력체계로 보는 것이 인간 세상의 관점이다. 자리가 사람을 만든다는 말이 있다면, 반대로 사람이 자리를 만든다는 말도 있다. 사람들은 조직에 참여하면서 조직의 자리가 요구하는 조건과 규칙을 일단 받아들이지만, 동시에 이러한 조건과 규칙들을 재해석하고 변형시키려 한다. 따라서 조직이 사람들에게 조직이라는 거대한 기계의 부품으로 변할 것을 요구한다면 그것은 비현실적이다. 이러한 요구와 압력이 가장 강한 전체주의 기관(total institution), 즉 군대나 교도소 같은 조직에서도 사병들이나 죄수들이 조직의 감시와 통제에서 벗어나 자신들만의 비공식적 공동체를 만드는 것은 잘 알려진 사실이다.

조직에 참여하는 사람들은 자신에 대한 조직의 요구와 규칙을 받아들여 복종하기만 하는 수동적 존재가 아니라 자신의 요구와 관심을 조직 안에서 적극적으로 추구하는 능동적 존재이다. 조직에 참여하는 사람들은 개개인으로서 조직과 관계를 맺을 뿐 아니라 상호작용의 결과로 만들어 낸 인간집단으로서 조직과 관계를 맺는다. 이들이 조직에서 무엇을 하며 어떤 결과를 얻는가에 대해 사회학의 다양한 이론들은 자신의 이론적 관점과 입장에 따라 다양한 측면들에 주목해 왔다.

먼저 사람들의 의사소통을 포함한 상징적 상호작용에 주목해서 이를 통한 의미와 제도적 질서의 등장에 관심을 가졌던 상징적 상호작용 이론에서는 조직 안에서 구성원들이 어떻게 자신들의 상호작용을 통해 상향적(bottom-up)으로 조직 안에서의 암묵적 규범과 문화적 규칙을 만들어 내는가를 연구했다. 이들은 조직에서 의미, 문화, 제도가 위로부터 단순히 주어지는 것이 아니라 아래로부터의 해석과 공유, 갈등과 교섭을 거치면서 정착된다고 보았으며, 이를 교섭된 질서(negotiated order)라고 불렀다. 분명한 논리적 배경과 근거를 갖고 부여되는 조직의 공식적 규칙과 달리 이러한 비공식적 질서는 단지 조직 구성원들이 당연하다고 받아들이기 때문에 존재한다.

비공식적 규범과 질서는 공식적 규칙과 별도로 혹은 대립해서 존재하기보다는 서로 보완하며 함께 작용한다. 공식적 규칙을 일부 지키지 않고 비공식적 규범에 따르더라도 문제가 되지 않도록 조직 구성원들이 암묵적으로 용인하기 때문이다. 병원에서 의사나 간호사와 환자들 간에 형성되는 관계와 문화(Strauss, Fagerhaugh, Suczek, & Wiener, 1997), 학교에서 학생들 간에 만들어지는 비공식적 하위문화(Becker, 1961), 예술계에서 예술가들과 조력자들 사이에서 예술을 둘러싸고 만들어지는 관행(Becker, 1984), 전문직 종사자들이 전문적 지식에 대해 함께 만들어 내는 합의적 체계(Abbott, 1988) 등이 이러한 대표적인 예이다.

맑스주의 관점에서 비판적으로 현대 자본주의의 노동과정을 연구한 Burawoy 역시 노동자들이 단지 수동적으로 자본의 통제와 지시에 따르는 것이 아니라 자본주의 임금 원리 속에서 적극적으로 자신의 이익을 극대화하려 노력한다는 점에 주목했다(Burawoy, 1978). 그의 연구에서 노동자들의 자본주의 임금 체계에 대한 동의는 맑스주의자인 Gramsci의 헤게모니 개념을 통해 설명되지만, 상징적 상호작용의 이론적 관심과도 연결된다.

Goffman의 연극적 사회학에 따르면 조직 구성원들은 상호작용을 통한 의미 생성 외에도 조직 안에서 다른 사람들과 상호작용하면서 그들의 시선과 기대에 맞도록 자기 자신을 드러내고자(self-presentation) 노력한다(Goffman, 1959). 요컨대 조직의 구성원들은 상대에 따라 가면을 바꾸어 쓰면서 자신이 맡은 배역을 최선을 다해 연기함으로써 인상 관리(impression management)를 하는 것이다. 인상 관리는 사람들 간의 전략적 상호작용의 일부이며, 그 주된 목적은 상대방의 호감 혹은 인정을 얻고자 하는 것이다. 수직적 위계조직에서 윗사람에게 능력 있고 성실하다는 인상을 주고자 하는 것은 당연하다. 윗사람들 역시 아랫사람들 앞에서 리더십이 넘치는 듯이 보임으로써 체면을 살리고자 한다. 동료들 간에도 서로 신뢰와 호감을 줄 수 있는 인상을 위해 신경을 많이 쓴다. 가족이나 친구처럼 서로 편하고 친밀성이 넘치는 관계가 아닌 조직에서의 인간관계는 서로 신경쓰는 긴장이 지속되며, 좋은 인상을 주기 위한 노력이 일상화된다.

조직에서의 인상 관리는 Goffman이 지적한 대로 특정한 상황에서 더 중요해진다(Arkin, Shepperd, Giacalone, & Rosenfeld, 1989). 예컨대 참여를 위한 면접이나 구성원이 되어 처음 들어올 때 조직에서의 첫인상을 좋게 하기 위해 더욱 신경을 쓰게 된다. 조직에서 자신의 평판이 위태롭다고 느낄 때 인상 관리는 더욱 중요해진다(Elsbach & Sutton, 1992). 업무 고과나 평가를 앞둔 경우나 조직에서의 규칙 위반을 들킬 위험에 처하면 인상 관리는 더욱 강화된다. 조직 관리자 입장에서 조직이 위기에 빠졌을 때에, 외부는 물론 내부 구성원들에 대해서 조직에 아무런 문제가 없다는 인상을 주기 위한 노력을 더 많이 한다. 조직 구성원들 중에서 서로 다른 종류의 관객이 함께 섞여 있을 때에 인상 관리는 더욱 힘들어진다. 예컨대 중간 관리자가 자신의 윗사람과 아랫사람이 함께 있는 경우 아랫사람에게 보이고자 하는 인상과 윗사람에게 주려는 인상이 서로 상충할 수 있다. 이러한 경우 보다 중요하다고 생각하는 관객에 대한 인상에 집중하지만, 만약 가능하다면 다른 종류의 관객을 배제함으로써 관객 분리(audience segregation)를 시도하는 경우도 많다(Goffman, 1959).

행위자로서 인간의 적극성을 강조하는 이론으로서 민속방법론(ethnomethodology) 역시 조직에서 구성원의 적극적 역할에 많은 시사점을 준다(Garfinkel, 1967). 특히 민속방법론을 처음 제안한 Garfinkel은 사람들이 서로의 정체성, 관련 대상의 분류 체계와 기준, 상호작용과 소통의 지향점 등 전반적 인지의 기초가 확정되지 않은 상태에서 상호작용이 일어난다고 주장한다. 특정 목적 달성을 위한 수단인 조직에서의 행위와 상호작용에서 그 인지적 기초가 확정되어 있지 않다는 주장은 파격적이다. 철학적 현상학의 영향을 받은 Garfinkel은 조직에서 실제 일하는 사람들이 협력할 때 서로의 경험에 기반해서 충분한 상호이해와 행동조율이 필요하며 일상적으로 사람들은 이를 위해 끊임없이 노력한다고 강조한다(Rawls, 2008). 재판에서 평결을 내리기 위해 함께 숙의를 진행하는 배심원들의 상호작용 과정을 관찰하고 연구한 Garfinkel은 배심원들이 맡은 사건에 대한 이해와 증거의 평가 등에서 미리 주어진 정보보다 서로의 분류와 판단, 의견교환과 상호이해에 의존한다는 것을 보여주었다(Garfinkel, 1967).

민속방법론의 논리와 주장이 조직에 대해 가장 크게 시사하는 바는 조직에서 의사결정과 행위의 지향점이 되는 목적이 모호한 경우가 많다는 것이다. Garfinkel은 사람들의 행동에서 목적은 때로는 행위에 앞서 정해지고 행위의 지향점이 되어 내내 그 방향을 제시하는 것이 아니라 종종 행위의 결과를 사후적으로 정당화하는 과정에서 등장하는 경우가 많다고 보았다. Garfinkel의 이러한 주장에 영향을 받은 March(1994, 2006)는 조직에서 사람들의 의사결정이 미리 주어진 목적과 수단의 선택들에 따라 체계적·합리적으로 이루어지기보다는, 주어진 상황 속에서 일단 결정과 행위가 이루어지고 사후적으로 그 의미부여와 목적 제시가 뒤따르는 경우가 많다고 주장한다. 그에 따르면 조직에서 중요한 문제는 주어진 목적을 달성할 수 있을까에 대한 불확실성만이 아니라 우리가 누구이며 무엇을 추구하는가에 대한 모호성(ambiguity)이기도 하다. 특히 March와 동료들의 연구를 통해 합리성을 강조하는 지식의 생산과 전수가 일어나는 대학교(Cohen, March & Olsen, 1972; March & Olsen, 1976)에서의 의사결정과 조정 과정에 대한 연구, 가장 분명한 목적을 갖고 엄격한 운영과 관리가 요구되는 군대에서의 상호작용(March & Weissinger-Baylon, 1986)에서도 이러한 모호성이 항상 있다는 것이 밝혀졌다.

Garfinkel의 영향을 받은 Latour는 매우 복잡하고 체계적이며 통제된 연구가 이루어지는 과학 실험실에서도 어떤 실험 자료에 주목하고 어떤 실험 결과를 이론 검증에 이용할지 모호한 경우가 많다는 것을 발견하였다. 그는 이러한 결과의 함의에 대해 과학 연구가 목적을 향한 체계적인 접근이라기보다는 동료들 간의 모색과 합의의 지속적인 과정이라고 주장하였다(Latour & Woolgar, 1979). 민속방법론의 주장을 종합하여 March는 의사결정 과정이 주어진 문제에 대한 해결책을 찾아가는 과정보다는 거꾸로 다양한 해결책들에서 출발해서 이들이 적용될 문제를 찾아가는 과정이라고 보았다(Cohen, March & Olsen, 1972).

조직 구성원들은 조직 안에서 얼마나 열심히, 어떤 규칙과 규범에 따라 일하고 상호작용할지 사회적 과정을 통해 정하듯이, 조직에 지속적으로 참여할지 여부 또한 사회적 비교와 평가를 통해 정한다. 조직이 기대하는 역할수행 성과에 따라 사람을 평가한다면, 반대로 조직 구성원들 또한 자신의 기대에 따라 조직의 만족도를 평가한다. 조직이 자신의 기대에 미치지 못하거나 조직이 쇠락하는 상황에서 사람들은 대체로 세 가지의 선택지를 갖게 된다고 Hirschman은 주장한다. 첫 번째 선택지는 이탈(exit)이다. 마음에 들지 않는 조직에 더 이상 참여하기를 중단하고 다른 조직으로 이동하는 것이다. 두 번째 선택지는 조직 내부에서 목소리(voice)를 내는 것이다. 사람들은 자신이 원하는 대로 조직이 바뀌거나 의사결정을 내리도록 영향력을 행사하고자 한다. 첫 번째가 시장에서 경제 행위자가 자신의 선호를 거래상대의 비교와 선택을 통해 실현하는 것과 비슷하다면 두 번째는 집단적 영향을 행사하는 정치 행위자와 유사하다. 세 번째 선택지는 충성(loyalty)이다. 조직에 문제가 있고 마음에 들지 않더라도 이탈이나 목소리를 내는 것이 쉽지 않을 경우 조직에 그대로 남아 조직에 충성을 바치는 것이다(Hirschman, 1970).

3. 조직의 비공식 구조와 권력

기능적 체계로 조직을 볼 때 그 공식 구조는 조직의 목적 달성에 최적화된 자리의 체계로 설계된다. 조직이 지향하는 목적의 특성과 상황의 불확실성, 처리해야 할 정보의 복잡성, 조직의 규모 등에 따라서 최선의 조직 구조를 채택한다. 조직의 공식 구조는 권한과 책임, 명령과 지시, 통제와 보고의 관계를 규정하며 조직 안에서 일어나는 사람들 간의 상호작용 방식을 결정한다. 집중된 수직적 조직 구조에서 상호작용이 위계적이고 권위적이라면, 분산된 수평적 조직 구조에서 상호작용은 보다 민주적이고 평등하다. 기능적 관점에서 보면 조직 내의 인간관계와 상호작용은 자리의 기능적 요구에 따라 발생하며, 그 내용 역시 업무와 관련된 지시와 보고, 협력과 지원에 한정된다. 하지만 조직에서 실제 일어나는 인간관계와 상호작용은 앞서 소개한 여러 연구들이 보여준 것처럼 업무와 관련된 필요에 국한되지 않으며 그 대상 역시 조직 구조에 따르기보다는 각자의 관심과 흥미, 감정과 느낌, 가치와 성향, 사회적 관계 등에 영향을 받는다.

조직에서의 친교(friendship)관계는 수평적이며 상호적인 인간관계이다. 조직에서 함께 참여하며 사람들은 마음에 들고 서로 통하는 사람들과 친분관계를 맺는다. 조직과 개인 관계가 계약적이고 공식적이라면, 조직 내 친교집단의 인간관계는 비공식적이고 정서적이다. 조직에서의 경험을 함께 나누며 힘들 때 서로 위로하고, 위축될 때 서로 격려하며, 심리적 안정과 정서적 지지를 제공한다. 조직의 업무 시간이 끝나고 함께 시간을 보내며 대화를 통해 의사소통 욕구를 해결하기도 하고, 무미건조한 업무관계에서 부족한 집단 소속감을 얻기도 한다. 친교 상대의 선택 과정에서는 유유상종(homophily) 원칙이 적용되는 경우가 많다. 그렇기 때문에 여성이 소수인 조직에서 여성들은 인간관계의 어려움을 겪기도 한다. 같은 고향 출신이거나 같은 학교 동문들끼리 강력한 비공식집단을 이루는 경우도 많다. 유유상종에 의해 형성된 비공식집단이 조직 내에서 공식 구조를 위협하는 영향력을 갖게 되면 문제가 발생한다. 공식 구조보다 비공식 구조를 통해 정보가 소통되고 업무가 이루어질 경우 비공식집단의 이해관계가 조직을 주도하게 되고 조직의 공식적 통제가 위협받기 때문이다.

친교집단과 구별되는 사회적 교환관계도 만들어진다. 이것은 서로 필요에 의해 도움을 주고받거나, 정보를 교환하는 관계이다. 조직 내에서 도움과 정보의 교환은 친분관계에 의존하기도 하지만 반드시 그렇지는 않다. 오히려 Granovetter가 약한 연계의 강점(strength of weak tie)이라고 표현했던 것처럼 자주 만나는 가까운 사람보다 가끔 만나는 사람으로부터 더 유용한 도움이나 정보를 얻을 수 있기 때문이다(Granovetter, 1973). 친교관계가 상호적이라면 도움이나 정보를 주고받는 관계는 일방적이고 비대칭적 관계인 경우도 많다. 호혜성(reciprocity) 규범이 강한 인간관계에서(Gouldner, 1960) 호의로 도움을 받은 사람은 그 호의를 되갚아야 한다는 부담을 지게 된다. 만약 호의를 주고받는 관계가 지속되면 이 관계는 상호 신뢰가 돈독한 관계로 발전한다. 만약 호의를 받고 이를 되갚지 못하면 호의를 받은 사람은 베푼 사람에게 감사의 뜻에서 존경과 존중의 마음을 갖게 되고, 결국 비공식적 권력관계가 형성된다.

조직에서의 사회적 교환에 대한 연구는 Blau가 처음 시작했다(Blau, 1955). Blau는 연방정부에서 일하는 관료들의 동료 및 상사와의 관계를 연구하면서, 조직이 공식적으로 업무에 대한 조언과 도움을 권장하지 않지만 실제로는 광범하게 조언과 도움을 주고받는 관계가 존재함을 밝혔다. 조언과 도움을 주고받는 사회적 교환은 가격과 같은 거래조건이 분명하지 않고, 호의를 받는 시점과 이를 되갚는 시점 간에 시간 간격이 존재한다는 점에서 계약에 의존하는 경제적 교환과 다르다. 사회적 교환은 이러한 특징 때문에 신뢰 혹은 권력의 사회적 구조를 낳게 된다고 Blau는 주장했다. 도움과 조언의 관계가 활발한 조직에서는 비공식적 사회 구조가 등장할 가능성도 높은 것이다.

친교와 교환 관계가 결합하면 조직에서는 후원관계(patronage)가 등장한다. 수평적 친교 및 교환 관계에 비해, 후원관계는 수직적이라는 특징을 갖는다. 교환관계는 호의와 도움을 주고받는 수평적 관계로 시작하지만 결국에는 비대칭적 권력관계로 바뀔 가능성이 높다. 그에 비해 후원관계는 애초부터 한편은 특혜를 제공하고, 다른 한편은 특혜를 받는 대가로 충성을 바치는 수직적 관계로 출발한다. 후원관계는 주로 조직 내 윗사람과 아랫사람 간에 존재하는데, 그 관계가 공식적 위계와 달리 비공식적이라는 점에서 차이가 있다. 예컨대 과거 함께 일했던 상사와 부하, 같은 학교 출신 동문 선후배 간에 혜택과 충성의 후원관계가 존재할 수 있다. 때로 비공식적 후원관계가 공식적 위계를 장악하거나, 공식적 위계의 수뇌부가 비공식적 후원관계의 속성을 갖게 되는 경우가 있다. 이 경우 소수집단의 이해관계가 조직의 위계를 지배하는 결과를 낳게 된다. 이러한 집단은 파워 엘리트(Mills, 1956) 혹은 핵심 지배층

(Useem, 1984)으로 불린다. 한국을 비롯한 아시아에서는 혈연이나 학연과 같은 연고적 관계로 뭉친 집단이 조직의 수뇌부를 장악하는 경우가 자주 있다.

조직의 비공식 권력은 Blau의 연구 결과처럼 도움과 조언의 교환으로부터 등장하기도 하지만 조직의 업무 수행에서 불확실성에 대응하는 과정에서 나타나기도 한다. Crozier는 프랑스 공기업 조직에 대한 연구에서 관료제적 구조 내부의 인적 관계의 역동적 과정을 분석하였다(Crozier, 1964). 특히 그는 공장의 생산 과정에서 예상치 못했던 기술적 어려움에 봉착했을 때 이 문제를 해결할 수 있는 사람이 조직에서 비공식적 권력을 얻게 된다는 사실에 주목하였다. 공장에서 기계가 작동하지 않는 응급 상황에서 기계 수리공은 위계 속에서 자신의 공식적 지위에 따른 권력보다 더 큰 비공식적 영향력을 얻게 된다는 것을 Crozier는 발견했다. 기능적 체계로서 조직을 보는 관점에서 불확실성에 대한 조직 구조와 전략의 대응에 초점을 맞춘다면(구조적 상황적합이론), 인간 세상으로 조직을 보는 관점에서는 조직의 불확실성을 이용해서 누가 비공식적 권력을 얻는가에 더 관심이 있다(전략적 상황적합이론).

조직에서 비공식적 권력의 원천에 대한 관심은 조직의 네트워크 구조에 대한 관심과 연결되었다(Krackhardt, 1990). 사회적 네트워크 연구에서 중심성(centrality)은 오랫동안 관심의 대상이었다. 많은 사람들과 연결되어 있거나, 다른 사람들에게 접근하려면 거쳐야 하는 위치의 사람을 중심성이 높다고 한다. 조직의 공식 구조에서 높은 자리의 사람은 대체로 중심성이 높다. 업무를 지시하고 통제하며 보고를 받는 위치에 있을 뿐 아니라 많은 아랫사람들과 연결되어 있고 아랫사람들 간의 갈등이나 문제를 조정도 하기 때문이다.

그런데 조직 내의 사회적 네트워크 중심성이 반드시 공식적 지위에 의해서만 결정되지는 않는다. 마당발이라는 표현처럼 폭넓은 사람들과 소통 네트워크를 가졌거나 다른 사람들에게 비공식적 조언이나 도움을 많이 주는 사람은 공식적 지위와 상관없이 중심성이 높다. 여러 사람들로부터 정보를 얻을 수 있어 정보 면에서 다른 사람들보다 앞설 뿐 아니라, 많은 사람들에게 도움과 조언을 주거나 조직 내 불확실성 대응에 중요하기 때문에 영향력이 커진다(Hinings, Hickson, Pennings, & Schneck, 1974; Hickson, Hinings, Lee, Schneck, & Pennings, 1971; Astley & Sachdeva, 1984; 정동일, 2011; 장덕진, 2011). 게다가 폭넓은 네트워크를 지닌 사람의 경우 자신에게 유리한 조건을 만들기 위해 사람들을 동원하거나 집합적 행동을 일으키고자 할 때 유리하다. 앞서 살펴본 것처럼 조직 안에서 비공식적 지도자로서 영향력을 발휘하는 사람의 권력 근거로서 네트워크의 지위 역시 중요한 역할을 한다.

1990년대 초반 한국에서는 기업문화운동이라고 할 정도로 기업문화에 대한 관심이 빠르게 확산되기 시작했다. 그 배경을 살펴보면 다음과 같다.

1960년대 경공업 중심의 산업화가 시작될 당시 기업들은 자본과 기술이 부족한 상태에서 저인금 어성 노동자에 주로 의존했다. 1970년대 후반 중화학 공업화와 함께 제철, 조선, 자동차 산업 등에서 남성 노동자들이 늘어나기 시작했다. 1988년 노동자 대파업과 함께 이들은 저항적 노동조합운동에 적극적으로 참여했다. 그 결과 군부 권위주의 정권하에서 위계적이고 억압적인 분위기가 지배적이었던 작업장들은 큰 도전에 직면하게 되었다.

1980년대 후반 저항적 노동조합의 주된 요구는 임금 인상을 포함한 전반적 노동조건의 개선이었다. 조직된 노동자들의 강력한 저항을 받은 기업들은 상당 부분 요구를 수용했다. 그 결과 노동조합 조직률과 임금 수준이 함께 높아졌다. 당시 한국 기업들은 노사관계만이 문제가 아니었다. 과거와 같은 억압적, 위계적 조직 운영으로 돌아갈 수는 없는데, 계약 중심의 합리적 조직 운영을 대안으로 도입하는 것도 어려운 상황이었다. 노동자들의 저항으로 느슨해진 조직의 질서 회복을 위한 대안이 절실히 필요했다.

이러한 난관을 타개하려는 기업들에게 기업문화는 새로운 가능성을 제공했다. 저항적 연대 중심으로 조직된 노동자 공동체를 대신할 공동체적 문화를 찾고자 하는 시도였다. 기업문화운동은 1990년대 초반 범국가적 차원에서 경쟁적, 공격적으로 시작되었다. 문화부의 적극적인 지도하에 공기업 중심의 기업문화협의회가 1992년 9월에 결성되었고 대기업 중심의 전경련에서 1993년 『기업문화백서』를 발간했다. 기업문화의 목적은 기업 구성원의 공동체 형성과 노사간 일체감 형성에 있었다.

이때 동원된 상징이 바로 가족이었다. 이 무렵 '대우가족' 또는 '또 하나의 가족, 삼성'과 같은 표현들이 자주 등장했다. 친밀하고 감성적인 공동체로 조직 구성원들을 끌어들이는 역할이 가족에게 주어졌다. 하지만 현실의 변화 없이 상징만으로 이러한 목표를 이루기는 어렵기 때문에, 동시에 조직 구성원의 복리후생에 대한 투자도 이루어졌다. 1990년대 경제의 순조로운 발전은 이러한 투자를 가능케 했다. 이것은 모두 조직 구성원들이 한 가족처럼 자발적으로 조직에 동의하고 헌신케 하려는 시도였다.

1990년대 기업문화운동에 대해서는 현실을 미화하려는 이데올로기라는 비판이 제기되기도 했다. 하지만 조직 구성원들을 기계의 부품으로 보는 관점이 어느 정도 변하기 시작한 것도 사실이다. 가족주의적 기업문화에 대한 관심은 오래 지속되지 못했다. 기업문화운동 시작 5년 후인 1997년 IMF 외환위기로 많은 기업들이 생존의 위기를 맞게 된 이후에는, 계약 중심의 합리성을 강조하는 개인 중심의 신자유주의가 기업들에서 지배적이 되었기 때문이다.

4. 조직에서의 신뢰, 감정과 주의

조직에 참여하는 사람들은 조직과의 계약에 따라 조직에 필요한 일을 하고 그 대가로 보상을 받는다. 기능적 체계 관점에서 보면 구성원들의 주된 역할과 책임은 조직과의 관계에 주로 집중되며, 각자 맡은 자리가 이 관계를 매개한다. 물론 조직에서의 의사결정과 업무가 원활하게 이루어지려면 서로 협력과 협조가 필요하다. 하지만 기능적 관점에서 볼 때 협력과 협조는 자리를 매개로, 즉 조직의 구조가 얼마나 잘 설계되어 있는가에 따라 결정된다. 조직 구성원 각자는 자신의 자리에서 요구하는 역할과 책임을 다하기만 하면 된다.

실제 조직의 현실은 이러한 기능적 관점의 주장과는 크게 다른 경우가 많다. 조직의 중요한 의사결정에서 사람들은 서로 자신의 주장이나 입장을 관철하기 위해 다양한 인간관계를 동원해서 영향력을 행사하려 한다. 조직의 업무 협조는 자리에 따른 역할과 책임보다는 도움을 줄 사람과의 직접적 친분을 통하거나 아니면 친분관계인 사람의 매개로 얻게 된다. 그렇기 때문에 조직의 업무 성과와 경쟁에서의 승패는 조직을 얼마나 잘 설계하고 우수한 사람들을 얼마나 잘 충원하는가 못지 않게 조직에 들어온 사람들이 좋은 인간관계를 유지하는가, 비공식적 인간관계의 영향력이 공식적 구조와 충돌하지 않고 원만하게 작동하는가에 따른다.

조직에서의 인간관계를 판단하는 중요한 기준의 하나가 신뢰(trust)이다. 서로 믿지 못하는 사람들이 함께 협력하며 일하기는 어렵다. 조직에서 협력과 협조는 추가적 시간과 노력을 요구하는데, 만약 상대방이 나의 호의와 선의를 되돌려 줄 것을 믿기 어렵다면 협력과 협조는 필요치 않다. 게다가 만약 잠재적으로 경쟁관계인 사람을 돕는 것은 직접적인 손해나 피해가 될 수 있다. 윗사람이나 아랫사람도 마찬가지이다. 윗사람이 자신의 이익을 위해 아랫사람을 이용하거나 아랫사람이 윗사람의 도움을 받고 되갚지 않을 가능성도 있다. 전략적 인간관계가 만연한 조직 안에서 서로 신뢰하는 것은 쉬운 일이 아니다. 이러한 의미에서 신뢰는 조직에서 필수적이지만 희소한 자원이다.

신뢰를 개념적으로 따져 보면, 신뢰는 자신에게 중요한 영향을 미칠 수 있는 상대방에게 손해나 배신의 위험을 무릅쓰고 자신의 운명을 맡기는 것이다. 이때 신뢰의 중요한 두 가지 구성요소는 다음과 같다.

첫째, 사람들 간에 서로 의존관계가 존재한다. 나에게 어떤 영향도 미칠 수 없는 사람과는 굳이 신뢰가 필요하지 않다. 내게 중요한 이익이나 손해를 가져올 수 있는 영향력이 있을 때 신뢰가 필요하다. 그 영향력은 상대방의 능력이나 의도에 따라 달라진다. 의존관계에서 비롯된 나의 잠재적 위험이 신뢰의 전제조건이다.

둘째, 위험을 무릅쓰고 상대방에게 운명을 맡기려면 믿음을 줄 만한 안전장치가 필요하다. 안전장치는 오랜 상호작용에서 알게 된 상대방에 대한 정보일 수도 있고, 상대방이 나에게 손해를 끼쳤을 때 자신이 입을 수 있는 손해일 수도 있다. 상대방에게 거꾸로 영향을 미칠 수 있는 안전장치가 신뢰의 안전장치 역할을 한다.

조직이 신뢰로부터 얻는 이익은 다양하다. 협력과 협조 가능성이 높아질 뿐 아니라 혁신과 변화, 조직 위기에 대한 대응도 달라진다. 조직의 혁신과 변화에 사람들은 호의적으로 반응하지 않는다. 대부분 혁신이나 변화 때문에 자신이 곤란을 겪게 될까봐 혁신과 변화에 소극적이다. 조직 구성원들이 서로 신뢰하면 혁신이나 변화 과정에서 함께 어려움을 견디고 조직을 발전시킬 가능성을 모색할 것이다. 조직 위기의 대응 역시 구성원들 간의 신뢰 여부나 정도에 따라 크게 달라진다. 조직의 위기는 구성원 각자의 위기도 되기 때문에 각자가 살아남고자 하면 협력과 협조가 힘들다. 신뢰하는 사람들은 서로 운명을 공유한다는 생각에서 협력해서 위기를 극복할 수 있는 가능성이 높아진다.

조직 내 구성원들 간의 신뢰 못지않게 중요한 것이 조직과 구성원들 간의 신뢰이다. 사람들이 서로 신뢰하는 것과 사람이 조직을 신뢰하는 것은 차이가 있다. 사람들 간에는 배신이나 피해에 대한 안전장치가 가능하지만, 조직과 사람 관계는 앞서 본 것처럼 비대칭적이기 때문에 조직 구성원들이 조직으로부터의 손해나 피해에 대한 안전장치를 갖기 어렵다. 이러한 비대칭성 때문에 구성원들을 보호하는 제도적 장치를 만들기도 하지만 이것만으로 비대칭성을 해결하기 어렵다. 조직의 구성원들이 조직을 신뢰하려면 무엇보다 조직의 노력이 필요하다.

조직에 대한 구성원들의 신뢰를 높이려면 다음과 같은 노력이 필요하다.

첫째, 조직 구성원들이 조직의 현재 상황과 조직 안에서 일어나는 일들에 대해 잘 파악할 수 있도록 의사소통이 활발하고 정보가 개방되어야 한다. 조직과 개인은 정보의 측면에서도 비대칭이 존재한다. 조직이 현재 어떤 상황이고 향후 어떤 변화가 있을지 구성원들이 잘 모르면 불안하고 신뢰를 갖기 어렵다. 모든 정보가 공개될 필요는 없지만 어차피 공개될 정보라면 모든 구성원들이 직접 조직으로부터 정확한 정보를 얻는 것이 신뢰에 도움이 된다.

둘째, 조직은 구성원들을 공평무사하고 원칙을 지켜 대해야 한다. 신뢰의 기본은 약속을 지키는 것이다. 조직의 규칙과 원칙은 구성원들과의 약속과 다름없다. 조직이 구성원들을 지위나 배경에 따라 차별적으로 대하지 않고, 일관성 있게 말을 바꾸지 않으며, 말과 행동이 다르지 않게 대한다면 구성원들은 조직에 대한 신뢰를 높일 수 있다. 신뢰는 잃기 쉽지만 얻기는 쉽지 않다. 신뢰를 얻으려면 일관되고 지속적인 노력이 필요하다.

셋째, 조직은 구성원들과 외부에 대해 필요할 때 충분한 설명이 가능하도록 높은 책무성을 지녀야 한다. 조직에 대한 신뢰는 평상시보다 변화나 위기의 시기에 더욱 잃기 쉽다. 조직의 결정이나 행동에 대해 왜 그렇게 되었는지 설명이 필요한 경우가 있다. 이 경우에 납득할 수 있는 설명으로 구성원이나 외부 환경의 이해를 얻을 수 있다면 구성원들은 조직을 보다 신뢰할 수 있게 된다.

최근의 사회적 변화는 조직과 구성원의 신뢰에 대해 딜레마를 제기한다. 불확실성이 계속 높아지고, 이동이 잦아지며, 정보의 소통이 활발해지고, 변화의 속도가 빨라지면서 조직과 구성원들 간의 심리적 계약, 즉 암묵적으로 서로 기대하는 바가 파기되는 경우가 늘고 있다(김명언 · 민혜경, 1999; 곽선화 · 김미희, 2010; 이하나 · 허찬영, 2015). 이러한 상황은 조직과 구성원의 신뢰 기반은 점점 약해지는 반면 신뢰에 대한 필요는 점점 더 절실해지는 딜레마를 낳고 있다.

신뢰에는 인지적 측면만이 아니라 감정적, 정서적 요소도 함께 작용한다. 사람들은 자신이 애착과 호감을 갖는 대상을 보다 신뢰할 가능성이 높다. 기능적 체계로 조직을 보는 관점에서는 조직의 합리적 측면을 강조하기 위해 감정적 측면을 경시하거나 억압하려 한다. 조직 구성원들은 조직 생활이나 상호작용에서 감정적 중립 혹은 배제를 요구받는다. 이것은 감정이 이성에 방해가 되거나, 규칙이나 원칙에 기반한 상호작용을 어렵게 한다는 믿음 때문이다. 이것은 공적 영역은 합리적 판단과 의사소통에 맡기고, 정서 경험 및 감정적 상호작용은 사적 영역 안으로 제한하려 했던 서구의 근대적 사고방식과도 관련이 깊다.

하지만 조직의 인간관계와 상호작용에서 감정 경험이나 표현을 무시하거나 외면하는 것은 현실적으로 가능하지도, 바람직하지도 않다. 조직에서는 구성원들이 느끼는 감정을 어떻게 표현하는 것이 적절한가에 대한 암묵적 규칙이 작동하고 있는 것이 현실이다. 업무의 기능적, 객관적 질서가 유지되어야 하는 것처럼, 조직에서 개인들의 감정적, 주관적 질서의 유지 또한 명시적, 암묵적으로 요구된다. 조직 내 상호작용에 작동하는 인상관리 전략의 중요한 부분이 바로 감정적 측면에서의 인상관리이다.

대표적인 예가 고객을 응대하는 서비스직 종사자들의 감정 표현이다. 상점의 판매원이나 콜센터의 직원들은 고객들을 만족시키기 위해 긍정적 감정인 즐거움과 기쁨을 언제나 표현할 것이 요구된다. 고객과의 상호작용뿐 아니라 조직 내 구성원들 간의 상호작용에서도 부정적 감정인 분노나 슬픔의 표현을 자제할 것이 요구된다. 이처럼 암묵적, 명시적으로 감정 표현 규칙이 조직 안에서 작동할 때 이를 적용받는 조직 구성원들이 실제 느끼고 경험하는 감정과 겉으로 표현되는 감정 사이에 큰 차이가 발생한다.

조직의 업무와 상호작용에 따른 긴장이나 피로를 내색하지 못하고 즐겁고 기쁜 감정만을 표현해야 하면 감정적 소진이 발생할 우려가 있다. Hochschild는 감정 경험과 감정 표현의 규칙이 서로 어긋나서 조직 구성원들의 부담이 늘어나는 것을 감정노동이라고 불렀다(Hochschild, 1983). 한국에서도 서비스산업화가 2000년대 들어 빠르게 이루어지면서 감정노동의 문제가 중요해지고 있다(김왕배 · 이경용 · 이가람, 2012; 류숙진, 2015).

조직에서의 상호작용에서 감정의 암묵적 규칙은 수직적 위계에 따라 차별적으로 적용되는 경우가 많다. 위계상 지위에 따라 느낀 감정을 표현할 수 있는 내용과 범위가 다르고, 역할 기대 측면에서도 감정 표출이 비대칭적인 경우가 대부분이다. 윗사람은 아랫사람에 대해 자신의 분노와 같은 부정적 감정을 자유롭게 표현하는 반면, 아랫사람은 윗사람에게 자신의 부정적 감정을 표현할 기회나 자유가 제약된다. 조직 위계에서 분노와 같은 부정적 감정은 위에서 아래로 연쇄적으로 전달되는 경우가 많다 보니, 조직의 밑바닥 구성원들이 감당해야 하는 부정적 감정의 부담은 엄청나다. 최근 들어 이러한 조직에서의 일방적인 감정적 상호작용에 대한 사회적 관심과 문제제기가 늘고 있지만, 아직 조직에서의 감정적 상호작용에 대한 제도적 규칙이 확고히 정해진 바는 많지 않다. 여전히 많은 조직에서 감정은 조직의 공식적 구조와 질서의 일부가 아닌 암묵적이고 숨겨진 영역으로 여겨지기 때문이다.

조직 구성원들 간의 비대칭적인 감정적 상호작용은 조직 차원보다는 개인 차원의 문제로 여겨지는 경우가 많다. 부정적 감정의 부담을 짊어져야 하는 조직 구성원들은 자신의 감정 경험을 조직이 아닌 사적 영역에서 해소하는 경우가 많고, 조직 안에서는 일상적으로 냉소나 유머와 같은 다른 방식으로 표현을 대체하기도 한다(Harlos & Pinder, 2000). 조직에서의 감정 경험에 대한 대응 혹은 방어 메커니즘을 갖지 못한 구성원들은 감정적 소진을 경험하고 그로 인한 피해나 장애로 고통받을 위험도 있다. 조직에서 부정적 감정 경험은 소수 개인의 문제에 머물지 않고 다수 구성원들이 공유하거나 수치, 공분, 죄의식 혹은 질투와 같은 사회적 감정으로 확대될 수 있다. 특히 오랫동안 억제되었던 부정적 감정 경험이 격렬하게 표출되어 문제를 일으키는 경우 감정은 생각보다 빠르게 전파되기 때문에 조직은 질서가 무너지고 위험에 처할 수 있다. 조직들은 구성원들 각자의 마음 건강을 위해, 또한 조직이 겪을 수 있는 위험의 예방을 위해 부정적 감정 경험을 줄이거나 해소할 수 있도록 도움과 상담을 제공하려는 노력을 기울여야 한다.

신뢰 및 감정과 함께 조직 구성원들의 심리와 상호작용이 조직의 운영과 활동에 중요하게 영향을 미치는 것으로 주의(attention)를 들 수 있다. 주의란 구성원들이 개인적, 집단적으로 관심을 갖는 것을 의미한다. 조직에 대한 기능적 관점에 따르면 조직에서의 다양한 상황이나 사안들은 조직의 목적 달성이나 성과 향상에 중요한 정도에 따라 우선순위가 부여되고 의사결정 및 관리가 일어나야 한다. 하지만 실제 조직에서는 반드시 그렇지 못하다. 조직에서의 주의에 대해 처음 주목한 것은 March 및 그의 제자 Ocasio였다(Cyert & March, 1963; Ocasio, 1997).

주의는 인지심리학에서 다루는 주제로, 프래그머티즘 계열 심리학자

James(1890)는 "동시에 가능한 여럿의 생각의 대상이나 갈래 중에서 하나를 선명하고 분명하게 마음으로 집어내는 과정"을 주의라고 정의했다. 이 정의에 따르면 어떤 대상에 초점을 맞추고, 집중해서 의식하는 것이 주의의 핵심이다. 주의는 제한된 인지적 처리의 자원을 배분하는 과정이라고 할 수 있다. March의 동료였던 Simon은 정보기술이 발달하면서 과거에 희소했던 정보가 풍부해지면서 주의가 희소해졌다고 하였다(Simon, 1973).

조직이 복잡해짐에 따라 조직에서 처리하고 고려해야 할 정보는 계속 늘어나게 된다. 그러면 어떤 정보에 주의를 기울일지는 기능적 체계로 조직을 보는 관점에서 생각하듯이 단지 우선순위를 따르는 문제가 아니게 된다. 반대로 조직에서 영향력 있는 사람들이 주의를 기울이는 문제의 우선순위가 높아진다. 주의의 집중 혹은 분배에 따라 어떤 사안과 문제를 먼저 의사결정할 것인지뿐만 아니라 의사결정에서 어떤 요인이나 상황에 주의를 기울이는가에 따라 의사결정 결과가 달라진다.

Ocasio(1997)는 기업의 행위가 기업 내 의사결정자들이 어떻게 주의를 보내고 분배하느냐에 따라 결정되고, 의사결정자들의 행위는 그들이 어떤 이슈들과 해답들에 주의를 두느냐에 의해 결정되며, 그들의 주의 패턴은 그들이 처한 상황, 그들이 견지해 온 규칙, 보유하고 있는 자원 등에 의해 결정된다고 주장한다.

주의가 조직에서의 결정과 행위에 미치는 영향에 대한 경험적 연구로는 Xueguang Zhou 및 동료들의 연구(March, Schulz, & Zhou, 2000)가 대표적이다. 이들은 스탠포드대학교 교칙의 역사적 변화를 자료로 입력해서 어떤 규칙들이 언제 누구에 의해 만들어지고 수정되었는가를 연구하였다. 기능적 체계에서는 주어진 것으로 간주하는 조직의 규칙이 어떤 사회적 과정에 의해 생성되고, 변화되었는지를 연구한 것이다. 이들은 대학교 교칙의 생성과 변화에 '주의에 대한 경쟁(competition for attention)'과 '주의의 전염(contagion of attention)'이라는 두 종류의 주의 배분 과정이 작동함을 발견했다. 예를 들어 교수에 관한 규칙에 주목해서 규칙을 만들거나 바꾸다 보면 그와 경쟁관계에 있는 학생에 대한 규칙에 주의가 덜 가서 학생에 관한 규칙의 생성과 변화가 줄어든다. 반면 교수의 연구기준에 대한 규칙을 만들고 바꾸다 보면 자연스럽게 교수 보상에 관한 규칙도 함께 따라가야 하는 주의의 전염현상이 일어난다.

연습문제

01 조직을 인간 세상으로 보는 이론가에 속하지 않는 사람은 다음 중 누구인가?

① Mayo ② Barnard
③ McGregor ④ Stinchcombe

02 목적의 전치에 대한 설명으로 옳은 것은 다음 중 무엇인가?

① 관료제의 효율성을 강조한다.
② 목적이 수단화되는 현상을 지적한다.
③ 의도치 않은 결과와 연결된다.
④ 목적 달성 실패 뒤 새로운 목적의 등장이다.

03 Merton과 제자들의 관료제에 대한 설명으로 맞는 것은 다음 중 무엇인가?

① Gouldner는 공장에서 관리자와 노동자의 대립을 중심적으로 보았다.
② Selznick은 지역의 이권이 개입된 결과 지역개발이 변질된 과정을 설명했다.
③ Blau는 관료제의 수직적 비공식 관계에 초점을 맞추었다.
④ Merton은 의도치 않은 결과로서 관료의 부패를 주로 연구했다.

04 조직에서 사람들의 적극적 활동을 강조한 사회학 이론이나 개념으로 적합하지 않은 것은 다음 중 무엇인가?

① 상징적 상호작용　　② 인상 관리
③ 불확실성　　④ 민속방법론

05 조직의 쇠퇴나 불만족에 대한 개별 구성원들의 대응으로 맞지 않는 것은 다음 중 무엇인가?

① 이탈　　② 신뢰
③ 충성　　④ 목소리

06 조직의 비공식 구조에서 권력의 원천으로 적당하지 않은 것은 다음 중 무엇인가?

① 불확실성 상황에 대한 대처 능력
② 사회적 네트워크의 중심적 위치
③ 비대칭적인 사회적 교환
④ 조직 구조에서의 지위

정답

01 ④ 02 ③ 03 ② 04 ③ 05 ② 06 ④

제 7 장

자기조직 체계로서의 조직

1. 자기조직 체계의 이론들
2. 되먹임과 항상성 및 경계의 유지
3. 환경에 대한 통제와 적응
4. 조직의 학습과 변화

■ 연습문제

조직은 인간의 목적 달성을 위한 기능적 수단이기도 하고, 동시에 인간들이 자신들의 이해관계와 가치, 신념, 인간관계를 펼치는 무대이기도 하다. 여기에 덧붙여 조직은 스스로 자신의 구조와 정체성, 자원과 역량을 유지하고, 발전시켜 가는 자기조직 체계이기도 하다. 조직이 자연인으로서, 인간과 구별되는 법인으로서 또 다른 행위의 주체가 된다는 것은 이미 앞에서 살펴보았다. 조직이 행위자일 수 있는 근거를 기능적 관점에서 인간들의 협력과 약속, 규칙의 적용과 의사결정에서 찾는다면, 자기조직 체계 관점은 그 근거를 조직 구성원들이 교체되거나 자리를 비워도 조직이 멀쩡히 유지된다는 것에서 찾는다. 자기조직 체계의 관점은 조직에서 인간의 역할이나 중요성을 지나치게 강조해서는 안 된다고 본다.

기능적 체계로서 볼 때 조직에서는 구조와 규칙의 설계 및 의사결정을 담당하는 리더의 능력이 중요하다. 인간 세상으로 볼 때 조직에서 중요한 것은 구성원들의 협조와 동의, 신뢰를 얻는 리더의 능력이다. 반면 자기조직 체계로 조직을 보는 관점에 따르면 조직 내부 구성요소들 간의 관계 및 상호작용 정도와 특성, 조직이 환경을 파악하고 적응하는 방식에 따라 조직의 결과가 바뀐다. 자기조직 체계로 조직을 보는 관점의 출발점은 조직이 구성원들 개개인의 합을 넘어서는 존재라는 것이다. 개별의 합을 넘어서는 전체에 주목하는 것을 우리는 창발적 속성(emergent property)이라고 부른다. 조직이 지닌 창발적 속성에 주목해서 자기조직 체계 관점은 조직이 스스로를 유지, 재생산하고 환경에 적응하며 학습을 통해 더 나은 상태로 나아가는 과정을 설명한다.

조직을 자기조직 체계로 보는 것은 조직이 인간의 참여나 도움 없이 자동으로 작동하고, 스스로 의사결정을 내리고 행동할 수 있다는 의미가 아니다. 그것은 다만 조직의 구성요소들의 상호작용, 조직과 환경의 상호작용에 일정한 패턴과 메커니즘이 존재하며, 이 패턴이나 메커니즘을 잘 이해하고 활용할 때 조직의 유지, 발전이 가능하다는 것이다. 더 나아가 최근 디지털 정보기술의 발전은 조직에서 인간의 개입이나 역할을 점점 줄이는 방향으로 조직 업무와 활동을 바꾸어 가고 있다. 기계와 로봇의 도입이 인간의 신체활동을 대체한다면, 알고리즘과 플랫폼은 인간의 계산과 판단, 사무와 행정업무를 대체하고 있다. 디지털 기술 발전이 조직에 가져왔고 앞으로 가져올 변화와 영향 역시 자기조직 체계로 조직을 보는 관점에서 살펴볼 수 있다.

1. 자기조직 체계의 이론들

자기조직 체계에 대한 이론적 생각이 본격적으로 등장한 것은 20세기 중반 2차 세계대전을 전후한 무렵이었고, 이러한 생각이 조직에 적용되기 시작한 것은 1960년대 이후이다. 자기조직 체계로서 조직에 대한 연구가 단순한 적용을 넘어 본격적으로 활발해진 것은 20세기 후반 1990년대 이후이다.

자기조직 체계에 대한 생각의 출발점은 1940년대 사이버네틱스와 체계이론의 등장이다. 사이버네틱스와 체계이론 모두 자연과학과 사회과학을 포괄하는 학제적 관심의 산물이다. 자연과학은 물리학, 화학, 생물학과 생태학 등에서, 사회과학은 사회학, 심리학, 경제학, 정치학, 행정학, 경영학 등에서 체계 개념을 적극적으로 활용하기 시작했다. 체계라는 개념은 개별 분과 학문의 영역을 넘어서는 일반화된 이론의 개념이 되었다. 자연계나 사회세계를 아우르는 일반화된 체계의 특성을 연구한 것이 바로 사이버네틱스와 체계이론이었다.

먼저 사이버네틱스를 살펴보자. 사이버네틱스란 그리스 말로 조정하거나 지배한다는 의미로 사용되는 κυβερνητική란 단어에서 출발한다. 사이버네틱스의 의미는 한편에서는 생물체나 기계와 같은 체계의 "통제와 소통"(Wiener, 1954)으로, 다른 한편에서는 이러한 체계의 "순환적 인과 및 되먹임(feedback) 메커니즘"(Foerster, Mead, & Teuber, 1952)으로 정의된다. 중요한 점은 체계를 움직이는 힘이 물질과 에너지라면, 체계 움직임을 조정하는 것은 정보 활용과 소통, 되먹임 과정의 산물이라는 것이다. 사이버네틱스는 체계의 궁극적 구성요소로 에너지와 정보를 강조하며, 그 획득과 활용 방식이 체계의 이해에 핵심적이라고 본다. 사이버네틱스는 체계에 투입(input)된 요소들이 중간과정(thruput)을 거쳐 체계의 산출(output)을 낳고, 이 산출의 정보가 다시 투입으로 체계에 도입된다고 본다.

사이버네틱스가 정보의 되먹임과 소통, 이를 이용한 통제에 관심을 갖는 이유는 체계가 이를 통해 자기 상태를 일정하게 유지하기 때문이다. 모든 체계는 정상과 비정상 상태가 구분되며, 정상 상태는 계속 유지하려 하지만, 일시적으로 비정상 상태가 되면 다시 정상 상태로 되돌아가려는 노력이 시작된다. 우리 몸의 체온이나 맥박이 대표적인 예이다. 운동이나 그 밖의 활동으로 체온이 올라가면 우리 몸은 땀의 배출 등을 통해 체온을 낮추며, 또한 일시적으로 맥박이 올라가면 뇌로부터 심장에 신호가 가서 맥박을 낮춘다.

이러한 되먹임에 의한 자기 조정(self-correction)은 생명 체계만이 아닌 모든 체계의 특징이다. 수세식 화장실의 물을 내리는 장치는 기계적 체계에서 되먹임이 일어나는 예이다. 변기의 물이 방출되면 저수조의 물 수위를 측정하는 장치가 수도관을 열어 물을 보충하고 정해진 양의 물이 채워지면 다시 부력을 이용한 장치가 수도관을 닫아 더 이상 물이 공급되지 않도록 한다. 거시적 수준에서 또 다른 예로 생태계를 들 수 있다. 토끼와 같은 한 개체의 수가 증가하면 토끼를 먹이로 하는 늑대들의 경쟁이 치열해져서 출산이 줄고, 사망이 늘면서 개체의 수가 환경에 적합한 일정 수준으로 유지된다. 체계의 종류와 특성은 다르지만 몸의 체온, 변기의 물의 양, 생태계의 개체 수가 일정한 균형 상태를 유지하는 것은 같은 이치이다.

사이버네틱스의 원리는 체계이론의 핵심적 내용이다. 체계이론은 물리, 화학, 생명, 심리, 사회, 정치, 경제 등 다양한 분야에서 작동하는 체계를 동일한 원리로 설명하려는 시도이다(von Bertalanffy, 1968). 모든 체계는 상호작용하는 부분들로 이루어져 있다. 사람의 몸이 뇌, 심장, 소화기, 호흡기 등 장기로 이루어지고, 사회가 경제, 정치, 문화, 교육 등 여러 제도로 구성된 것이 그 예이다. 체계는 환경 속에 존재하며, 환경으로부터 물자와 에너지를 공급받는다. 환경은 끊임없이 변동하며 또한 다양하다. 열역학 용어로 표현한다면 환경은 무질서를 향해 지속적으로 나아가는 엔트로피 법칙을 따른다. 반면 체계는 구성요소들 간의 패턴과 질서를 지니며 일정한 상태를 유지하고자 한다. 체계는 무질서가 아닌 반대 방향으로의 시도, 즉 음의 엔트로피(negative entropy)를 지향한다.

이처럼 환경과 체계가 서로 상충되는 원리를 따르기 때문에 체계는 환경의 변화나 다양성에 적응할 필요가 있다. 사이버네틱스의 대표적 이론가인 심리학자 Ashby(1956)의 필수 다양성의 법칙(law of requisite variety)에 따르면 환경의 다양성이나 변동이 너무 심해져서 체계 내부에서 감당하기 어려운 수준이 되면 환경은 체계를 파괴할 수 있다. 파괴와 소멸을 피하려면 체계는 환경의 다양성이나 변동에 적응해야만 한다. 체계의 적응 내용은 환경의 다양성과 변동에 대응해서 체계 내에서 감당할 수 있는 다양성과 변동을 높이는 동시에 그로 인해 높아지는 복잡성을 줄이고자 체계를 더욱 유연하게 만드는 것이다. 체계의 진화 과정에서 여러 구성요소들의 분화가 다양성을 높인다면 분화된 구성요소들 간의 소통을 통해 유연성을 높이는 것은 복잡성을 줄이는 것이다.

앞서 5장 기능적 체계로서의 조직에서 살펴본 Simon은 체계 관점을 조직과 연결시키는 데 결정적으로 기여했다. 『복잡성의 아키텍처(*Architecture of complexity*)』(1962)에서 Simon은 복잡성을 줄이기 위해 체계는 위계적 구조를 갖게 된다고 주장하였다. 이때 위계의 의미가 일반적으로 위계적 조직 구조란 표현에서의 의미와 다르다는 점에 유의해야 한다. Simon이 생각한 위계는 체계를 아래의 [그림 7-1]처럼 비슷한 하위체계의 연속으로 구성하는 것이다.

[그림 7-1]에서 위계의 의미는 더 큰 사각형이 더 작은 사각형의 상위라는 것이다. 위계적으로 구성된 체계는 상호작용이 하위체계 내부에

그림 7-1 I Simon의 위계적 체계의 예시

출처 : Simon, 1962 내용을 토대로 재구성.

한정되고, 하위체계들 간에 소통과 상호작용이 일어나 더 효율적으로 환경에 적용할 수 있다. Simon은 이러한 위계의 특성을 근접분해 가능성(near-decomposability)이라고 불렀다. 그 의미는 체계를 하위체계로 나눌 수 있다는 것이다. 근접(near)이란 수식어가 붙는 이유는 체계를 분해 가능한 하위체계로 구성하되 하위체계로 완전히 분해하지 않고 이들을 상호작용시키기 때문이다. Simon은 이러한 위계구조를 인공지능과 컴퓨터, 조직 등 자신이 인공 체계(artificial system)라고 부른 체계에 적용했다. 오늘날 이러한 구조는 모듈(modular) 체계라고 불리기도 한다.

Simon의 근접분해 가능한 위계 모형에서 하위체계 간의 관계와 상호작용을 체계이론은 구조적 연동(structural coupling)이라는 단어로 표현한다(Maturana & Varela, 1980; White, 1992; Luhmann, 1995). 체계의 특정한 하위체계가 변화하면 다른 하위체계들도 이에 따라 변화하는 것을 연동이라고 부른다. 우리의 몸이 활동을 할 때 근육의 운동은 뇌를 거쳐 호흡기, 순환기 등 다른 기관의 활동을 조율한다. 이 경우 기관들은 서로 연동되는 것이다. 세계 경제가 글로벌해지면서 한 나라 경제의 위기는 이와 연결된 다른 나라 경제에도 타격을 줄 수밖에 없다. 이것 또한 연동이다.

연동은 하위체계들로 구성된 체계의 일반적 특징인데 그 강도에 따라 긴밀한(tight) 연동과 느슨한(loose) 연동이 구분된다. 정교하게 만들어진 기계의 톱니바퀴의 체계나 Weber의 위계적 관료제처럼 엄격한 명령과 통제의 체계는 긴밀한 연동의 특성을 갖는다. 반면 연구기관이나 문화예술 조직처럼 모호성과 불확실성이 높은 상황에서는 충격이나 변동에 대한 완충 혹은 새로운 혁신의 촉진을 위해 느슨한 연동의 특징을 갖는다. 긴밀한 연동이 효율성이 높은 반면 긴급상황이나 예외에 대한 대처가 쉽지 않다면, 느슨한 연동은 효율성이 떨어지는 반면 유연하게 변화하는 상황에 적응하는 데 도움이 된다.

구조적 연동의 개념을 체계이론에 처음 도입한 Maturana는 생물학자이며 동료인 Varela와 함께 체계이론의 새로운 전기를 마련하였다고 평가된다. 특히 시각 인지와 생명 현상에 대한 연구 결과를 중심으로 Maturana는 체계이론을 더욱 발전시키게 되었다. 특히 Maturana의 이론에서 중요한 개념은 앞서 언급한 구조적 연동과 관련된 자기생성(autopoesis)이다(Maturana & Varela, 1980). 자기생성은 체계가 무(無)로부터 스스로를 만들어 낸다는 의미가 아니다. 자기생성은 체계가 환경의 요동 속에서 자신의 상태를 일정하게 유지하고 환경에 적응해 갈 뿐 아니라 자신의 구성요소와 체계 자체를 재생산한다는 것이다. 몸 안의 세포가 소멸하는 동시에 새로운 세포들이 끊임없이 생겨나고, 생명체로부터 새로운 생명체가 생겨나는 것이 자기생성의 예이다. 인공지능 컴퓨터가 스스로 프로그램을 만들어 낸다면 이때 만들어지는 프로그램 역시 본래 인공지능 컴퓨터의 작동원리로부터 생겨난다는 점 역시 자기생성의 예라고 할 수 있다. Maturana는 자기생성 과정에서 체계가 환경과 자신을 구분하는 경계(boundary)의 생성과 유지도 함께 진행된다고 보았다.

사회학자 Niklas Luhmann은 Maturana의 자기생성이라는 생각을 사회 체계에 적용하는 동시에 인간 사회의 다양한 체계들을 포괄하는 체계이론을 발전시켰다(Luhmann, 1995, 2012). Luhmann은 사회 체계의 자기생성에서 중요한 역할을 하는 것을 소통(communication)이라고 보았다. 사람들 간의 의미와 의견에서의 동의를 낳는 의사소통 과정으로 이해된 소통을 보다 일반화시켜 Luhmann은 정보의 생성과 전달, 순환으로 해석하는 동시에 소통의 결과 반드시 합의와 동의를 이루는 것이 아니라는 점을 강조한다.

사회가 스스로를 대상으로 삼아 관찰하는 성찰(reflection)이 가능해지는 것도 소통 덕분이다. Luhmann은 바깥 환경이 아닌 내부로부터 스스로의 관찰이 이루어지고 이를 통해 소통이 작동하면서 사회 체계의 자기생성이 진행된다고 하였다. 사회에서 여론이 생겨나는 과정이 대표적인 예이다. 사회 안에서 발생하는 사건이나 상황을 관찰하고 기록해서 매체를 통해 전달함으로써 사회에 대한 의견들이 형성되고 교환된다. 하지만 이것만이 소통은 아니다. 주식시장에서 주가는 경제 전반의 상황을, 또한 개별 기업에 대한 평가와 가치를 투자자들 및 기업들, 정책결정자들에게 전달한다. 정당이나 정치인들에 대한 여론조사는 정당과 정치인들에 대한 유권자들의 평가를 전달한다. 이들 모두가 소통인 것이다.

Maturana와 Luhmann의 자기생성과 유사한 의미를 갖는 자기조직(self-organization)은 복잡계 이론의 핵심적 개념이다. 혼돈(chaos)이론과 유사한 문제의식에서 출발한 복잡계(complexity or complex adaptive system)이론은 일반체계이론과 마찬가지로 학제적 연구의 특징을 갖는다. 혼돈이론이 예측하기 힘든 현상의 발생에 초점을 맞춘다면, 복잡계 이론은 무질서로부터 질서의 등장에 주로 관심을 갖는다. 복잡계 연구는 1984년 설립된 산타페 연구소(Santa Fe Institute)를 중심으로 활발하게 이루어졌으며, 그 이전 유럽에서도 다양한 연구들이 이루어졌다. 복잡계 연구는 물리학, 생물학, 화학, 경제학, 컴퓨터공학, 사회학, 정치학, 도시공학 등 다양한 분야에서 이루어졌다.

복잡계는 다음과 같은 특징들을 지닌다.

- **비선형적 역동성**: 예측하기 쉬운 선형적 변화가 아니라 예측을 어렵게 하는 비선형적 변화가 일어난다.
- **양의 되먹임**: 체계이론의 되먹임에 대한 관심이 주로 체계 균형을 회복하는 음의 되먹임 중심이라면 복잡계는 체계의 불안정과 급변을 낳는 양의 되먹임(positive feedback)에 주목한다. 경제학의 수확

체증(increasing return) 현상이 대표적이다(Arthur, 1994).

- **척도 없는 네트워크:** 네트워크를 구성하는 연결 분포가 불평등이 심한 파레토 분포 혹은 멱함수(power law)에 따라 분포되어 정보전달이 효율적이고 변화의 영향을 받지 않는 견고함을 보인다(Barabasi, 2002).
- **경로의존:** 진화 과정에서 특정 방향으로의 우연한 선택이 이루어지면 이러한 초기 조건에 따라 선택된 방향으로 강화(reinforcement)가 일어나 경로를 계속 유지해 가게 된다. 기술 진화에서 잘 나타난다(Arthur, 1994).

이처럼 흥미로운 특징을 지니는 복잡계는 앞서 자기생성 체계와 유사하게 외부의 압력이나 충격이 아닌 내부의 상호작용의 결과로 질서가 등장하는 자기조직이 일어난다(Prigogine & Lefever, 1974; Bak, Tang, & Wiesenfeld, 1988; Kaufmann, 1993). 이때 상호작용은 단백질 상호작용을 통한 생명 기초인 세포의 형성, 경제주체의 상호작용으로부터 시장의 형성, 인간의 상호작용으로부터 도시의 형성, 원자들의 상호작용에 의한 결정의 형성을 모두 포함한다. 자기조직 과정은 국지적(local) 상호작용이 거시적(global) 구조를 만들어 내는 상향적 방식으로 이루어지며, 이러한 조직화를 자극하는 촉매작용 역시 내부로부터의 자기촉매 현상에 의해 주어진다. 이러한 복잡계의 자기조직 원리는 환경에 대한 체계의 적응 또한 자기조직적 방식으로 이루어진다는 것을 함의한다.

2. 되먹임과 항상성 및 경계의 유지

조직은 목적을 지향하는 사람들 행위의 체계이다. 이러한 조직의 목적지향적 특성은 체계이론에서 강조하는 되먹임(feedback)과 쉽게 연결된다. 조직은 자신이 지향하는 목적에 얼마나 근접한가를 평가한다. 하지만 조직의 목적은 추상적이고 일반적이기 때문에 보다 구체화된 운영목표를 정해서 이것을 주로 의사결정과 조직의 통제 및 조정, 평가에 활용한다. 조직은 운영목표를 측정하여 비교, 평가하기 쉽고 편한 계량화된 수치로 전환한다. 이를 통해 조직은 스스로 정한 운영목표를 기준으로 자신의 활동을 평가하고 이로부터 벗어날 경우 이를 시정하는 조치를 취한다.

대표적인 예가 기업에서 가장 일반적인 구매, 생산, 판매 업무와 관련된 재고관리이다. 기업에서 생산에 필요한 원자재는 적절한 수준으로 관리되어야 하며, 생산되어 판매를 앞둔 제품의 수량 또한 적절한 수준이어야 한다. 만약 재고가 부족해지면 기업의 활동에 차질을 빚게 되고, 재고가 과도해지면 비용이 증가해서 부담이 높아진다. 그렇기 때문에 재고관리는 적당한 수준을 잘 유지하는 것이 필요하고 이를 위해서는 언제나 재고 수준을 관찰하고 이를 토대로 부족하거나 과도하면 재고를 조정해야 한다. 이처럼 체계가 적절한 수준을 유지하고자 하는 성향을 체계이론에서는 항상성(homeostasis)이라고 부른다.

항상성은 체계의 기본적 속성이며 생존의 요건이다. 조직에서 항상성의 예로 들 수 있는 것은 재고관리 외에도 다양하다. 기업의 구성원들도 새로 참여하는 구성원들과 떠나는 구성원들이 적절한 비율을 유지해야 한다. 만약 인력 부족이 예상되면 신규 채용을 늘리고, 인원 과다가 예상되면 신규 채용을 줄인다. 재무 측면에서도 수입과 지출이 균형을 이루도록 예산 계획을 세우고 수입과 지출을 수시로 모니터링해서 월간, 분기, 연간으로 주기적인 회계 보고와 평가를 한다. 수입이 지출보다 크게 늘면 투자나 보상, 배당 등 지출을 늘리거나 유보의 형태로 장래를 대비하고, 반대로 수입보다 지출이 늘면 재정을 긴축적으로 바꾸거나 차입이나 주식발행으로 재원 조달을 한다. 이것은 모두 현재 혹은 가까운 미래 상태의 모니터링에 기반해서 목표치와의 격차를 줄여가는 음의 되먹임(negative feedback)이다.

조직의 항상성 유지는 음의 되먹임 방식으로 조정을 통해 이루어지기도 하지만 조직 질서를 유지하는 다양한 기제들을 통해서도 이루어진다. 대표적인 예가 Weber가 관료제의 핵심으로 강조한 규칙(rule)과 Simon과 March가 제시했던 실행 프로그램과 같은 관례(routine)이다. 규칙과 관례는 조직에서 의사결정과 업무수행의 기준과 방향, 지침을 제공해서, 동일 상황이나 문제가 나타나면 동일 반응과 결과가 일어나도록 보장한다. 규칙이나 관례로 충분하지 못할 때 이를 보충하는 역할을 하는 것이 조직의 문화(organizational culture)이다. 조직에는 규칙이나 관례 모두 적용되기 애매한 경우도 있고, 일상적인 상호작용도 많다. 이때 조직의 문화는 그 조직에 속한 사람들이 당연시하는 일종의 신념이나 상식을 제공해서 구성원들이 일상적으로 유사하게 반응하고 행동하도록 한다(Wilson, 1989).

조직의 규칙, 관례, 문화가 조직의 항상성을 유지하는 과정을 정리하면 다음과 같다. 조직 구성원들은 자신이 처한 상황, 해결해야 할 문제, 수행하는 업무를 확인하고, 이에 적용될 규칙, 관례, 문화를 찾아내서, 해당 상황, 문제, 업무에 적용한다. 이 과정이 단계적, 의식적으로 이루어지는 경우는 거의 없고, 조직 구성원들은 자동적으로 의식하지 못한 채 반응하고 행동한다. 그 이유는 구성원들이 조직에 들어와 생활하면서 조직의 규칙, 관례, 문화에 익숙해지고 사회화되었기 때문이다. 신입 구성원들도 모두 규칙, 관례, 문화에 의해 사회화되기 때문에 구성원들이 바뀌더라도 대응은 일정하고 변치 않을 것이다. 이러한 의미에서 조직의 규칙, 관례, 문화는 개인과 구별되는 조직의 기억(memory) 역할을 한다.

체계이론에서 자기조직과 함께 강조되는 것이 경계 유지(boundary maintenance)이다. 경계는 체계와 환경을 구분하는 동시에 체계와 환경의 상호작용 및 교환이 일어나는 지점이다. 조직의 입장에서 경계는 다양하다. 조직활동에 주된 물리적 공간이 정해져 있다면 그 공간적 범위의 경계가 조직의 경계이다. 조직 구성원들이 정해진 시간에 조직활동을 수행한다면 활동 시간대의 경계가 시간적 경계이다. 조직에서 수행하는 활동 내용과 책임 범위에서도 경계가 존재한다. 조직의 일원으로 역할을 맡아 수행하는 업무활동 및 다른 조직 성원 혹은 조직 외부 사람과의 상호작용 모두가 조직의 경계를 구분하고 유지하는 데 기여한다.

조직의 경계는 물리적인 동시에 상징적, 실천적, 사회적이다. 상징적 경계의 예로 조직 구성원들끼리 소통하는 언어나 몸짓 특성, 제복 등이 있다. 실천적 경계는 개인적 활동과 조직 구성원으로서의 활동의 구분, 조직 외부인이 조직과 관련해서 수행하는 활동—예컨대 외주 작업—과 조직 구성원이 수행하는 활동의 구분이다. 마지막으로 사회적 경계는 조직 구성원과 외부 사람이 서로 상호작용할 때 적용되는 규칙이나 기준의 차이를 의미한다. 조직의 경계는 오프라인은 물론 온라인에도 적용된다. 대표적인 예가 조직의 온라인 시스템에 대한 접근권 혹은 조직의 물리적 공간으로의 디지털 디바이스의 반입 가능 여부와 같은 정보 보안이다.

앞서 잠시 살펴본 군대, 교도소, 정신병원 등의 전체주의 기관(total institution)은 조직의 경계가 매우 엄격하고 분명한 조직이다. 경계를 넘나드는 것에 제한이 있고, 경계의 안과 밖이 뚜렷하게 구별되기 때문이다. 하지만 그 밖의 조직들은 대부분 경계가 모호해지고 느슨해지는 추세이다. 대표적인 예가 비정규직 고용이다. 비정규직은 조직 구성원으로서의 권리가 부분적으로만 인정된다. 비정규직으로 고용된 사람은 조직의 내부에 있는지 외부에 있는지 모호하다. 파견근무처럼 일하는 물리적 공간과 소속 조직이 서로 다른 경우도 마찬가지이다. 조직 간 협업이나 공동 태스크 포스에 참여하는 사람들은 둘 또는 그 이상의 조직들 간의 경계의 접점에 존재한다.

3. 환경에 대한 통제와 적응

체계로서 조직은 환경을 벗어나서 생존하기 힘들다. 환경은 조직의 생존을 제약한다. 하지만 환경은 동시에 조직의 생존과 활동을 가능케 하기도 한다. 조직 환경은 조직 외부의 일체의 것들인데, 조직에 중요하게 영향을 미치는 환경요소들이 존재한다. 기업에게 중요한 환경은 무엇보다 경제적 거래를 매개하는 시장이다. 정당과 정부에게 중요한 환경은 정치적 지지를 형성하는 국민의 여론과 언론이다. 비영리조직들에게 중요한 환경은 추구하는 사회적 가치나 관심사에 주목하는 사람들이다. 또한 모든 조직들에게 다른 조직들은 한편에서는 경쟁하며, 다른 한편에서는 서로 협력한다는 의미에서 서로 환경이 된다.

조직에 영향을 미치는 환경요소들은 크게 정보와 자원으로 나누어 볼 수 있다. 조직의 의사결정에는 충분하고 정확한 정보가 필요하고, 조직 활동이 지속되려면 환경으로부터 자원 유입이 필요하다. 자원은 인적 자원과 물적 자원, 그리고 상징적 자원으로 나뉜다. 인적 자원이 조직에 참여하는 혹은 협력하는 사람들이라면, 물적 자원은 조직에 필요한 일체의 원료와 기자재, 재원을 포괄한다. 상징적 자원은 조직에 필요한 사회적 인정과 정당성 등을 의미한다. 자기조직 체계로서 조직은 내부로부터 조직되지만 외부 환경과의 정보 및 자원 교류가 없이는 생존하기 힘들다.

조직이 환경에 비해 상대적으로 질서정연하고 안정적이라면, 환경은 반대로 무질서하고 불확실하며 변동 가능성이 높다. 그래서 환경으로부터 정보나 자원을 유입할 때에 조직은 이들을 조직 내부에 적합하도록 바꿀 필요가 있다. 환경으로부터 유입되는 정보와 자원을 조직에 맞도록 변형하는 것을 우리는 정보와 자원을 걸러내는 여과(filtering) 장치의 작동이라고 부를 수 있다. 인적 자원의 예를 들어보자. 서로 다른 생각, 판단기준, 행동양식을 가진 사람들이 조직에 들어오면 혼란이 일어난다. 조직에 필요한 능력과 역량을 가진 사람을 선별해서 충원하고, 이들이 조직에 익숙해지도록 교육하고 사회화시키는 것은 이 때문이다. 환경의 불확실성에 대해서도 조직은 유사하게 대응한다. 환경이 불확실하고 변동이 심해서 자원 공급이 부족할 경우를 대비해서 조직은 앞 장에서 설명한 것처럼 여유자원을 활용해서 충격을 흡수하는 완충(buffering) 장치를 작동한다(Scott, 2003: 199-202).

여과 및 완충 장치 모두 환경의 불확실성과 이질성 속에서 조직의 구조와 질서를 유지하기 위해 항상성과 경계를 유지하는 데 도움을 준다. 환경에 대해 조직의 안정과 질서를 유지해 주는 여과 및 완충 장치는 체계의 기본 특성인 필수다양성의 법칙(requsite variety)에 따라 체계가 복잡성을 줄이는 기제이다. 하지만 여과나 완충 기제만으로 환경에 대응하는 데 충분하지 못할 경우도 있다. 이 경우에 조직은 적극적으로 환경을 관리하거나 환경에 영향을 미치려 한다. 조직이 환경을 관리하거나 영향을 미치는 것은 조직 경계의 확장(boundary spanning)이나 환경과의 연계(linkage) 강화를 시도하는 것이다(Scott, 2003: 203-211).

조직 경계 확장의 대표적 경우가 외부 환경으로부터의 자원 공급을 조직 내부화시키는 것이다. 최근 기술 발전이 급격하게 빨라지면서 기업의 기술 인력이 부족한 경우가 발생한다. 이때 기업들이 구직자들을 선별하고 훈련하는 완충에서 나아가 더 적극적으로 대학교에 필요한 전공 분야를 개설해 학생들을 교육하고 졸업생의 해당 기업으로의 취업을 보장하도록 협의하는 경우가 늘고 있다. 이것은 대학교라는 외부 조직과 연계해 자신이 겪고 있는 인재난이라는 환경으로부터의 자원 공급 문제를 해결하려는 조직의 시도이다.

조직은 환경의 불확실성과 이질성에 대해 여과나 완충 같은 경계유지, 외부 연계와 같은 경계 확장을 통해 환경을 통제하고 내부 질서를 보호하려 하지만, 이러한 방식으로 감당하기 어려울 정도로 불확실성이 커지거나, 환경 변화가 급격하고 단절적이어서 조직의 환경에 대한 관리가 어렵게 되는 경우도 있다. 이 경우 조직은 환경을 통제하기보다 환경에 스스로를 적응(adapt)시켜 변화한다. 예를 들어 생각해 보자. 전체주의 조직인 군대에서는 내부 질서 유지를 위해 강한 규율과 복종을 병사들에게 요구한다. 군대는 민간으로부터 유입된 신입 병사들을 높은 강도로 훈련시켜 다양성을 줄이고 명령과 규율에 복종하도록 바꾼다. 하지만 최근 들어 청년과 사회 전반의 개인주의와 자유에 대한 요구가 크게 높아지면서 군대에서 통제의 효과가 줄어들고 사고와 같은 부작용도 일어나기 시작했다. 군대는 이러한 환경 변화에 적응하고자 규율의 강도를 낮추고, 외부 연락도 부분적으로 허용하는 방향으로 바뀌고 있다.

환경의 불확실성이나 변화에 대해 현재 조직 상태로는 감당하기 어렵다고 판단하면 조직은 변화를 통해 적응을 시도한다. 조직 변화는 점진적일 수도, 급진적일 수도 있다. 점진적 변화를 진화적 변화, 급진적 변화를 혁명적 변화로 비유하기도 한다. 점진적 변화와 급진적 변화가 각각 어떤 경우에 더 적합한지 답하고자 Levinthal(1997)은 복잡계 이론에 기반한 흥미로운 시뮬레이션 연구를 수행하였다. Levinthal은 복잡계 이론의 중요한 개념인 적합도 지형(fitness landscape)과 적응전략의 관계를 설명하였다. 적합도 지형이란 아래 [그림 7-2]처럼 3차원 공간의 도형으로 표시되며, 조직이 환경에 적합한 정도, 즉 환경에서 조직의 성과는 높이로, 또한 조직의 다양한 속성의 차이 혹은 변화는 바닥 평면의 2차원의 좌표로 나타낸 것이다.

그림 7-2 | 완만한 적합도 지형과 험준한 적합도 지형의 비교

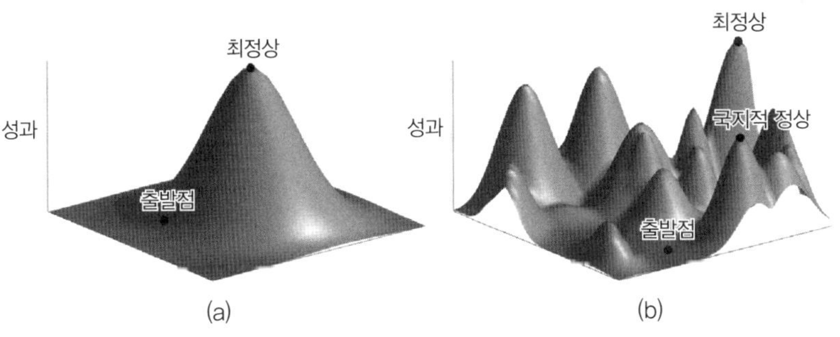

출처 : Kauffman, 1993.

복잡계 이론에서는 두 종류의 적합도 지형을 구분하는데 [그림 7-2] (a)에 제시된 것은 완만한(smooth) 지형이고 (b)에 제시된 것은 험준한(rugged) 지형이다. 높은 지점, 즉 적합도가 높은 지점으로 가고자 할 경우 두 지형을 비교해 보면 다음과 같다. (a)의 완만한 지형에서는 바닥 출발지점에서 조금씩 더 높은 곳을 향해 점진적으로 이동해 가면 정상에 도달할 수 있다. 반면 (b)의 험준한 지형에서는 동일한 규칙을 적용해서 바닥에서 조금씩 더 높은 곳을 향해 가다 보면 어느 지점에서 출발하는가에 따라 최정상에 가지 못하고 그보다 낮은 봉우리들 중 하나에 발이 묶일 수 있다. 이처럼 어느 지점에서 출발하는가에 따라 최정상 도달 여부가 달라지는 것은 복잡계에서 초기조건에 대한 민감성의 예이다.

두 지형도에서의 적응전략에 대한 Levinthal의 시뮬레이션 결과는 다음과 같다. (a)의 완만한 지형에서는 가까운 주변 이웃보다 높은 곳으로 이동을 반복하는 국지적 검색(local search) 전략이, (b)의 험준한 지형에서는 가까운 거리보다 먼 곳으로 이동하는 원거리 도약(long jump)이 최정상 도달에 유리하다. 국지적 검색은 앞서 우리가 점진적 변화로, 원거리 도약은 혁명적 변화로 표현한 것에 해당된다. 완만한 지형과 험준한 지형의 구분은 각각 어떤 환경의 특성을 나타내는가? 완만한 지형은 변화의 정도나 불확실성이 크지 않은 환경을, 험준한 지형은 변화의 정도와 불확실성이 큰 환경을 나타낸다. Levinthal의 시뮬레이션 결과는 변화나 불확실성이 크지 않은 환경에서는 점진적 변화가, 상대적으로 변화 폭이 크고 불확실성이 높은 환경에서는 급진적 변화가 조직들에 유리하다는 것을 보여준다.

4. 조직의 학습과 변화

조직은 환경 변화에 따라 적응적 변화를 시도하지만, 스스로 보다 좋은 조직이 되기 위해 변화하기도 한다. 조직 개선을 위한 변화를 포괄적으로 조직 학습(learning)이라고 부른다. 조직 학습은 조직의 구성원 개인들이 자신의 역할 수행을 더 잘하고자 학습하는 것과 조직 전체가 더 좋은 상태를 지향해서 학습하는 것을 모두 포함한다. 여기에서는 후자에 한정해서 조직 학습을 살펴보고자 한다. 조직 학습에 대한 관심은 기업 간 경쟁이 치열해지고, 지식기반 경제가 활발해지기 시작한 20세기 후반부터 높아졌다. Schumpeter의 표현대로 기술 혁신이 '창조적 파괴'의 동력으로 작동하면서 기술 혁신을 위한 기업들의 노력은 20세기 전체에 걸쳐 꾸준히 이루어졌다. 하지만 조직의 운영과 생산 과정을 지속적으로 개선하고 경쟁력을 높여 가야 하겠다는 자극은 기업 간 경쟁이 글로벌 차원에서 전개되기 시작한 20세기 후반에 본격화되었다.

조직 학습은 조직이 스스로에 대한 지식을 생산, 축적, 기록, 활용하는 것과 밀접한 관련을 갖는다. 조직 학습은 조직이 자기조직 혹은 자기생성 체계임을 보여주는 예이다. Luhmann 표현대로 환경과 자신을 구분하는 자기관찰에서 출발해서 자기생성을 진행하면서 체계로서 조직은 정보와 지식 소통을 계속 수행한다. 각종 정보가 조직에 축적되고, 이를 토대로 조직은 운영과 활동의 최적화(optimization)를 시도한다. 하지만 Simon과 March는 조직이 완벽한 합리성이 아닌 제한된 합리성에 근거하기 때문에 실제로는 만족화(satisficing)를 수행할 수밖에 없다고 주장한다. 최적화가 현 상태에서 최상의 효율이나 성과를 추구하는 것이라면, 만족화는 조직이 정한 일정한 기준에 도달하도록 노력하는 것이다. 만족화는 조직의 관례(routine) 혹은 수행 프로그램과 밀접한 관계가 있다. 관례가 제대로 작동하는 한 조직은 관례에 따라서 활동과 업무를 진행한다. 하지만 만약 문제 상황이 발생해서 관례가 작동하지 않으면 조직은 이를 해결하고 상황을 극복하고자 새로운 관례를 찾아야 한다. 만족화 지향의 학습은 이처럼 조직이 새로운 관례를 찾는 것이다.

Greve(2003)는 Simon과 March가 제안한 만족화를 지향하는 조직의 학습을 성과 되먹임(performance feedback) 조직 학습 이론으로 발전시켰다. Greve는 조직들이 언제 어떤 계기에 의해 조직 학습을 통한 변화를 시도하는가에 대해 [그림 7-3]을 제시하였다.

Greve는 조직의 문제해결을 위한 새로운 해결방안의 검색 여부와 검색에서 찾은 해결책의 도입 여부를 결정하는 데 조직의 성과와 조직 열망 수준의 비교가 핵심적이라고 주장한다. 만약 조직 성과가 열망 수준

그림 7-3 | 조직학습의 성과 되먹임 모형

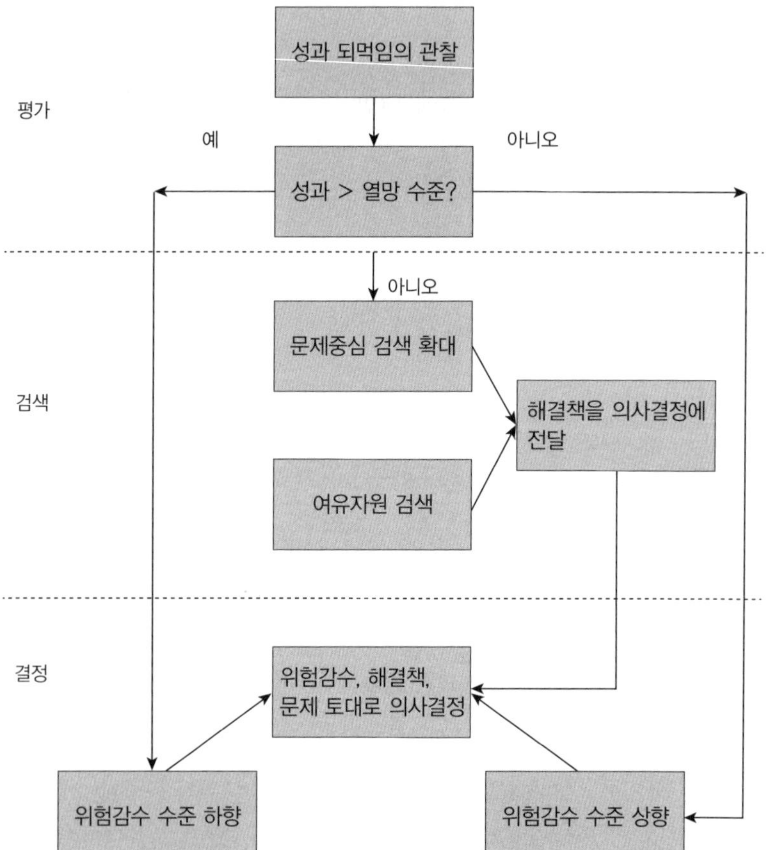

출처 : Greve, 2003.

에 못 미치면 대안 해결책을 찾으려는 검색이 시작되고, 반대로 열망 수준보다 성과가 높으면 검색은 이루어지지 않는다. 검색에는 두 종류가 있는데 하나는 문제해결을 위한 문제중심(problemistic) 검색이고 또 하나는 여유자원이 있어서 검색하는 여유자원(slack) 검색이다. 성과가 부진하면 문제중심 검색이 활성화된다. 검색에서 해결책을 찾으면 조직에 적용해서 조직 변화를 시도한다. 그런데 조직의 변화는 조직의 관성 때문에 많은 비용이 들고 위험부담이 높아서 검색된 해결책을 적용하려면 위험을 감수하겠다는 결단이 필요하다. 성과가 부진한 조직은 위험감수 성향이 높아져서 변화 가능성이 높아지는 반면, 성과가 열망 수준을 상회한 조직은 위험감수 성향이 낮아서 현상유지를 선택할 가능성이 높다.

성과 되먹임 모형에서 중요한 역할을 하는 것이 열망 수준이다. 조직의 자체 성과에 대해 만족 여부를 판가름하는 기준인 열망 수준으로 Greve는 두 가지 기준을 제시한다. 하나는 역사적 열망 수준이다. 역사적 열망 수준은 조직이 과거부터 현재까지 유지하는 성과의 평균적 수준이다. 만약 성과가 향상되던 조직이 성과가 낮아지거나, 성과가 하락하던 조직이 급격히 나빠지면 역사적 열망 수준에 미달한다. 또 다른 기준은 사회적 열망 수준으로 다른 조직들과의 비교에 근거한다. 자신이 준거로 삼는 조직들의 평균에 자신의 성과가 못 미치면 열망 수준에 미달인 것이며, 이를 넘는다면 열망 수준을 넘은 것이다.

조직의 성과 되먹임 중에서 극단적인 경우는 사고나 재난의 되먹임이다. 자동차 생산기업의 리콜이나 항공사의 항공사고 등은 조직이 바꾸거나 개선해야 할 문제점을 지적해 주는 역할을 한다(Haunschild & Rhee, 2004; 송은영 · 장용석, 2007). 조직의 학습은 자신의 실패만이 아니라 같은 산업에 속한 다른 기업 혹은 다른 산업의 기업들의 실패경험으로부터 비롯되기도 한다(Kim & Miner, 2007).

조직 학습에서 또 다른 중요한 문제는 새로운 해결책의 검색 범위를 얼마나 넓힐 것인가이다. 이것은 앞서 Levinthal의 국지적 검색과 원거리 도약의 구분과 연결된다. 검색 범위를 좁힌다면 검색의 비용이나 조직 변화에 따른 부담도 크지 않을 것이다. 하지만 이러한 소극적, 점진적 학습이 반복되면 조직은 장기적으로 적응력이 약해져 환경의 격변에 적응이 어렵게 될 우려가 있다. 반대로 검색 범위를 넓히면 조직은 폭넓은 선택지를 갖지만 검색 비용이나 조직 변화의 부담은 커진다.

심리학자 Argyris(1982)는 이 구분을 다음의 [그림 7-4]와 같은 단일 고리와 이중 고리 학습으로 구분하였다. 단일 고리란 조직이 목표 달성을 위한 수단과 방법을 선택하는 데 관련한 학습과 변화를 의미한다. 조직 활동의 방향과 목표 같은 중요한 측면은 바뀌지 않고 그 방법론만 바뀌기 때문에 점진적 변화에 가깝다. Argyris는 대부분의 조직들이 단일 고리 학습은 잘하는 반면 이중 고리 학습은 잘 못한다고 주장하는데, 이중 고리 학습은 조직이 목표로 하는 바도 바뀌는 것을 의미한다. 이중 고리 학습은 조직이 감당해야 할 변화의 폭이 넓고 크기 때문에 쉽사리 하기 어렵다. Argyris는 조직들이 단일 고리 학습에서 이중 고리 학습까지 가능하도록 노력해야 한다고 주장한다.

그림 7-4 | 단일 고리와 이중 고리 학습의 비교

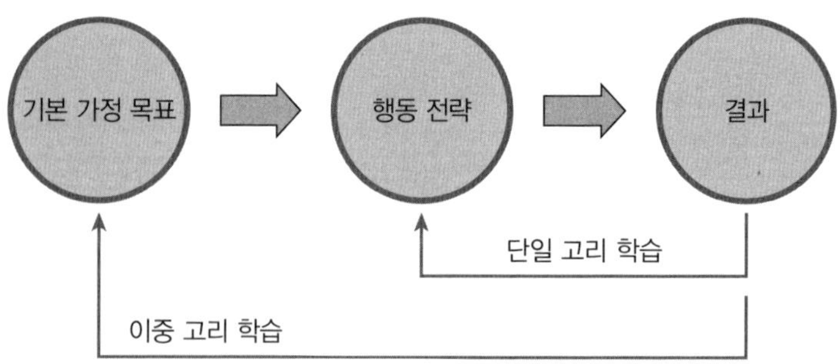

출처 : Argyris, 1982.

March(1991)는 조직 학습에서의 범위에 대한 이러한 구분을 활용(exploitation)과 탐험(exploration)으로 표현하였다. 활용이란 현재 조직에서 잘하고 있는 업무와 활동을 더욱 발전시키고 다듬어 개선하는 것에 주력하는 것이다. 반면 탐험은 새로운 가능성을 찾아서 현재 수행하는 것과 완전히 다른 새로운 해결책을 찾는 것이다. March는 시뮬레이션을 통해 이러한 두 가지 방향의 조직 학습이 서로 다른 조건에서 낳은 결과를 비교하였다. March의 시뮬레이션 결과는 다음과 같다. 조직이 적응해야 할 외부 현실이 안정적인 낮은 불확실성 조건에서는 활용에 주력한 조직의 결과가 우세한 반면, 외부 현실이 자주 변하는 불확실성이 높은 상황에서는 활용에만 치중한 조직에 비해 탐험을 함께 시도한 조직의 결과가 더욱 우세하다.

March는 조직 학습의 두 방식인 활용과 탐험을 조직 내부 구성의 특징과 변화의 정도로 시뮬레이션에 적용했다. 활용 전략은 구성원의 동질성이 높은 것으로 체계이론적으로 이해하면 이를 긴밀한 연동(tight coupling)을 특징으로 하는 조직으로 볼 수 있다. 반대로 탐험 전략의 경우는 조직 구성원의 다양성이 높고 신규 구성원 유입이 있는 것으로 체계이론에서의 느슨한 연동(loose coupling)을 특징으로 한 조직과 유사하다. 결국 March의 시뮬레이션 결과에서 불확실성이 높아지면 탐험의 필요성이 높아진다는 결과는 조직 구조 면에서는 느슨한 연동의 중요성을 의미한다.

실제 조직의 예를 들어 생각하면 다음과 같이 생각할 수 있다. 디지털 전환과 같은 단절적 기술변화가 빠르게 일어나는 상황에서 정보기술 분야 기업들은 새로운 기술의 개발과 혁신에 과감한 투사를 소홀히 할 경우 생존하기 힘들다. 그런데 현재의 경쟁력 있는 기술의 활용도 포기할 수 없다. 이러한 경우에 기업은 어떻게 조직의 구조를 짜고 운영해야 할까? March의 연구 결과가 시사하는 바는 다음과 같다. 혁신적 기술 개발이라는 탐험을 전담할 부서를 만들되 이 부서와 기존 기술 활용을 담당하는 부서 간의 연동을 느슨하게 해서, 활용 담당 부서가 겪는 사업실적의 압박이나 빡빡한 통제와 같은 상황을 탐험 담당 부서는 겪지 않도록 한다. 그렇게 해야만 기술개발이 자유롭게 이루어지고, 활용 담당 부서에서도 긴장감이 줄지 않는다.

조직 학습 측면에서 가장 이상적인 조직으로 한편에서는 활용을 통해 현재의 경쟁력을 충분히 발휘하고, 다른 한편에서는 탐험을 통해 미래의 경쟁력을 개발할 수 있는 양손잡이(ambidextrous) 조직이 제안되었다(Tushman and O'Reilly, 1996). 양손잡이 조직은 활용과 탐험의 장점을 모두 취한다는 이점이 있지만 이들이 서로 상반되는 모순적 원리에 기반하기 때문에 이들의 균형을 잡기 어렵다는 난점도 있다. 활용과 탐험의 모순적 조합을 잘 관리하기 위해 양손잡이 조직은 다음과 같은 특징을 갖는다. 이미 설명한 바와 같이 활용과 탐험은 활동의 성격도 다를 뿐 아니라 이러한 활동이 일어나는 조직의 구조도 서로 다르다. 따라서 활용과 탐험을 담당한 조직의 부서들이 서로 간섭하거나 방해가 되지 않도록 서로 독립적인 이중구조를 허용하는 것이 양손잡이 조직의 핵심적 특징이다.

연습문제

01 체계로서 조직의 항상성 유지의 예로서 적절하지 않은 것은 무엇인가?

① 재고 관리 ② 인사 관리
③ 고객 관리 ④ 예산 계획 및 운영

02 복잡계로서 체계가 갖는 특징과 관련이 없는 것은 다음 중 무엇인가?

① 경로 창출 ② 비선형적 역동성
③ 양의 되먹임 ④ 자기조직화

03 체계의 경계유지의 예로 적절하지 않은 것은 무엇인가?

① 제복, 언어와 같은 상징적 경계
② 수행하는 활동의 차이와 같은 실천적 경계
③ 인종, 성별 등과 같은 인구적 경계
④ 공과 사의 구분과 같은 사회적 경계

04 조직의 학습에 대한 Simon, March, Greve의 주장에 대한 설명으로 옳지 않은 것은 무엇인가?

① 조직은 최적화보다 만족화를 지향한다.
② 조직의 만족화는 타성에 젖게 해서 학습을 저해한다.
③ 만족화는 조직의 관례 혹은 수행 프로그램과 밀접히 관련된다.
④ 조직의 학습, 즉 새로운 검색은 성과의 피드백이 기대에 못 미칠 때 일어난다.

05 복잡계 이론에서 조직의 환경에 대한 적응을 설명하는 적합도 지형에 대한 설명으로 옳지 않은 것은 무엇인가?

① 완만한 지형과 험준한 지형을 구분한다.
② 완만한 지형이 험준한 지형에 비해 초기 조건에 민감하다.

③ 완만한 지형에서는 국지적 검색이 유리하다.
④ 험준한 지형에서는 원거리 도약이 유리하다.

06 체계에서 하위체계 간의 관계와 상호작용이 서로 연계되어 있으며, 체계의 일부가 변하면 다른 부분도 영향을 받는 현상을 (   )이라고 부른다.

07 조직의 학습에서 기존의 장점을 최대한 활용하는 것과 새로운 가능성을 탐험하는 것은 모두 중요하다. 이 두 방향의 학습을 동시에 잘할 수 있도록 만든 이상적 조직을 (   )이라고 부른다.

08 복잡성을 줄이기 위해 체계가 갖게 되는 특성으로, 비슷한 하위체계들이 서로 연속적으로 포함관계를 갖는 방식으로 구성되어진 것을 (   )이라고 부른다.

09 체계가 일정한 패턴과 질서를 지니고, 구성요소들이 일정한 상태를 유지하려 하는, 즉 무질서가 아닌 반대방향으로의 시도를 하려는 특성을 (   )라고 부른다.

10 조직의 학습에서 조직이 목표 달성을 위한 수단과 방법을 바꾸는 것만이 아니라 조직활동의 방향과 목표 같은 중요한 측면도 바꾸고자 하는 것을 (   )이라고 부른다.

11 생물학자 Maturana와 사회학자 Luhmann은 체계가 환경의 요동 속에서 자신의 상태를 일정하게 유지하고 환경에 적응해 가며 자신의 구성요소와 체계 자체를 만들어 가는 것을 (   )이라고 불렀다.

정답

01 ③　02 ①　03 ③　04 ②　05 ②　06 구조적 연동　07 양손잡이 조직
08 근접분해 가능성　09 음의 엔트로피　10 이중 고리 학습　11 자기생성(autopoesis)

제 8 장

유토피아와 디스토피아로서의 조직

이제까지 목적 달성을 위한 협력의 합리적 수단에서 출발해서 인간들의 다양한 이해 관심과 가치가 교차하는 무대로서, 또한 자기 스스로를 조직하는 체계로서 조직에 대해 살펴보았다. 이제부터 살펴볼 조직의 또 하나의 모습은 내부 구성원뿐 아니라 외부 사람들의 삶에도 엄청난 영향을 미치는 존재이다. 많은 사람들에게 조직은 현실의 강고함이나 무자비함을 대변하는 존재로 인식되기도 한다. 생존을 위해 끊임없이 외부 현실을 파악하고, 적응해야 하는 조직은 늘 외부 현실과 밀착되고 현실을 반영할 뿐 아니라 현실에 지대한 영향을 미친다. 그렇다면 조직은 현실로부터, 현실의 제약으로부터 벗어날 수 있는가? 이 질문은 조직의 현실을 모르는 소박한 질문으로 여겨질 수 있다. 왜 조직이 현실을 벗어나야 하는가? 반론이 제기될 수도 있다.

조직이 현실과 거리가 먼 이상의 실현을 돕는 경우도 있다. 대표적인 예가 사회운동조직이다. 사회운동은 현실 문제를 해결하거나 아직 실현되지 못한 이상을 실현하고자 한다. 뜻을 함께하는 사람들이 모여 조직을 만들어 이상 실현을 위한 자원과 지지의 동원에 한걸음 가까이 다가설 수 있다. 그런데 사회운동조직이 이상 실현 도구인 것과 현실 사회운동조직이 이상에 얼마나 부합하는가는 다른 문제이다. 사회학자 Michels는 자신의 경험을 토대로 노사관계의 민주화를 위해 만들어진 노동조합에서도 소수 지도자들이 의사결정을 독점하는 과두제 경향이 나타날 수 있다고 경고하였다. 많은 사회운동조직에서도 다른 조직과 마찬가지로 효율성과 민주주의의 딜레마가 나타났고, 조직이 대규모화될수록 딜레마는 더욱 커졌다.

앞서 조직을 다양한 현실의 측면에서 살펴보았다면, 이제 조직을 인간의 이상과 꿈의 측면에서 살펴볼까 한다. 인간 역사와 함께 이상향의 추구는 시작되었다. 고대 그리스 신화나 고대 중국 설화를 보면 이상향에 대한 묘사가 빈번하게 등장하고, 중세 서구의 기독교나 동아시아의 불교나 도교에서도 이상향을 찾는 시도가 지속되었다. 이상향의 추구가 집중적으로 일어난 것은 중세로부터 근대로 바뀌는 정치, 경제, 사회적 격변 속에서 기존 질서에 억눌렸던 인간의 자유로운 상상력이 펼쳐진 19세기였다. 19세기의 이상향 추구는 단지 상상에 머물지 않고 현실 속에서 이상을 실현하려는 과감한 시도로 이어졌다. 이 시기에는 근대 조직이 대거 등장하기도 했다. 따라서 이상향의 실현을 꿈꾸던 이들도 이전과 다른 자신들의 조직 청사진을 이상향 실현 계획의 중요한 부분으로 삼았다.

19세기 말 이상향을 과학적 방법으로 실현하겠다고 등장한 사회주의와 공산주의가 20세기 초반 러시아에서 처음으로 현실화되면서 역설적이게도 실현된 이상은 인간 자유와 상상력을 짓밟는 결과를 낳았다. 또한 파시즘과 나치즘 같은 전체주의가 등장해서 최악의 현실을 경험하게 했다. 20세기 초반의 끔찍한 경험 이후 이상향의 추구는 다른 방향으로 전개되기 시작했다. 20세기에 걸쳐 복잡한 현대 사회에서 이상향 추구는 한편에서는 현실을 철저하게 외면한 고립된 시도로, 다른 한편에서는 전면적 이상향의 꿈을 포기하고 대안적 조직을 찾으려는 시도들로 바뀌었다.

우리는 인간의 이상향을 찾으려는 노력과 조직과의 관계를 문헌들을 중심으로 먼저 살펴보고, 현실적인 이상향 실현의 노력과 그 영향을 살펴본 뒤, 최근 대안적 조직이나 대안적 조직 모형의 시도들에 대해 살펴볼 것이다.

1. 유토피아의 추구와 조직

현실의 여러 문제와 고통에서 벗어난 근심 걱정 없는 완벽한 사회를 꿈꾸는 것은 동서고금을 막론하고 계속되었다. 고대 그리스의 플라톤은 철학자가 통치하는 이상 국가를 꿈꾸고 그 구체적 모습을 그렸다. 고대 중국에서 공자와 맹자의 가치와 규범을 중시한 현실적 유교와 달리 노자와 장자는 자연으로 돌아가 조화를 이루는 이상향을 추구하였다. 종교에서는 기독교의 천국이나 불교의 극락처럼 인간 사후 세계를 이상향으로 제시하였다. 이처럼 고대의 철학적, 종교적 상상력에 기반했던 이상향의 추구는 중세에 들어오면서 문학적 상상력에 의해 이루어졌다.

수도원 생활도 했던 독실한 종교인인 Thomas More는 Erasmus와 교류를 나눈 인문주의자로 영국 왕의 신임을 받는 법률가이자 정치가였다. 1516년 공직 생활 중에 More는 『유토피아』를 출간하였는데(More, 1516[2007]) 이것은 Erasmus가 1511년 출간한 『우신예찬』에 대한 화답의 의미를 갖는다. 『유토피아』는 자신이 외국 방문 중 우연히 만난 여행객 라파엘과의 대화를 기록한 형식이다. 그 내용은 당시 영국의 현실에 대한 비판에 이어 여행객이 방문한 섬나라 유토피아의 현실을 설명한 것이다.

More가 처음 만들어 사용한 뒤 광범하게 쓰이게 된 유토피아의 의미는 그리스어로 좋다는 뜻을 가진 eu와 없다는 뜻을 가진 ou가 장소를 뜻하는 topos란 명사와 결합된 합성어이다. 유토피아는 '없는' 장소이자 '좋은' 장소인 것이다. 결국 More는 현실에 존재할 수 없을 만큼 좋은 이상향을 유토피아로 불렀다. 그곳은 사유재산이 사라지고 돈이 가치의 척도가 아니며, 필요한 만큼만 일을 하는 일과 삶이 균형을 갖춘 사회이다. 법과 강제가 아닌 자발적 복종에 의해 질서가 유지되며, 정신적 쾌락의 추구와 덕의 실천으로 행복을 얻는다.

『유토피아』 출간 한 세기 뒤에 이탈리아의 수도사였으나 장기수로 감옥에 있었던 Tommaso Campanella가 『태양의 나라』를 1623년 수감 중에 출간하였다(Campanella, 1623[2012]). 이 책 역시 More와 마찬가지로 항해사로부터 타브로바나(현재 실론섬)란 곳의 태양의 나라에 대해 들은 이야기를 적는 형식이다. 태양의 나라에서는 유토피아와 마찬가지로 생산수단의 사유가 사라지고 노동이 모든 시민의 의무이다. 자녀의 출산과 양육, 교육 모두 공동 생활로 진행되며, 정치적 의사결정과 지도자 선출은 직접 민주주의 방식으로 이루어진다.

『유토피아』와 『태양의 나라』 모두 종교 개혁과 정치적 갈등, 경제적 양극화라는 현실의 어려움을 상상력으로 극복하려 한 시도들이다. 어두운 현실의 대안으로 제시된 것은 도시국가 형태의 공동체이며 이 공동체에서는 구성원들이 종교, 정치, 군대, 생산에 함께 참여하기 때문에 분업이 적용되지 않는다. 분업이 없는 상황에서 근대 조직 또한 존재하지 않는다. 이것은 시기적으로 근대적 조직의 본격적 등장 이전이기 때문에 당연할 수도 있다.

유토피아 문헌에서 조직이 처음 등장한 것은 More와 마찬가지로 영국의 법률가, 정치가, 인문주의자였던 Francis Bacon이 1627년 출간한 『새로운 아틀란티스』이다(Bacon, 1627[2002]). 『유토피아』나 『태양의 나라』와는 달리 이 책은 솔로몬 학술원이라는 조직을 다루고 있다. 책의 화자는 태평양을 항해하다가 조난되어 표류하던 중 외부와 단절된 벤살렘이라는 섬나라 아틀란티스에 도착하여 발견한 과학 연구기관 솔로몬 학술원을 설명한다. 이 조직은 전 세계로부터 수집한 정보를 토대로 과학 연구를 수행하고 그 결과를 물질적 풍요와 주민 삶의 향상에 활용하고 있었다.

문학적 상상력을 중심으로 이루어진 중세의 유토피아 논의는 이후 19세기 초반 근대 사회에 접어들며 무정부주의, 사회주의 등 현실 개혁을 주장하는 정치철학과 실천으로 이어졌다.

영국의 평론가이자 작가인 William Godwin은 공리주의에 기반해서 만인의 자유와 행복의 권리를 주장하며, 사유재산을 비판하고 개인을 억압, 현혹하는 정부를 거부함으로써 후대 무정부주의에 큰 영향을 주었다. 1793년의 저서 『정치적 정의』에서 Godwin은 인간 본성이 완벽해질 수 있다는 도덕적 확신으로부터 유토피아의 가능성을 찾았다(Godwin, 1793[2006]). 인간 이성은 열정을 통제하고, 나약함이나 오류를 극복할 수 있기 때문에, 이성을 갖고 행복을 추구하는 인간들은 정부가 없이도 서로에 대한 도덕적 통제를 통해 이상 사회를 이룰 수 있다는 것이 Godwin의 생각이었다.

Godwin의 영향을 받은 영국의 Robert Owen은 맨체스터 최대 방적공장의 지배인을 거쳐 1800년부터 25년간 스코틀랜드의 뉴 라나크(New Lanark)에서 1,500~2,000명이 함께 일하며 생활하는 면사 방적공장을 세워 공동체 실험을 하였다. 이 실험에서 Owen은 노동자들의 환경과 조건의 개선이 노동의욕을 높이고 이윤이 증대되며, 늘어난 이윤이 노동자에게 분배되는 선순환 가능성을 발견했다. Owen은 공동주거 시설의 보육원에서 자녀들을 교육함으로써 훌륭한 인성을 만들고자 했다. 이러한 경험을 바탕으로 그는 『사회에 대한 새로운 견해』라는 저서에서 교육과 환경 변화를 통해 인간의 이기심을 버리고 이타심에 입각한 공동생활이 가능하다는 주장을 펼쳤다. Owen은 이후 미국 인디애나주의 뉴 하모니(New Harmony)에서 같은 실험을 다시 시도했지만 실패한 뒤 영국으로 귀국했다.

프랑스에서는 Henri de Saint-Simon과 Charles Fourier가 유토피아 정치사상과 실험을 시도하였다. 하지만 이들 둘의 방향은 서로 달랐다.

상인 가정에서 태어난 Fourier는 프랑스 혁명 과정에서 사업 실패를 경험한 뒤 자본주의 사적 소유가 낳는 시장의 무정부성을 비판하게 되었다. 과학에 기반한 산업의 생산성 향상을 긍정적으로 본 Saint-Simon과 달리 Fourier는 자본주의가 인간성의 피폐화와 불평등을 낳는다고 비판했다. 자본주의 극복을 위해 Fourier는 팔랑쥬(Phalanstere)라는 공동체를 제안했는데, 여기에서는 일을 고통이 아닌 즐거움으로 만들고자 엄격한 분업을 피하고 희망에 따라 일을 분배했다. 또한 의식주와 양육, 의료와 복지 등을 공동으로 해결하고, 고귀한 정신을 추구할 것을 장려했다. 고귀한 정신의 추구는 결국 인간의 욕망과 열정에 대한 통제에서 출발한다고 생각한 Fourier는 이를 위해 아동 교육을 강조했다. Fourier의 공동체 구상은 영국의 Owen과 함께 19세기 중반 미국에서 활발하게 일어난 유토피아 공동체 운동을 자극했다. 이들 공동체는 공동소유, 공동생활, 공동 생산과 분배를 실천하였다.

Saint-Simon은 귀족으로 태어나 10대부터 미국 독립운동과 프랑스 혁명 등 정치 활동에 적극적이었다. 사회학이란 말을 처음 사용한 Auguste Comte의 제자이자 조수이기도 했던 그는 독자적 사회학 연구에 전념한 결과 실증적 과학에 기반한 사회주의의 실현을 주장하였다. Saint-Simon은 사회가 신학, 형이상학, 과학의 단계를 순서대로 거치며 발전한다고 주장했는데, 과학에 기반한 실증적 단계에서는 산업이 물질적 생산을 가속화시키며, 엘리트인 과학자와 산업가가 사회를 계획하고 조직하는 역할을 담당해야 한다고 강조했다. 과학에 기반한 산업사회에서 인간은 능력에 따라 일하고, 인간의 인간에 대한 지배도 사라진다. 산업, 금융, 과학계에서 Saint-Simon을 추종한 젊은이들이 모여 만든 생시몽 학파는 이후 종교화되었는데, 이들은 철도와 운하 건설, 신용의 조직 등 다양한 사회적 개혁 활동을 벌였다(Coser, 1956).

과학과 기술의 유토피아를 추구한 Saint-Simon과 공동체의 유토피아를 추구한 Owen과 Fourier의 비전은 조직에 대한 관점과 평가에서 큰 차이를 보인다. 과학과 기술에 입각한 산업의 효율성이 결국 사회진보를 가져올 것이라는 Saint-Simon의 낙관적 관점은 근대적 조직과 유토피아가 서로 양립 가능하다는 입장으로 귀결된다. 이러한 입장은 기능적 체계로 조직을 보는 관점과 일맥상통한다. 실제로 Saint-Simon의 후계자들은 대부분 프랑스의 관료나 산업가들로 조직의 지도자들이 많았다. 반면 사유재산을 거부하고 분업이 가져온 비인간화를 비판했던 Owen과 Fourier에게 조직은 인간의 가능성과 자유를 제약하고 억압하는 존재이다. 이들은 조직의 경직된 구조와 엄격한 분업, 한정된 참여와 책임에서 벗어나고자 전면적 관계와 상호작용을 가능케 하는 공동체 실험을 시도한 것이다. 이들의 입장은 인간세상으로 조직을 보는 관점의 극단에 가깝다.

Saint-Simon의 과학과 산업 발전에 기반한 사회 혁신의 구상은 미국 소설가 Edward Bellamy가 1888년에 쓴 『뒤를 돌아보면서: 2000~1887』에서 구체적으로 묘사되었다(Bellamy, 1888[2011]). 이 소설은 베스트셀러가 되었고 다양한 논쟁을 유발하기도 했다. 이 소설의 주인공은 미국 보스톤에 살며 결혼을 앞두고 복잡한 사정으로 100년이 넘게 깊은 수면에 빠졌다가 2000년에 깨어난다. 1887년 잠이 들 당시의 사회는 계급 불평등이 심하고, 파업이 격렬했었는데 2000년 잠에서 깨어 본 세상은 기업 간 합병을 통해 과도한 경쟁과 같은 자본주의의 문제들이 해결되고, 개인마다 지급된 신용카드를 통해 필요에 따른 분배와 소비가 가능하며, 정부 역할은 최소화되어 있었다. 권력은 분산되고, 일의 자발적 동기가 강조되며, 그 결과 일은 더 이상 고역이 아닌 즐거움이 되었고, 교육의 확대를 통해 불평등은 크게 줄었다.

사회주의에 대한 낙관적 입장은 20세기 들어 현실 사회주의를 경험하면서 급격하게 바뀌었다. Lenin이 주도한 볼셰비키 혁명 이후 러시아는 빠른 경제성장을 위해 Taylor가 주장한 과학적 관리와 같은 노동 소외적 방법을 도입했고, Stalin은 더 나아가 강력한 통제와 감시의 사회를 만들었다. 사회학자 Goffman의 말대로 사회가 하나의 거대한 전체주의 기관(total institution)으로 변해 버린 셈이다. 개인 선택의 여지는 크게 제약받고, 자유로운 발전은 억압되며, 감시와 처벌에 의한 공포가 일상화되었다. Marx가 주장한 사회 변화의 핵심인 국가의 억압과 통제의 철폐, 개인의 자유로운 결합과 유대의 확대, 물질적 · 정신적 풍요의 결합과는 거리가 먼 현실이 지배했다.

러시아가 스탈린주의로 고통받던 시기에 유럽은 파시즘의 광풍으로 고통을 받았다. 파시즘 역시 감시와 억압, 명령과 통제가 일상화된 사회를 낳았다. 스탈린주의와 마찬가지로 파시즘 사회에서도 개인은 열성 지지자가 아니면 탄압받는 엄격한 분리 정책이 지배했다. 특히 인종주의에 입각해서 소수민족을 살육한 홀로코스트는 이후 유럽인들에게 악몽 같은 기억이 되었다. 유토피아의 환상이 스탈린주의와 파시즘에 의해 깨지면서 사람들은 이상적 유토피아를 꿈꾸기보다는 악몽 같은 디스토피아 현실을 비판하는 데 주력했다.

러시아 작가 Evgeni Zamiatin은 1920~1년 사이 소설 『우리들』을 저술하였지만 소비에트 러시아에서 출판이 금지되고 1924년 영어 번역본이 처음 출간되었다(Zamiatin, 1924[1996]). 이 소설에는 지구 정복이 완료된 천년 뒤 우주 정복 준비에 나선 국가에서 살아가는 수학자가 등장한다. 개인의 이름은 사라진 채 D-503이라는 기호와 숫자로 불리는 주인공은 국가에 충성하는 시민으로 자유의 억제와 수학적 논리, 절대 권력의 철칙에 의해서만 행복과 질서, 아름다움이 가능하다는 국가의 선전을 믿는다. 하지만 사소한 논리적 회의가 싹터 무정부주의 저항 세력과 접촉하며 그의 삶은 위험에 빠진다. 수술을 통해 반역자들의 상상력과 감정을 제거하려는 정부의 시도는 이 사회가 인간을 보는 관점을 잘 드러낸다.

영국의 Aldous Huxley가 1932년 출간한 『멋진 신세계』 역시 과학, 특히 생물학과 유전학이 사회 모든 분야들을 관리, 통제하게 된 미래세계를 그린다(Huxley, 1932[1988]). 소설 속 아이들은 인공수정으로 태어나 유리병 속에서 보육되며 부모가 누구인지 모른다. 이 사회에서 장래 직업과 지위는 지능 우열만으로 결정된다. 개인들은 과학적 장치가 할당한 역할을 자동적으로 수행하며, 고민이나 불안은 신경안정제로 해소된다. 철저한 감시와 통제에 대한 의문을 갖지 못하게 한 것이다.

George Orwell이 1948년 출간한 『1984』 역시 대표적 디스토피아 소설이다(Orwell, 1948[2009]). 주인공 윈스턴은 영국과 남북 아메리카를 합병한 오세아니아에서 과거 역사를 조작하는 업무를 맡은 하급 공무원이다. 오세아니아의 빅브라더라는 지배세력은 텔레비전 스크린을 통해 정치적 세뇌와 감시를 반복하며, 주민들도 서로를 감시한다. 윈스턴과 애인 줄리아가 반역에 가담한 것이 국가 스파이에 의해 발각되어 고문을 받은 후 둘은 완벽하게 세뇌가 되어버리고 사회는 질서와 안정을 회복한다.

이들 디스토피아 소설들은 파시즘과 스탈린주의라는 전체주의의 경험이 얼마나 끔찍하게 인간성을 말살하는가를 상세하게 묘사한다. 여기에서 조직은 일반적 조직이 아닌 극단화된 관료제와 전체주의 기관의 결합이다. 요컨대 Saint-Simon이 유토피아로 그렸던 근대 합리적 원칙에 입각한 효율적 조직은 인간의 삶을 지배하는 무서운 괴물이 되어 버린 것이다. 조직의 이익을 위해 개인의 이익과 양심을 모두 포기하는 모습은 극단화되기는 했지만, 현실의 조직에서도 나타날 수 있는 부조리와 부작용 위험을 드러내었다.

2. 대안적 조직의 실험

20세기 중반 이후, 즉 2차 대전 이후 서구에서 유토피아에 대한 관심은 이전과는 매우 달라졌다. 20세기 전반 유럽의 파시즘과 나치즘의 광풍을 겪고 나서, 전후 자본주의와 공산주의의 냉전 속에서 유토피아에 대한 추구는 관심과 동조를 얻을 기회를 찾기 어려웠다. 냉전 현실의 냉혹함이 이상의 추구를 어렵게 한 것이다. 한때 유토피아와 밀접했던 사회주의는 러시아, 중국, 동구권에 공산주의 정권들이 수립된 이후 서구에서 이상과는 거리를 둔 채 현실적 점진주의 개혁 정치세력으로 변모하였다. 역시 유토피아와 가까웠던 무정부주의는 스페인 내전에서 공산세력에 배신을 당한 뒤, 전쟁에 이겨 집권한 프랑코 독재정권의 탄압으로 심각한 타격을 받았다.

냉전이라는 이념적 양극화와 함께, 서구에서는 이념의 종말을 이야기하는 분위기가 지배적이 되었다. 프랑스의 사회학자 Raymond Aron은 이념을 '지식인의 아편'(Aron, 1955)으로 규정하였고, 미국의 사회학자 Daniel Bell은 『이데올로기의 종언』(Bell, 1960)을 통해 "이제 유토피아라는 청사진을 믿을 사람은 없다."고 단언했다. 이들은 냉전의 두 축인 자본주의와 공산주의가 한쪽은 복지국가로, 다른 한쪽은 기술관료 체제로 서로의 특징을 공유하며 접근해서 결국에는 수렴하게 될 것으로 보았다. 하지만 이처럼 냉엄한 현실이 인간들의 이상의 싹을 없앴다고 생각한 지 얼마 안되어 다시 이상의 추구가 시작되었다.

전후 복구를 거쳐 물질적 풍요 시기에 접어들었다고 자신하던 1960년대에 서구에서는 반문화(counter-culture)운동, 신사회운동(New Social Movement)이 활발하게 펼쳐지기 시작했다. 반문화란 사회의 주도적 문화, 즉 가치와 권위, 종교 등에 반기를 들고 벗어날 것을 주장한 운동이다. 이것은 기존의 공산주의, 사회주의, 무정부주의 운동과 차별화된 청년 중심의 운동이었다. 이들은 자본주의를 거부했지만, 그 이유는 착취나 불평등, 억압이 아니라 물질주의, 환경파괴, 성적 억압, 인권유린, 전쟁과 생명파괴 등이었다. 이들은 냉전에 대해서도 공산주의에 대한 동조가 아닌 평화와 생명이라는 가치를 옹호하기 위해 반전운동을 벌였다. 미국의 베트남 전쟁 참전 반대에 젊은이들은 평화운동의 일환으로 광범하게 참여했다.

반문화운동과 함께 일어난 신사회운동은 계급적 불평등이 아닌 다른 차원에서의 불평등과 불공정에 저항했다. 대표적인 것이 인종차별과 성차별에 반대해서 일어난 흑인 시민권 운동과 페미니즘 운동이다. 새로운 사회운동은 이념보다는 대안적 가치와 이상을 추구하는 운동이었다. 흑인 시민권 운동을 이끈 Martin Luther King 목사의 다음과 같은 연설은 이를 잘 보여준다. "나는 여러분에게 말씀드립니다. 고난과 좌절의 순간에도, 나는 꿈을 가지고 있다고 … 나에게는 꿈이 있습니다. 언젠가 이 나라가 모든 인간은 평등하게 태어났다는 것을 자명한 진실로 받아들이고, 그 진정한 의미를 신조로 살아가게 되는 날이 오리라는 꿈입니다"(King, 2015).

반문화운동과 신사회운동은 1968년 정점에 달했다. 이들 운동은 미국만이 아니라 유럽과 전 세계로 퍼져 갔는데 그 대표적 사례로는 프랑스 5월 혁명을 비롯해, 북아일랜드 분쟁, 멕시코의 틀라테로코 참사, 그리고 브라질 군사정권에 맞선 게릴라 전쟁이 있다. 변화의 시도는 서구에서만 일어난 것이 아니다. 스탈린주의의 감시와 통제가 지배한 동유럽에서도 자유와 민주주의, 인권을 요구하는 목소리가 높아졌다.

변화의 계기는 1953년 Stalin의 사망 이후 권력 이양기에 소비에트 러시아의 내부적, 대외적 통제 약화에 의해 주어졌다. Stalin 후계자인

Khrushchev가 평화공존, 사회주의의 다양한 길을 인정하는 유화적 입장을 취하면서 1956년 Stalin을 공개 비판하자 이에 고무된 동유럽, 특히 헝가리, 폴란드에서 소비에트 간섭에 반대하고, 자유와 민주주의, 인권을 요구하는 운동이 전개되었다. 폴란드에서는 '빵과 자유'라는 구호를 외치며 파업을 일으킨 노동자들이 정권을 바꾸었지만, 헝가리에서는 소련군에 의해 수천 명이 학살당하며 금세 저항이 끝났다. 소련 패권주의에 반대하는 체코, 유고, 루마니아 등의 민족주의 운동 역시 소련군에 의해 좌절됐다. 1968년 서구와 전 세계의 자유화 분위기 속에서 체코슬로바키아에서 훗날 프라하의 봄으로 불린 민주화운동이 일어났지만 역시 소련군에 의해 무력적으로 진압된다.

1960년대 후반에서 70년대 초반 고조된 사회적 분위기는 정치적 시위와 저항만이 아니라 새로운 조직의 실험도 낳았다.

동구의 새로운 조직 실험으로는 유고슬라비아의 자주관리운동이 대표적이다(장진엽, 2014). 동구에 러시아의 위성 공산주의 정권이 등장한 후 러시아와 대립하던 유고슬라비아는 국가가 기업을 독점적으로 통제하는 대신 노동자 자주관리라는 독자적인 길을 걷기 시작했다. 이것은 노동자가 생산에서 결정권을 장악하고 생산 · 분배 · 고용에 이르기까지 직접 관리하는 체제이다. 1950년 6월 의회에서 법안이 가결되어 기업 최고관리체 '노동자평의회'를 제도화했고, 이후 10여 년에 걸쳐 제도가 정착되었다. 주민 4만여 명으로 이루어진 말단 지역 행정단위 '코뮌'을 만들어 자주관리 체제의 또 다른 축으로 삼았다. 1953년과 1963년 신헌법으로 의회를 코뮌 회의(지역대표)와 노동공동체회의(직장 · 직능 대표)로 구성한 결과 노동자 자주관리는 정치 수준까지 확장됐다. 1974년 신헌법과 1976년 연합노동법은 이러한 경향을 지속시켰다. 자주관리제의 영향은 동유럽 사회주의국가 전체로 확산되었으며, 1989년 폴란드의 자유노조운동 역시 이로부터 크게 영향받았다.

하지만 유고슬라비아에서 시작된 자주관리운동은 성공하지 못했다. 무엇보다 기업의 효율성이나 성과 면에서 개선보다는 퇴보가 더 많았다. 근대 경제학에서 이야기한 공유지의 비극 혹은 무임승차 성향이 노동자들의 업무 능률을 낮추었다. 결과적으로 사회주의에서 당과 국가의 통제, 자본주의에서 경영진의 통제를 노동자 스스로의 자율적 관리와 통제로 대체하려 했던 자주관리운동의 시도는 실패했다고 보는 것이 일반적 평가이다.

동구에 자주관리운동이 있다면 서구에서는 스페인의 몬드라곤과 이탈리아 에밀리아-로마냐의 소기업 협동조합 네트워크가 있다(조완형, 2018; Du, Chang, Jin, & Lee, 2020). 이들은 자본주의 기업과 달리 노동자들의 공동소유이며 노동자들 중에서 경영진을 뽑는 특이한 구조를 갖고 있다. 자본과 노동의 분리를 넘어서서 노동자들 스스로 기업 운영을 하는 것이다.

몬드라곤은 스페인 북부 바스크 지역의 이름이다. 몬드라곤은 동시에 이 지역에서 활동하는 협동조합 기업 연합의 이름이기도 하다. 1956년 가톨릭 사제인 Jose Maria Arizmendiarrieta가 자신이 10여 년 전 만든 기술대학 졸업생들과 함께 이 조합을 처음 설립하였다. 2019년 현재 몬드라곤은 스페인 전체에서 자산 순위 7위의 기업이며, 8만 명이 넘는 직원들이 250개가 넘는 기업들에 속해 있다. 사업 영역은 금융, 산업, 소매와 지식 분야이다.

몬드라곤의 경영 지침은 다음과 같은 10개의 협동조합 기본 원칙을 따른다. 개방적 참여, 민주적 조직, 노동 주권, 도구 및 보조적 본질을 갖는 자본, 참여적 경영, 급여에서의 연대, 상호 협력, 사회적 변혁, 보편성과 교육이라는 10대 기본 원칙에 협동, 참여, 사회적 책임과 혁신이라는 4대 가치가 더해진다. 10대 원칙과 4대 가치에 따라 몬드라곤 경영진의 급여는 최하위 노동자 급여의 3~5배를 넘지 못하게 규제되어 다른 일반 기업의 중간관리자 수준에 불과하다. 또한 경영진은 노동자들 중에서 뽑힌다.

몬드라곤은 전후 스페인의 독재자 Franco 통치하에 시작되어 현재까지도 성공적으로 살아남았지만, 발전이 순탄하기만 했던 것은 아니다. 초창기 스페인의 보호주의적 자급자족 경제정책 덕분에 경쟁에서 보호받고 전후 세계 경제의 번영 속에 성장했지만, 20세기 후반 글로벌리제이션 영향으로 몬드라곤 역시 선택의 기로에 놓였다. 몬드라곤은 이러한 도전에 정면으로 맞서 해외 진출을 시도해 멕시코 등 외국에 지사나 공장을 만들었다. 2000년대 후반 글로벌 경제위기 속에도 몬드라곤은 미국 철강노조와 합작으로 협동조합을 설립하는 등 공격적으로 대응했다. 그 결과 몬드라곤은 더욱 성장했지만 그 대가로 2013년 내수용 기업이 파산해서 매각되기도 했다.

에밀리아 로마냐는 이탈리아 토스카나의 지역 이름이다. 볼로냐 시가 주도인 에밀리아 로마냐 주는 이탈리아에서 협동조합운동이 가장 활발한 곳으로 2020년 현재 이 지역에는 약 6만 개의 협동조합 조직이 있으며, 이들 중에서 4만 개가량이 협동조합 네트워크에 참여한다. 에밀리아 로마냐의 협동조합 네트워크는 다양하고 촘촘하게 분야별, 지역별, 단계별로 구성되며 이를 우산(umbrella) 시스템이라고 부른다.

협동조합 네트워크는 크게 세 단계로 구분된다. 첫 번째는 생산자들이 네트워킹을 통해 모인 협동조합이다. 이들은 와인, 치즈 등 각자 생산한 산물을 협동조합 명의로 판매하며, 이를 통해 규모의 경제를 달성한다. 둘째는 협동조합이 모인 협동조합 그룹으로 이를 위해 협동조합이 주식회사 매수나 자회사 설립을 하기도 한다. 이러한 그룹을 통해 보험처럼 보통 협동조합이 참여하기 어려운 분야에 참여한다. 셋째는 협동조합 연합회나 중앙회로 협동조합들은 이를 통해 금융, 회계, 컨설팅, 노조 대응 등에 대한 지원을 받고 정부와의 협상이나 교섭도 공동으로 수행한다.

에밀리아 로마냐 협동조합의 성공적 발전에는 네트워크와 함께 이탈리아 법과 제도의 뒷받침도 큰 역할을 했다. 이탈리아 관련 법률은 협동조합을 권장할 뿐 아니라 활동 자본에 대한 비과세나 정책금융적 지원 등의 다양한 혜택을 제공해서 협동조합이 직면할 수 있는 여러 어려움들을 극복할 수 있게 도와준다.

대안적 조직의 시도는 경제적 생산조직들 외에도 다양한 분야에서 이루어졌다. 대표적인 예가 미국에서 1960년대 반문화운동의 일환으로 활발하게 일어난 자유학교(free school)운동이다. 새로운 학교 혹은 대안적 학교라고도 불린 자유학교는 기존 학교들의 교과과정, 운영방식 등에 불만을 가졌던 교사, 학생, 학부모들이 모여 기부금과 등록금에 의존해서 만든 독립적 학교로 다양한 특징을 가졌다. 백인 중산층 자녀들 중심 학교들은 유토피아의 문화적 이상을 추구하고, 흑인이나 빈곤층 자녀들이 참여한 학교들은 사회적 불평등이나 불공정에 반대하는 경향이었다. 미국에서 자유학교 수는 1967년 25개에서 1972년 600여 개로 빠르게 늘어났다. 1971년과 72년에만 200개에 가까운 학교가 설립되었다.

일부 학교에서는 학생들과 교사들이 학교 운영에 참가하는 참여적 민주주의를 실험하기도 했다. 자유학교를 연구한 사회학자 Ann Swidler는 자유학교의 특징을 '권위가 없는 조직'으로 표현하였다(Swidler, 1979). 권위가 없다는 것은 조직이 권위가 없다는 의미가 아니고 Max Weber의 관료제처럼 위계적 권위를 중심으로 조직이 구성되거나 운영되지 않는다는 의미이다. 1970년대 들어 자유학교는 급격하게 쇠퇴했는데, 그 주된 이유는 사회의 전반적인 보수화와 새로 들어선 닉슨 행정부의 교육정책 때문이었다. 비록 미국의 60년대 자유학교운동은 짧은 기간 생존했지만 이후 보다 광범한 교육 개혁의 시도인 공립 대안학교,

차터드 스쿨, 홈스쿨링 등 교육에 대한 다양한 혁신적 생각을 불러일으키는 데 기여했다.

자유학교운동과 함께 1960년대 대안적 조직의 또 다른 예로 공동체(commune)운동이 있다(Friesen & Friesen, 2004). 1960년대와 70년대에 걸쳐 미국에는 2,000~3,000개에 가까운 소규모 공동체들이 존재했다. 이들 공동체는 과거 19세기 초·중반에 시도된 Owen이나 Fourier 등의 유토피아적 공동체나 미국의 유사한 공동체들과 달리 사회주의 같은 이념과는 무관하게 반문화운동의 다양한 가치들을 추구했다. 예컨대 자급자족적 노동이 중시되었지만 동시에 자연과의 교감, 평화와 사랑 등이 강조되기도 했고 어떤 공동체들은 마약과 섹스가 더 중요하기도 했다. 공동체들이 대부분 뚜렷한 공동 지향이 부족하고 규율이 약해 질서가 지켜지지 못한 것은 공동체들이 지속되지 못한 이유가 되었다. 한때 활발하게 늘어나던 공동체운동이 쇠퇴한 결정적 계기는 반문화운동의 퇴조도 있지만 1970년대 중반 이후 오일 쇼크와 함께 닥친 경제적 불황이었다.

1960년대에 공동체는 미국만이 아니라 유럽, 아시아, 남미까지 확산되었다. 특히 덴마크는 국민 1인당 가장 많은 수의 코뮌을 만들어 내며 유럽 코뮌운동의 중심 역할을 했다. 유럽의 공동체 참가자들은 지배적인 사회질서, 가부장제와 자본주의에 맞서 총체적 사회변혁을 위한 다양하고 새로운 실천을 시도하였다. 그들은 카리스마 있는 지도자에 의존하기보다는 개별 공동체의 상황에 맞게 자치와 연대를 지지했으며, 각 공동체는 자신들의 지역사회에서 여러 정치적, 문화적 운동과 협력해서, 여성해방이나 환경운동을 위한 노력을 기울이기도 했다(이상돈, 2018).

20세기 중반 이후 대안적 조직들이 설립된 주된 이유는 다양한 가치의 실현이라는 이상의 추구였지만 또 다른 주된 목적은 사회에서 주류가 된 관료제 조직의 대안을 제공하는 것이었다. 1960년대에 설립된 미국의 다양한 대안적 조직들을 비교 연구한 Joyce Rothschild-Whitt는 이러한 대안적 조직들의 특징을 관료제적 조직과 비교하여 다음 표와 같이 정리하였다(Rothschild-Whitt, 1979).

표 8-1 ■ 관료제 조직과 대안적 조직의 특성 비교

차원들	관료제적 조직	집단-민주적 조직
권위	위계상 직위와 경험에 따라 개인에게 권위가 부여됨. 직위를 가진 사람이 부과하는 규칙들에 복종	권위는 집단 전체에 부여됨. 위임은 일시적일 뿐임. 유동적이며 재교섭이 가능한 집단의 합의에 복종
규칙	확정적, 보편적 규칙의 공식화. 공식적, 성문화된 규칙에 기초한 결정의 계산 가능	최소한의 규칙 부여. 개별화되고 사후적인 결정이 우위. 상황별 실질적 내용을 알아야 계산 가능
사회적 통제	행위에 대한 사회적 통제는 직접 감독. 표준화된 규칙과 벌칙에 의존	인격적이고 도덕적인 호소와 동질적 구성원 선발에 기초한 통제
사회적 관계	비인격성의 이상. 역할에 기초한 분절적, 도구적인 관계	공동체의 이상. 관계는 전면적, 인격적이며 그 자체가 가치임
충원과 승진	특화된 훈련과 공식 자격에 기반한 고용. 승진은 연공과 성취에 기반	친교, 사회정치적 가치, 개인 특성, 비공식적으로 평가한 지식과 기술에 기반한 고용. 위계가 없기에 승진은 무의미
유인 구조	금전적 보상이 중요	규범과 유대의 유인이 중요. 물질적 보상은 부차적
사회계층	지위, 특권, 권력이 동시에 분배됨. 위계가 불평등을 정당화	평등주의. 집단에 의해 보상의 차이는 엄격히 제한됨
분화	최대한의 분업. 정신/육체노동, 관리/실행의 분리. 일과 기능의 최대한의 전문화. 분절화된 역할. 전문가가 이상	최소한의 분업. 관리는 실행과 뒤섞임. 정신/육체노동의 분리는 줄어듦. 일과 기능의 일반화. 총체적인 역할. 전문성의 탈신비화

출처 : Rothschild-Whitt, 1979.

권위와 권력이 집중된 관료제 조직과 달리 대안적 조직에서는 권위가 조직 전체로 분산되며, 관료제 조직의 의사결정과 행위를 지배하는 규칙은 대안적 조직에서 형식적이지 않고 최소화되어 있다. 관료제 조직에서 조직 구성원들을 공식적 통제를 통해 감독하는 것과 달리 대안적 조직에서는 자발적으로 조직을 따르도록 한다. 인간관계가 관료제 조직에서 공식적, 도구적, 제한적이라면, 대안적 조직에서는 관계 자체가 목적이고 전면적일 것을 기대한다. 관료제 조직 구성원의 충원과 승진이 규칙에 따라 위계적, 공식적으로 이루어지고, 금전적 보상이 강조된다면, 대안적 조직에서는 위계가 없고 비공식적이며, 조직의 가치와 규범에 대한 자발적 동의가 강조된다. 관료제 조직이 권위와 보상의 위계적 불평등을 특징으로 한다면, 대안적 조직은 평등을 강조하고 권위와 보상의 차이를 엄격하게 제한한다. 관료제 조직이 효율성을 위해 전문성을 강조하고 엄격한 분업을 적용한다면, 대안적 조직은 전문성을 강조한 분업을 최소화하고 공동 협력을 강조한다.

3. 대안적 조직원리들의 등장

대안적 조직들은 기존 조직들이 관심을 가지지 않은 혹은 중요시하지 않는 가치와 목적을 추구하고자 등장했다. 예컨대 대안적 학교는 주입식 교육이 아닌 학생 각자의 관심과 재능의 발견을 돕는 것을 목적으로 했다. 생산적 협동조합은 이윤보다는 구성원들의 공동 번영과 지역사회의 발전을 목적으로 했다. 대안적 비전이나 목적, 가치를 추구하고자 만든 조직들은 조직 구조와 운영에서도 차별화된다.

대안적 조직이 아닌 일반 조직은 어떠한가? 일반 조직들은 위계적이고 엄격한 권위와 규칙, 역할 구분에 입각한 조직 구조와 운영을 계속 받아들여야 하는가? 이에 대해서도 대안적 조직원리를 찾고자 하는 노력이 계속되었다. 대안적 조직원리의 추구는 다양한 동기에서 출발한다. 위계적 조직에서 구성원들의 삶의 질이 후퇴하기 때문에 이를 바로잡고자 한 경우도 있다. 위계적 조직이 구성원들의 창의성과 자유를 제약한 결과 조직의 성과가 저조하기 때문에 성과를 높이려는 시도도 있었다. 동기와 이유는 다양하지만 대안적 조직원리를 찾는 것은 조직 구성원의 삶의 질, 자유, 창의성 등 다양한 가치와 이상을 향한 시도라는 점에서 의미가 있다.

대안적 조직원리로 먼저 등장한 것은 앞서 살펴본 이론 Y이다. 인간주의적 입장에서의 조직 연구에 자극을 받은 McGregor가 위계적 관료제를 이론 X로 규정하고 그 기본 가정이 인간에 대한 불신과 부정적 선입견에 입각해 있다고 비판하며 그 대안으로 이론 Y를 주장했다. 그 핵심은 인간을 긍정적이고, 자발적이며 다양한 동기와 욕구를 지닌 존재로 보고 이를 발휘할 기회를 부여해야 한다는 것이다(McGregor, 1957). 이러한 주장은 인간의 긍정적 가능성에 대한 신뢰에서 출발해, 적절한 여건이나 조건이 주어진다면 인간의 무한한 잠재력이 발휘될 것이라는 믿음을 가졌다는 점에서 앞서 살펴본 유토피아 사상과 유사점이 있다.

최근 들어 이론 Y를 넘어 보다 파격적으로 위계적 조직을 바꾸고자 하는 시도들이 등장하였는데 그 대표적인 것이 홀라크라시(holacracy) 혹은 평평한 조직(flat organization)이다. 이것은 조직에서 상사를 없애고 조직 구성원들이 자율적으로 조직을 이끌어 갈 것을 제안한다. 유고슬라비아의 사회주의적 자기관리를 자본주의 기업에 적용한 것이 홀라크라시라 할 수 있다. 유고슬라비아의 경제 침체와 파국을 가져온 사회주의 자기관리에 대한 우려는 자본주의적 자기관리에도 그대로 적용된다. 조직이 무질서에 빠지고, 의사결정이 지연되며, 구성원들이 도덕적 해이에 빠져 생산성이 낮아진 결과 조직의 성과가 악화될 수 있다.

이러한 우려에 대해 홀라크라시를 적극적으로 주장하는 Brian Robertson은 다음과 같이 설명한다. "홀라크라시가 정착된 조직은 (권력이 상부에 집중되지 않고: 인용자) 프로세스를 통해 권력이 분배됨으로써 구성원들이 보다 자율적이고 협력적으로 일하게 된다. … 명확하게 규정된 권한이 여러 사람에게 분배되어 있기 때문에 누구도 타인의 동의를 구하기 위해 충돌을 회피하거나 남들이 자신과 똑같은 관점을 갖도록 강요하지 않는다"(Robertson, 2015[2017]: 60). 그는 조직 목적이 주어진 것이 아니라 발견되는 것이라는 관점에서 출발해서 홀라크라시의 핵심은 "조직이 자신의 목적을 보다 잘 표현할 수 있도록 만드는 것" (72)이라고 주장한다. 그런 의미에서 홀라크라시는 "조직의, 사람들을 통한, 목적을 위한" 거버넌스이다. 또한 홀라크라시에서는 사람이 아닌 역할과 업무를 조직화하는데, 이를 위해 조직 구성원들은 "조직의 이곳저곳을 탐색한 뒤 자신에게 맞는 역할을 찾을 수 있다"(79).

홀라크라시의 구조와 원칙은 결국 구성원들에게 급진적으로 권력을 부여(empower)함으로써 스스로 자신의 역할을 찾고 자율적으로 일하되, 조직은 구성원들이 원활하게 일할 수 있는 맥락을 제공하고 지원하는 역할을 한다는 내용이다. 이때 조직 구성원들이 스스로 자기 역할을 찾고, 조직 목적을 제시하려면 지속적 상호작용과 회의가 필요하다. 홀라크라시의 모형에 가까운 실제 조직의 예가 바로 최근 4차 산업혁명 혹은 디지털 전환을 선도하고 있는 넷플릭스(Netflix) 같은 기업이다. 넷플릭스는 기업 문화의 핵심으로 다음의 일곱 가지 측면을 제시하고 있다. 가치의 실천(values), 고성과지향 (high performance), 자유와 책임의 결합(freedom & responsibility), 통제가 아닌 맥락(context, not control), 고도의 정렬과 느슨한 통제(highly aligned, loosely coupled), 최고의 보상(top pay), 자발적 경력개발(promotion & development)이다. 이러한 기업 문화의 요지는 자기가 알아서 일을 찾아 하고 그 결과에 책임지며 조직은 이를 제대로 지원한다는 자기경영 혹은 자율경영이다(McCord, 2018).

홀라크라시와 평평한 조직이 기존의 위계적 조직에 대한 대안이 될 것인지, 또한 조직 구성원들이 이러한 대안에 더욱 만족하고 이상적인 조직이라고 생각할지에 대해서는 아직도 이견들이 분분하다. 하지만 홀라크라시, 분산 조직, 평평한 조직, 자율 경영 등 다양한 이름으로 불리는 이러한 시도가 현실의 문제를 해결하는 동시에 이상을 추구한 결과라는 점은 분명하다.

연습문제

01 20세기 이전 유토피아 사상 및 운동과 조직에 대한 설명으로 옳지 않은 것은 무엇인가?

① Owen과 Fourier의 유토피아 실험은 인간의 개인주의를 기반으로 하였다.

② More의 '유토피아'와 Campanella의 '태양의 나라'에는 근대적 의미의 조직은 등장하지 않는다.

③ Bacon의 '새로운 아틀란티스'는 과학연구 조직이 배경이다.

④ Saint-Simon은 과학기술에 기반한 유토피아를 제안하였다.

02 20세기 이후 유토피아적 조직의 실험에 대한 예로서 옳은 것은 무엇인가?

① 폴란드 – 자주관리운동

② 스페인 남부 – 몬드라곤 협동조합

③ 이탈리아 로마 – 에밀리아 로마냐 협동조합

④ 미국 – 자유학교

03 관료제적 조직과 비교한 유토피아적 집단–민주적 조직에 대한 설명으로 옳지 않은 것은 무엇인가?

① 금전적 보상보다 규범과 유대가 참여자에 대한 유인으로 중요하다.

② 분업을 최대화하기보다 최소화시켜 관리를 실행과 뒤섞는다.

③ 개인을 억누르는 집단보다 개인 각자에게 위계상 직위에 맞는 권위가 부여된다.

④ 규칙이 확정적이고 보편적이기보다, 최소화시키고 개별화된 사후적 결정이 많다.

04 위계적 조직의 대안으로 이상적 조직의 시도 중에서 상사를 없애고 조직 구성원들이 자율적으로 스스로 조직을 이끌어갈 것을 제안한 조직 모형은 (   ) 이다.

정답 ———

01 ① 02 ④ 03 ③ 04 홀라크라시

제 9 장

시장 경제와 조직

우리가 먹고사는 경제적 삶은 시장에 크게 의존한다. 우리는 생활에 필요한 물품과 서비스를 시장에서 구매하고, 노동시장에서 구한 일에서, 혹은 자본시장에서의 투자 결과로 혹은 자영업자로서의 시장 판매 수익으로부터 소비에 필요한 소득을 얻는다. 시장은 우리 경제생활에 필수 불가결하다. 시장은 매우 오랜 역사를 갖고 있다. 오랜 옛날의 자급자족 삶에서 시장은 존재하지 않거나 예외적이었지만, 최소의 사회적 분업이 이루어진 중세 이후 시장은 늘 존재했다. 시장이 경제적 삶에 필수적이 된 것은 18세기 후반 이후 근대 사회이다. 시장이 존재하려면 충분한 공급과 수요가 존재해야 하는데 처음에는 원거리 교역으로 그 다음에는 산업혁명으로 공급이 크게 늘었고, 그에 상응해서 충분한 구매력이 존재하게 된 후에 조건이 갖추어졌다.

시장이 경제생활의 핵심이 되면서 경제에 근본적 변화가 나타났다. 중세까지의 생산은 본인 가족이나 영주의 소비가 주된 목적이라 현상 유지에 주력했지만, 근대 시장경제에서 보다 많은 판매를 통한 이윤 극대화를 추구하며 생산 확대가 나타나기 시작했다. 자본주의 시장경제에서 엄청나게 확대된 생산은 근대적 공장이 맡았다. 근대 자본주의 이전에도 대규모 작업장이 존재했지만 근대 공장은 세 가지 측면에서 이전과 달랐다. 첫째, 이윤 극대화와 자본축적을 위해 합리적 원칙에 따라 운영되었다. 둘째, 노예나 농노처럼 자유롭지 못한 노동이 아닌 자유계약을 통해 일하는 노동력이 중심이 되었다. 셋째, 근대 기업은 사적 소유권에 기반하고, 자연인과 구별되는 법인의 지위를 누리며 지속 가능성이 주어졌다.

이 장에서는 근대 자본주의 시장경제의 중심 조직인 기업을 중심으로 다음과 같은 점들을 중점적으로 살펴보고자 한다. 먼저 기업조직의 원활한 운영에 필요한 다양한 시장들—생산물의 시장, 노동력의 시장, 자본의 시장 등—을 살펴본다. 이어서 시장과 조직의 구분과 관련해서,

생산자들이 자유롭게 경쟁하는 시장과 구별되는 위계적 기업조직이 존재하는 이론적 근거로서 거래비용 개념을 소개하고, 거래비용에 따라 시장과 기업의 경계가 어떻게 설정되는지 살펴본다.

다음으로는 기업이 활동하는 환경으로서 시장에 대한 이론들을 살펴본다. 먼저 기업조직이 시장환경으로부터 자원을 획득하는 교환 조건에 따라 어떻게 외부 환경에 반응하는지를 자원의존과 연결망 자율성을 중심으로 살펴본다. 이어서 외부 환경의 다양한 특성이나 환경의 변화에 따라 기업조직의 구조가 어떤 차이를 보이고 어떻게 변화하는가를 살펴보고, 시장에서 기업조직의 전략 유형으로 종합주의와 전문가주의를 비교하고, 시장 집중에 따라 이들 두 유형의 분포가 어떻게 변하는가 살펴본다. 마지막으로 나라마다 실제 존재하는 시장경제가 보이는 다양한 모습들을 자유시장경제와 조정시장경제를 중심으로 비교하고 그 속에서 활동하는 기업조직들의 특성이 어떻게 다른가를 비교한다.

1. 기업을 둘러싼 다양한 시장

기업조직은 시장을 떠나 존재할 수 없다. 기업에 중요하게 영향을 미치는 시장에는 생산요소시장인 자본시장과 노동시장, 그리고 생산물시장인 상품시장이 있다. 생산물(product)시장, 노동(labor)시장, 자본(capital)시장 순서대로 그 특징과 운영 원리를 살펴보자.

(1) 생산물시장

생산물시장의 구조적 특성은 기업의 전략과 구조에 중요한 영향을 미친다. 생산물시장을 경쟁의 정도에 따라 구분하면 단일 기업이 지배하는 독점적 시장, 소수 기업들이 지배하는 과점적 시장, 그리고 다수 기업들이 경쟁하는 경쟁적 시장으로 나눌 수 있다. 시장의 독점은 예외적인 경우를 제외하면 정부에서 규제하기 때문에 대부분 시장은 과점적 시장과 경쟁적 시장으로 나뉜다. 이 구분을 시장의 공급자와 수요자 관계에 적용하면 공급자 중심 시장과 수요자 중심 시장으로 나눌 수 있다. 공급자 중심 시장이란 소수의 공급자들과 다수의 수요자들이 존재하는 시장으로 공급자들이 수요자들에 비해 유리한 거래조건을 요구할 수 있는 반면, 수요자 중심 시장이란 반대로 다수의 공급자가 소수의 수요자에게 판매해야 하기 때문에 수요자가 유리하게 거래를 할 수 있는 시장이다.

생산물시장을 생산물과 고객 특성에 따라 구분한다면 개별 소비자에게 판매하는 소비재시장, 다른 기업에 판매하는 중간재시장, 그리고 중간재시장의 특별한 예로 정부조직에 판매하는 시장 등으로 나눌 수 있다. 산업의 생애주기에 따라 나눈다면 기업들의 진입, 퇴출과 혁신이 활발하게 이루어지는 신흥(emerging) 혹은 성장하는(growing) 시장과 균형상태에 가까워져 안정되고 혁신도 활발하지 않은 성숙(mature)시장으로 나눌 수 있다.

생산물시장의 다양한 특성은 조직들의 구조적 특성과 활동에 어떤 영향을 미칠까? 공급자 중심 시장의 수요자, 혹은 수요자 중심 시장의 공급자처럼 거래 상대방에 비해 불리한 상황에 놓이면 이들은 이 문제를 해결하고자 조직적 시도를 할 가능성이 높다. 만약 거래 상대방이 시장에서는 과점적 지위이지만 상대적으로 규모가 작으면 합병을 시도하고,

반대로 규모가 크다면 전략적 제휴 혹은 관계적 계약(relational contract)을 시도한다. 이 경우 상대 기업과 돈독한 관계를 맺고 이해관계를 최대한 일치시켜 거래를 지속하는 동시에 유리한 거래조건을 얻어내려 한다.

중간재시장 중 정부조직이 주된 수요자인 공공시장에서 공급자 위치에 놓인 기업들 역시 마찬가지이다. 정부는 독점적 수요자이기 때문에 그 영향력이 매우 크다. 하지만 정부기관을 합병할 수는 없고, 관계적 계약 역시 공정성 시비를 유발할 수 있기 때문에 이를 해결할 방법이 마땅치 않다. 공공시장에서 기업이 정부의 말을 들어야 하기 때문에 정부는 공공정책을 실시할 때 공공시장 참여 기업들을 활용하는 경우가 많다. 예컨대 청년층 혹은 경력단절 여성 취업을 늘리고자 할 때, 공공시장 참여나 우대 조건으로 기업들에게 일정 기준 이상의 청년층이나 경력단절 여성 고용을 요구하는 경우가 많다. 기업 입장에서는 이러한 외부의 요구 혹은 통제에 순응해야 하기 때문이다.

혁신이 빈번하지 않은 성숙 단계 과점적 시장의 기업들은 시장 불확실성이 낮을 뿐 아니라 규모의 경제를 누릴 수 있어 조직을 안정적으로 운영할 수 있다. 하지만 글로벌 시장 진출로 시장의 지역 범위가 넓거나, 자동차처럼 사회집단, 계층별로 수요가 차별화된 시장이 등장하면 다양성이 높아진다. 다양한 수요자층에 맞춰 제품 개발과 생산, 판매와 유통 면에서 원활하게 조직을 운영하려면 조직 운영이 복잡하고 어려워진다. 기능적 부서 간의 소통 및 조정도 해야 할 뿐 아니라 다양한 생산물시장의 차이를 수용하고 반영해야 하기 때문이다. 이러한 불확실성과 복잡성의 문제를 해결하고자 나타난 기업조직의 새로운 구조가 바로 앞에서 살펴본 사업부제(multi-divisional) 조직이다.

M-형 조직이 미국에서 등장하는 과정을 연구한 기업사 연구가인 Alfred Chandler(Chandler, Hikino, & Chandler, 1990)는 1920년대 화학

기술을 다양한 삶의 분야에 필요한 제품들에 응용한 듀퐁(Dupont), 경차에서부터 대규모 세단까지 다양한 인구집단을 겨냥한 차별화된 자동차를 생산, 판매한 제너럴 모터즈(General Motors), 광대한 미국 전역에 걸쳐 다양한 제품들을 취급했던 종합유통기업 시어스(Sears) 등의 역사적 사례를 검토하였다. Chandler는 불확실성과 복잡성이 높은 시장에 대응하고자, 제품별, 지역별로 별도 사업부를 만들고 그 안에 개발, 생산, 판매 등 기능별 부서를 두어 조직운영의 일상적 의사결정을 위임하는 한편, 전체 사업부를 총괄하는 본부에서 각 사업부에 걸친 중요한 전략적 의사결정을 담당하게 함으로써 M-형 조직이 등장했다고 설명했다.

(2) 노동시장

노동시장은 기업조직에 필요한 인력 혹은 인재들을 충원하는 시장이다. 여기에서는 일자리를 얻고자 지원한 사람들 중에서 기업들이 필요한 인재를 채용하는 과정이 진행된다. 개인과 개인 간에도 노동시장이 형성될 수 있지만 대부분의 노동시장은 공급자가 개인들이고 수요자는 기업조직이다. 일자리를 찾는 개인들은 생산활동에 필요한 능력과 성실성, 창의성, 책임감처럼 기업이 선호하는 인성을 내세워 구매자인 기업에 호감을 주려 한다. 반면 인재를 찾는 기업은 경제적 보상, 일하는 시간, 향후 발전의 전망 등 일자리의 매력을 내세워 우수 인재를 뽑고자 한다. 거래가 성사되면 개인들은 기업조직에 고용계약을 맺고 일을 하게 되는데, 이 고용계약의 조건에 따라 개인들과 기업조직의 공식관계가 시작된다.

고용계약 역시 다른 계약들과 마찬가지로 법적으로 자유로운 당사자와의 합의를 기반으로 하지만, 조직/개인 관계는 비대칭적(asymmetric)이기 때문에(Coleman, 1982), 현대 사회에서는 개인의 고용상 권리를 법률과 제도로 보호하는 것이 일반적이다. 고용관계에서 조직과 개인의 비대칭성 문제에 대한 대응으로 노동조합이 등장했다. 노동조합은 조직에 대한 개인의 교섭력을 높이고자 하는 시도이다. 노동조합이 있는 기업에서는 노동조합이 소속 노동자들 전체의 이해관계를 대변해서 기업과 교섭을 한다. 일하는 사람들이 동질적인 경우 노동조합은 더 잘 조직되고 효과적으로 기업과 교섭할 수 있지만, 노동자들의 이질성이 높아지면 반대로 약해질 수 있다.

노동시장에서 개인과 조직의 비대칭성 못지않게 중요한 것은 정보 비대칭이다. 기업조직에서 지원자를 심사하고 선발할 때 지원자의 능력을 정확하게 알기 어려울 뿐 아니라 향후 고용되어 일할 때 능력을 얼마나 잘 발휘할지에 대해서는 판단하기가 더욱 어렵다. 만약 다른 기업조직에서 일한 경험이 있는 경력자라면 이전 직장에서의 평판 등을 확인해 보겠지만, 학교를 졸업하고 신입으로 처음 지원한 사람의 경우 이것도 어렵다. 이러한 정보 부족을 메우기 위해 기업에서는 일종의 신호(signal)를 포착하고자 추천서의 활용, 학력이나 학벌 정보 등을 이용하려 하지만(Spence, 1978) 최근에는 이에 대한 차별 시비도 많다.

사후적으로 정보 비대칭에 대응하는 방안도 있다. 간단한 것은 규칙을 엄격히 적용하여 행동을 통제하는 것이지만 이것은 감시와 통제가 쉬운 단순 작업에만 가능하고 반발을 불러일으킬 우려도 있다. 다른 방안은 행동 자체가 아닌 결과를 중심으로 기업과 노동자의 이해관계를 연동시키는 것이다. 단기적으로는 일 자체에 대한 보상에 덧붙여 높은 성과에 추가적 보상을 제공하는 방식이 있고, 장기적으로 기업의 성장, 발전과 개인 경력을 연동해서 승진과 보상 체계를 설계하는 것이다. 내부(internal) 노동시장은 이러한 시도의 대표적인 예이다.

내부 노동시장이란 기업조직 내부에서 충원이 이루어진다는 뜻이다(Doeringer & Piore, 1971). 기업조직 위계의 최하단은 신입 사원으로 충원하지만, 위계의 위로 올라갈수록 충원은 내부, 즉 밑에서 일한 사람들 중 승진을 통해 채워 가는 것이다. 기업 위계에서 승진할수록 권한과 보상이 늘어나기 때문에 아래 사람들은 승진을 위해 본인 능력을 최대한 발휘해 일할 동기부여가 된다. 내부 노동시장은 정보 비대칭 때문에 발생하는 노동시장의 거래비용을 줄이기 위한 시도, 즉 기업의 폐쇄적 위계가 개방적 노동시장을 대체한 것이다(Williamson, 1985). 내부 노동시장이 잘 작동하면 기업에서 일하는 사람들은 고용 안정과 승진 기회를 누리며, 기업은 규칙과 규범, 안정적 문화를 통해 질서가 잡히고, 직장 내 훈련으로 유능한 인력을 확보할 수 있다. 내부 노동시장은 기업이 지속적으로 성장하고, 외부 환경이 안정적일 때에는 잘 작동하지만, 반대로 기업 성장이 정체되고, 외부 환경이 불안정해지면 문제가 발생한다.

(3) 자본시장

기업이 설립될 때에는 소수의 사람들이 소규모 자본을 갖고 출발하는 경우가 많다. 하지만 기업의 규모가 커지면 고용인원도 증가하지만 자본 역시 크게 늘어난다. 자본 필요가 커지면 기업은 이윤의 적립금을 재투자하기도 하지만 이 경우 주주 배당이 줄고 대규모 투자가 쉽지 않다. 따라서 기업은 성장을 위한 투자 상당부분을 외부 자본시장에 의존한다. 기업 확장과 성장에만 자본시장이 필요한 것은 아니다. 기업 운영에는 유동자금, 즉 생산설비 외의 원료 구입이나 인건비 지급을 위한 자금이 언제나 필요하다. 이러한 비용은 상품이나 서비스 판매 가격에 포함되지만 비용 지출과 판매 수익 회수 간에 시간 간격이 커지면 기업은 일시적으로 유동자금 조달 필요가 생긴다. 자본시장은 기업의 신규 투자를 위한 장기 자금이나 기업활동을 위한 단기 자금을 외부로부터 조달하는 시장이다.

기업 자본시장은 크게 두 종류로 구분된다. 하나는 은행 등의 금융기관으로부터 대출을 통해 자금을 조달하는 대출시장이다. 또 하나는 기업이 새로 발행한 주식을 투자자들이 매입함으로써 자본을 투자하는 주식시장이다. 자본주의 시장경제에는 이 두 시장이 모두 존재하고 이용된다. 중간적 형태로 기업이 발행한 채권을 구매하는 경우도 있지만 대출시장과 주식시장이 주된 형태이다.

대출시장과 주식시장의 차이는 기업에 자본이나 자금을 제공한 측이 채권자가 되는가 아니면 주주가 되는가이다. 채권자는 기업에 빌려준 돈에 이자를 덧붙여 돌려받을 권리를 가져서 상대적으로 불확실성이 적다. 기업이 파산한다면 채권자도 손해를 크게 보겠지만 그래도 남은 자산 일부를 돌려받을 권리가 있다. 반면 주주는 기업에 투자한 자금이 자본이 되기 때문에 기업 가치가 상승하면 그만큼 이익을 보고, 반대로 기업 가치가 하락하면 손해를 보게 된다. 만약 기업이 파산하면 주주는 전혀 손해를 보상받을 길이 없어서 그만큼 불확실성이 크다. 채권자와 투자자의 또 다른 차이는 투자자가 자신의 투자에 따른 위험부담을 줄이기 위해 주주로서 경영상 의사결정에 참여할 동기와 기회가 있다는 것이다.

대출시장과 주식시장의 차이는 기업의 지배구조(governance)에도 영향을 미친다. 은행과의 관계에 많이 의존해 온 독일이나 일본 기업들은 은행과의 관계에 중점을 두고 관리하며 자본시장의 불확실성을 줄이려 한다. 그 결과 은행과 기업의 관계는 장기적이고 매우 돈독해지며 기업 정보 역시 은행과 많이 공유한다. 반면 주식시장이 일찍부터 발달한 영국과 미국 기업들은 은행과 기업의 관계가 매우 독립적일 뿐 아니라 제도적으로도 그것을 요구한다. 영국과 미국에서는 주식시장에서의 변동이 기업 지배구조의 불확실성으로 바로 연결된다. 그래서 영국과 미국 기업들은 주식시장에서 경영권에 영향을 미칠 수 있는 지분의 변동을 염두에 두고 조직 차원에서 다양하게 대응한다. 기업만이 아니라 은행 조직 역시 두 제도적 맥락에 따라 큰 차이를 보인다. 독일이나 일본의 경우 대규모 은행들이 기업금융과 소비자금융을 모두 취급하는 반면, 영국과 미국에서는 소비자금융과 투자금융이 엄격하게 분리된다.

미국에서 주식시장을 통한 기업 자본조달이 매우 활발했던 시기는 20세기 초반 M-형 조직 등장 시기와 일치한다. 자본 집중이 일어나고 대기업들이 빠르게 성장하던 시기에 크게 늘어난 자본 수요를 주식시장을 통해 충족했기 때문이다. Adolf Berle와 Gardiner Means는『현대 기업과 사유재산』(Berle & Means, 1932)에서 기업의 성장에 따라 기업 소유권은 다수의 독립적 (따라서 무력한) 주주들에게 점점 분산되고 경영권은 점점 더 공고해진다고 주장하면서 이를, "소유권은 원심력을 가진 반면 경영진의 통제는 구심력을 가졌다."고 표현하였다. 그들은 이 상황을 "소유과 경영의 분리"라고 불렀고, 이것이 대부분 미국 대기업의 특징이라고 주장했다.

주식 소유 분산에 따른 소유와 경영의 분리는 개인과 법인이라는 두 행위자의 차이를 극적으로 표현한다. 하지만 주식시장에서도 소규모 개인 투자자와 거대 기관 투자자의 차이는 크다. 소유와 경영의 분리는 기업에서 주인과 대리인 간의 긴장을 고조시키기도 했다. 기업의 주인인 주주들의 이익을 위해 기업 경영자들은 기업을 잘 운영해야 한다. 그런데 때로 주주의 공동이익을 위한 의사결정과 경영진에게 유리한 의사결정이 서로 엇갈릴 수 있고, 이때에 주주들이 어떻게 경영자의 판단과 행위를 통제할 수 있는가가 문제가 된다.

경제사학자 Gerschenkron(1962)은 독일 자본시장이 은행을 중심으로 발전한 이유를 자본주의 발전이 뒤늦었던 경제적 후진성(backwardness)으로 설명했다. 금융제도가 미성숙한 반면 기업의 자금수요는 급했기 때문이다. 독일보다 더 늦게 경제발전이 시작된 한국의 기업들은 정부 주도 경제성장기인 1960~80년대 정부와 은행의 정책금융과 기업대출을 통해 주로 자본 수요를 충족했다. 하지만 1990년대 글로벌화와 시장 확장으로 자본 수요가 크게 늘고, IMF 외환위기에서 글로벌 스탠다드의 순응 압력이 커지면서 주식시장을 통한 자본 조달이 빠르게 늘었다. 한국의 자본시장은 정부 입김 속에서 1990년대까지 독일, 일본의 제도적 경로를 유지했지만, 2000년대 이후 글로벌화 스탠다드의 강력한 영향 속에서 영국, 미국의 제도로 경로가 바뀐 것이다.

최근 들어 전 세계적으로 창업에 대한 관심이 높아지고 창업 장려 분위기가 형성되면서 창업 자본시장에 대한 관심도 함께 높아지고 있다. 새로 창업한 기업은 불확실성이 높기 때문에 바로 주식시장을 통한 자본 조달이 불가능하고, 은행에서도 신용을 충분히 인정받지 못해서 자본 조달에 어려움이 있다. 혁신적 기술을 보유하고 빠른 성장과 성공 가능성이 높은 기업들은 창업 과정의 자본 수요를 창업 투자 회사나 개인을 통해 충족하는 경우가 늘고 있다. 창업 투자자들은 신규 기업 투자의 위험부담이 큰 반면 성공할 경우 주식시장 상장을 통해 엄청난 이익을 얻을 수 있다는 매력에 끌려 투자한다. 이러한 고위험 고수익(high risk, high return) 투자의 확대와 증가는 결국 창업의 가능성과 기회를 높임으로써 기업 생태계를 활성화하는 데 크게 기여한다.

2. 거래비용과 위계

앞서 1장에서 우리는 Adam Smith의 핀 공장 이야기를 통해 공장조직이 필요한 경제적 이유를 생산 조직화의 효율성, 즉 생산비용 감소 측면에서 보았다. 분업을 통한 생산 효율화에서 조직의 필요를 찾은 Smith는 생산요소 및 생산물의 거래는 가장 효율적인 시장에 맡겨야 한다고 주장했다. 그에 따르면 시장에서는 공급자 간 경쟁을 통해 가장 저렴한 가격에 구매할 수 있기 때문에 개인이건 기업이건 시장에서의 구매가 유리하다. 결국 Smith는 생산은 기술적 분업을 구현한 조직에 맡기고 판매와 구매는 시장에 맡기는 것이 맞다고 본 것이다.

Smith 이후 근대 경제학에서는 오랫동안 경제학의 연구 관심을 시장에 집중했다. 반면 기업조직에서 일어나는 일들은 경제학 관심으로부터 멀어졌다. 경제학에서 기업은 오랫동안 노동, 자본, 기술이라는 생산요소의 결합을 통해 생산이 이루어지는 일종의 블랙박스로 여겨졌다. 반면 효율적 생산을 위한 기술적 고려 외에 기업에서 다양한 활동의 통제와 조정, 그리고 기업활동의 경계와 같은 문제는 경제학의 관심사가 아니었다. 이 문제를 경제학의 관심사로 만든 것은 경제학자 Ronald Coase였다.

영국 출신의 Coase는 런던정경대 학부에 재학 중이었던 1931년 장학금을 받아 미국에 1년간 머물게 되었다. Coase는 미국에서 전기회사 제너럴 일렉트릭, 자동차회사 포드와 제너럴 모터스, 종합유통회사 시어스 로벅 앤드 컴퍼니 등 대기업들을 견학하고 자료수집과 인터뷰를 했다. 영국에서 경제학 공부를 하며 시장보다는 기업에 관심을 가졌던 Coase는 왜 기업이 시장에서 간편하게 구매할 수 있는 재료나 서비스를 굳이 기업 내부에서 생산하려 하는지, 왜 서로 어울리지 않아 보이는 석탄과 얼음을 함께 판매하는지, 왜 어떤 기업은 생산품을 소비자에게 직판하는 반면 다른 기업은 중개인을 거쳐 파는지 등에 의문을 가졌다. 영국에 돌아온 Coase는 미국에서의 관찰과 생각을 정리해서 "기업의 본질(The Nature of the Firm)"이라는 논문을 작성하고 이를 다듬어 5년 후 학술지에 출간했다(Coase, 1937). Coase는 이 논문이 경제학에 기여한 공로를 인정받아 60년이 지난 1991년 노벨 경제학상을 수상했다.

이 논문에서 Coase는 다른 경제학자의 비유를 인용해서 기업조직을 "버터밀크 양동이에서 응고되고 있는 덩어리처럼 무의식적인 협력이란 큰 바다(시장을 의미: 인용자) 속을 떠도는 의식적인 힘으로 이루어진 섬들"이라고 말했다. 이 비유에 따르면 시장은 액체인 바다처럼 늘 변화하며 유연한 반면, 기업은 고체인 섬처럼 고정되고 경직되었다. Adam Smith 표현대로 보이지 않는 손이 조정하는 시장에서 구매하면 되는데 굳이 더 많은 비용이 들 수 있는데도 위계적인 기업 내에서 생산하려 하는 경우가 있다. 예컨대 자동차회사는 자동차 차체를 만드는 데 필요한 철판을 시장에서 구매하지 않고 제철소를 인수하기도 한다. Coase는 그 이유가 시장의 철판 가격 그 자체보다 실제 철판의 구매 과정에 더 많은 비용이 들기 때문이라고 설명하고 이를 '거래비용(transaction cost)'이라고 불렀다.

자동차회사가 자동차 차체를 만들 철판을 구할 때 구매 담당자는 어떤 생산자들이 철판을 생산하는지, 철판의 품질은 원하는 수준을 충족시키는지, 믿고 거래할 만한 거래처가 될 수 있을지 등에 대한 정보를 수집하고, 또한 거래처와 철판 가격을 협상하고 철판 수급이 안정적일 수 있도록 감독하는 일을 해야 한다. 이처럼 거래가 안정적이고 만족스럽게 완결되는 데 들어가는 비용을 거래비용이라고 한다. 설령 자동차 차체를 위한 철판의 시장 가격이 직접 이를 만드는 비용보다 낮더라도,

거래비용이 높다면 직접 만드는 것이 시장에서 구매하는 것보다 이득이 된다. 이를 근거로 Coase는 시장에서 구매하는 것이 언제나 효율적이지는 않고 기업조직 내부에서 생산하는 것이 거래비용을 줄여서 더 유리하다면 기업 경계는 제철소를 포함해서 확장된다고 보았다.

물론 기업조직 내부에서 생산하는 경우에도 부가적인 비용이 발생한다. Coase는 이를 생산에 들어가는 직접비와 구분해서 간접비(overhead cost)라고 불렀다. 여기에 기업 내부에서 경영진이 자원 분배나 생산 관련 의사결정에서 실수할 경우 비용은 더 커진다. Coase는 시장에서의 거래비용과 기업 내의 간접비용을 비교해서 기업은 직접 만들 것인지 아니면 시장에서 구매할 것인지(make or buy) 결정을 내려야 한다고 주장했다.

경제학자 Oliver Williamson은 『시장과 위계(*Markets and Hierarchies*』(1975)에서 Ronald Coase의 거래비용 개념을 발전시켜 거래비용이 어떤 조건이나 상황에서 높아지고 그 결과 기업이 활동을 기업 내부화 시킬지를 논의했다. Williamson에 따르면 시장의 거래에서는 상대방이 성실치 못하거나 기회주의적이어서 속일 가능성이 높고, 거래 당사자들은 정보 부족이나 판단착오의 여지가 있어 합리성이 제약될(bounded rationality) 경우에 거래비용이 커진다. 거래비용은 거래 조건이나 상황에 따라 다음 요인들에 영향을 받는다.

- 불확실성(uncertainty) : 예상치 못한 일로 거래가 잘못될 가능성이 높을 경우 거래비용은 상승한다.
- 빈도(frequency) : 거래가 반복적이고 자주 일어날 경우 거래비용은 상승한다.
- 자산특화성(asset specificity) : 거래 물품이나 서비스가 시장에서 일반적으로 거래 가능한 범용이 아니고 거래 당사자에 맞춘 특화된 경우 거래비용은 상승한다.

위의 논의에 따르면 거래의 불확실성이 크고, 거래 빈도가 잦으며, 자산특화성이 높으면 기업 입장에서는 시장에서의 구매보다는 직접 만드는 것이 유리하다.

3. 교환관계와 자원의존 및 자율성

Ronald Coase와 Oliver Williamson이 시장 거래와 기업의 자체 생산을 경제학적 거래비용 측면에서 비교했다면, Jeffrey Pfeffer는 사회학 교환이론에서 출발해서 기업들이 시장에서 거래 상대방과 어떤 관계를 맺는지 설명하고자 했다. Pfeffer는 동료인 Gerald Salancik과 『조직의 외부로부터의 통제: 자원의존 시각"(Salancik & Pfeffer, 1978)"에서 사회학적 교환이론(Emerson, 1962)의 권력의존(power depencence) 개념을 조직들 간의 교환관계에 적용해서 자원의존(resource dependence) 개념으로 발전시켰다.

기업조직들은 많은 자원을 외부에 의존한다. 운영자금에서부터 생산을 위한 원료, 기자재와 중간재, 각종 서비스에 이르기까지 다양한 자원을 외부로부터 조달해야 한다. 거래비용 개념이 이러한 외부로부터의 자원유입을 위한 시장거래 조건을 따진다면, 자원의존은 거래 상대방과의 관계 특히 권력관계를 따진다. 조직 입장에서 거래 상대방이 내 이해관계에 어떤 영향을 미칠 수 있으며 그로 인해 나의 자율성이 얼마나 제약되는가를 따지는 것이다. 조직의 의사결정이나 활동이 자율적으로 이루어지지 못하고 외부 영향을 받지 않도록, 거래관계에서 자원의존을 피하고자 조직은 거래 상대와의 관계를 관리한다는 것이 자원의존이론의 핵심 주장이다.

그럼 자원의존은 어떤 경우에 나타나고 더 심각해지며, 자원의존 문제를 해결하기 위해 기업조직은 어떤 시도나 노력을 하는가?

사회학자 Emerson(1962)은 모든 교환관계에서는 자원이나 정보를 받는 사람이 주는 사람에 의존하게 되며, 이를 거꾸로 보면 주는 사람이 받는 사람에 대해 권력을 갖는 것이라고 했다. 즉 권력은 의존의 반대 개념이다. 교환이 호혜적이거나 균형적이면 의존이 상호적이기 때문에 상쇄되어 문제가 없다. 하지만 만약 교환에서 한쪽이 다른 쪽으로부터 일방적으로 받는 관계가 지속되면 자원의존이 발생한다. 특히 다음과 같은 상황에서 자원의존은 더욱 심해진다.

- 기업조직의 외부 환경과의 교환에서 자원이 희소하거나 공급자의 수가 제한될 경우 자원의존 정도는 높아진다.
- 기업조직에서 특정 자원이 매우 중요하거나 필수적일 경우 이를 공급하는 외부 조직에 대한 의존 정도는 높아진다.
- 외부 환경으로부터 얻는 자원이 대체하기 어려운 것일 경우 이를 공급하는 조직에 대한 의존 정도는 높다.

자원의존은 자율성을 제약하기 때문에 기업은 일방적 의존 상황을 벗어나고자 균형회복(balancing) 노력을 한다. Pfeffer와 Salancik은 이러한 균형회복 노력으로 다음 예들을 든다. 기업은 의존하는 조직 관계자들을 자신의 사외이사 등으로 끌어들이는 포섭(cooptation) 시도를 한다. 개인적 차원에서 더 나아가 조직적 수준에서 자원의존관계인 조직들과 협력을 도모하는 전략적 제휴나 컨소시엄처럼 조직 간 연결망을 구축하기도 한다. 마지막으로 자원의존에서 벗어나고자 기업조직은 의존이 높은 조직을 합병을 통해 흡수하려 할 수 있다. 포섭에서 연결망, 흡수에 이르는 일련의 시도들은 자원의존의 심화에 따른 대응을 순서대로 나열한 것이다.

자원의존이론이 기업조직과 교환관계를 맺고 있는 거래 상대방에 대한 이자간(dyadic) 관계에 초점을 맞춘다면 이 논리를 더욱 일반화시켜 다자간 관계로 확장한 것이 Ronald Burt의 네트워크 자율성과 제약 개념이다. Burt는 조직 간 양자관계에서 일방적 의존이 가져오는 제약의 문제를 여러 조직들 간의 관계로 확장하여 연결망 속에서의 제약과 자율성의 문제를 새롭게 제기했다.

[그림 9-1]의 (a)와 (b)에서 큰 원으로 표시된 조직은 세 조직과 연결되어 있지만 전체 연결망의 특성이 다르다. (a)에서는 여러 조직들과 중첩된 관계를 맺고 있어 자원이나 정보의 흐름에서 중복될 가능성이 높고 그에 따라 자율성은 낮고 제약은 높아진다. 반면 (b)에서는 서로 다른 세 묶음의 조직들 각각에서 한 조직과 연결되어 자원이나 정보의 흐름에서 대안의 여지가 많고 자율성이 높다(Burt, 1992). Burt는 이처럼 개별 기업조직을 둘러싼 기업 간 연결망의 위치를 따져서, 가능하다면 자율성은 높고 제약은 낮은 자리를 차지하도록 기업 간 연결망을 관리, 조정해야 한다고 주장한다. 유리한 연결망의 위치란 (b)처럼 서로 연결

그림 9-1 | 네트워크에서 자율과 제약

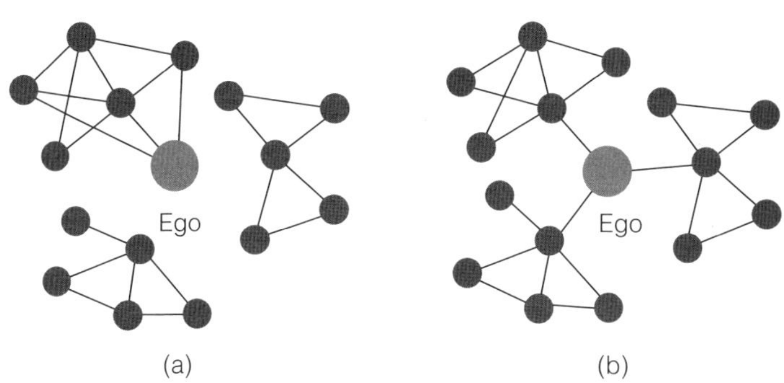

출처 : Burt, 1992.

되지 않은 조직들을 서로 연결하는 중개자(broakerage)의 위치이다(이병규 · 염유식, 2012).

4. 불확실성과 상황적합

기업 시장환경의 전반적 특성에 따라 기업조직의 구조가 달라지기도 한다. 시장경제와 기업조직은 서로 맞물려 영향을 미치며 함께 진화해 왔다. 기업이 없이 분산된 개인 생산자들만으로 이루어진 시장이나 하나의 거대한 조직으로 통합되어 시장 경쟁이 사라진 위계적 조직—20세기 사회주의의 실험은 이것을 지향했다—은 비현실적이다. 기업은 자본주의 시장경제의 성장, 발전과 함께 수적으로 늘었고 규모도 커졌다. 글로벌 자본주의 시장 등장과 함께 기업의 범위도 글로벌하게 확장되었다. 경쟁적 시장경제에서 기업은 한편에서는 생존 경쟁에서 또 다른 한편에서는 순위 경쟁에서 살아남고자 노력한다.

기업이 시장 경쟁에서 다른 기업을 이기는 것은 시장 구매자의 선호를 파악하고 이를 만족시킬 질 좋은 제품이나 서비스를 보다 저렴한 가격과 같은 만족스러운 조건으로 제공함으로써 가능하다. 시장 조건이 바뀌거나 소비자 선호가 바뀌면 기업은 그에 맞춰 제품이나 서비스를 바꿔야 한다. 이러한 기업의 변화를 시장에의 적응(adaptation)이라 할 수 있다. 그런데 더 나아가 기업은 소비자들이 아직 생각지 못한 요구를 앞서 제시함으로써 경쟁 기업을 따돌리기도 한다. 혁신(innovation)은 시장 전체를 빠르게 뒤바꿔 놓기 때문에 경제학자 Schumpeter는 이를 '창조적 파괴'라고 표현하기도 했다.

소비자 요구나 시장 조건 변화에 따른 기업의 적응 시도는 제품이나 서비스 변경에 한정되지 않고 때로는 조직 자체가 바뀌기도 한다. 시장 환경 변화에 적응하기 위해 조직 자체가 바뀌어야 할 필요는 과거의 환경에 최적화된 업무 방식이나 구조가 새로운 조건에 맞지 않아 업무 효율성이나 효과성이 떨어지기 때문에 나타난다. 시장환경에서의 어떤 변화가 기업조직 자체의 변화를 요구할 만큼 영향을 미칠까? 조직의 상황적합(contingency)이론에 따르면 기업환경의 불확실성(uncertainty)이 높아지면 조직 변화가 필요하다.

불확실성은 과거 경험이나 자료 혹은 이론과 논리에 입각한 예측이 빗나갈 확률을 뜻한다. 기업을 둘러싼 시장의 불확실성은 어떤 조건에서 높아지는가? 대체로 다음과 같은 요인들이 시장의 불확실성을 높인다.

- 기술혁신이 자주 일어나거나, 소비자들의 취향이 자주 바뀌는 것처럼 시장환경의 변화 속도가 빠르면 시장의 불확실성이 높아진다.
- 시장의 소비자 고객들이 동질적이고 획일적이면 불확실성이 낮지만, 이질적이고 다양해질수록 불확실성이 높아진다.
- 시장 참여 경쟁 기업들의 수가 늘어나면 경쟁이 심화되고 그에 따라 불확실성이 높아진다.

기업은 과거 경험과 자료, 이론적 논리를 기반으로 미래 시장 수요의 내용이나 분량을 예측하고 조직 활동과 업무 분담 등을 계획, 준비한다. 만약 불확실성이 낮다면 기업은 계획과 일정에 맞춰 업무가 진행되도록 통제를 철저히 하고 시간과 자원 낭비를 줄임으로써 효율성과 효과성을 높일 것이다. 이러한 조직 구조 특성을 Burns & Stalker(1961)는 기계적 체계라고 부르고 그 특징을 다음과 같이 열거하였다. ① 해결할 문제나 과업에 따른 전문화된 기능 분화, ② 분화된 업무에 따른 기술적 대응,

③ 범용적 지식보다는 내부적 상황에 특화된 지식과 숙련, ④ 역할에 따른 권한, 책임, 기능 등의 분명한 규정, ⑤ 의사결정과 통제, 조정의 권한이 위에 집중된 위계적 구조, ⑥ 구성원들에게 요구되는 조직에 대한 충성과 상부에 대한 복종이다.

이와 반대로 불확실성이 높아져서 시장을 예측하기 어려워지면 기업은 한편에서는 계획과 일정에 따른 통제와 예측을 벗어날 경우에 대비해야 한다. 불확실성이 높을 때 계획, 일정, 원칙 등을 과도하게 고집할 경우 어긋나게 되면 큰 낭패를 보기 때문이다. 불확실성 때문에 발생할 수 있는 예외적 상황에 대처하려면 다양성을 포용할 수 있는 유연함과 함께 상황을 민첩하게 감지해서 과감히 변화할 수 있는 빠른 대응과 결단이 필요하다. 이러한 조건에 맞는 조직 형태는 유기적 체계로 그 특징은 다음과 같다. ① 분화된 업무보다는 전체 관심사에 지향된 지식과 경험, ② 다른 구성원들과의 상호작용을 통한 개인 과제의 지속적인 재정의와 조정, ③ 위계적이 아닌 네트워크적 통제, 권위, 소통의 구조, ④ 서로 다른 지위 구성원들 간의 수직적이 아닌 수평적이고 자문에 가까운 소통, ⑤ 내용 면에서 지시와 결정보다는 정보와 조언에 가까운 소통, ⑥ 조직에 대한 충성과 복종보다 보편적 진보와 발전에 대한 강조, ⑦ 조직 내부보다는 전반적 산업과 기술의 맥락에 초점을 맞춘 지식과 전문성의 강조이다.

5. 생태환경과 자원분할

조직에 대한 생태학적 관점에서는 외부 환경이 적합한 조직들을 선택한다는 환경 선택(environmental selection) 입장을 취한다. 기업을 선택하는 중요한 환경이 바로 시장이다. 시장의 우호적인 반응을 위해 기업들은 생존 전략을 고심해서 짜게 되는데 이때 중요한 것이 어느 시장에 참여할 것인가, 그리고 참여하는 시장의 범위를 얼마나 넓게 혹은 좁게 잡을 것인가이다.

생태학은 기업 시장 환경의 특성을 생태지위(niche) 개념으로 이해하고 측정한다. 생태지위란 환경이 제공하는 여러 자원 속성들의 집합이지만, 시장 환경에 이를 적용할 때에는 기업들이 제공하는 상품이나 서비스에 대한 잠재적, 현재적 수요로 해석할 수 있다. 그렇기 때문에 조직 생태학에서는 생태지위에 관중(audience)이라는 행위자를 포함시켜 설명한다. 기업이 제공하는 상품과 서비스에 대한 반응을 통해 시장 형성에 기여하는 관중은 한편에는 소비자들도 있고 다른 한편에는 상품과 서비스를 평가하는 비평가들도 있다. 소비자와 비평가 모두 기업이 제공하는 상품과 서비스가 유용한지, 훌륭한지, 그리고 종합적으로 기업이 어떤 정체성을 갖는지 평가하고 이를 종합해 시장 반응을 구성한다. 이렇게 볼 때 생태지위는 객관적 현실만이 아닌 조직과 시장, 조직과 관중과의 상호작용에 의해 만들어지는 것이다. 이를 생태학 일반에서는 생태지위의 구성(niche constructdion)이라고 부른다(Odling-Smee, Laland, & Feldman, 2003; Sultan, 2015).

기업은 시장에 자신의 주력 상품과 서비스를 내놓으면서, 한편에서는 자신의 경쟁 상대인 다른 기업조직들과의 비교에 초점을 맞추기도 하고(White, 1981), 다른 한편에서는 자신에 대해 시장에서 형성된 정체성에 초점을 맞추기도 한다(Zuckerman, 1999, 2004). 첫째 초점을 살펴보면 시장에 상품과 서비스를 내놓는 기업조직은 다른 기업조직들과 비교해서 경쟁할 수 있는 특성을 갖기 위해 차별화하고자 하는데 저렴한 가격, 우수한 품질, 새로운 혁신 등에서 차이를 만들고자 한다. 둘째 측면을 보면 시장의 관찰과 평가를 종합해서 각 기업조직의 정체성이 만들어지는데 이로부터 크게 벗어날 경우 기업은 불리함을 감수하게 된다. 결국 기업 정체성은 기업이 과거 자신의 활동과 성과에 대한 시장평가의 누적된 결과로 향후 기업 혁신을 제약할 수도 있는 것이다.

시장에서 기업 정체성의 중요한 축은 종합주의(generalist) 전략을 통해 만들어지는 팔방미인(Jack of all trades) 정체성이며, 또 다른 축은 전문가주의(specialist) 전략이 낳은 진정성(authenticity)에 기반한 장인(master) 정체성이다.

팔방미인 정체성의 대표적인 예는 20세기 자동차 산업을 이끌었던 제네럴 모터스(General Motors: GM) 같은 조직이다. 1920년대부터 1950년대까지 제네럴 모터스를 이끌었던 Alfred Sloan은 작은 경차로부터 고급 승용차에 이르는 다양한 모형의 자동차 회사들을 합병하였다. 그는 다양한 계층 지위와 생애주기 단계 사람들의 수요에 맞게 여러 모형들의 자동차들을 출시하는 종합주의 전략을 통해 제너럴 모터스를 소비자들이 필요한 모든 차들을 만드는 팔방미인으로 만들었다. 이후 1970년대 일본 자동차 업체들이 싸고 경제적인 자동차로 시장을 위협하기까지 제너럴 모터스는 자동차 산업의 지배적 지위를 누렸다.

전문가주의 전략에 기반한 진정성 정체성의 예는 전기차 생산기업인 테슬라(Tesla)이다. 테슬라는 전기차에 대한 인식이 높지 않던 때부터 내연기관 자동차를 전혀 생산하지 않고 오직 전기차 생산에만 몰두했다. 2003년 창업 당시 테슬라는 GM과는 비교할 수 없을 정도로 작았고 전기차가 시장에서 살아남을지 확신도 높지 않았다. 하지만 14년 만인 2017년 아직 10만 대 생산에 불과하고 적자를 벗어나지 못했던 테슬라는 같은 해 1,000만 대를 생산하고 순이익 90억 달러인 GM을 주식시장 시가총액에서 추월했다.

조직생태학의 자원분할이론은 시장에서 기업조직의 종합주의 전략과 전문가주의 전략의 상호작용을 다음과 같이 설명한다. 새로운 조직이 등장할 기회는 시장 집중에 따른 생태지위(niche) 변화에 크게 영향을 받는다. 일반적으로 시장에서 조직의 대규모화와 집중이 일어나면 진입 장벽이 높아져서 새로운 조직의 등장이 더 어렵다는 것이 산업경제학의 상식화된 논리이다. 하지만 자원분할이론은 생태지위의 역동 논리를 통해 반대의 역설적 가능성을 다음과 같이 주장한다. 조직군의 집중이 일어나면 소수 대규모 조직들은 생태지위 전반을 담당하는 종합주의 전략 때문에 해당 분야나 시장의 모든 수요보다는 보편적, 평균적 수요에만 초점을 맞춘다. 그 결과 시장 집중이 더 진행되면 개별 조직의 생태지위 포괄범위는 확대되지만 시장에서 종합주의 조직들의 집합적 포괄 범위는 줄어든다. 그 결과 시장에는 충족되지 못한 수요가 발생하고 이를 충족시키기 위한 전문가주의 조직 등장의 기회가 생긴다.

조직생태학의 자원분할 이론은 이처럼 조직군의 집중이 종합주의 조직과 전문가주의 조직들의 생태지위의 분리를 통해 새로운 전문가주의 조직 등장을 촉진한다는 역설적 가능성을 설명한다. 디지털이나 문화 분야에 이 논리를 적용해 보면, 자원을 집중 투입해서 성공을 거두는 블록버스터 전략이 종합주의에 가깝다면 그에 반해서 온라인 검색으로 숨겨진 소수 취향의 상품들이 시장에서 생존할 가능성을 추구하는 롱테일 전략은 전문가주의에 가깝다.

6. 자유시장과 조정시장 경제

이제까지 우리는 시장에 대해 특정한 사회의 제도적 맥락을 고려하지 않고 일반화시켜 다소 추상적 이론의 관점에서 살펴보았다. 하지만 기업조직을 둘러싼 시장환경은 사회의 정치경제적, 사회문화적, 역사적 맥락에 따라 상당한 차이와 다양성을 보인다. 미국이나 영국과 같은 사회에서의 노동 및 자본 시장과 독일이나 일본, 프랑스 등의 노동 및 자본 시장은 서로 다르고, 한국의 경우도 마찬가지이다. 사회마다 고유한 역사적 경험과 경제발전의 궤적, 그리고 문화적 풍토가 있어서 우리가 일반적으로 시장이라고 통칭해서 부르는 제도 역시 사회마다 다른 모습을 갖고, 역할도 다르다.

이처럼 사회마다 차이가 나는 제도가 결국에는 비슷한 형태와 기능으로 바뀔 것이라는 수렴(convergence) 주장을 하는 학자들이 있다. 특히 최근에는 글로벌화와 디지털 전환에 의해 사회 간의 차이가 줄어들고 하나의 세계가 될 것이라는 주장이 강하게 제기된다. 하지만 반대 주장도 강하다. 자본주의의 다양성을 주장하는 이들은 제도가 쉽게 바뀌지 않는 이유로 제도의 경로의존성(path dependence)과 제도 간 상호보완성(complementarity)을 들고 있다.

경로의존성이란 사회가 어느 중요한 역사적 발전의 시점에서 한 방향으로 나아가기 시작하면 중간에 다른 쪽으로의 방향 전환이 쉽지 않고, 시간이 지날수록 점점 더 어려워진다는 의미이다. 경로의존이 나타나는 이유는 다양하지만 가장 중요한 것은 여러 사회집단들이 제도 변화에 반대하기 때문이다. 기존 제도들이 특정 사회집단에 유리하게 작용하면, 제도를 바꾸고자 할 경우 이익을 침해당한 집단들은 변화 시도에 반대하고 갈등을 일으킨다. 예컨대 노동시장의 노사관계가 바뀌면 노동조합이, 자본시장이 바뀌면 은행이, 교육과 훈련 체계가 바뀌면 교육기관들이 반대할 것이다. 게다가 사람들이 오랫동안 특정 제도 속에 살다보면 익숙해지고 습관이 된다. 제도가 바뀌면 익숙한 습관이 바뀌어 사람들은 혼란을 경험하고 그 결과 단기적으로 제도 변화 후의 성과가 낮아지기도 한다.

상호보완성은 경로의존을 심화시키는 또 다른 요인이다. 상호보완성이란 생산물시장, 노동시장, 자본시장 등의 다양한 시장 제도들이 서로를 지지하고 보완하기 때문에 만약 어느 하나가 바뀌면 다른 제도들도 연쇄적으로 바뀌어야 한다는 의미이다. 시장 제도들이 상호보완적이기 때문에 어느 한 제도가 바뀌면 다른 제도들과의 상호보완성이 깨진다. 그 결과 제도를 바꿀 때 의도한 이익보다 다른 제도들과의 갈등과 충돌 때문에 발생하는 손해가 더 클 수 있다. 이 때문에 제도는 어느 하나나 일부가 아닌 전체를 바꿔야 하는데 그에 따른 비용이나 갈등 부담을 고려하면 제도를 쉽게 바꾸지 못한다.

자본주의의 다양성을 주장하는 학자들은 크게 자본주의 시장 경제를 자유시장(liberal market) 경제와 조정시장(coordinated market) 경제로 구분한다(Hall & Soskice, 2001).

자유시장 경제에서 기업은 주로 위계적 기업과 경쟁적 시장이라는 명확히 구분되는 제도에 따라 자신들의 활동을 조정한다. 시장에서의 거래는 경쟁과 공식계약이라는 맥락 속에서 재화와 서비스의 원거리(arm's length) 교환으로 특징지어진다. 이때 원거리의 의미는 거래 이외의 다른 관계가 포함되지 않고 공정한 경쟁을 통해 거래 상대가 정해진다는 것이다. 시장에서의 가격 신호에 반응해서 행위자들은 재화나 서비스의 공급 혹은 수요 의사를 결정하고 조정한다. 노동시장의 측면에서 자유시장 경제는 일자리를 둘러싼 구직자들 간의 경쟁을 강조하기 때문에 노동조합이 강하지 못하고 고용에 대한 보호의 정도가 낮고, 자본시장의 측면에서 자유시장 경제는 은행으로부터의 대출보다 주식시장에서 투자자들의 자금을 둘러싼 기업 간의 경쟁을 강조한다.

반면 조정시장 경제에서 기업은 시장에서 경쟁하기보다 비시장적 관계에 의존한다. 비시장적 조정의 특징은 다음과 같다. 기업들은 다른 조

그림 9-2 | 자유시장 경제와 조정시장 경제의 특징 및 결과

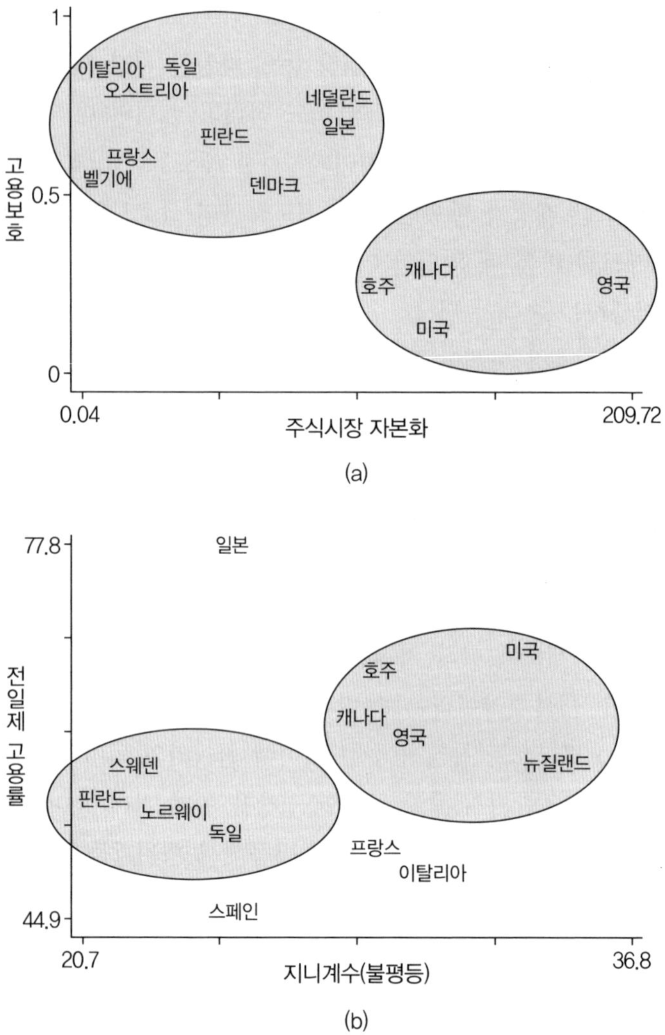

출처 : Hall & Soskice, 2001.

직들과 공식 계약보다 긴밀한 네트워킹을 통해 서로 정보를 교환하고 경쟁적이기보다 협력적인 관계를 유지하고자 한다. 조정시장 경제의 노동시장은 기업과 노동자 간의 협의를 중요시해서 노동조합의 역할이 강조되고 노동조합을 통한 고용보호의 정도가 높다. 자본시장은 은행과의 장기적 관계를 통한 대출에 주로 의존한다.

자유시장 경제에서 기업조직의 판단과 행동이 경쟁적 시장의 수요와 공급이라는 신호를 통해 조율된다면, 조정시장 경제에서는 기업 간 상호조정이 수렴되는 균형점은 기업들과 다른 행위자들 간의 전략적 상호작용의 결과인 경우가 많다. [그림 9-2]는 자유시장 경제와 조정시장 경제의 특징과 성과를 보여준다. [그림 9-2] (a)는 두 경제를 나누는 특징으로서 고용보호 정도와 주식시장을 통한 자본 조달의 정도를, [그림 9-2] (b)는 그 결과로서 고용률과 불평등의 정도를 나타낸 것이다. 자유시장 경제인 영미권 사회가 고용보호가 약하고 주식시장 자본화가 높아서 고용률은 상대적으로 높고 불평등의 정도가 높다면, 조정시장 경제인 대륙 유럽과 일본 사회는 고용보호가 높고 주식시장 자본화가 낮으며, 그 결과 고용률은 상대적으로 낮고 불평등 정도 역시 상대적으로 낮다.

연습문제

01 거래비용에 대한 설명으로 옳지 않은 것은 무엇인가?

① 시장의 구매 과정에서 발생하는 비용이 구매 가격과 별도로 발생하기 때문이다.

② 거래가 안정적이고 만족스럽게 완결되는 데 들어가는 비용이다.

③ 예상치 못한 일로 거래가 잘못될 경우와 같은 불확실성이 거래비용을 높인다.

④ 거래 불확실성, 빈도, 자산특화성이 낮아지면 구매보다 직접 만드는 것이 유리하다.

02 조직의 자원의존에 대한 설명으로 옳은 것은 무엇인가?

① 자원의존은 시장을 중심으로 한 영리조직에 해당되며 다른 조직들은 해당되지 않는다.

② 자원의존이 발생하는 근본적 이유는 체계로서 조직의 경계유지 때문이다.

③ 경제적 비용에 기반한 거래비용과 달리 자원의존은 거래 상대방과의 권력관계를 따진다.

④ 의존하는 자원의 희소성과 중요성, 대체 가능성이 높을수록 의존은 심해진다.

03 생산물시장에 대한 구분으로서 적절하지 않은 것은 무엇인가?

① 경쟁의 정도–독점, 과점, 경쟁적 시장

② 시장의 규제 정도–생산재, 중간재, 소비재 시장

③ 산업의 생애주기–신흥시장, 성숙시장

④ 시장의 권력관계–수요자 중심, 공급자 중심 시장

04–05 시장의 특성에 따라 적합한 조직들의 구조가 달라진다고 할 때, 안정적이고 불확실성이 낮은 시장에 적합한 조직 구조의 특징은 (   )에 가깝고, 반대로 불확실성이 높아서 예측이 어려운 시장에 적합한 조직 구조의 특징은 (   )라고 불린다.

06 시장경제에서 기업의 자본시장에 대한 설명으로 옳지 않은 것은 무엇인가?

① 기업의 자본시장은 크게 대출시장과 주식시장으로 구분된다.

② 대출시장과 주식시장 중 어느 쪽에 더 의존하는가에 따라 기업의 지배구조도 달라진다.

③ Gerschenkron은 독일에서 은행의 대출에 더 의존하게 된 것을 정치적 후진성의 결과로 보았다.

④ 미국에서는 주식시장의 발달로 20세기 전반 소유와 경영의 분리가 일어났다.

07 자본주의의 제도적 다양성에 대한 설명으로 옳지 않은 것은 무엇인가?

① 자유시장 경제와 조정시장 경제로 구분된다.

② 제도가 쉽게 바뀌지 않는 것은 경로의존과 상호보완성 때문이다.

③ 영미의 시장경제에서는 경쟁과 공식계약이 강조된다.

④ 대륙의 시장경제에서는 상호의존과 경쟁을 강조한다.

08 기업을 둘러싼 생산물시장이 복잡해지고 확대되면서 기업들은 환경의 불확실성과 복잡성에 대응하기 위해 제품이나 지역별로 차별화된 기능적 부서들을 두고 일상적 의사결정을 위임하는 한편 기업의 총괄본부는 전략적 의사결정에 집중하는 (   ) 혹은 (   ) 조직 구조를 발전시켰다.

정답

01 ④ 02 ③ 03 ② 04–05 기계적 체계, 유기적 체계 06 ③ 07 ④

08 사업부제, M-형

제 10 장

민주적 거버넌스와 정부, 정당, 정치 조직

1. 민주적 거버넌스의 의미
2. 조직으로서의 정부 관료제
3. 정치, 선거와 정당 체계
4. 이익단체와 사회운동단체

■ 연습문제

거버넌스는 가장 일반적 의미에서 다스리다 혹은 지배하다는 의미의 영어 govern에서 유래한다. 어떤 대상을 지배하거나 다스리는 것이다. 거버넌스는 그 대상에 따라 기업, 시장과 같은 민간 분야의 거버넌스와 정부, 의회 등 공공 분야에 대한 거버넌스로 나눌 수 있다. 앞에서 시장과 기업에 대해 살펴보았으니 여기에서 주된 관심은 공공 거버넌스이다.

공공 거버넌스는 국가권력을 움직여 국정 전반에 걸쳐 필요한 각종 기능을 수행하고, 이해관계 충돌을 조정하며, 공공 개입이 필요한 문제 해결을 위해 정책을 입안하고 실행하는 것이다. 여기에는 정당들 간의 경쟁이나 교섭을 거쳐 집단적 결정을 만드는 '정치'와 정부기관들이 정책을 입안하고 집행하는 '행정'이 모두 포함된다. 추가적으로 다양한 이익집단이나 사회운동단체들이 정책 결정과 실행에 영향을 받는 동시에 영향을 미치기도 한다. 최근 거버넌스라는 용어가 많이 사용되는 것은 정치와 행정, 그리고 시민사회 조직 간 구분이 점점 흐려지고 정책 결정과 실행에 관여하는 조직들이 확대되고 다양해지는 것을 반영한다.

시장이 생활에 필요한 자원과 서비스의 교환을 중개하고 분배하는 역할을 한다면, 거버넌스는 다양한 집단들을 중재해서 갈등을 조정하고, 공공이익에 필요한 정책 결정과 집행을 담당한다. 시장이 개인과 조직의 욕망과 이해를 만족시킬 사유재 거래를 중개한다면, 거버넌스는 시장에서 다루지 못하는 공공재 공급을 담당한다. 공공재에 대한 논의에서 시장의 실패가 언급되는 것은 이러한 이유에서이다. 시장에 참여하는 조직들이 대부분 공급자이자 수요자인 기업들이라면, 공공 거버넌스에는 정부, 정당, 이익단체와 사회운동단체 등 다양한 조직들이 참여한다.

거버넌스에 참여하는 조직들 중에서 정부조직과 정당은 서로 닮은 면과 다른 면이 있다. 둘다 공공이익 실현에 애쓴다는 것이 닮은 면이라면, 다른 면은 정당이 정치적 당파성을 갖는 반면 정부조직은 정치적으로 중립적이라는 점이다. 정당은 의회에서 국정감사를 통해 국민 대신 정부활동을 감시하기도 하고, 정부 예산을 심의하거나 법률을 제정함으로써 공공정책 집행에 참여한다. 정당이 선거 승리와 정치권력 쟁취를 목적으로 한다면, 이익단체는 대변하는 집단의 이익을, 사회운동단체는 자신들이 내세우는 대의나 가치를 정치와 정책에 반영시키고자 노력한다. 이익단체와 사회운동단체가 정당이나 정부와 어떤 관계를 맺는가는 다양한 거버넌스의 제도에 따라 달라진다.

시장경제에서 기업들이 어떤 제약과 가능성, 전략과 선택의 여지가 있는지 앞 장에서 살펴보았다면, 여기에서는 민주적 거버넌스에 참여하는 정부, 정당, 이익단체, 사회운동단체들이 어떤 관계를 맺고 어떤 조건에서 어떤 선택과 행위를 하는가 살펴볼 것이다. 먼저 민주적 거버넌스의 의미에 대해 살펴보고, 정부조직, 정당들, 이익단체들, 그리고 사회운동단체들에 대해 살펴보자.

1. 민주적 거버넌스의 의미

민주적 거버넌스는 말 그대로 공공 거버넌스가 민주적으로 이루어지는 것이다. 거버넌스의 의미가 다양한 것처럼 거버넌스에서 민주적 원칙의 내용이 무엇인가에 대해서도 의견들이 다양하다. 민주적 거버넌스의 특징에 앞서 비민주적 거버넌스를 살펴보자. 권력이 한 개인이나 소수 집단에 집중된 독재나 과두제 사회에서는 거버넌스라 할 만한 것이 없다. 명령과 강제에 의해 일사불란하게 정치와 행정 조직이 움직일 뿐 아니라 시민사회와 일상생활 역시 감시와 통제를 받기 때문이다. 권위주의 사회에서는 거버넌스와 유사한 것이 있지만 집권 세력에 위협적인 세력은 배제된 채 우호적 정당과 사회단체만 참여할 수 있어서 거버넌스의 실질적 의미에서 벗어난다.

정치 과정이나 정책 결정과 집행 과정에서 다양한 이해 관심과 의견이 표명되고 정책 과정에 반영되는 것이 민주적 거버넌스이다. 이를 위해 중요 정책결정을 담당할 지도자를 선거를 통해 선출한다. 정당은 권력 쟁취를 위해 선거 후보를 낼 뿐 아니라 정책 제안을 통해 대중적 지지를 호소한다. 상이한 입장과 이해 관심은 투표나 선거처럼 서로 대결하기도 하지만 조정과 합의를 거치기도 한다. 폭넓은 지지를 받으면 정책 집행이 원활히 이루어진다. 다양한 의견을 존중하면서도 다수결을 결정원리로 하고 소수 의견도 무시하지 않는 것은 민주적 거버넌스의 절차적 정당성 확보의 핵심이다. 하지만 이것만으로 충분하지 않다. 민주적 거버넌스가 잘 이루어지려면 다음 요건들 또한 충족되어야 한다(March, 1995).

- 정치적 의견 표출과 정책 협의가 사실에 대한 정확한 정보와 전문적 지식에 근거해서 이루어질 수 있어야 하고 그 과정이 투명해야 한다.
- 참여하는 사람과 집단들이 사사로운 이익을 추구하지 않도록 서로 견제하는 체계가 갖추어져야 하고 정책 과정과 결과에 대한 책무성을 가져야 한다.
- 다양한 개인과 집단의 문제제기와 요구에 귀를 기울여야 하고, 빈곤과 불평등, 권리침해와 차별, 집단갈등 같은 사회 문제가 심화되지 않아야 한다.
- 자원과 시간 낭비가 일어나지 않도록 효율성을 추구하고 다양한 입장 간의 경쟁이 지나쳐 갈등과 분열이 일어나지 않게 한다.

• 민주적 규칙과 규범, 관행을 잘 유지하면서도 새로운 문제나 상황에 대처할 수 있도록 혁신적 생각과 제안에 개방적이어야 한다.

민주적 거버넌스에 대한 관심은 지역, 시기에 따라 다양한 맥락에서 생겨났다. 유럽 대륙에서는 20세기 전반 두 번의 세계대전과 인종주의, 파시즘, 나치즘의 혼란기를 지나 2차 대전 이후인 20세기 중반부터 민주적 거버넌스가 정착되기 시작했다. 미국에서는 20세기 초반부터 대공황 이전까지 부패한 조직정치(machine politics)에 대한 개혁이 시작되어, 30년대 대공황의 경제적 극복과 60년대 폭발적 사회운동에 대응하는 과정에서 민주적 거버넌스가 확대되었다. 한국에서는 20세기 초반 식민통치 시기에는 민주적 거버넌스가 불가능했고, 20세기 중·후반 권위주의 시기에는 매우 제한되었다. 1980년대 후반 이후 정치적 민주화 진행과 함께 민주적 거버넌스 시도가 본격화되어 21세기까지 지속적으로 확대되고 있다.

앞서 우리는 시장 경제와 기업 조직에 대한 Ronald Coase의 탁월한 생각이 1930년대 초 대공황 직후 교환학생으로 미국을 방문하며 견학했던 기업들에서의 경험에서 출발했다는 것을 보았다. 민주적 거버넌스와 공공조직에 대한 생각의 출발점 역시 19세기 중반과 20세기 초에 각각 미국을 방문한 두 유럽인들의 경험으로 거슬러 올라간다.

프랑스의 귀족 Alexis de Tocqueville은 독립전쟁 반세기가 갓 지난 1831년 미국을 방문해서 여러 지역을 돌아다녔다. 여러 지역을 다니고 다양한 사람들을 만난 경험을 정리한 『미국의 민주주의』(1835~40)는 사회과학의 고전이 되었다. Tocqueville은 프랑스에 앞서 시작된 미국 민주주의의 사회적 기초로 주민들이 자발적으로 조직한 결사체를 강조했다. 그는 “미국만큼 결사의 원칙이 수많은 목적에 성공적으로 이용되거나 적용된 나라도 없다. … 법률에 의해 만들어진 항구적 결사 외에 수

많은 결사들이 사적 개인들을 매개로 해서 형성, 유지된다."고 하였다. 그는 자발적 결사가 자의적 권력에 저항할 수 있는 근거이자 민주적 시민의 진취성, 협동, 책임감 등을 익히고 배우는 학교가 된다는 점에서 민주주의의 유지, 발전에 기여한다고 주장했다(Tocqueville, 1840[2018]: 203).

독일의 사회학자 Max Weber는 19세기 말 이후 정신 건강 악화로 교수직 수행이 어려워 요양하던 중 1904년 미국 만국박람회 일환으로 열린 학술회의에 강연 초청을 받고 미국을 방문해 두루 다니며 많은 경험을 했다. 특히 중서부의 산업과 교통의 중심 시카고에서 자본주의의 놀라운 발전상을 인상깊게 본 경험을 귀국 직후 완성한 『프로테스탄트 윤리와 자본주의 정신』에 생생하게 서술했다. 권력과 지배에 깊은 관심을 가졌던 Weber는 Tocqueville과 마찬가지로 미국 민주주의에 깊은 인상을 받았다. 1910년 이후 관료제에 대한 설명에서 Weber는 정치 민주주의와 관료제 발전이 불가분 관계에 있으며, "관료제화는 어디에서나 진행되는 대중민주주의의 불가피한 그늘"이라고 주장하며 관료제와 민주주의 간의 긴장에 주목했다. 규칙과 전문적 지식을 따르는 관료 중심 조직 운영이 목적 달성을 위한 합리적 효율성을 극대화한다면, 관료제가 추구할 목적의 결정은 실질적 합리성을 위한 민주주의가 담당하기 때문이다(Weber, 1947).

민주적 거버넌스에는 다양한 조직들이 참여하기 때문에 이들 간의 관계와 상호작용이 잘 이루어져야 한다. 이 장에서는 민주적 거버넌스에 참여하는 조직들과 이들의 역할, 관계 및 상호작용을 살펴본다. 시장경제의 기업들에 비해 민주적 거버넌스의 정치조직들은 제도에 대한 의존과 제약이 강하다. 따라서 민주적 거버넌스의 다양한 제도적 맥락 속에서 이들 조직을 살펴보자.

2. 조직으로서의 정부 관료제

관료제에 대한 Weber의 가장 직접적 연구대상은 정부조직이다. Weber가 관료제에 대해 집필하던 당시 독일은 민주주의 공화국이 아닌 제국이었다. 그렇기에 그는 미국의 민주주의에 깊은 인상을 받았다. 하지만 독일 제국은 형식적으로나마 입헌군주제였고 의회도 있었다. Weber가 묘사한 관료제는 그런 의미에서 근대적 국가의 관료제였다. Weber는 이러한 관료제가 엘리트 전문가들을 능력 위주로 선발하고, 이들에게 합리적 규칙과 체계적 분업에 따라 역할을 부여함으로써 효율성을 누릴 수 있다고 보았다. 이후 많은 관료제 관찰자들은 관료제 특히 정부 관료제가 비효율적이라는 반론을 제기하였다. 특히 앞서 살펴본 사회학자 Merton은 목적과 수단의 전치 주장을 통해 수단이어야 할 관료제가 목적이 되어 문제 해결보다는 규칙과 원칙의 고수에만 매달린다고 비판하였다.

Weber의 관류제를 이상과 현실의 격차를 중심으로 비판한 다양한 주장들에 대해 정치학자 Wilson은 정부 관료제에 대한 다른 관점을 제시한다(Wilson, 1989). 그는 정부 관료제의 조직적 특성이 관료들의 동기부여 혹은 유인 체계에 영향을 미친다고 주장하였다. 관료제가 사람들의 기대로부터 어긋나고 관료들의 행동이 일반적 조직들과 다른 것은 관료들 개인이 아닌 이들이 속한 조직 특성 때문이라고 Wilson은 설명한다.

조직으로서 정부 관료제는 어떤 특성을 지니는가? 경쟁적 시장에서 다른 기업들과 경쟁해야 하는 기업과 달리 정부 관료제는 경쟁이 필요없이 독점적 지위를 지닌다. 기업들이 생산물시장에서 소비자의 요구를 따라야만 하고, 또한 자원의존 상황에서는 공급자의 요구를 따라야 한다면, 정부 관료제는 어떤 시장 요구도 따를 필요가 없다. 기업들이 경쟁에서 살아남고자 투입 대비 산출 비율로 측정되는 효율성을 극대화하려 한다면, 정부 관료제는 효율성을 최우선으로 고려할 필요가 없다.

그렇다고 해서 정부 관료제가 어떤 도전이나 제약도 받지 않고 마음대로 할 수 있는 것은 아니다. 정부 관료제는 효율성보다 정당성과 책무성을 중요시한다. 정당성(legitimacy)은 많은 조직들에게 필요하지만, 정부 관료제는 정당성이 특별하게 중요하다. 근대 사회의 지배적 정당성을 법적-합리적 정당성이라고 주장한 Max Weber는 관료제를 이러한 정당성의 대표적인 예로 보았다. Weber가 의미한 합리성의 의미가 규칙의 준수와 전문 지식의 적용이라는 것은 잘 알려진 바이다. 이러한 의미에서 정부 관료제는 법이 정한 바에 따라 의사결정을 하고 정책을 집행해야 한다.

정부 관료제의 정당성이 법에만 근거하는 것은 아니다. 민주적 거버넌스의 핵심인 정부 관료제는 어떤 특정 세력, 집단, 개인만을 위한 것이 아니다. 정부 관료제는 국민 모두의 이익, 즉 공익을 섬겨야 한다. 정부 관료제가 이 원칙을 잘 지키는지 국민들은 의회와 여론을 통해 감시한다. 정부 관료제는 또한 자신이 내린 결정, 한 행동에 대해 충분한 근거를 갖고 해명할 수 있어야 한다. 이것이 바로 책무성(accountability)이다. 기업조직들도 회계(accounting)를 통해 비즈니스 활동 성과를 주주나 시장에 제시하고, 최근에는 자신의 활동이 법률은 물론 사회적 규범과 가치를 따른다는 것을 보여주려 한다. 하지만 정부 관료제에 요구되는 책무성은 그보다 훨씬 엄격하다.

정부 관료제가 경쟁력이나 효율성 대신 정당성과 책무성을 우선시하기는 하지만 정부 관료제에 대해서도 효율성을 요구하는 목소리가 있다. 정부 관료제의 개혁을 요구하는 목소리가 신공공관리(New Public

Management: NPM)라는 이름으로 1980년대 이후 서구 사회에서 등장하였다(Kettl, 2005). 이것은 20세기 중반 복지제도 확대 등 국가 역할이 커지면서 재정지출이 늘고 국가부채가 증가하는 것에 대한 신자유주의 정치세력의 대응이었다. 일반적으로 정부 관료제는 국민 세금 중심의 공공재정으로부터 필요한 자원을 얻기 때문에 예산 절약을 중시하지 않는다. 하지만 국가채무가 늘면서 신자유주의자들은 정부 역할을 축소해서 작은 정부를 실현하고 과감한 민영화 등 시장의 경쟁 원리를 정부 관료제에도 도입해야 한다고 주장했다.

한국에서도 이러한 영향 속에서 2000년대 들어 많은 공기업들의 민영화가 이루어졌다. 근래 들어 여러 정부 부처들과 기관들을 평가하고 국민의 만족도를 묻는 것 역시 이러한 영향이다. 이러한 변화는 과거 정부 관료제에서 크게 중요하지 않았던 정부 행정 성과에 대한 관심을 높였다. 과거 경제성장이 중요했던 20세기 중반 발전국가 시기에 한국의 정부 관료제는 권위주의 정치체제의 특성상 목적을 위해 수단과 방법을 가리지 않는 방식으로 운영되었다. 이것은 강력한 장기집권 리더십의 결과였다. 1987년 민주화 이후 정부 관료제는 정당성과 책무성을 더 강조하기 시작했고 2000년대 들어 정부 관료제는 이에 덧붙여 효율성과 성과에 대한 요구도 받게 되었다.

작고 효율적인 정부에 대한 목소리에도 불구하고 실제 정부 관료제는 현대 사회의 복잡성에 대응하는 과정에서 확대되는 경향이 일반적이다 김영수(2001; 김영수 · 장용석, 2002)는 정부조직의 확대가 기능적 요구 외에도 국제사회의 추세를 따라가는 과정에서 일어나며 그 결과 정부 효율성이 낮아지기도 함을 보였다. 〈표 10-1〉은 한국 정부 수립 이후 정부 관료제 조직이 확대되어 온 과정을 보여준다.

정부 관료제 개혁의 목소리가 신자유주의 관점에서만 나온 것은 아니다. 더 많은 민주주의에 대한 요구의 목소리 역시 커지기 시작했다. 사

표 10-1 ■ 역대 정부의 조직개편 과정

역대 정부	조직개편 연도 (초기, 말기)		계	원	부	처	청	실(처)	외국	위원회
미군정 시기	초기 말기	1945.9.~ 1987.7.16.	26		13	6				기타 7
제1공화국	초기	1948.7.17.	18		11	4				3
	말기	1959.	18		12	2(室)	3			1
제2공화국	초기	1960.7.1.	20	1	12	1	3			3
	말기	1963.8.26.	27	2	13	3	5		3	1
제3공화국	초기	1963.12.4.	31	2	13	3	6		7	
	말기	1972.	38	2	13	4	12		7	
제4공화국	초기	1973.1.15.	37	2	13	4	13		5	
	말기	1979.12.28.	42	2	14	4	15		4	3
제5공화국	초기	1980.8.18.	41	2	14	4	15		4	2
	말기	1987.	39	2	16	4	13		3	1
제6공화국	초기	1988.	39	2	16	4	13		3	1
	말기	1992.	41	2	16	6	15		2	
문민정부	초기	1993.3.6.	39	2	14	6	15		2	
	말기	1997.	37	2	14	5	14		1	1
국민의 정부	초기	1998.2.28.	37		17	2	16		1	1
	말기	2002.	39		18	4	16			1
참여 정부	초기	2003.2.	39		18	4	16			1
	말기	2007.	40		18	4	17			1
이명박 정부	초기	2008.2.29.	37		15	2	17			3
	말기	2012.	38		15	2	17			4
박근혜 정부	초기	2013.3.22.	43		17	3	17			6
	말기	2017.5.	44		17	5	16			6
문재인 정부	초기	2017.7.26.	46		18	5	17			6
	말기	2020.11.	47		18	4	18			7

출처 : 허남식, 2020.

회학자 Habermas가 지적한 후기 자본주의에서의 정당성 위기(ligitimation crisis)는 이러한 맥락에서 중요하다(Habermas, 1975). Habermas는 20세기 후반 후기 자본주의 사회에서 정부의 복지 지출과 함께 시장 경제 개입이 늘어나면서 공익을 중시하는 정부 관료제의 정당성이 위기를 맞았다고 하였다. 현대 사회에서 정부 관료제의 정당성 위기를 실증적으로 보여주는 하나의 현상은 정부에 대한 시민들의 신뢰 하락이다(Lipset & Schneider, 1987; Nye, Jr., Zelikow, & King, 1997; Pharr & Putnam, 2000). 정부가 시민들의 요구에 제대로 반응하지 못한다는 인식이 팽배해지면서 정부 관료제에 대한 신뢰가 하락하는 것이다.

정부 관료제가 정당성 위기로부터 벗어날 수 있는 방안으로 더 많은 민주주의를 요구하는 사람들이 제시하는 것은 새로운 거버넌스(New Governance) 혹은 협력적 거버넌스이다(Ansell, 2011). 이것은 정부 관료제가 독자적, 일방적으로 정책을 입안하고 집행하는 것이 아니라, 어려운 문제들의 해결을 위해 해결책 탐색에서부터 정책 실행까지 시민사회의 다양한 조직들과 협력해 가는 것이다. 한국에서도 2000년대에 이러한 영향을 받아 거버넌스를 통치가 아닌 협치(協治)라는 단어로 번역하기도 했다.

이제까지 정부 관료제의 기본 특성과 그 변화를 살펴보았다. 그럼 정부 관료제에서 일하는 관료, 즉 공무원들은 이런 조직 특성에 어떻게 영향을 받는가?

조직에 필요한 자원을 공공재정에서 충당하는 정부 관료제는 불확실한 시장에서의 수익에 의존하는 기업에 비해 안정적이다. 하지만 동시에 공공재정은 절차와 원칙에 따라 자원이 활용되어야 하고 조직 구성원들에게 혜택이 돌아가서는 안 된다. 최근 일부 공공기관에서는 신공공관리의 영향으로 성과급도 지급되지만 그 정도는 기업에 비하면 훨씬 적다. 자원 배분과 활용에 대한 사후적 감사도 많기 때문에 정부 관료제에서는 자원 활용의 분명한 근거를 중요시한다.

이러한 상황 때문에 공무원들은 보수적이 된다. 보수적이라는 의미는 정치적이나 이념적으로 보수라는 것이 아니라 위험을 웬만해서 감수하려 하지 않는다는 것이다. 위험 감수의 결과 뛰어난 성과를 올려도 그에 따른 추가적 보상의 유인이 작은 반면, 위험을 감수하면서 원칙이나 절차를 어길 경우 그에 따른 벌칙은 크기 때문이다. 그 결과 공무원들은 기업의 구성원들에 비해 업무의 과제와 성과보다는 절차와 과정에 초점을 맞추는 경향이 나타난다.

성과보다 절차를, 과제보다 원칙을 중시한다고 해서 정부 관료제에 경쟁이 전혀 없지는 않다. 정부 관료제에도 경쟁이 있지만 생산물시장에서 기업 간 경쟁, 노동시장에서 노동자들의 경쟁과 크게 다르다. 정부 관료제는 국정을 독점하지만 다양한 정부 부처들이나 기관들은 서로 경쟁하기도 한다. 이들 간에는 한편에서는 더 많은 예산을 배정받아 자원을 확보하려는 경쟁이, 다른 한편에서는 각자 관할 영역(jurisdiction)과 조직 위신을 둘러싼 경쟁이 있다. 이들 둘은 서로 연결되어 있다. 관할 영역 범위가 넓어지면 더 많은 예산 배정에 유리하다. 관할 영역을 둘러싼 부처 및 기관 간 경쟁의 예로 최근 아동 보육을 둘러싼 여성가족부와 보건복지부의 경쟁이나, 수사권을 둘러싼 검찰과 경찰의 경쟁을 들 수 있다.

정부 관료제 내에서 공무원들의 고용 조건과 상황은 기업 내부 노동시장과 비슷하다. 장기고용이 일반적이고 내부 승진을 통한 충원이 주를 이룬다. 공무원의 고용 안정과 승진 기회부여는 Weber가 지적한 관료제의 기본 속성이다. 이러한 상황에서 공무원들은 승진을 위한 경쟁에 전념하게 된다. 기업과 달리 정부 관료제에서 각 부처나 기관의 인사권을 가진 최고위직은 정치적 결정에 의해 정해진다. 따라서 공무원은 승진을 해서 올라갈수록 업무 성과뿐 아니라 다양한 요인들에 영향을 받게 된다. 승진을 둘러싼 복잡한 상황 때문에 유능하고 승진에 관심을 가진 공무원들은 성과를 높이고자 할 뿐 아니라 징계를 피하고자 해서 위험 회피성향이 더 커진다.

3. 정치, 선거와 정당 체계

의회정치는 민주적 거버넌스에서 정부 관료제와 함께 중요한 축을 이룬다. 근대 정치는 국민주권 원칙에 따라 선거를 통해 국민이 지지하는 정치 지도자를 선발하는 것이 핵심이다. 국민의 신뢰와 지지를 받는 정치 지도자들이 국민들이 원하는 정책을 입안하고 시행함으로써 민의를 대변하는 것이 근대 대의민주주의의 기본이다. 정당은 선거 경쟁에 필수적인 조직이다. 독일 출신의 이탈리아 정치사회학자 Robert Michels는 『정당론(*Political Parties*)』에서 "민주주의는 조직 없이는 생각할 수 없다. 조직은 강자와의 투쟁에서 … 약자들의 무기이다. 어떤 투쟁이건 그 투쟁이 이해관계가 같은 개인들 간의 유대에 기반해서 이루어지는 정도에 따라 승리 가능성이 달라진다."라고 했다(Michels, 1962: 61).

정당 등장의 역사적 과정을 주요 사례들을 중심으로 살펴보자. 1688년 명예혁명 이후 18세기 초반 왕당파인 토리당(이후 보수당이 됨)과 의회파인 휘그당(이후 자유당이 됨)의 양당 체제가 등장한 영국에서 보수주의 사상가인 Edmund Burke는 프랑스 혁명 이전인 1770년 정당을 "공동의 노력을 통해 국익을 증진하기 위해 모두가 동의하는 원칙들에 기반해서 단결한 사람들의 단체"라고 규정했다(Morse, 1896: 76에서 재인용). 1776년 영국으로부터 독립한 뒤 1787년 헌법 제정과 함께 연방국가가 된 미국에서는 연방헌법 지지를 천명한 Alexander Hamilton 중심의 연방주의자들이 최초의 정당이 되었다. 하지만 1792년 민주공화당 창당을 주도한 Thomas Jefferson이 1801년 대통령에 당선된 후 연방주의자들은 세력이 약화되었고 1825년 해산하였다. 민주공화당은 이후 노예제를 둘러싼 분열로 노예제 반대 입장의 공화당이 1854년 떨어져 나간 뒤 민주당으로 바뀌어 현재까지 미국 정치의 양당제 전통을 이어 오고 있다.

유럽 대륙의 국가들에서는 19세기에 정당들이 본격적으로 등장하기 시작했으며, 1848년 유럽 전역에서 벌어진 민주혁명은 보수주의와 자유주의를 양대 축으로 하는 정당들의 등장을 촉진했고, 20세기 들어 유럽에서는 보수주의와 자유주의의 대립구도에 사회주의라는 새로운 축이 추가되었다. 2차 대전 이후 식민지로부터 벗어난 신흥독립국들과 전체주의로부터 민주화된 나라들에서 정당들이 새롭게 등장했다. 각 나라마다 민주주의 정치의 시작과 함께 주요 정당들의 등장이 동시에 일어났는데, 이는 민주주의 정치에 시민들의 요구와 의견을 전달하고 대변할 조직으로 정당이 꼭 필요했기 때문이다. 민주주의 정치는 대립하는 주장과 요구의 경쟁이 중요하기 때문에 정당들은 모두 대립하는 사람과 집단이 서로 갈라져 조직되었다. '갈라지다'란 의미의 라틴어 partire가 정당을 뜻하는 party의 어원인 것도 이와 무관하지 않다.

다음으로는 민주주의 정치에서 정당의 분포가 왜, 어떻게 바뀌는가 살펴보자. 일당독재나 권위주의 체제에서는 정당 간 경쟁이 금지되거나 제약되기 때문에 정당이 하나뿐이거나 아니면 지배적 정당 하나를 제외하고 영향력이 거의 없다. 하지만 민주주의 정치에서는 다수 정당 간 경쟁이 기본이다. 시장경제에서 기업 간 경쟁이 필수적인 것과 비슷하다. 경제학자 Anthony Downs는 선거 경쟁이 시장 경쟁과 비슷하다고 보고 미국의 경우를 중심으로 양당제하에서 유권자들 간에 일정한 이념적

합의가 존재할 경우 양대 정당은 양극단보다 다수의 중도 유권자 지지를 확보하기 위해 입장 차이를 줄여갈 것이라고 주장했다(Downs, 1957). 하지만 실제로 20세기 후반 이후부터 21세기까지 미국을 포함한 많은 민주주의 사회에서 정치적 양극화가 심화되어 정당들이 서로 차별성을 높여 왔다. 이러한 현상은 Downs가 가정했던 것처럼 양당제하에서 유권자들 간에 이념적 합의 정도가 높아지는 것이 아니라 낮아졌기 때문이다.

유권자들의 정치적 입장과 요구의 스펙트럼은 사회의 균열(cleavage)에 따라 넓어지기도 좁아지기도 한다. 사회집단들의 정치적 지향을 가르는 균열의 축은 종교, 민족, 인종, 경제적 이해, 계급, 문화 등 다양하다. 균열 구조가 복잡할수록, 즉 균열의 축이 많을수록 유권자의 스펙트럼은 넓어지고, 균열 구조가 단순할수록 유권자들의 스펙트럼은 좁아진다. 정당의 기본 목적이 유권자 지지를 얻어 선거에서 당선되는 것이라면, 유권자 선호의 스펙트럼이 넓다는 것은 그만큼 다양한 정당들이 등장할 여지가 있다는 것을 의미한다. 사회학자이자 정치학자인 Lipset & Rokkan(1967)은 유럽과 미국에서 정당 체계의 역사적 등장과정을 비교분석하여 균열 구조의 축을 반영해서 정당들이 등장했으며, 균열 구조의 변화는 새로운 정당 등장의 기회가 된다는 것을 보였다. 미국의 최초 정당 체계가 18세기 말 연방헌법을 둘러싼 집중과 분권의 축에 따라 형성되었다면, 19세기 중반 노예제 폐지를 둘러싼 균열 구조가 부각되면서 정당 체계가 변화하였다. 영국에서도 18세기 등장한 보수당과 자유당의 정당 체계가 1920년대 계급과 복지의 균열 구조를 중심으로 재편되면서 자유당이 약화되고 노동당이 등장하며 보수당과 노동당 중심 정당 체계로 바뀌었다.

사회적 균열 구조가 정당 체계에 의해 저절로 대변되는 것은 아니다. 한국의 경우 해방 후 오랫동안 반공을 내세운 권위주의 정치 체계가 이

그림 10-1 | 국회의원 선거별 후보배출 및 당선 정당 수의 변화

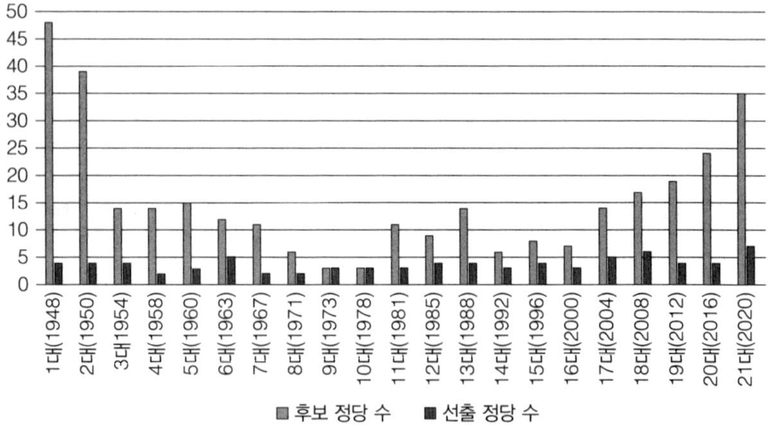

출처 : 저자가 정당사 자료로부터 작성.

념적 균열 구조가 정치적으로 표출되는 것을 억제해 왔다(최장집, 2002). [그림 10-1]은 한국에서 국회의원 선거에 후보를 냈던 정당 수와 국회의원이 한 명이라도 선출된 정당 수의 변화를 보여준다. 건국 초기 가장 많은 정당이 존재했고, 최근 들어 정당의 수가 증가하고 있으며, 권위주의 시기에 가장 적은 수의 정당이 존재했다. 정치적 격변의 시기마다 정치적 열망의 분출 때문에 정당 수가 증가한 것도 볼 수 있다.

사회적 균열 구조가 어떻게 정당 체계로 표출되는가에 영향을 미치는 중요한 요인이 정치 제도 특히 선거 제도와 권력 구조이다. 프랑스의 정치사회학자인 Maurice Duverger는 선거 제도가 정당 체계 특히 정당의 수에 미치는 영향에 대해 다음과 같은 가설을 제안했다(Duverger, 1951).

- 소선거구제는 양당체제를 낳는다,
- 비례대표제는 다수 정당체제를 낳는다.

첫 가설은 여러 차례 경험적으로 검증되었지만, 둘째 가설은 확인이 불가능하였다. 비례대표제는 정당의 의석률과 그 정당의 획득률을 그대로 반영하기 때문에 작은 정당의 설립을 가능케 하지만 특별히 그것을 만들어 내는 기능은 없기 때문이다. 반면 소선거구제는 득표율과 의석률이 반드시 일치하지는 않고, 득표율이 높을수록 그에 비해 의석률은 상대적으로 더 높기 때문에 각 정당과 후보자가 양대 정당으로 모이는 것을 유리하게 한다는 것이 확인되었다. 예를 들면 1980년대 영국에서는 제1당인 보수당 득표율이 40%대에 불과하였음에도 불구하고 의석률은 60% 정도에 달하였다. 반면 제3당인 자유당은 역으로 약 10%의 득표율로 5% 이하의 의석률 확보에 그쳤다. 득표율은 다당체제여도 의석률은 양당체제인 것이다. [그림 10-2]는 세계 여러 나라에서 활동하는 정당 수의 다양한 분포를 보여준다.

시장 경제에서 기업들이 소비자의 선택을 받고자 경쟁한다면, 민주정치에서는 유권자의 선택을 받고자 정당들이 경쟁한다. 시장 경제의 기업조직과 민주정치의 정당조직은 비슷한 점도 있지만 근본적으로 차이

그림 10-2 | 국가별 활동 정당 수의 분포

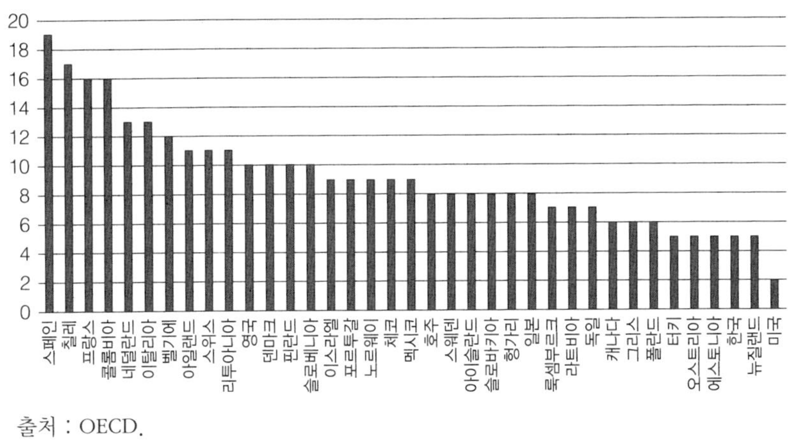

출처 : OECD.

가 있다. 기업 간 경쟁과 정당 간 경쟁은 어떤 유사점과 차이점이 있나? 기업들은 소비자 선호에 따라 제품을 출시한다. 앞서 살펴본 기업들의 경쟁전략에 따르면 소비자의 선호가 정규분포를 보인다면, 즉 양극단보다 중간에 많이 몰려 있다면 대부분의 기업은 평균적인 선호의 제품을 출시할 것이다. 대량생산으로 가격 경쟁력을 노리는 기업들은 특히 소비자 선호의 중간부분을 노릴 것이다. 반면 소수 고급 혹은 독특한 취향을 노리는 기업은 분포의 양극단을 노려 특화된 제품을 출시한다. 종합주의와 전문가주의 기업 간에는 시장 중복이 심하지 않아 경쟁도 심하지 않다. 앞서 설명한 자원 분할의 논리이다.

정당들도 유권자들의 선호에 따라 정책과 후보를 선거에 내는 것은 마찬가지이다. 하지만 정당들은 서로 상반된 입장을 지지하는 유권자들을 대변한다고 생각해서 어느 한편에 치우친 정책이나 후보를 내세울 가능성이 높다. 이념적으로 진보나 보수 어느 한쪽에 치우치지 않는다면, 지역, 종교 등 사회적 균열 구조의 상반된 축의 어느 한쪽에 치우친다. 이처럼 치우친 정책이나 후보를 내세운 정당들은 선거에서 다수의 지지를 확보해서 이기는 것이 목적이기 때문에 서로 중복되는 정도가 높지 않아도 경쟁은 심해진다.

민주적 거버넌스에서 정당의 주된 역할은 선거 경쟁을 통해 시민들의 의견을 정책에 반영시키는 것이다. 정당조직은 정치 무대인 의회와 선거에서 정치활동을 맡은 정치인들과 이들을 지원하는 당료들, 그리고 정당의 다수를 차지하는 당원들로 구성된다. 고용계약에 기반한 경제적 보상을 지불하는 기업과 달리 후원관계에 기반한 자발적 참여의 민주적 조직인 정당은 당원들에게 적절한 유인을 제공할 필요가 있다. 정치적 시장인 선거에서 정당이 경쟁을 통해 추구하는 목표인 권력은 당원들이 서로 나눌 수 있는 사유재가 아니라 공공재이기 때문이다(Schlesinger, 1984). 이 문제의 해결은 경제적 유인이라는 틀을 벗어나서 생각하는 수

밖에 없다. 왜냐하면 정당 당원으로 참여하는 사람들의 동기는 이해관계보다는 신념이나 이념, 참여에 기반해 있기 때문이다.

이런 의미에서 정당은 사회학자 John Levi Martin이 적절히 정의한 대로 "엘리트들이 동일한 국가 안에서 다른 엘리트들에 대항해 자신들이 원하는 바를 효과적으로 수행하도록 일반 시민들의 유의미한 부분을 동원하고자 하는 사회 구조"(Martin, 2009: 284)라고 할 수 있다. 이렇게 본다면 정당의 기원은 특정 사회적 관계의 지속적인 확장에서 찾을 수 있다. 이 특정한 관계에서 중요한 것은 서로 이해관계와 대의를 공유하는 사람들의 관계이다. Martin에 따르면 정당의 구성요소는 다음 두 가지이다. 하나는 엘리트의 수평적 연합관계이고 또 하나는 엘리트와 시민 간의 후견제(patronage)에 가까운 수직적 관계이다. 후견제적 수직관계는 특정 지역의 엘리트와 지지하는 후원자들의 관계이다. 이런 관계들이 엘리트들의 수평적 관계 확장을 통해 전국적으로 연결되면 정치권력을 위한 경쟁에 본격적으로 참여할 수 있는 정당이 등장하게 된다.

4. 이익단체와 사회운동단체

시민사회에 대한 생각을 처음 제시한 Locke와 Rousseau 등은 정치사회와 시민사회를 별다르게 구분하지 않고 사용하였다. 그들로서는 시민들이 계약을 통해 정부를 만드는 추상적, 개념적 사유 속에서 사회와 정치를 따로 떼어 생각할 필요가 없었기 때문이다. 하지만 현대의 정치 및 시민사회 이론가들은 정치사회와 시민사회를 따로 떼어 생각한다(Stepan, 1988). 이들에게 시민사회는 정치사회보다 더 넓은 개념이며,

시민사회가 시민들 간의 자발적 질서, 즉 사회적 자본을 형성하고(Tocqueville), 시장을 통해 서로 번영하도록 돕는 동시에(Adam Smith), 시민들의 정치적 참여를 촉진해 민주적 거버넌스에 기여하는(Locke, Rousseau, Montesquieu 등) 다양한 기능을 한다면, 정치사회는 이들 중 하나인 마지막 기능이 정치를 전담하는 정당 및 의회의 활동과 연계되어 있는 것이라고 볼 수 있다.

시민사회의 의미를 정의한 것은 매우 다양하지만 공통적으로 나타나는 것은 시민들의 조직에 대한 언급이다. 정치사상가 Charles Taylor는 시민사회가 "국가로부터 독립적인 자율적 결사체들의 연결망"이며, 이들 결사체들은 "시민들을 공통의 관심사에 함께 모이게 하며, 그 존재나 활동을 통해 공공정책에 영향을 가질 수 있다."고 했다(Kligman, 1990: 420 재인용). 또한 정치학자 Schmitter는 "스스로 조직한 중간적 조직들의 집합 혹은 체계"라고 시민사회를 정의했다(Schmitter, 1995: 1). 이때 중간적(intermediary)이란 의미는 시민들과 국가의 중간에서 시민들의 자발적 조직이 이들을 서로 연결한다는 것이다. 시민사회는 자율적인 시민들이 주체가 되는 사회이지만, 실제로 시민사회를 움직이고 존재하게 만드는 것은 시민들을 모으고 움직이는 조직이다.

시민사회와 정치사회를 구분하는 것은 그 범위가 다르기도 하지만, 둘을 하나로 보면 시민사회의 자율성이 국가나 정당의 정치적 영향력에 의해 침해당할 수 있기 때문이다. 그런 의미에서 자율적인 시민사회는 민주주의 발전의 산물인 동시에 민주주의 발전을 촉진하기도 한다. 시민사회에서 중요한 역할을 하는 조직들로는 크게 이익단체와 사회운동단체, 그리고 동호회단체가 있다. 이익단체가 참여자들의 공동이익을 중심으로 조직된 조직이라면, 사회운동단체는 참여자들이 공유하는 신념과 가치를 중심으로 조직되었다. 그리고 동호회는 참여자들의 공통 관심사를 중심으로 조직된 것이다. 앞에서 살펴본 조직의 분류를 적용하자면 이익단체와 동호회는 참여자들이 혜택을 받는 상호부조조직이라면, 사회운동단체는 외부의 사람들이나 사회 전체에 혜택을 주고자 하는 서비스조직이다. 하지만 이들 시민사회의 조직들은 모두 시장 경제에서 경쟁하는 기업들처럼 영리적 동기에서 모인 조직과 달리 회원들이 자발적으로 참여한 조직이라는 점에서 비슷하다.

여기에서는 시민사회의 조직들 중에서 민주적 거버넌스와 관련이 깊은 이익단체와 사회운동단체를 중심으로 살펴보고자 한다.

먼저 이익단체를 보면 경제학자 Mancur Olson은『집단행동의 논리』에서 자발적 조직으로서 이익단체의 조직을 어렵게 만드는 유인 체계의 딜레마를 지적한다(Olson, 1971). Olson에 따르면 사람들은 조직에 참여할 때에 자신의 노력과 비용에 대한 보상을 기대한다. 그런데 사유재인 상품과 서비스를 생산하고 그에 대한 보상을 정기적으로 받는 기업과 달리 시민사회조직은 회원들이 함께 또는 사회 전체가 혜택을 받는 공공재를 생산한다. 그 결과 공유지의 비극 혹은 무임승차 문제라고 불리는 딜레마가 발생한다. 참여에 따른 노력과 비용은 개인이 부담하되 그 결과로 얻는 편익이나 혜택은 모두가 균등하게 받을 경우, 개인적 부담은 피하고 집합적 편익과 혜택은 받겠다는 이기심이 발동하기 때문이다.

Olson의 주장 이후 많은 학자들이 반론을 제기했다. 하지만 Olson의 핵심 질문은 딜레마에도 불구하고 왜 그리고 어떻게 공공재를 생산하는 조직들이 존재하는가이다. 한편에서는 그 배경으로 집단적 압력과 감시를 제시한다. 노동조합 파업에서 참여의 위험과 부담은 피하고 그 결과로 노동조건의 개선은 얻으려는 기회주의를 동료들의 압력과 감시로 차단하는 것이 대표적이다. 하지만 자발적 참여가 핵심인 시민사회단체에서 압력과 감시는 한계가 있다. 여기에서 중요한 역할을 하는 것이 사회적 관계와 상호작용에 기초한 유대와 공감이다. 다른 사람들과 만나고 상호작용하면서 사람들은 그들에 대한 유대감을 갖게 되고 그들과 공감을 가짐으로써 자신들의 이익이나 문제가 공통 관심사라는 인식을 강하게 느낀 결과 개인적 이해타산을 넘어서게 된다는 것이다.

이익단체가 민주적 거버넌스에 참여하는 것은 지역을 기반으로 조직된 정당이 충분히 반영하기 어려운 다양한 직업이나 산업 등의 이해관계를 이익단체가 집단적으로 대변하기 때문이다. 정치사회와 이익단체, 국가와 이익단체의 관계는 사회의 제도적 맥락에 크게 영향을 받는다. 이러한 제도적 맥락의 차이는 시장 경제의 제도적 맥락이 자유시장 경제와 조정시장 경제로 나뉘는 것과 밀접한 관련이 있다. 자유시장 경제와 가까운 것이 다원주의적 거버넌스라면, 조정시장 경제와 가까운 것이 조합주의적 거버넌스이다.

다원주의(pluralism)는 불특정 다수의 이익집단들이 자발적으로 조직되어, 서로 경쟁하고 비위계적 관계를 맺으며 자주적으로 운영되고, 정부로부터 허가, 인증, 지원, 설립 등에 간섭받지 않고 지도자 선발, 이익 주장 면에서 통제받지 않는, 그 결과 자신이 속한 분야에서 이익대표 활동을 독점하지 않는 이익대표(interest representation) 체계이다(Schmitter, 1974: 96). 이익집단은 자신의 요구와 주장을 정당을 대표하는 정치인들에게 로비를 통해 전달하고 이를 대변하는 정치인들에게 조직적 지지를 제공하는 방식으로 거버넌스에 참여한다. 시장을 자율적으로 조직되고 움직이는 체계로 보는 것처럼, 정치 또한 시장처럼 자기충적적인 체계로 보고자 하는 것이다. 이 경우 정치사회와 시민사회의 관계는 서로 독립적이다.

이와 대비되는 조합주의(corporatism)는 제한된 수의 이익집단들이 기능적으로 분화된 분야마다 하나씩 강제적으로 조직되어 서로 경쟁하지 않고 위계적 관계를 맺으며, 정부에 의해 직접 만들어지지는 않더라도 정부의 허가나 인증을 받으며, 지도자 선발, 요구나 지원의 주장에 대한 정부 통제의 대가로 각자의 분야에서 이익대표 활동을 독점하는 의도적 이익대표 체계이다(Schmitter, 1974: 94–5). 조합주의에서는 거버넌스에 국가와 의회, 정당만이 아니라 이익집단 또한 적극적으로 참여한다. 다양한 상충되는 이해관계를 조정하는 여러 공동위원회가 대표적이다. 조합주의는 이탈리아의 파시즘과 독일의 나치즘에서 대중 동원의 수단으로 사용되기도 했다. 거버넌스의 제도로서 조합주의를 이론화한 Schmitter는 그래서 파시즘과 나치즘의 시대가 지난 뒤 “아직도 여전히 조합주의의 세기인가?”라는 질문을 논문 제목으로 하였다(Schmitter, 1974). 하지만 전체주의 이후의 유럽뿐 아니라 군부 권위주의 이후의 남미에서도 조합주의 거버넌스는 광범하게 발견된다.

민주주의 거버넌스의 국가 간 비교 연구를 한 정치학자 Lijphart (2012)는 정치사회의 구조로서 다당제와 양당제의 차이가 이익집단의 다원주의와 조합주의 차이에 밀접한 관련을 보인다는 것을 [그림 10–3]을 통해 설명한다. 의회에 참여하는 정당의 수가 많을수록 이익집단의 다원주의 정도가 낮다는 것을 볼 수 있다.

한국의 경우는 어떠한가? 한국에서 이익집단 정치는 1987년 민주화 이전과 이후로 나누어 볼 수 있다. 경제성장을 최우선으로 내세운 군부 권위주의 정부에서 노동조합, 농민단체 등 이익단체의 요구 수용은 최소화되었고 이익단체는 이익 반영보다는 동원과 통제의 수단으로만 역할했다. 이러한 조합주의 체계는 이익단체의 포용보다는 배제에 중점을 둔 국가 중심의 조합주의이다(Schmitter, 1974). 정부와의 종속적 관계 때문에 자율성을 갖지 못했던 시민사회가 자율성을 회복하려는 노력이 1987년 민주화 이후 활발하게 이루어졌고, 그에 따라 시민사회에 자발적으로 조직된 자율적 이익단체들이 많이 등장하게 되었다. 김인춘(2007)은 한국이 민주화 이후 제도의 창조적 파괴를 통해 발전국가 중심의 조합주의로부터 민주적 조합주의로 진화할 것을 제안하였다.

그림 10-3 | 정당 체계와 이익집단 다원주의의 관계

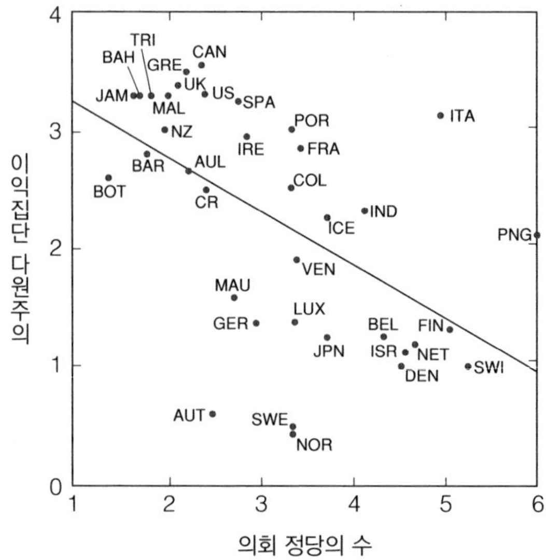

출처 : Lijphart, 2012.

[그림 10-4]는 한국에서 노동조합의 조직원 수와 전체 임금근로자 중에서 조합에 속하는 비율인 조직률의 변화를 보여준다. 노동조합 조직원 수는 계속 증가해 왔으며 특히 1987년 민주화 이후 가파르게 증가했다. 반면 노동조합 조직률은 1980년대 후반을 제외하면 전반적으로 하락하고 있다. 민주화 이후 조합주의적 합의와 조정의 시도는 1998년 외환위기 속에서 노동조합과 기업주 대표, 정치권의 합의를 통해 이해관계 조정을 시도하려 했던 노사정위원회가 그 본격적 시작이었다. 이후에도 비슷한 시도는 여러 차례 이루어졌지만 그 실질적 성과가 크다고 보기는 어렵다.

기업 측 이익단체들을 살펴보면 다음과 같다. 기업 측 이익단체로 처음 결성된 것은 1884년 한성상업회의소(현재의 서울상공회의소)를 모태

그림 10-4 | 한국 노동조합 조직원 수와 조직률의 변화

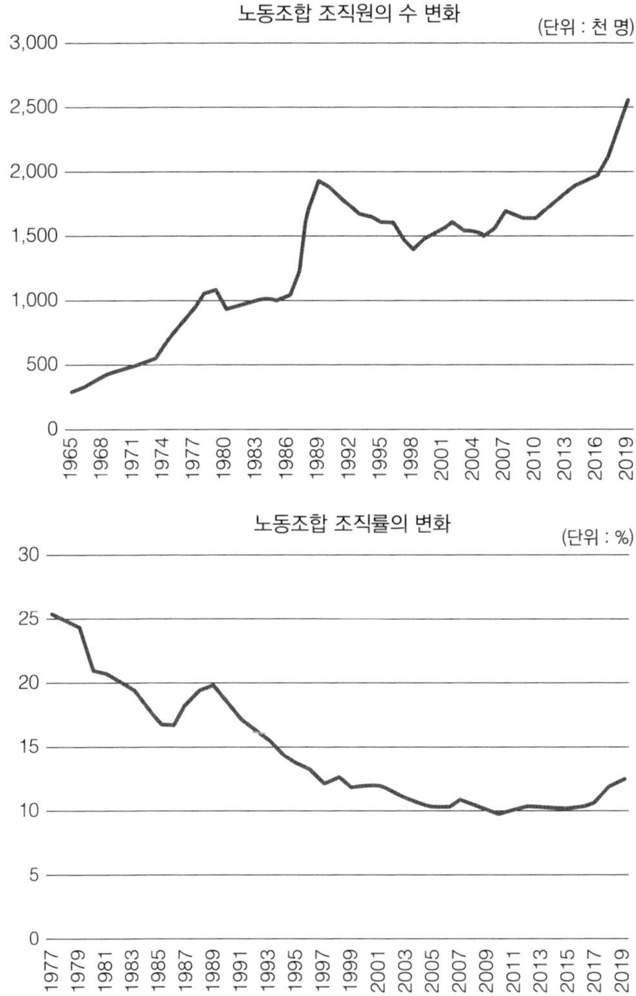

출처 : 한국노동연구원.

로 1946년 결성된 대한상공회의소(당시에는 조선상공회의소)이다. 한국무역협회가 수출 증대를 위해 무역업계를 중심으로 1946년 설립되었고 이후 한국 대기업을 대표하는 전국경제인연합회(전경련)가 1961년 한국경제인협회라는 이름으로, 중소기업을 대표하는 중소기업중앙회(중기중앙회)가 1962년 중소기업협동조합중앙회라는 이름으로 설립되었다. 기업 이익단체 중에서 노사 문제를 담당하기 위해 설립된 단체는 1970년 설립된 한국경영자총협회(경총)이며, 가장 최근 설립된 것은 2014년 '중견기업특별법'에 근거하여 법정 경제단체로 만들어진 한국중견기업연합회이다. 이처럼 다양한 기업 측 이익단체는 기업들에 대한 다양한 지원서비스와 함께 정책에 기업 측의 의견이나 요구를 제시하고 반영하도록 하려는 노력을 하고 있다.

노동조합과 기업 단체 외에도 다양한 직업 관련 협회들이 시민사회의 이익단체로 존재한다. 대표적인 것이 한국교총과 같은 교사단체, 의사협회, 변호사협회, 약사회, 기자협회, 간호사협회, 건축가협회 등과 같은 전문직 중심 직업단체들이다. 이들 단체는 자신들의 전문 직종에 대한 자격증과 윤리강령 등을 제정하고 운영하며, 정부와 협조하여 자신들의 이익 보호와 함께 일반 국민 복리에도 기여하고자 한다. 그 밖에 또 다른 이익단체로 각종 산업별로 조직된 사업자단체들이 있다. 기업들의 보편적이고 일반적인 이익 외에도 각 산업 분야마다 정부 규제와 관련된 다양한 이해관계가 얽혀 있어서 이와 관련된 사업상 요구를 전달하고 법률이나 정책에 반영되도록 노력하는 것이 이들의 역할이다.

이익단체에 이어서 사회운동단체에 대해서 살펴보고자 한다. 사회운동단체는 이익단체처럼 공동의 이익을 공유하는 사람들이 아니라 비슷한 생각을 하고 비슷한 신념을 가진 사람들의 조직이다. 노동조합과 같은 직업적, 계급적 기반을 갖지 않는 사회운동단체들이 활발하게 등장한 것은 서구에서도 2차 대전 이후 전후 복구를 통해 물질적 풍요의 시대가 도래했다고 하는 1960년대 이후이다. 이 시기에 서구에서는 새로운 사회운동이라는 이름으로 계급적 격차 외에도 인종이나 젠더와 같은 다양한 사회적 차별과 격차를 없애려는 정체성 중심의 운동, 환경을 보호하고 인권을 존중받도록 하려는 사회적 가치를 위한 운동 등이 활발하게 일어났다. 한국에서 이러한 다양한 사회운동은 서구의 영향을 받아 권위주의 시기에도 일부 있기는 했지만 본격적으로 등장한 것은 민주화 이후 특히 1990년대와 2000년대 이후이다.

사회운동에 대한 사회과학 연구에서는 사회운동조직을 중요하게 여긴다. 조직은 사회운동의 정당성을 주장하고 요구하는 담론의 틀(frame) 형성에 중요할 뿐 아니라 무엇보다도 사회운동을 지지하는 다양한 사람들과 함께 자원을 동원(resource mobilization)하는 데에도 큰 역할을 한다. 사회운동조직은 이익단체와 달리 정치사회에 대한 공식적인 창구 외에도 다양한 방법을 동원해서 자신들의 요구와 주장이 정치적 영향력을 갖도록 노력한다. 예컨대 시위나 토론회를 조직하기도 하고, 언론에 기고하거나 직접 신문이나 소식지를 발행하기도 한다. 정치사회에서 정당들이 중심이 되어 선거와 의회를 통해 이루어지는 정치가 권력의 정치라면, 사회운동단체들이 시민사회를 중심으로 전개하는 정치는 일종의 영향력의 정치인 셈이다.

사회운동단체들은 자신들이 중요하고 옳다고 믿는 가치나 권리에 대한 사회의 관심을 환기하는 동시에 자신들이 요구하는 주장들이 정치권 내에 반영되도록 목소리를 높이는 것이다. 시민들의 관심과 지지가 높아지면 결국 정치권에서도 이러한 목소리에 반응을 보일 것이라는 생각이다. 또한 사회운동조직들은 각자 활동을 하기도 하지만 많은 경우 비슷한 관심과 요구를 가진 단체들이 함께 연대해서 네트워킹을 하고 공동행동을 하기도 한다. 그럼으로써 보다 효과적으로 자신들의 목소리를 높일 수 있기 때문이다(권태환 · 임현진 · 송호근, 2001).

연습문제

01 정부 관료제에 대한 설명으로 옳지 않은 것은 무엇인가?

① 정부 관료제는 효율성보다 정당성과 책무성을 우선시한다.

② 정부 관료제의 효율성에 대한 요구가 서구에서 2000년대 신공공관리로 표출되었다.

③ 공기업 민영화는 신공공관리의 영향에 의한 것이다.

④ 정부의 효율성보다 더 많은 민주주의의 요구가 새로운 거버넌스로 나타났다.

02 민주주의 정치에서 정당의 분포에 대한 설명으로 옳은 것은 무엇인가?

① 경제학자 Downs는 유권자들이 소비자들과 달리 양극화된다는 점이 시장과 다르다고 주장했다.

② 정치학자 Lipset과 Rokkan은 사회마다 균열 구조가 고유하기 때문에 정당의 분포는 균열 구조를 따른다고 주장했다.

③ 정치학자 Duverger는 소선거구제와 비례대표제가 양당제에 기여한다고 주장했다.

④ 한국에서 정당은 건국 이후 사회적 균열 구조가 복잡해지면서 지속적으로 증가해 왔다.

03 민주적 거버넌스에서 시민사회조직의 역할에 대한 설명으로 옳지 않은 것은 무엇인가?

① Olson은 자발적 조직으로서 이익단체가 유인 체계 때문에 조직되기 힘들다고 보았다.

② 무임승차나 공유지의 비극은 이익단체와 사회운동조직에 모두 해당된다.

③ 정치학자 Lijphart는 의회 참여 정당이 많을수록 이익집단 다원주의가 약하다고 주장한다.

④ 이익집단이 이해관계를 중심으로 한다면 사회운동단체는 가치와 신념을 기반으로 한다.

04 이익단체가 민주적 거버넌스에 참여하는 제도적 방식에 대한 설명으로 옳지 않은 것은 무엇인가?

① 다원주의에서 이익단체는 거버넌스 참여는 하지 않고 정치인들에게 로비를 한다.

② 다원주의는 시장과 정치를 가능한 한 분리하려 하는 시도이다.

③ 조합주의는 이익단체들이 국정 거버넌스에 적극적으로 참여하도록 한다.

④ 조합주의는 20세기 전반 대중동원적 전체주의에서 활발했고 이후 약화되었다.

정답

01 ② 02 ② 03 ② 04 ④

제 11 장

사회부문, 사회 구조와 조직

1. 비영리조직의 등장, 기능과 구조
2. 환경적 제약과 특성, 국제 비교
3. 사회적 상식 · 규범과 조직의 정당성
4. 사회적 관계의 구조와 조직의 동형화

- 연습문제

앞서 우리는 시장 경제와 민주적 거버넌스, 경제와 정치 분야의 다양한 조직들에 대한 구조적 제약과 그에 대한 조직들의 대응을 살펴보았다. 시장 경제에서 활동하는 기업조직들은 이윤 동기를 갖고 시장에서 전략적 활동과 상호작용을 한다. 이들의 이윤 극대화 전략과 행동은 상황적, 구조적 제약을 받는다. 민주적 거버넌스에 참여하는 조직들은 권력과 이익, 영향력을 추구하며 집합적으로 민주적 질서를 이룬다. 이들 역시 법적, 제도적 틀 속에서 자신들의 행동을 취한다. 경제와 정치에 이어 이제는 조직들에 대한 사회의 요구와 제약을 살펴보고자 한다. 그런데 조직의 사회적 맥락, 사회적 환경에 대해 논의하기에 앞서 '사회'란 용어의 의미를 다시 생각해 볼 필요가 있다. 여기에서 '사회'의 의미는 서로 밀접히 관련되지만 구분되는 두 측면이 분명 있다.

하나는 정치, 경제와 구분되는 영역 혹은 부문으로서 사회의 의미이다. 이때 사회는 때로는 시민사회와 비슷한 의미로도 사용된다. 경제적 이해관계나 정치적 권력관계에서 벗어난 시민들의 교류와 친목, 소통의 장으로서의 사회이다. 이때 사회는 민간영역의 경제적 이해관계나 공적 영역의 정치적 권력관계를 벗어나거나 그로부터 자유로운 영역이다. 가정이라는 사적 영역 및 거시적 정치, 경제의 공적 영역과 구별되는 이 영역은 근대 사회 등장 과정에서 생겨났다. 이 사회에서 조직은 시민들의 사회적 욕구를 충족시키기 위해, 또한 사회 문제의 해결을 위해 생겨난다. 이러한 사회적 필요, 욕구나 사회 문제는 국지적인 경우가 많지만 전국적 범위일 때도 있다. 이 조직들은 대부분 비영리조직이다. 여기에서는 정치, 경제와 구별되는 좁은 의미의 사회부문에서 사회적 필요 충족과 사회 문제 해결, 개인의 자기 주장을 위해 활동하는 비영리조직을 먼저 살펴본다.

사회의 또 다른 의미는 좁은 의미의 정치, 경제, 사회를 모두 포괄하는 넓은 의미에서의 사회이다. 사회학에서는 시장 경제나 민주적 거버넌스 모두 고유한 구성과 작동의 원리가 있지만, 이러한 원리 역시 사회적으로 구성된다고 본다. 즉 사람과 조직이 모여 상호작용하고 서로 영향을 주고받는 곳은 어디건 사회적 힘(social forces)이 작용한다고 보는 것이다. 합리성과 이윤 동기가 지배하는 시장경제에서도 사회적 관계와 구조의 효과가 중요하며(Granovetter, 1985), 권력에 기반한 지배의 논리가 지배하는 정치에서도 사회적 힘이 작용한다(Padgett & Ansell, 1993).

넓은 의미의 사회에서 중요한 것은 정치와 경제, 좁은 의미에서의 사회를 망라해서 조직들에 작용하는 사회적 힘의 논리가 있다는 사실이다. 이러한 사회적 힘은 한편에서는 보편화된 상식과 규범의 논리로, 다른 한편에서는 사회적 관계의 논리로 작용한다. 넓은 의미의 사회는 최근 들어 조직들에게 자신의 고유한 목적의 추구와 달성 외에도 사회적 가치에 대한 관심과 준수를 요구하기에 이르렀다. 그것은 시장 경제와 정치적 거버넌스 영역의 고유한 목적과 원리의 추구가 넓은 의미의 사회를 위협할 위험이 커졌다는 사실 때문이다. 비영리조직에 대해 살펴본 뒤 이 장에서는 넓은 의미의 사회가 조직들에 가하는 사회적 힘의 영향을 살펴본다.

1. 비영리조직의 등장, 기능과 구조

앞 장에서 우리는 시민사회의 이익단체와 사회운동단체가 정치사회와 연결되어 민주적 거버넌스에 참여하는 것을 살펴보았다. 하지만 시민사회는 정치사회보다 더 큰 개념이며, 시민사회는 정치사회로부터 자율적이고자 한다. 시민사회에는 이익단체나 사회운동단체 외에도 많은 다양한 조직들이 존재한다. 그리고 이들 다양한 조직들은 대부분 비영리조직 형태를 갖는다.

조직의 다양성을 다루며 우리는 비영리조직이 영리조직인 기업과 공공조직인 정부와 어떻게 다른가 살펴보았다. 비영리조직은 기본적으로 조직의 법적 근거에 따른 구분이지만, 그 역사적 기원과 조직의 활동 방식, 내용의 특징은 사회적 논리로 설명된다. 먼저 비영리조직의 기본적 특징에 대해 살펴보자. 비영리조직은 다음과 같은 세 가지 측면에서 다른 조직과 구별된다(Frumkin, 2009).

첫째, 비영리조직은 참여를 강요하지 않는다. 이러한 특징은 정부의 공공조직과 비영리조직을 구분한다. 비영리조직의 다른 명칭이 자발적 결사(voluntary association)인 이유도 여기에 참여하는 사람들이 자발적 의지로 참여하기 때문이다. 비영리조직에서 자원봉사로 일하는 사람이건 비영리조직에 기부를 하는 사람이건 자유의사에 따라 참여한다. 참여자들은 이들 조직이 무언가 가치 있는 기여를 한다는 생각에 동의해서 참여하는 것이다.

둘째, 비영리조직은 운영을 통해 벌어들인 수익을 이해당사자들에게 분배하지 않는다. 비영리조직은 자신의 목적 사업에 돈을 주로 쓰지만 관련된 사업들—예컨대 교육이나 행사 등—로부터 돈을 벌기도 한다. 비영리조직의 운영으로부터 발생한 이 수익을 조직은 투자자들이나 구성원들과 나누는 대신 조직의 목적 사업에 다시 사용한다. 그럼으로써 비영리조직은 자발적 참여자들에게 조직이 내세운 대의나 목적에 충실하다는 것을 보여주는 셈이다. 이러한 특징은 비즈니스 기업과 비영리조직을 구분한다.

셋째, 비영리조직은 소유와 책임의 단순명료한 경계가 없다. 영리기업은 주주들이 투자액에 따라 명확한 지분을 소유한다. 정당 역시 자신들에게 투표한 유권자들의 비율대로 권력분배가 된다. 이에 비해 비영리조직은 기부자들, 고객들, 이사들, 일하는 사람들, 지역사회 등 다양한 이해관계자들이 있고 이들은 각자의 목소리를 갖는다. 따라서 비영리조직은 주주의 이익 극대화를 최우선으로 삼는 기업이나 지지자들의 요구를 반영해야 하는 정당과 달리 일반적인 의미에서의 공익에 더 많이 신경을 쓰게 된다. 물론 이러한 원칙이 얼마나 현실적으로 지켜지는가는 다른 문제이다.

비영리조직과 관련하여 중요한 질문은 비영리조직이 왜 존재하며, 어떤 과정을 거쳐 생겨났는가이다.

비영리조직이 충족시키는 사회적 기능에 대해 Frumkin은 [그림 11-1]과 같은 2×2 도식으로 설명한다(Frumkin, 2009). 한 차원은 수요와

그림 11-1 | 비영리조직의 사회적 기능 도식

	수요 지향	공급 지향
수단적 이유	**서비스 제공** 필요한 서비스를 제공해서 시장 및 정부실패에 대응한다.	**사회적 기업가정신** 기업가정신의 가치를 제공하고 영리와 자선 목적을 겸한 사회적 기업을 창출한다.
표현적 이유	**시민적 정치 참여** 정치에 시민을 동원하고, 대의를 옹호하며 공동체에서 사회적 자본을 구축한다.	**가치와 신념** 자원봉사자, 직원, 기부자들이 일을 통해 가치, 헌신, 신념을 표현하도록 한다.

출처 : Frumkin, 2009.

공급의 구분인데 비영리조직이 제공하는 서비스를 사회가 필요로 하는 부분(수요)과 비영리조직에 참여하는 사람들의 욕구를 충족시키는 부분(공급)이다. 또 하나의 차원은 수단적 이유와 표현적 이유의 구분인데 문제 해결의 역할(수단적 이유)과 가치나 주장의 발언 및 표현 역할(표현적 이유)이다. 두 차원이 교차해서 생기는 비영리조직의 기능적 유형 중에서 수요와 표현적 이유가 만나는 시민적, 정치적 참여는 앞 장에서 살펴보았다.

사회적 수요와 수단적 이유가 만나는 서비스 제공 기능(왼편 상단)은 교육, 문화, 의료 등 시장과 정부의 실패로 생겨난 문제를 해결한다. 시장 실패란 시장 제도를 통한 자원 배분이 효율성을 달성하기 어려운 경우를 의미한다. 시장 실패를 가져오는 원인은 다양하지만 비영리조직과 직접 관련되는 것은 공공재와 가치재의 문제이다. 공공재는 모두의 것이며 모두 함께 소비하기 때문에 공유지의 비극과 같은 무임승차의 문제가 발생한다. 또한 가치재는 그 소비로 얻는 가치가 과소 평가된 반면 비용은 과대 평가되어, 사회에서 바람직한 양보다 적게 소비되는 경향이 있다. 사회적 복지나 서비스는 공공재이며, 문화, 교육, 의료와 같은 경우는 가치재에 해당된다. 시장에 맡길 경우 공공재와 가치재는 사회에서 필요한 만큼 충분히 공급되기 어렵기 때문에 시장 실패가 발생한다.

시장 실패를 극복하려면 시장을 거치지 않고 공공재와 가치재를 공급해야 한다. 정부가 하나의 대안이 되지만 정부는 규칙에 지나치게 얽매이는 보수성 때문에 역할을 제대로 못할 수 있다. 우선 자유롭고 창의적인 접근이 필요한 교육과 문화에는 획일적이어서 적합하지 않고, 의료나 복지의 경우 기본 서비스는 잘 제공하지만 다양한 수요자의 상황이나 필요에 맞는 충분한 서비스의 제공에 못 미친다. 공공조직의 경직성이 낳는 이러한 문제를 정부 실패라 한다. 결국 시장 실패와 정부 실패를 모두 극복하기 위해 비영리조직이 등장한다.

사회적 공급과 수단적 이유가 만나는 사회적 기업가정신(오른편 상단)은 사회적 혁신과 사회적 가치를 제공하는 사회적 기업이 담당하는 기능이다. 사회적 기업가정신은 비영리부문이 수행하는 사회적 기능 중에서 비교적 최근 활발해지기 시작한 부분이며, 앞으로 더욱 활성화될 것으로 예상되는 부분이기도 하다.

그리고 마지막으로 사회적 공급과 표현적 이유가 만나는 가치와 신념(오른편 하단)은 다양한 비영리조직에 기부나 자원봉사로 참여하는 사람들이 자신들이 가진 신념과 가치를 표현할 수 있도록 하는 기능이다. 비영리조직에 기부하거나 자원봉사하는 사람들의 열망과 관심은 19세기 후반과 20세기 초 비영리조직이 등장할 때에는 주로 계급적 측면이 중심이었다. 노블레스 오블리주라는 말처럼 엘리트들이 사회에 대해 갖는 책임감이나 자선에 대한 관심으로 공동체에서 신분과 지위를 얻고자 했다. 21세기에 접어든 지금은 계급적 지위에 따른 신분과 지위의 추구도 여전히 중요하지만 사회의 가치관이 물질주의로부터 탈물질주의로 바뀌면서 공동체의 발전과 사회적 가치에 기여하겠다는 동기가 확대되어 엘리트만이 아니라 다양하고 폭넓은 배경을 가진 사람들이 광범하게 비영리조직에 참여한다.

비영리조직은 19세기 중반에서 20세기 초반 미국에서 본격적으로 등장했다. 당시 유럽은 격렬한 계급갈등이 전개되고 있었을 뿐 아니라 절대주의 왕정의 전통과 경험 때문에 비영리조직이 담당할 사회적 역할을 상당 부분 정부조직이 담당했다. 그에 비해 국가 수립 당시부터 자유주의 전통을 중시한 미국에서 정부에 대한 기대는 적었을 뿐 아니라 시장실패가 발생한 문화, 교육, 의료 분야에서 엘리트 계층의 사회개혁 열망과 사회 주도권을 갖고자 하는 의욕이 각종 조직의 설립으로 표출되었다.

19세기 중반의 남북전쟁과 20세기 초반의 1차 세계대전 사이에 사립 연구 중심 대학들이 대거 등장하였고(Geiger, 1986; Graham, Diamond, & Rosenzweig, 1997), 미술관이나 교향악단과 같은 문화예술조직들이 만들어졌으며(DiMaggio, 1986), 종합병원들이 엘리트 지도층의 적극적 기부에 의해 설립되었다(Starr, 1982). 또한 19세기 중반 이후 각종 분야에서 전문지식을 다루는 학회들이 협회(association) 형태로 등장하기 시작했다. 이들 분야에서 새로 등장한 조직들은 대부분 비영리조직 형태로 만들어졌다. 이러한 비영리조직들은 20세기 초반 진보적(progressive) 시기와 1930년대 이후 뉴딜을 거치면서 정부와 비영리 민간부문이 손잡고 신뢰와 공공 서비스를 제공함으로써 사회적 자본을 확충하려는 노력을 함께하였고(Putnam, 2020), 이후 2차 대전 이후에 면세 등과 관련된 본격적인 비영리부문의 지원을 위한 제도적 정비를 거치게 되었다.

비영리조직의 구조와 운영을 살펴보자. 주주들의 투자로 자본을 마련한 영리기업은 이사회(board of directors)가 주주들을 대신해서 주요 의사결정을 한다. 의사결정 사항들은 이사회가 임명한 임원들과 직원들이 실행에 옮긴다. 경영활동으로 벌어들인 수익은 임직원들에게 보수로 지급하고, 이윤 일부는 주주들에게 배당금으로 분배한다. 하지만 비영리조직의 이사회(boad of trustees)는 대변할 주주가 없으며, 기부자보다는 국민과 정부를 대신해서 비영리조직이 사회 공익에 기여하도록 의사결정을 한다. 비영리조직의 비용은 경영활동 결과를 시장에서 판매한 수익보다는 기부자들의 기부나 정부 보조금 등을 통해 충당된다. 이사회에서 결정한 사항들을 실행에 옮기는 것은 고용된 직원이나 보수를 받지 않고 자원봉사하는 사람들이다.

비영리조직에는 어떤 종류들이 있는가? [그림 11-2]는 비영리부문에 속하는 다양한 조직의 종류들을 구분해 본 것이다(Frumkin, 2009).

그림 11-2 | 비영리조직의 구분

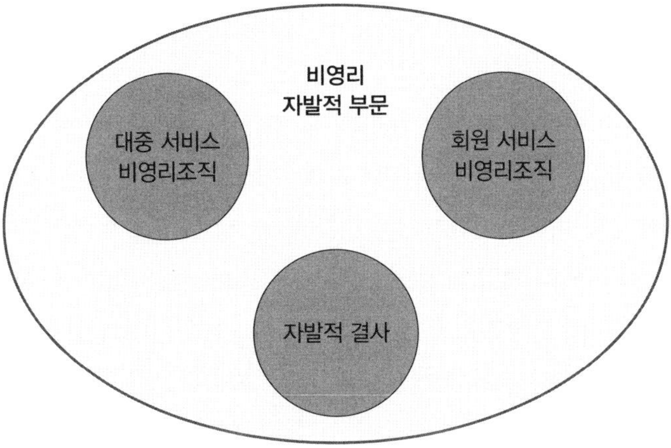

출처 : Frumkin, 2009.

이 그림에서 대중 서비스 비영리조직은 그 활동의 수혜자가 일반 대중이라는 의미이며, 대학교를 비롯 사립학교와 같은 교육기관, 복지서비스를 제공하는 민간복지시설들, 그리고 종합병원과 같은 의료기관들, 민간에서 운영하는 박물관이나 연주단체와 같은 문화예술단체들, 그리고 장학재단이나 문화재단, 복지재단과 같은 각종 재단들이 속한다. 회원 서비스 비영리조직은 학문 분야별로 구성된 각종 학회들, 각종 직업이나 산업별로 구성된 직업별 혹은 사업자별 협회, 그리고 상부상조를 위해 모인 동창회나 친족단체 등이 포함된다. 회원 서비스 비영리조직들은 회원의 자격 규정이 공식적으로 규정되어 자격에 맞는 사람들만 참여해서 회비를 내는 대신 서비스를 받을 수 있다는 특징이 있다. 마지막으로 자발적 결사는 비슷한 관심이나 신념을 가진 사람들이라면 누구나 참여할 수 있는 조직이며 종교조직이나 동호회, 지역 친목모임 등 다양한 조직들이 이에 속한다.

2. 환경적 제약과 특성, 국제 비교

비영리조직에 대한 환경적 제약은 무엇이며 그 결과 비영리조직은 어떤 특성을 갖는가? 앞에서 우리는 시장 경제의 기업이 시장 불확실성과 경쟁에 전략적 대응을 시도하는 것을 보았고, 공공조직 정부 관료제가 정당성과 책무성의 제약 때문에 위험부담을 회피하는 보수적 특성을 갖는 것을 보았다. 비영리조직은 시장 경쟁에 따른 기업의 효율성 압력이나 공공조직의 정당성 제약이 없어서 자유롭게 활동할 수 있는가?

비영리조직 역시 환경적 제약이 있다. 비영리조직은 크게 두 측면에서 제약을 받는다.

기업과 달리 비영리조직은 시장 경쟁을 통해 생존에 필요한 자원을 확보하지 않는다. 하지만 비영리조직 역시 생존과 지속적 활동에 필요한 자원을 외부 환경에서 얻는다. 자원을 제공하는 외부 환경은 소비자들이 있는 시장이 아닌 시민들의 자원봉사와 기부가 있는 시민사회이다. 시민들의 기부와 자원봉사는 자발적이지만 시민들의 자발성만으로 비영리조직들을 지탱하기에 충분치 못한 경우가 많다. 대기업으로부터 전적인 후원을 받는 재단 혹은 오랜 전통을 가진 대학교, 미술관처럼 기금(endowment)을 많이 확보한 비영리조직들도 있지만 다수의 비영리조직은 그렇지 못하다. 기금 역시 예금이나 주식의 형태로 시장에 연계된 경우가 많아 시장이 위기에 빠지면 기금도 타격을 받는다.

비영리조직은 시장의 자원의존이 아닌 기부에 대한 자원의존을 겪는다. 미술관의 전시 내용과 프로그램을 미술관의 기부 상황과 연결시켜 연구한 Alexander(1996)의 연구는 비영리조직의 자원의존이 가져온 결과를 잘 보여준다. Alexander는 미술관의 주된 자금원이 정부인가, 기업인가, 아니면 개인 기부자들인가에 따라 미술관의 전시 프로그램이 달라지는 것을 발견했다. 정부의 지원을 주로 받는 전시의 경우 시민 다수가 즐길 수 있는 보편적인 프로그램을, 기업 지원을 많이 받는 전시는 대중적으로 알려지고 홍보가 잘될 수 있는 프로그램을, 개인 기부자들의 후원이 주를 이룬 전시는 기부자들 중에 애호가들이 많기 때문에 전통적이고 고급 취향의 전시가 많았다. 다양한 종류의 후원이 균형을 이루거나 미술관 자체적으로 기획한 경우에만 학예사들의 전문성을 발휘한 실험적인 전시가 가능했다. 결국 시장의 영향을 받지 않더라도 후원자들의 취향과 관심이 외부로부터 비영리조직 활동에 영향을 미친 것이다.

DiMaggio(1986)는 이러한 의미에서 비영리조직도 공공조직만큼은 아니지만 보수적일 가능성이 높다고 주장한다. 보수적이라는 의미는 급격한 변화를 원하지 않는다는 것이다. 시장에서 경쟁하는 기업들은 혁신을 통해 항상 새롭고 혁신적인 제품과 서비스를 선보여야 하지만, 비영리조직들은 후원과 기부를 약속한 개인이나 조직들이 내건 조건이나 요구를 반영하다 보면 변화 속도에 뒤처질 가능성이 높다.

비영리조직이 직면하는 또 하나의 제약은 법적, 제도적 측면의 제약이다. 시장에서 활동하는 기업은 공정거래와 관련된 기본 시장 질서를 준수하는 한 활동에 제약이 없다. 사업 분야를 바꾸거나 확장하는 것에도 제약이 없다. 기업의 사업자 등록에 따른 것 이외에 기업활동을 제약하는 조건은 별로 없다. 물론 주주 총회에서 주주의 제약을 받고 노동조합과 협의를 해야 하지만, 기업은 시장 경제에서 자유롭게 활동한다. 그러나 비영리조직은 이와 다르다. 비영리조직은 면세의 혜택을 받고 기부받을 권리를 부여받기 때문에 이러한 혜택과 권리에 따른 책임을 져야 한다. 비영리법인은 설립 과정에서 관계 관청으로부터 설립 목적이 사회에 도움이 된다는 조건으로 인가를 받는다. 인가 조건은 이후에도 비영리조직이 활동하는 데 중요한 제약 요인이 된다. 설립 목적에 부합되는 활동만을 할 수 있기 때문이다. 물론 이러한 인가에 따른 제약이 절대적이지 않고 협소하게 해석되는 것도 아니다. 하지만 조직의 기본

그림 11-3 | 비영리부문 종사자와 자원봉사자의 국제비교

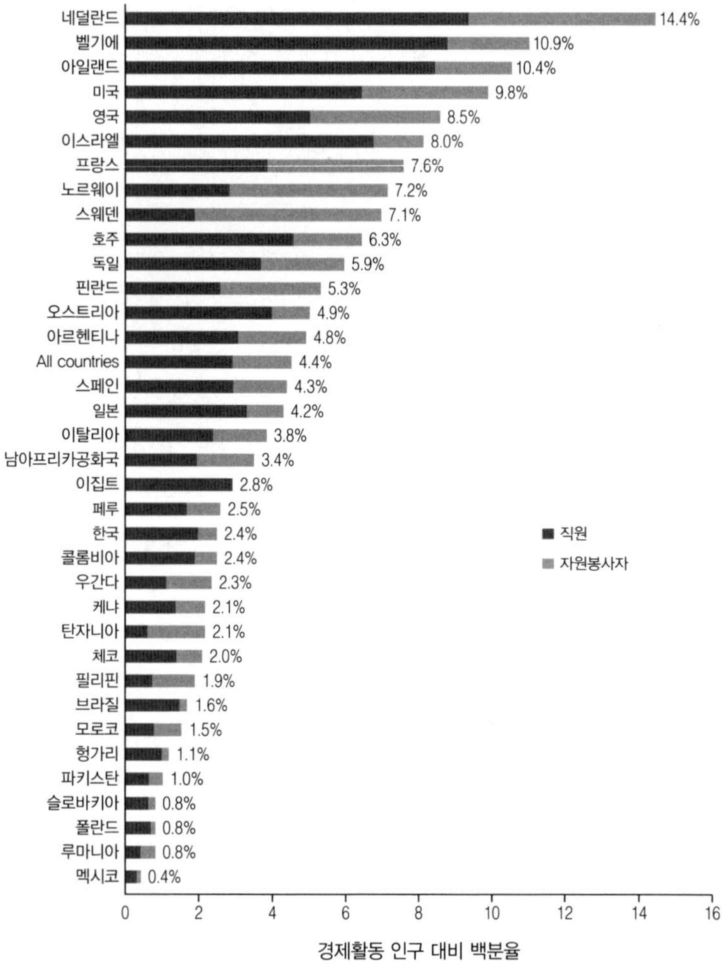

출처 : Anheier & Salamon, 2006.

적 사업이나 목적을 바꾸는 것은 불가능하고 조직을 새롭게 만들어야 한다.

비영리조직의 자원의존 상황과 법적 제도적 제약은 비영리조직 활동을 다소 보수적이고, 기존의 방식을 답습하게 만든다. 비영리조직이 보수적이라는 것은 다소 역설적이다. 새로운 학문적 혁신을 주도하고, 문화와 예술의 창조를 담당하며, 의료와 관련된 지식과 기술의 진보를 수행하는 비영리조직들에서, 또한 사회, 정치, 경제적 혁신과 변화에 관심이 높은 자발적 결사체의 활동이 보수적이라는 것이 이상하다. 하지만 자원의존과 법, 제도적 제약 외에도, 대학교, 문화예술조직, 병원 등에서 신분 보장을 받고 오랫동안 종사하는 전문직 스태프와 교수, 의사, 예술가들도 조직의 급격한 변화를 어렵게 만든다.[01] 게다가 비영리조직의 이사회는 기업에 비해 더 동질적 구성으로 지속되는 경향이 있으며, 이러한 점들이 비영리조직을 후원하고 기부하는 사람들에게 신뢰를 주는 요인이 되기도 한다.

비영리조직의 현황은 어떠하며, 국제적으로 사회마다 비영리조직은 어떤 차이를 보이는가? 위의 [그림 11-3]은 35개 주요 국가의 경제활동 인구 중에서 비영리조직에서 일하는 사람들의 비율을 비교해서 보여준다. 이 그래프를 보면 유럽 나라들에서 비영리부문이 활발하며, 네덜란드와 벨기에를 제외하면 영미권 국가들의 비영리부문 규모가 크다. 자원봉사 혹은 보수를 받고 고용된 인원의 비율을 합쳤을 때 가장 규모가 큰 나라는 네덜란드 14.4%, 벨기에 10.9%, 미국 9.8%, 영국 8.5%

01 비영리조직이 보수적이기는 하지만 변화나 개혁이 불가능하지는 않다. 김필동(2004)은 한국 · 일본 · 중국의 대학개혁을 비교하면서 글로벌화의 결과 서로 다른 제도적 경로를 밟았던 이들 나라의 고등교육이 미국 대학을 모형으로 따르게 되었음을 밝혔다. 또한 정동일(2008, 2010)은 한국의 병원들이 경쟁의 심화 속에서 학습과 혁신이 활발해지는 것을 밝혔다.

그림 11-4 | 비영리조직의 분야 및 수입원 구성

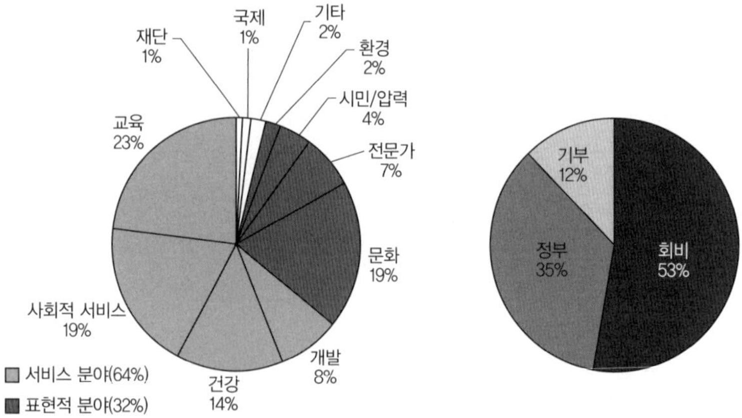

(a) 비영리조직의 글로벌 분야, 종류별 분포 (b) 비영리조직의 수입원별 비중

출처 : Anheier & Salamon, 2006.

이다. 일본은 4.2%로 중위권에, 한국은 2.4%로 중하위권에 속한다. 한국은 또한 비슷한 규모의 다른 나라들에 비해 고용된 인원 비중이 크고 자원봉사 비중이 낮다.

비영리조직의 글로벌한 특성의 분포와 수입 원천은 어떤가? [그림 11-4]의 (a)는 전 세계 비영리조직의 종류별 분포이다. 사회적으로 서비스를 제공하는 분야가 64%로 표현적 기능을 담당하는 분야에 비해 우세하다. 가장 높은 비율을 차지하는 것은 교육기관으로 23%이며, 사회적 서비스조직과 문화예술조직이 각각 19%, 종합병원이 14%로 그 다음을 차지한다. 그 밖에 발전 관련 기관이 8%, 전문직 기관이 7%, 사회운동조직이 4%를 차지하는 것으로 나타났다. [그림 11-4] (b)는 글로벌 비영리조직의 수입, 즉 자원 출처의 비율을 보여준다. 회원들 회비가 53%로 절반 이상을 차지하며, 정부 지원 35%, 후원과 기부 12%의 순으로 나타났다.

표 11-1 ■ 국가 간 비영리조직의 다차원적 비교평가 결과

나라	차원			종합 점수
	역량	지속 가능성	영향	
네덜란드	81	97	91	90
벨기에	68	90	82	80
미국	88	68	63	73
스웨덴	73	63	80	72
이스라엘	79	72	60	70
아일랜드	69	65	74	69
노르웨이	65	63	72	67
영국	75	57	64	65
핀란드	55	65	57	59
오스트레일리아	58	56	55	57
독일	51	60	54	55
프랑스	61	48	55	55
아르헨티나	50	47	64	54
스페인	57	41	49	49
일본	44	47	55	49
오스트리아	43	54	42	47
탄자니아	51	36	51	46
한국	36	52	50	46
남아프리카공화국	47	34	48	43
이탈리아	39	45	44	43
케냐	48	40	40	42
브라질	34	38	46	40
헝가리	41	45	32	39
체코	39	39	37	39
콜롬비아	41	30	39	37
필리핀	31	33	41	35
슬로바키아	35	31	33	33
페루	36	30	33	33
루마니아	30	38	31	33
폴란드	34	34	31	33
멕시코	26	39	27	31
국가 평균	51	50	52	51

출처 : Anheier & Salamon, 2006.

마지막으로 국가 간 비영리조직의 다차원적 비교평가 결과를 살펴보자. 〈표 11-1〉은 Anheier & Salamon의 비영리부문의 특성과 활동에 대한 국제비교 결과이다. 이들은 비영리부문을 역량, 지속 가능성, 영향이라는 세 차원으로 나누어 측정하고 비교하였다(Anheier & Salamon, 2006). 역량(capacity) 차원은 비영리부문의 고용 수준, 고용의 다원화, 자원봉사의 동원, 자선과 기부에 대한 자극을, 지속 가능성(sustainability) 차원은 비영리부문의 금융적 기반, 대중적 지지의 수준(회원가입과 인구 중 자원봉사의 비율), 법적 환경의 지지를, 그리고 영향(impact) 차원은 비영리부문이 제공하는 다양한 서비스들(예컨대 의료, 교육 등)의 비중, 자기표현 기능에 대한 부문의 기여 등을 측정한다.

세 차원을 종합적으로 평가한 결과 비영리부문이 가장 활발한 나라는 네덜란드, 그 다음이 벨기에와 미국의 순이었다. 네덜란드는 세 차원들 중에서 지속 가능성과 영향에서 가장 높게 나타났다. 미국은 역량 차원에서 가장 높은 평가를 받은 반면, 영향 면에서 상대적으로 낮은 편에 속한다. 일본은 전반적으로 또한 종합 평가 면에서 중위권에 있다. 한국은 일본보다 낮은 중하위권에 속하며 특히 세 차원들 중에서 역량 차원에서 뒤처진다.

3. 사회적 상식 · 규범과 조직의 정당성

이제까지 우리는 시장 경제나 민주적 거버넌스와 구별되는 시민사회에서 활동하는 비영리조직들에 대해 살펴보았다. 이제 시야를 좀 더 넓혀 시장 경제와 민주적 거버넌스, 시민사회를 아우르는 넓은 의미에서의 사회의 여러 측면들이 어떻게 기업, 정부, 정당, 비영리조직 등 다양한 조직들에 영향을 미치는지 살펴보고자 한다.

광의에서의 사회는 산업화와 민주혁명 이후의 근대화 과정에서 등장했으며 고전 사회학자들은 이 사회에 대한 다양한 관점을 제시했다. Marx는 사회가 계급적으로 서로 갈등하는 집단들로 분열되어 있다고 보았으며, Weber는 시장의 계산과 관료제의 규칙을 가능하게 하는 합리성이 사회를 통합한다고 보았다. Durkheim은 Weber와 마찬가지로 근대 사회의 통합 가능성을 보았지만 통합의 힘은 합리성이 아닌 도덕적 연대의 감정에서 찾았다. Weber의 합리성이나 Durkheim의 도덕적 연대 모두 의식과 관념의 영역에 속한다. 고전적 사회학자들은 사회에서 사람들이 함께 공유하는 관념과 의식의 힘이 매우 중요하다는 사실을 강조했다.

고전 사회학이 강조했던 공유된 관념과 의식에 대해 현상학적 사회학을 주장한 Berger & Luckmann은 사회적 상호작용에서 상호 간 기대를 충족시키는 상식(common sense)이라는 관점으로 설명했다(Berger & Luckmann, 1966). Berger & Luckmann은 사람들 간의 상호작용에서 반복된 관행이 유형화되지만, 이러한 관행이 보다 일반화되어 사회 전체로 퍼지면 과거 경험이나 습관에 의존하지 않고도 모든 사람들이 당연시하는(taken-for-granted) 속성을 갖게 된다고 주장했다. 이제 사람들은 관행에 대해 왜 그런지 묻고 따지지 않는다. 이처럼 당연시되어 일종의 기정 사실처럼 받아들이게 된 실천적, 처방적 지식을 Berger & Luckmann은 상식이라 불렀고, 사회적 과정에서 상식이 등장해 삶의 질서를 지탱하게 되는 과정을 제도화(institutionalization)라고 불렀다.

사회학자인 Meyer & Rowan은 이처럼 사회적 상호작용을 거쳐 제도화된 상식이 우리의 삶에 질서를 부여하는 과정이 조직들 사이에서도 일어난다고 주장했다(Meyer & Rowan, 1977). 그 결과 조직들은 당연히 조직이라면 갖고 있어야 할 특성이나 행동패턴을 갖게 되는데 이러한 조직에 대한 일반화된 기대가 조직들의 제도적 질서를 구성한다. 조직들의 제도적 질서를 보여주는 예로 Meyer & Rowan은 다음과 같은 사실을 지적한다. 현대 조직들은 합리성을 강조하지만 그것은 합리적이지 못한 조직의 성과가 낮아져 도태되기 때문이 아니라 다른 조직들이나 사회의 중요한 기관들이 합리적이지 못한 것을 문제로 생각하기 때문이다. 결국 합리성은 경쟁에서 조직 생존을 위한 기능적 필요가 아닌, 다른 행위자들이 기대하는 상식적 규범이 된 것이다.

사회 대부분 성원들이 옳거나 당연하다고 믿는 바들에 조직들이 순응하고 기대에 부응한 결과 조직들은 제도적 정당성(legitimacy)을 얻게 된다. 이때 정당성은 조직들이 도덕적으로 가치 있는 일을 하거나, 제도와 법이 정한 기준을 충족시키거나, 전문가들이 옳다고 여기는 바들을 실행한 결과 주어지는 것이 아니다. 명시적, 의식적으로 옳다고 여기는 바들을 실천함으로써 얻게 되는 정당성은 분야에 따라 달라진다. 예컨대 공공조직의 법적 정당성은 공공성과 민주적 책무성에 충실한 결과이며, 시장의 정당성은 공정 거래 원칙을 지키는 동시에 효율성을 갖춘 결과이다.[02] 비영리조직의 정당성은 설립 목적에 충실하고 또한 설립자들이 부여한 가치를 지켰기 때문에 얻는 것이다. 하지만 이들 모두를 포괄한 조직 일반의 정당성은 조직이 조직이라면 가져야 할 기본적 요건을 갖추고, 다른 사람들이 보기에 사회의 일반적 상식에 부합되는 적절한(appropriate) 행동을 했기 때문에 얻는 것이다(Deephouse & Suchman, 2008).

제도적 질서를 규정하는 상식적 기대의 내용은 시대에 따라 변하지만

02 최근 들어 기업들은 시장에서의 합리성과 효율성, 공정성에 대한 요구 외에도 사회로부터 사회적 책임과 기여를 요구받기도 한다. 이러한 요구와 압력은 한국에서도 높아지고 있다(이상민, 2002, 2012; 조대엽, 2007; 김회성 · 박기태 · 이명진, 2009).

그 속도는 매우 완만하다. 20세기 후반에 들어 전 세계적으로 인권이 강조되고 기회와 권리의 평등이 요구되면서 조직들은 구성원들이 부당하게 차별받지 않도록 보장할 필요가 생겼다. 이러한 필요에 부응하려는 조직들의 노력은 이 문제를 담당하는 역할이나 조직 내 부서 설립으로 나타난다. 그 결과 20세기 후반 대부분 조직에서는 인권이나 기회균등을 담당하는 부서와 역할이 등장했다. 이 문제를 조직 리더나 임원들이 반드시 공감하고 그 가치를 믿기 때문에 조직들이 이러한 조치를 취한 것은 아니다. 만약 다른 조직들이 모두 갖추고 있는 제도적 요소들을 결여한다면 정당성에 훼손이 일어나기 때문에 갖추는 것이다.

또 다른 예를 들어보자. 글로벌화가 빠르게 진행되면서 대학교들은 외국 대학교들과 학술 및 학생 교류를 활성화하고자 노력한다. 대학교 평가를 수행하는 외부 기관들도 평가 항목으로 대학교의 글로벌화 노력과 성과를 중요하게 여기기 시작했다. 그 결과 대부분 대학교에는 글로벌 협력을 담당하는 부서와 역할이 만들어지고 성장하였다. 그것은 내부적 필요에 따른 것일 수도 있지만, 더 중요한 이유는 다른 조직들이 모두 그렇게 할 뿐 아니라 외부의 평가에서도 그것이 중요하기 때문이다. 김필동(2004)의 한국 · 중국 · 일본의 대학개혁 연구는 이러한 변화를 잘 보여준다.

조직들이 제도적 정당성을 중요시하고, 정당성 확보를 위해 제도적 질서에 순응한 결과는 크게 두 가지로 생각할 수 있다. 하나는 많은 조직들이 서로 겉모습이 비슷할 뿐 아니라 결정과 행동 면에서도 서로 유사해지는 동형화(isomorphism)이다. 전 세계 어디에나 있는 스타벅스나 맥도날드와 같은 글로벌 매장이 아니라도 문명권에 속한 대부분 사회의 조직들에서 우리는 사회, 문화, 정치, 경제 제도의 차이에도 불구하고 전반적으로 비슷한 모습과 행동 패턴을 발견한다. 이러한 유사성이 나타나는 것은 이들 조직이 서로 기능적으로 비슷하기 때문이 아니라 서로 비슷한 제도적 질서에 속하기 때문이라고 Meyer & Rowan은 설명한다. 20세기 중반 이후 글로벌 질서를 양분했던 자본주의와 사회주의의 냉전이 종식된 이후로 글로벌 차원에서 조직적 동형화는 더욱 강해졌다.

제도적 정당성을 중시하는 조직들이 제도적 질서에 순응한 또 다른 결과는 제도적 요소들의 외양과 내면, 형식과 내용이 서로 잘 맞지 않는 비동조(decoupling) 현상이다. 다른 조직들의 이목이나 외부 평가자들의 시선 때문에 특정 제도적 요소들이나 실행을 조직에 도입하면 내부적인 필요 때문에 도입한 경우에 비해 그 내용 면에서 충실하기 쉽지 않다. 더군다나 만약 제도적 정당성 때문에 도입한 제도적 요소들이 기존 조직과 충돌하거나 낯설어서 순조로운 운영에 부담이 되면, 조직들은 이들을 무력화시키거나 활용하지 않게 되어 전시용으로 전락할 가능성도 있다. 조직들이 이처럼 외부 시선 때문에 실제로는 활용하지 않을 조직적 요소나 프로그램을 도입하는 위선(hypocrisy)도 나타난다(Brunsson, 2002). 조직의 위선은 종종 서로 상충되는 요구가 외부로부터 조직에 주어질 때 조직들이 대응하는 전략적 방편이기도 하다.

4. 사회적 관계의 구조와 조직의 동형화

사회의 주도적인 혹은 주류인 제도적 질서에 순응한 결과 조직들은 동형화된다. 그런데 조직들의 동형화 동기나 동형화 정도는 조직들이 놓인 맥락에 따라 다르다. 조직들은 어떤 경우에 더 동형화의 압력을 더 많이, 그리고 어떤 이유에서 느끼는가?

Meyer & Rowan이 현상학적 사회학에서 출발했다면 DiMaggio & Powell은 구조주의에서 출발해 조직들이 속한 조직의 장(organizational field)의 특성이 조직들에 대한 동형화 압력에 차이를 가져온다고 주장하였다(DiMaggio & Powell, 1982). 조직의 장이란 서로 영향을 주고받으면서 상호작용하는 조직들의 네트워크를 의미한다. 장(field)이라는 단어는 20세기 초반 물리학에서 사용되기 시작했다. 그 의미는 전기장이나 자기장처럼 눈에 보이지 않지만 서로 영향을 미치는 전기나 자기와 같은 힘의 작용이 일어나는 공간이다. 장 개념을 사회과학에 도입한 사람은 심리학자 Lewin(1951)이었다. Lewin은 개인의 심리 작용이 상황의 총체에 의존한다는 게슈탈트 심리학의 생각을 받아들여 장이론을 심리작용과 연결시켰다.

조직의 장에 속한 조직들은 활동 분야와 특성이 비슷하고 서로 연결되어 영향을 주고받는 관계에 있는 조직들의 집합적 네트워크이다. 같은 조직의 장에 속하는 조직들은 서로 경쟁하기도 하고 서로 협력하기도 한다. 서로 상대방을 지켜보면서 영향을 주고받는다. 대학교들은 고등교육을 위한 비영리조직이라는 점에서 비슷할 뿐 아니라 교수들이나 학생들이 서로 옮겨다니기도 한다. 이처럼 집합적 삶을 공유하는 조직들의 관계 총체가 조직의 장이다.

조직의 장에서 조직들이 동형화 과정을 겪는 것은 다양한 동기와 이유에서이다. DiMaggio & Powell은 동형화의 과정을 모방적 동형화, 규범적 동형화, 강제적 동형화로 구분하여 비교 설명하였다. 이들을 각각 살펴보자. 모방적 동형화란 서로 경쟁관계의 조직들이 경쟁에서 앞서나가고자 다른 조직의 프로그램이나 전략을 모방한 결과이다. 모방적 동형화의 동기는 모호성이나 불확실성에 대한 대응이다. 조직들은 종종 자신이 처한 상황에 어떻게 대응할지 모호하거나 아니면 어떤 선택지를 결정해야 할지 불확실할 때가 있는데 이러한 상황에서 조직들은 다른 조직들을 따라가려는 경향을 보인다. 모방적 동형화는 시장의 기업들에서 빈번하게 나타난다. 특히 조직의 장에서 주목받는 성과가 뛰어난 조직이나 명성과 지위를 지닌 조직들을 모방하는 경향이 강하다.

규범적 동형화에는 전문적 지식이 중요한 역할을 한다. 조직들 간에 일종의 표준이나 관행 같은 것으로 간주되는 지식들이 등장하면 조직들은 이를 의심없이 채택해서 도입하는 경향이 있다. 이러한 표준이나 관행과 같은 전문적 지식을 조직들에게 제공하는 것은 외부 비평가나 컨설팅 서비스를 제공하는 조직들이다. 조직의 여러 활동이 점점 더 분화되고 복잡해지면서 각 분야의 활동에 대한 전문적 지식을 서비스하는 컨설팅의 역할도 중요해졌다. 컨설팅이 활발한 조직의 장에서는 규범적 동형화가 더 많이 일어난다. 최근 글로벌 차원에서 민간조직들이 협력해서 도입한 ISO와 같은 국제적 표준은 규범적 동형화의 대표적인 예이다.

강제적 동형화는 조직들이 스스로 경쟁이나 불확실성에 대처하려는 것도 아니고, 전문지식의 규범적 권위에 영향을 받은 것도 아닌, 조직이 어쩔 수 없이 동형화 압력을 억지로 수용해야 하는 경우이다. 강제적 동형화의 대표적인 경우는 앞서 자원의존에서 설명한 내용과 긴밀하게 관련되어 있다. 어떤 조직이 다른 조직에 권력적으로 순응하는 경우 이들 간에는 강제적 동형화가 일어날 가능성이 높다. 대표적인 예가 정부의 공공정책에 대한 기업의 반응이다. 정부에서 남녀 간 동등한 고용기회를 보장하는 법률을 만들거나 정책을 실시할 때 민간기업에 이를 강제로 적용하는 데에는 무리가 있다. 이 경우 정부에 자주 납품하거나 용역을 수행하는 기업들은 정부가 요구하는 이러한 정책들에 보다 적극적으로 동조함으로써 동형화 과정을 밟는다. 이들 기업에 대한 정부의 영향력이 반강제성을 갖기 때문이다.

DiMaggio & Powell은 이들 세 종류의 동형화 과정을 비교하면서 모방적 동형화에서는 조직들이 자발적으로 동형화를 시도하는 반면, 강제적 동형화는 가장 비자발적으로 일어난다고 주장한다. 그렇기 때문에 강제적 동형화의 과정에서 앞서 언급한 비동조의 결과가 나타날 가능성이 더 높다.

DiMaggio & Powell은 또한 조직의 장이 가진 구조적 특성과 각 조직이 처한 상황과 특성에 따라 동형화의 압력이 다르게 작용한다고 주장했다. 만약 조직의 장에서 조직들 간의 관계가 긴밀하거나 조직의 장에 중심적 조직들이 존재해서 관계가 집중되어 있다면 동형화 압력은 더욱 강해진다. 조직들이 서로에게 미치는 영향이 더욱 강하기 때문이다. 조직의 입장에서 본다면 조직 규모가 크거나 그 밖의 이유로 조직이 주목을 받는 경우 동형화의 압력은 더욱 크다. 외부 시선이 쉽게 이들 조직을 향할 것이고 시선의 집중은 동형화의 압력을 더욱 크게 만들기 때문이다. 정부에서 공공정책을 실시하면서 대기업들의 협조를 강력하게 요청하는 경우가 대표적인 예이다.

연습문제

01 비영리조직이 다른 조직과 구분되는 특징에 대한 설명으로 옳지 않은 것은 무엇인가?

① 비영리조직은 자발적이기 때문에 참여를 강요하지 않는다.
② 비영리조직은 운영 성과를 이해당사자들에게 배분하지 않는다.
③ 비영리조직은 가치와 이상의 실현을 위해 존재한다.
④ 비영리조직은 소유와 책임의 단순명료한 경계가 없이 존재한다.

02 비영리조직 부문을 구성하는 조직들의 세 형태는 대중 서비스 비영리조직과 회원 서비스 비영리조직, 그리고 (　　　　) 이다.

03 조직들이 넓은 의미의 사회에서 제도화된 정당성에 영향을 받는다는 주장에 대한 설명으로 옳지 않은 것은 무엇인가?

① 제도적 정당성 추구의 결과 동형화가 나타나며, 조직 내 내용과 형식의 비동조는 억제된다.
② 이러한 주장은 사회에서 물질적 이해관계 못지않게 공유된 관념과 의식의 힘을 강조한다.
③ 제도화는 사람들이 당연시하는 상식화된 믿음이 사회에서 등장하는 과정을 가리킨다.
④ 제도화된 상식적 기대는 현실에서의 변화에 비해 변화 속도가 완만하다.

정답

01 ③ 02 자발적 결사 03 ①

제 12 장

조직의 미래, 미래의 조직

1. 조직의 미래: 네트워크와의 경쟁과 협력

변화의 한 가운데 있으면 변화를 잘 느끼지 못한다고 한다. 현재 진행 중에 있는 4차 산업혁명에 대해 많이 이야기하면서도 실제로 그 영향을 제대로 느끼지 못하는 경우도 있다. 기술적 측면에서는 편리해지는 것들이 대부분이기 때문에 쉽게 체감할 수 있어도, 사회적으로 4차 산업혁명이 어떤 변화를 가져왔는지 느끼거나 가늠하기 쉽지 않을 수 있다. 4차 산업혁명이 가져온 사회적 변화의 중요한 화두가 네트워크이다. 사회적 네트워크는 과거에도 개인관계의 모음으로 이미 존재했지만 4차 산업혁명과 함께 사회적 네트워크는 새로운 의미와 중요성을 갖는다. 바로 사회적 네트워크가 근대 사회를 이끌어 온 위계적 조직의 대안이 되었기 때문이다.

(1) 4차 산업혁명과 근대적 조직과 개인의 변화

21세기 사회혁명으로서 4차 산업혁명을 이야기하기 전에 200년 전인 19세기에 등장한 근대 사회를 먼저 생각해 보자. 근대를 특징짓는 가장 큰 변화를 철학과 사상의 측면에서는 중세를 지배한 종교에서 벗어나 인간 이성을 드높인 계몽과 세속화로 본다. 근대의 또 다른 특징적인 사회적 변화는 전통 공동체와 세습적 신분에서 벗어난 개인으로서 인간의 자유 획득이다. 근대 사회의 개인은 전통사회에 비해 훨씬 자유롭고 자율성을 지닌 존재이다. 하지만 근대의 개인이 누리는 자유는 관습과 전통이라는 굴레에서 벗어난 추상적 가능성을 의미할 뿐 각자 자신이 이루고자 하는 바를 이룰 수 있는 현실적 기초는 되지 못했다. 개인들이 자신의 뜻하고 목적한 바를 이루고자 노력할 때 꼭 필요한 것은 바로 조직이었다. 조직을 통해 개인들의 자율성이 높아지고 개인주의가 보장되었지만 동시에 조직과 개인 간에는 비대칭적인 관계가 형성되었다. 이처럼 조직이라는 사회적 발명이 가져온 근대적 개인주의의 발전과 비대칭적 사회 구조에 대해 우리는 앞에서 살펴보았다.

그럼 4차 산업혁명 혹은 디지털 전환이 이러한 근대적 사회 구조와, 조직과 개인의 관계에 어떤 변화를 가져오는지 생각해 보자. 21세기 정보통신기술의 비약적 발전은 개인들의 관계와 상호작용에 근본적인 변화를 가져왔다. 스마트폰 사용이 보편화되고 21세기에 온라인 상호작용 플랫폼인 SNS(social network service)의 등장으로 온라인 활동과 소통이 시작되면서 변화는 더욱 가속화되었다. SNS를 이용하면서 개인 이용자들은 인맥의 엄청난 확장성을 실감할 뿐 아니라 오프라인에서의 경험과 활동을 모바일 온라인에서 실시간으로 연결시키게 되었다.

인터넷과 정보통신기술 발전의 초기에 네트워크라는 단어가 정보소통의 네트워크로서 인터넷과 같은 기술적 인프라를 지칭하는 경향이 강했다면, 스마트폰과 SNS가 일반화된 지금 네트워크는 이를 통해 수시로 맺고 끊어지는, 언제 어디에서나 소통과 상호작용이 가능한 사회적 네트워크를 의미한다. 정보 네트워크를 기반으로 사회적 네트워크가 비약적 변화와 발전을 겪게 된 것이다. 이러한 변화는 20세기 끝 무렵 정보통신기술의 비약적 발전의 사회적 결과를 네트워크 사회의 등장으로 정식화한 사회학자 Manuel Castells의 주장(Castells, 1996)을 입증한다.

Castells는 네트워크 사회에서 사회적 기본 단위가 개인과 조직이 아닌 네트워크이며, 네트워크야말로 권력을 발휘하는 실체가 되었다고 주장한다. 최근의 변화는 그의 주장이 대부분 옳았음을 보여준다. 과거 대중매체로서 강력한 힘을 발휘했던 신문이나 방송과 달리 SNS에서 사실과 주장은 끊임없이 생성되고 변모하고 있으며, 과거 경제적 권력을 행사했던 대규모 금융기관과 기업들은 점점 더 플랫폼으로 변모하면서 금융과 생산의 네트워크를 활용하려 애쓰고 있다. 정치적 권력 역시 정당과 의회, 정부기관에 독점되는 것이 아니라 정계, 관계, 법조계, 학계, 언론계 등을 연결하는 '네트워크의 네트워크'를 통해 집중과 분산, 협력과 갈등이 반복되고 있다.

(2) 유동적 개인과 수평적, 대칭적 네트워크

정보통신기술의 발전이 가져온 네트워크 사회에서 개인과 조직은 어떻게 변하고 그들의 관계는 어떻게 변하는가? 이 질문에 저술가인 Clay Shirky는 '조직이 필요 없는 조직화'로 답한다(Shirky, 2009). '조직이 필요 없는 조직화'의 사례로 다음과 같은 사건들을 생각해 볼 수 있다. 2001년 필리핀에서 일어난 반정부 시위와 그 결과인 Estrada 대통령의 사임, 2004년 스페인 반정부 시위로 인한 Aznar 총리의 퇴진, 2008년 한국의 반광우병 시위를 통한 미국 수입소고기 제한, 2017년 한국의 촛불 시위 등 여러 성공한 정치적 저항이나 2009년 이란의 녹색운동, 2010년 태국의 레드셔츠 시위, 2015년 홍콩의 노란우산 시위처럼 성공하지는 못했지만 대규모 시민참여를 가능케 했던 저항, 2017년 한국에서 대통령 탄핵을 불러온 촛불시위 등 모두 모바일 문자와 SNS를 통해 대규모 참여와 동원이 일어난 사건들이다. 또한 이 저항들은 기존 정치조직을 활용하지 않고 시민의 자발적 정보 공유와 소통에 기반했다.

그 밖에도 Shirky는 특정 집단이나 지역에서 도움이 긴급하게 필요할 때, 불공정에 대한 항의가 즉각적으로 필요할 때 스마트폰과 SNS를 통해 즉각적인 집단 대응이 가능하다는 점을 강조한다. 대표적인 예가 미국과 한국에서 일어난 여성들의 미투 운동이다. 여성의 성적 피해가 발생하면 SNS 해시태그(#)인 '#me too'를 통해 피해 사실과 가해자 비판이 쉽게 검색, 확산됨으로써 광범한 공감대 형성과 지지 동원이 가능했다. 많은 여성단체들이 활동하고 있고, 기존 언론매체도 있지만 관료적 타성과 복잡한 이해관계 때문에 적극 대응하지 못한 문제들이 시민들의 직접 소통과 지지의 동원으로 빠르게 대중적 관심의 수면으로 떠오른 것이다. Shirky는 이러한 현상들을 조직이 없이도 SNS를 통해 자발적 조직화가 이루어진 대표적인 예로 보았다.

Castells의 '네트워크 사회' 개념으로 이러한 현상을 재해석할 수 있다. 사회가 네트워크 중심으로 재편되고 권력의 중심이 네트워크로 이동하면서 개인들은 과거 조직과 제도에 의해 안정적으로 유지되던 질서가 깨지고 역동적이고 변화무쌍한 네트워크 속에서 끊임없는 변화와 무질서를 경험한다. 불안정과 불확실성 속에서 개인들은 과거 전통 사회로부터 근대 조직 사회에 이르기까지 사회화 과정을 거쳐 자신에게 부여된 안정적 자아(self)의 혼란을 경험하고 이로부터 벗어나려는 노력의 결과로 자신의 정체성(identity)을 찾고 주장하려 시도한다.

사회학자 Harrison White 역시 정체성은 불확실하고 유동적인 상황에서 안정과 통제를 추구하는 노력의 산물이라고 주장하였다(White, 2008). 정체성을 공유하는 사람들의 자발적 연결과 공감은 기존 조직과 무관하게 자발적 모임과 운동의 형태로 집단 정체성의 표현을 추구한다. 이러한 자발적 모임과 운동은 기존의 조직들처럼 지속적 노력이나 많은 시간과 자원을 필요로 하지 않기 때문에 유연하고 유동적으로 사람들의 필요와 욕구를 충족시킬 수 있다. 이러한 사회적 변화는 사회학자 Zygmunt Bauman이 '액체 근대성'으로 표현한 사회적 현상과도 일맥상통한다(Bauman, 2000).

Coleman에게 개인과 구별되는 법인으로서 근대 조직은 개인의 자율성과 집합행위를 통한 문제해결을 가능케 만든 사회적 발명이다. 반면

Castells에게는 정보통신기술의 발전과 적용을 통해 사회적 중심축으로 부각된 네트워크가 근대 조직을 대체해서 사회의 변화무쌍한 변화를 이끌어 나갈 중심축이 될 사회적 발명이다. 네트워크 사회에서 개인은 과거의 안정적 자아 대신 역동적인 정체성을 추구하며, 과거의 지속적, 안정적 조직과 달리 변화무쌍한 역동적 프로젝트 모임과 사회운동에 참여한다. [그림 12-1]의 (a)에서 근대 사회의 조직이 실선으로 표시된 반면 (b)에서는 점선으로 표시된 것은 그만큼 조직에 대한 참여가 유동적이고 일시적이라는 것을 의미한다.

그림 12-1 | 근대 사회와 네트워크 사회에서 개인과 조직의 비교

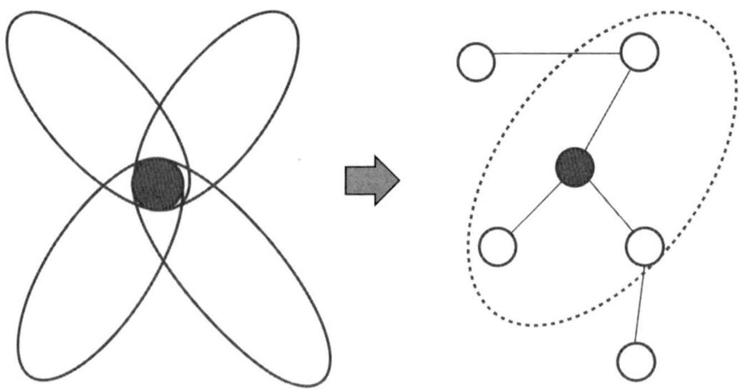

(a) 근대 사회의 개인과 조직 (b) 네트워크 사회의 개인과 조직

이러한 변화는 조직과 개인의 관계에 대해 함의하는 바가 매우 크다. 근대 사회에서 조직은 볼록렌즈가 빛을 모아 발화하듯 개인들의 활동과 물자를 집중해서 문제를 해결하고 편익을 증진해 왔다. 하지만 네트워크 사회에서 조직은 과거와 같은 절대적 지위를 누리기 어려우며 끊임없이 재편과 변화의 도전에 직면한다. 반면 근대 사회에서 사회나 조직이 부여하는 자아에 구속되었던 개인은 네트워크 사회에서 정체성을 공

유하는 타인들과 상호작용을 통해 조직의 도움이 없이 활발히 활동할 수 있는 역량을 누릴 수 있다. 근대 사회에서 개인과 조직 관계가 비대칭적이었다면 이제는 네트워크의 작용에 의해 비대칭적 관계가 보다 대칭적으로 바뀌고 있는 것이다.

(3) 무엇이 어떻게 바뀌는가?

근대적 조직과 개인의 비대칭성이 깨지고 보다 대칭적으로 사회관계가 바뀌는 것을 잘 보여주는 것은 앞서 Shirky의 예들처럼 정치적 저항이나 비영리적 분야의 활동이다. SNS를 통해 힘을 얻은 개인들이 자발적으로 모여 공동의 목표달성을 위해 적극 활동하는 것은 세계 여러 분야에서 볼 수 있다. 학계의 공동연구나 예술계의 협업(collaboraton)은 정보통신기술 발전 이전에도 많이 있었지만 이제는 사회 여러 분야에서 이러한 시도들이 다양하고 활발하게 이루어진다. 사회적 네트워크에 대한 대표적 저술가 Malcolm Gladwell(2013)이 '다윗과 골리앗'으로 비유했듯 개인들이 자발적으로 뭉쳐 거대 조직에 도전하거나 더 우월한 성과를 내는 경우들이 많이 나타나고 있다.

일과 고용의 측면에서도 비대칭성이 대칭적으로 바뀌는 현상들이 나타나고 있다. 대표적인 예가 독립적 프리랜서들의 약진이다. 정보통신기업들의 경우에 소프트웨어 개발이나 프로그램 코딩의 전략적인 핵심 업무에 투입되는 인력들 중에서 프리랜서로 프로젝트에 참여해 일하고 고액의 보수를 받는 경우가 많다. 이들 프리랜서 전문가들은 조직에 얽매이지 않고 자유롭게 일하는 라이프 스타일에 대한 선호와 함께 고액의 프로젝트 단위 계약이 결합한 결과이다(Barley & Kunda, 2004). 이들 외에도 미국의 대기업들에서 일정 기간에 한정해서 특히 기업의 위기로부터의 회생에 집중해서 임원이나 최고책임자로 일하는 이른바 수퍼템프(supertemps) 역시 비슷한 특성을 보인다(Greenstone & Miller, 2012). 직장에 매이기보다는 문제 해결과 성과 창출에만 신경 쓰고 자유로운 삶을 즐기는 것이다.

조직과 개인 간의 비대칭 감소가 반드시 사회 전체의 비대칭, 즉 불균형을 줄이는 것은 아니다. 조직이 가장 크게 역할했던 20세기 중반에 개인 간 불평등과 격차가 역사적으로 가장 낮은 수준에 머물렀다는 연구들이 있다(Milanovic, 2010). 이후 불평등이 증가하는 추세의 지속이 조직의 약화 때문인지 아니면 글로벌화나 숙련 편향적 기술발전에 기인한 것인지는 더 많은 연구가 필요하다.

네트워크가 조직과 개인의 비대칭을 줄이기도 하지만 네트워크가 언제나 다윗, 즉 개인의 편에서만 작동하지는 않는다. 골리앗들 역시 네트워크를 활용하는 경우가 늘고 있다. 대기업들의 상호협력과 컨소시엄이 계속 늘고 있다. 대규모 조직들의 네트워크 활용은 사회 전체적으로 비대칭과 불평등을 더욱 강화하는 효과도 가져올 수 있다. 중요한 사실은 이제 개인이건 조직이건 네트워크라는 지렛대를 이용하지 않으면 원하는 결과를 얻기 힘든 시대가 되었다는 점일 것이다.

2. 미래의 조직: 조직 진화의 방향

근대 사회로의 전환과 함께 등장한 조직은 사회경제적, 기술적 환경의 변화에 따라 많은 변화를 경험했지만 그중에서도 중요한 변화 가운데 하나가 내적 구조와 외적 경계의 변화이다. 조직이 역사적으로 처음 등장할 무렵에는 대부분 조직들이 관료제적 구조로서 엄격한 위계와 분명한 규칙의 체계를 갖추고 있었던 반면, 이후의 조직들은 보다 유연하고 위계적 격차를 줄인 구조를 지향하는 방향으로 바뀌었다. 또한 조직의 경계 또한 조직 등장 무렵에는 엄격한 경계에 대한 요구와 함께 조직의 요소 대부분을 조직 내부에 두려는 경향이 강한 폐쇄적 체계의 특성을 가졌던 반면, 시간이 흐를수록 조직의 경계는 점점 더 느슨해지고 조직의 경계를 중심으로 환경과의 교류와 교환이 일어나는 개방적 체계로 바뀌어 왔다.

(1) 조직 구조 설계와 경계 설정

조직 구조는 업무의 분할과 상호의존의 조정(coordination), 의사결정의 권한과 명령 및 통솔과 보고의 계통, 그리고 의사소통과 협력의 체계를 반영한다. 조직의 구조를 구분하는 기준은 다음과 같다. 얼마나 구조를 공식화시켜 자리에 따른 권한과 책임을 명확하게 할 것인가, 아니면 공식적 구조는 최소한으로 줄이고 비공식적으로 사람들 간의 상호작용을 통해 문제를 해결하도록 할 것인가? 위계를 많이 만들어 의사결정과 명령의 계통을 길게 할 것인가, 아니면 위계를 줄여서 권한과 책임을 업무 담당자에게 위임할 것인가? 그리고 역할들 간의 상호관계를 얼마나 많이 만들어 구조를 복잡하게 할 것인가, 아니면 상호관계는 부서나 지역별로만 한정하고 전체 구조의 복잡성을 줄일 것인가?

조직의 환경이 글로벌해지고 경쟁 심화로 불확실성이 높아질 뿐 아니라 조직의 의사소통, 의사결정, 업무의 통제와 조정에 정보기술 활용이 늘어나면서 조직 구조도 그에 따라 변화를 거듭해 왔다. 조직 환경의 확장과 불확실성 증가는 보다 유연하고 변화에 대응할 수 있는 조직 구조를 요구하기 때문에 엄격하게 고정된 관료제로부터 돌발적 상황대응이 가능한 애드호크라시, 그보다 더 공식성과 위계성을 줄인 최근의 홀라크라시에 이르기까지 일관된 방향으로 진화해 왔다. 한편 정보기술의 활용은 복잡성에 대응할 수 있는 가능성을 높여주고 조직 내 통제를 손쉽게 해 주기 때문에 구조의 복잡성을 줄이는 반면 정보통신기술을 보다 적극적으로 활용하는 방향으로 조직을 변화시켜 왔다.

조직의 경계 설정은 조직 업무가 적용되는 영역(domain)을 정하는 것과 관련된다. 어떤 업무를 조직의 핵심으로 볼 것이며, 어떤 업무를 부차적이거나 주변적인 것으로 볼 것인가를 정하는 것이 곧 조직의 경계를 설정하는 것이다. 이 문제는 크게 두 차원에서 생각할 수 있다. 조직의 경계를 넓게 정해서 보다 많은 관련 업무와 인력을 조직의 내부에 둘 것인가, 아니면 조직의 경계를 좁게 정해서 핵심 업무와 인력만을 조직의 내부에 두고 나머지는 외부에 둘 것인가? 또 하나의 차원은 조직의 경계를 엄격하게 해서 조직을 외부 환경의 영향으로부터 보호하는 폐쇄적 입장을 취할 것인가, 아니면 조직의 경계를 느슨하게 하고 조직을 외부 환경 변화에 적극적으로 대응하도록 만들어 외부와 적극적으로 연계하도록 할 것인가?

역사적으로 조직의 성장과 함께 한동안 조직 경계는 대체로 확장되고 엄격해지는 경향을 보였다. 그것은 환경의 불확실성을 내부로 흡수함으로써 조직을 안정적으로 만들고자 하는 의도가 작용한 것이다. 20세기 중반 서구 대부분의 기업들은 흡수와 합병을 거치면서 경계가 확장되고 또한 환경 변화와 불확실성 증가에 대응해서 조직 경계를 엄격히 하고자 했다. 하지만 이후 경쟁 심화 및 불확실성 증가와 함께 조직들의 대응은 반대 방향으로 움직였다. 조직 핵심활동과 역량만을 내부에 두고 나머지 활동과 인력은 외부로 내보냄으로써 규모를 줄이려는 시도가 계속되었다. 외부화된 활동들과의 긴밀한 협력을 위해 또한 환경의 변화에 빠르게 적응하기 위해 조직의 경계를 느슨하고 보다 개방적으로 만들려는 시도도 이어졌다.

조직 구조 설계와 조직의 경계 설정은 밀접하게 관련된다. 조직의 경계가 확장되어 조직 규모가 커지면 조직 구조의 복잡성이 높아지고 보다 위계적이 된다. 반대로 조직의 경계가 줄어들어 조직 규모가 줄어들면 구조의 복잡성이나 위계성 모두 낮아진다. 조직 경계의 확장과 축소 외에 조직 경계의 엄격함과 느슨함도 구조와 관련된다. 조직의 경계가 엄격하다는 것은 조직의 통제에 엄격한 규칙과 기준이 적용되는 것을 의미하며 그에 따라 구조도 보다 엄격하고 공식화된다. 반대로 조직의 경계가 느슨하다는 것은 조직이 보다 유연하고 비공식적인 구조를 가질 가능성이 높다는 것이다.

(2) 조직 구조와 경계 변화의 동인: 거래비용과 불확실성

조직들의 변화 과정에 영향을 미친 환경적 변수로는 거래비용과 환경적 불확실성이 중요하다. 이들 두 변수를 함께 묶어 살펴보는 것이 유용한 이유는 환경의 불확실성이 높아질수록 거래비용도 높아지기 때문이다. 20세기 중반에 걸쳐 서구의 성공적 기업들은—자동차 회사인 포드나 GM, 화학회사인 듀퐁, 전자회사인 GE 등— 대량생산 방식에 의해 규모의 경제와 범위의 경제를 실현하며 기업 규모를 빠르게 키워 갔다. 미국에 이어 경제성장의 주도권을 잡은 일본의 기업들도—자동차 회사인 도요타나 닛산, 전자회사인 마쓰시다나 소니, 화학회사인 미쓰이 등— 마찬가지로 기업을 빠른 속도로 성장시켰다. 이들 회사에서는 원료와 부품의 안정적 확보를 위해 일부는 수직적 통합을 통해 기업 내부에서 생산하였고 나머지는 시장 거래를 통해 외부로부터 조달했다. 인력 면에서도 기업에 특화된 훈련을 거친 인력의 유지를 통해 생산라인의 안정적 운영을 도모하고자 내부 노동시장에 가까운 형태로 내부 승진을 통해 장기적인 인력관리를 시도하였다. 그 배경에는 2차 대전 이후의 경제성장기에 기회가 늘어나는 시장의 확장에 대응해서 안정적으로 공급을 늘려 시장점유율을 높이려는 대기업들의 의도가 있었다. 그 결과 20세기 중반에는 대규모 기업들이 외부 환경의 불확실성을 내부로 흡수하고 노동시장에서의 거래비용을 내부 노동시장을 통해 절감함으로써 조직의 경계가 확대되었다.

하지만 기업의 규모 확대와 성장은 20세기 후반에 들어서는 오히려 역전의 경향을 보인다. 기업들의 규모는 더 이상 커지지 않고 오히려 규모가 줄어드는 기업들도 나타나기 시작했다. 이들 기업의 규모 축소는 한편에서는 기업활동 무대의 글로벌화와 함께 생산의 해외 이전의 결과이기도 하지만 동시에 경쟁의 심화 속에서 거래비용 절감을 이유로 내부화했던 다수의 활동과 인력들을 다시 외부로 내보낸 결과이기도 하다. 기업전략에서는 핵심역량에 집중해야 한다는 주장들이 등장하였고, 정보통신기술의 발전과 함께 하청기업 중심의 공급사슬 관리 체계에 대한 투자도 강조되기 시작했다. 인력관리 면에서도 시장 상황의 부침에 유연하게 적응할 수 있는 가능성을 높이기 위해 핵심인력 확보에 총력을 기울이되 그 밖의 인력은 외주화하는 방향으로 변화가 시작되었다.

요컨대 20세기 중반까지 기업의 성장과 규모 확대를 통해 기업의 경계를 넓히는 것이 일반적 추세였다면, 20세기 후반에는 반대로 기업의 규모 축소와 인력의 외주화를 통해서 경계를 좁히는 것이 대세가 되었다. 조직의 경계 이동과 함께 조직의 경계에서 환경과의 접점(interface)의 관리방식도 바뀌었다. 20세기 중반까지 기업들은 기업활동을 조직 경계 안에서 수행할 뿐 아니라 핵심 지식과 기술을 외부에 드러나지 않도록 노력했다. 또한 외부 환경의 불확실성에 대해 미리 예측하거나 여유자원(slack)의 확보 등을 통해서 내부적으로 충격을 흡수하는 방식으로 대응했다. 반면 20세기 후반부터는 기업의 규모 축소와 외주화가 진행되면서 기업조직들이 가능하면 내부 활동과 인력은 핵심역량에 한정하되 조직의 경계를 넘어 외부와의 연계를 지속적으로 늘리고 네트워크를 통해 조직의 비효율을 보완하려는 시도가 크게 늘어났다.

그 결과 조직 구조 측면에서 많은 관심을 모은 것은 네트워크형 조직이었다(Podolny & Page, 1998). 네트워크를 통해 기업활동의 외부 환경으로의 확장을 시도함으로써 기존의 규모 확대에 따른 집적의 효과를 대신하려는 시도가 활발하게 일어나면서 20세기 후반부터 기업의 경계를 보는 관점도 크게 달라졌다. 외부 환경의 영향을 시장의 변동이나 불확실성으로 보고 그 영향을 차단하기 위해 폐쇄적으로 조직의 경계를 엄격히 통제하였던 것과 달리 이제는 적극적으로 외부의 조직들과 생산이나 연구개발, 마케팅 등 여러 측면에서 협력이나 공동행동, 전략적 제휴를 도모하고 궁극적으로는 이러한 네트워크를 일종의 생태계로 키우려는 시도를 하게 된 것이다(Moore, 1996; Iansiti & Levine, 2004).

(3) 조직 구조와 경계 변화의 동인: 기술발전과 전략적 선택

기업조직의 경계설정과 구조설계에 영향을 미치는 기술적 요인은 크게 생산기술과 정보기술로 나누어 생각할 수 있다.

생산기술은 기업조직의 제품 생산이나 서비스 제공의 핵심적 기술로서 기술의 복잡성과 형태에 따라 다양한 수준의 상호의존과 그에 따른 기술적 불확실성을 낳는다. 요컨대 생산기술은 구조설계와 경계설정을 통해 해결해야 할 문제를 낳는다. 기술적 상호의존과 불확실성은 상호소통과 협력의 필요 때문에 이에 대응하는 조직 구조 변화를 가져온다.

예컨대 기술이 독립적이고 서로 영향을 미치지 않는다면 모든 불확실성을 현장에서 대응하도록 권한과 책임을 분산할 수 있지만, 만약 서로 상호작용하고 영향을 주고받는다면 한꺼번에 모아서 대응해야 할 것이다.

20세기 중반 자동차산업의 컨베이어 벨트에 의한 포디즘 생산방식은 순차적 의존 형태로 불확실성을 낳았고 이에 대응하고자 대규모 조직들은 기술적 문제를 해결할 스태프 조직을 강조하였다. 예상치 못했던 상황에 대응할 필요가 수시로 발생하는 금융산업이나 연구개발 중심의 조직에서는 그에 대응할 태스크 포스 팀 등을 만들었다. 스태프 조직이나 태스크 포스 팀은 기존의 기능별 부서 구조와 달리 상황에 유연하게 대응할 필요가 있어서 엄격한 통제나 규칙에 대한 강조가 약해지는 특성을 가졌다.

생산기술의 복잡성과 불확실성이 더욱 높아져서 혁신의 속도와 범위가 매우 커지는 변화가 20세기 후반에 등장하면서 이러한 불확실성과 빠른 변화에 개별 조직이 독자적으로 대응하기보다는 여러 조직들이 함께 공동대응하려는 시도들이 등장했다. 과거 기술과 지식을 핵심적 자산으로 간주하며 외부의 모방이나 도용으로부터 보호하고자 폐쇄적 지향을 보였던 조직들이 이제 독자적으로 기술과 지식 혁신의 속도전을 앞장서기 어렵다고 인식하고 이제는 서로 협력해서 혁신 성과를 공유하려 하기 시작했다. 그 결과 기업들의 기술혁신 컨소시엄이나 전략적 제휴의 중요성이 높아지기 시작했다.

특히 통신 프로토콜이나 프로그래밍 언어처럼 기술적 표준이 중요시되는 정보통신 분야나 기술혁신의 불확실성이 특별히 높은 생명과학기술 분야(Powell, 1996)에서 기업조직들이 함께 연합하거나 제휴를 맺고 불확실성에 공동 대응하는 것이 일종의 관행처럼 되었다. 적극적 협력과 제휴의 필요에 의해 기업의 경계가 약해졌을 뿐 아니라 서로 지분투자 등을 통해서 경계의 부분적 개방까지도 일어나기 시작했다. 조직에게 경계의 의미가 외부 환경의 불확실성이나 공격으로부터 보호하는 장벽에서 이제는 외부 환경과의 교류와 소통의 문 혹은 접점으로 바뀐 것이다.

앞서 살펴본 기업조직과 달리 지식과 기술이 분야별로 나뉘어 전문가에 의존하는 병원이나 대학교 같은 조직에서도 이러한 변화들에 영향을 받아 대학교 간의 교류와 교환, 병원들 간의 협진과 인적 교류가 20세기 후반 등장하여 21세기에는 일반화되기 시작했다. 대학교들에서는 국제적으로 교환학생이나 방문교수 제도 외에도 공동학위 수여나 화상강의 등을 통한 교류가 등장하였고, 대형병원들 간에는 공동연구 프로젝트의 개발과 수행이 일반화되었다.

생산기술이 복잡성과 상호의존이라는 문제를 제공한다면 정보기술은 조직의 구조와 경계에 대한 해결책을 제공한다. 예컨대 조직에서 정보기술은 서로 상호작용하는 부서나 역할들 간에 소통을 활성화하거나 업무와 일정의 조정을 용이하게 해 줌으로써 상호의존의 문제를 해결하는 역할을 하기 때문이다. 또한 정보기술은 환경에 대한 정보의 검색을 용이하게 함으로써 의사결정의 난점을 줄여주는 역할도 한다. 그 결과 조직의 구조가 감당하기 어려운 업무과제와 상호작용의 어려움도 정보기술을 이용해서 해결하는 경우가 많다. 이러한 정보기술의 장점은 조직의 경계확장이 가져온 조직 구조의 부담을 덜어주기 때문에 결과적으로 조직의 경계확장을 촉진할 것으로 예상할 수 있다.

하지만 정보기술의 활약은 조직 내에만 국한되지 않는다. 정보기술은 조직 외부 환경의 불확실성과 그로 인해 발생하는 거래비용을 줄이는 데에도 기여한다. 대표적으로 정보기술을 제대로 활용하면 외부 환경 특히 시장에서 원하는 물품이나 인력을 원하는 조건에서 획득할 수 있게 되어 시장거래의 탐색비용, 집행비용, 측정비용 등이 모두 낮아진다. 정보기술을 통해 거래비용을 낮출 수 있다면 조직의 경계 안으로 내부화함으로써 경계확장으로 거래비용에 대응할 필요가 없어지는 것이고 이는 결국 정보기술이 조직의 경계축소를 낳는다는 것을 의미한다. 예컨대 기업조직활동에 필수적이고 시장에서 구하기 힘든 생산요소라도 정보기술을 잘 활용하면 적절한 조건에 구매가 가능해지기 때문에 계속 외주에 의존할 수 있다. 1990년대 이후 정보기술이 기업조직의 공급사슬 관리에 적용되면서 외주화가 늘어난 것이 그 예라고 할 수 있다.

(4) 4차 산업혁명에 따른 조직의 생산 및 거래비용 감소

최근 디지털 정보기술의 발전은 한편에서는 인공지능과 데이터가 결합함으로써 전례 없는 자동화의 가능성이 높아지는 동시에 다른 한편에서는 사물인터넷과 3D 프린팅과 같은 새로운 제조혁명으로 물질계와 정보계가 결합하여 사이버-물리 체계가 등장하고 있다. 이러한 변화는 기업조직의 생산기술과 정보기술이 하나로 결합되어 진화한다는 것을 의미한다. 그 결과는 기업을 포함한 대부분의 조직에서의 생산 및 거래비용의 획기적 감소이다.

21세기 발전의 추진력이 될 4차 산업혁명은 생산비용 감소를 더욱 촉진할 것이다. 4차 산업혁명에 따른 생산비용의 추가적 절감 가능성은 인공지능과 로봇의 활용에 의해 주어진다. 인공지능은 인간의 정신적 노동과 의사결정을 대체할 수 있는 가능성을 높이고, 로봇은 인간의 신체적 노동을 대체할 수 있는 여지가 많기 때문에 사회 전반적으로 인공지능과 로봇의 활용이 늘어나게 되면 생산에서 인적 자본의 활용으로 인해 발생하는 비용들은 대폭적으로 줄어들게 된다. 최근 들어 포스트-휴먼에 대한 논의에서 이야기되는 것처럼 인간의 신체적, 정신적 능력을 생물학적으로, 나노기술에 의해, 또한 인공지능과의 결합을 통해 증강시키는 기술들이 계속 발전하게 되면 인간과 인공지능, 로봇의 관계는 상호보완적이고 결합적인 것이 될 가능성이 높기 때문이다. 그에 덧붙여 사물인터넷으로 모든 것이 연결된 디지털 생태계가 등장하고, 초소형 컴퓨터와 결합된 하드웨어가 스마트한 디지털 생명체로 변화할 것이다.

4차 산업혁명에 따른 획기적인 생산비용의 절감에 대해 Rifkin은 '한계비용 제로 사회'의 도래로 표현한다(Rifkin, 2014). 그에 따르면 네트워크 인프라에 대한 고정비용은 대부분 투입이 완료된 바 있어, 한 단위 생산을 늘렸을 때 생산비용 증가를 의미하는 한계비용은 이제 대부분 미미한 수준에 머물 것이다. 에어비앤비의 경우 한계비용 제로 생산에 근접하며, 소프트웨어 산업에서도 무료 오픈소스 소프트웨어 활성화로 소프트웨어 라이선스를 팔아 돈을 버는 업체들의 근간이 흔들린다. 이때 주목받는 것이 낮은 한계비용을 기반으로 여기에 새로운 가치를 부가하는 비즈니스 모델의 등장이다. Rifkin은 사물인터넷이 궁극적으로 모든 경제주체들이 세계 모든 자원에 대한 정보를 민주적으로 공유할 수 있게 함으로써 일종의 협업 공유재(collaborative commons)로 탈바꿈시키는 역할을 할 것으로 예측한다.

4차 산업혁명 과정에서 디지털 기술이 경제적 거래의 거래비용을 크게 줄일 수 있는 가능성으로 많이 이야기되는 것이 블록체인 기술의 활용이다. 현재는 비트코인 등 디지털 화폐를 위한 암호화 기술로 주로 활용되는 블록체인 기술은 이용자들 상호 간의, 즉 개인과 개인 간의(p2p: person-to-person) 인증에 의해 직접 디지털 방식으로 신원과 신뢰의 문제를 해결할 수 있다. 이를 통해 시장에서의 경제적 거래는 물론 사회적 의사결정에서도 인증과 확인의 절차를 간단하게 만들 수 있어 기회주의와 지대추구 행위를 대폭 줄이고 그로 인해 발생하는 거래비용 또한 크게 절감한다. 블록체인을 이용한 상호 인증이 일반화되고 이용이 늘어나면 단지 거래비용 측면만이 아니라 신뢰의 부족 때문에 이루어지지 못했던 다양한 협력과 공동 작업이 사회 전반적으로 가능하게 되어 기회비용까지도 줄일 수 있는 가능성이 생긴다.

(5) 디지털 전환과 플랫폼 기업의 득세

20세기 초반 공급자 측면에서의 규모의 경제가 가져온 기업의 경쟁우위에 대응하는 21세기 현재의 경쟁우위는 플랫폼이다. 플랫폼은 수요와 공급 측면에서의 규모의 경제라고 할 수 있는데, 온라인 디지털 환경에서 접근, 복제, 배포의 한계비용이 무한대로 줄어들 경우 수많은 이용자들이 특정 플랫폼에서 제공하는 소프트웨어나 컨텐츠, 서비스, 즉 정보재를 이용함으로써 이용자 가치가 기하급수적으로 증가하고 그 결과 이 컨텐츠나 서비스를 제공하는 기업에게 수확체증적 경쟁우위를 제공한다.

많은 사람들이 이용하는 정보재는 이를 통해 연결된 더 많은 이득과 경쟁우위를 가져온다. 정보경제에서 네트워크 효과라고 부르는 이 수확체증적 효과는 [그림 12-2]에서 진한 선으로 표시된 것과 마찬가지로 매출 규모가 커질수록 이용자 가치 및 그에 따른 기업의 이득이 기하급수적으로 늘어나는 것이다. 대표적인 예가 스마트폰 OS시장을 양분하고 있는 애플과 구글, 그리고 SNS 시장에서의 페이스북 등이다.

플랫폼은 온라인만이 아니라 온라인과 오프라인의 결합, 즉 O2O (online-to-offline)에도 존재한다. O2O 플랫폼은 시장에서의 수요와 공급 양 측면을 매개하면서 수요자와 공급자 어느 한편에서의 폭발적 증가가 다른 편에서의 폭발적 증가를 유발하게 함으로써 그 중간에서 이득을 취한다. 예컨대 이동 혹은 숙박 수요자들을 모바일 앱으로 모아

그림 12-2 | 플랫폼의 수확체증적 규모의 경제

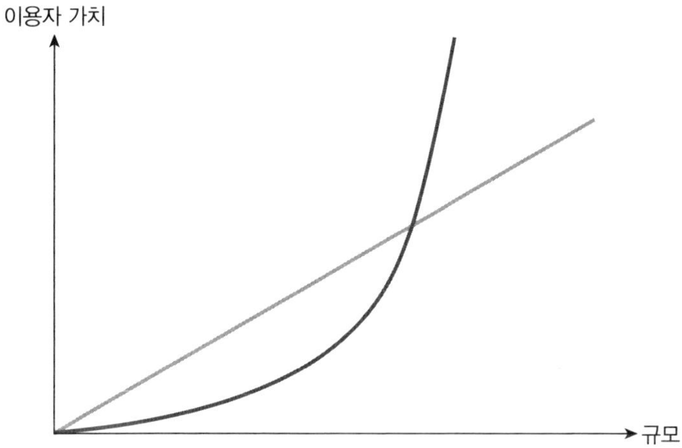

출처 : McAfee & Brynjolfsson, 2017.

중개를 하면서 보다 많은 서비스 제공자들이 수요자의 규모를 보고 참여하게 되면 양면에서 모두 네트워크 효과를 거둘 수 있는 것이다. 수요와 공급 양면 네트워크(two-sided network) 효과를 통해 플랫폼의 경쟁우위를 누리는 기업들의 대표적인 예는 우버, 에어비앤비, 알리바바 등을 들 수 있다(McAfee & Brynjolfsson, 2017).

양면 네트워크 효과를 통해 플랫폼은 기존 대부분의 기업들에서 얻지 못한 비용 절감과 수익의 증대를 누릴 수 있다. 우선 비용 절감의 측면에서 네트워크 효과와 규모의 경제 외에도 우버, 에어비앤비 등의 기업은 기존의 택시업체나 숙박업체들과 달리 현물 자산을 보유해야 할 필요가 없기 때문에 그에 따른 각종 금융 및 관리 비용을 부담할 필요가 없다. 물론 이때 유의해야 할 사항은 현물 자산 및 관리 비용이 플랫폼 기업의 입장에서만 필요하지 않다는 점이다. 우버의 경우 자동차의 구입과 관리는 운전자의 부담이 되고, 에어비앤비의 경우 주택이나 숙박

시설의 구입과 관리는 임대자의 부담이 되기 때문이다. 따라서 사회 전체적으로는 그 비용이 누구에게 부담이 되는가에서 변화가 있는 것이지 비용의 전체 규모가 변하는 것은 아니라고 할 수 있다.

대부분의 영역에서 한계비용이 제로에 가까워진 결과 등장하는 또 하나의 전망은 급속한 공유사회로의 이행의 촉진이다. 전통적으로 공유경제에 대한 견해는 비관적이었다. 그럼에도 불구하고 Ostrom은 '공유지의 비극을 넘어'가 가능한 조건을 탐색했고(Ostrom, 1990), Carol Rose는 보다 적극적으로 '공유지의 희극'이 가능해질 것으로 전망했다. 네트워크에 기반한 초연결 사회로의 이행이 빠르게 이루어지면서 공유경제의 활성화가 나타나고 있다. 모든 것을 소유하던 시대로부터 접근권과 사용권을 중심으로 한 사회로 바뀌어 가는데 이는 특히 젊은 층에서 두드러진다. 비효율적 고정자산에 대한 투자 대신, 공유를 통해 사용권을 늘리려는 경향인 것이다. Ostrom이 분석한 공유경제를 가능케 하는 조건들은 기술적으로 통제의 기술인 사물인터넷과 거버넌스의 기술인 블록체인에 의해 충족될 수 있다.

거래비용의 급격한 감소 또한 공유와 협력의 전망에 힘을 실어준다. Benkler에 따르면 정보통신기술 발달로 소통비용이 줄고 다수 인구가 지식노동을 하는 데 필요한 물적 자원을 분배하며, 개인이 디자인과 품질 개선에 협력하되, 기업이나 시장의 매개가 불필요해지면 혁신과 생산, 크라우드소싱, 온라인 노동시장 등 협동생산을 가능케 하는 대안적 조직형태가 가능해진다고 한다(Benkler, 2008). 그는 이렇게 등장한 협동생산(peer production)이 위계적 기업의 대안이 될 수 있다고 보았다. 거래비용이 제로로 줄어들면 ① 개념구상과 해법 실행의 탈중심화가 가능해지고, ② 이윤추구 외에 다양한 동기추구를 포괄하게 되며, ③ 자산이나 계약으로부터 거버넌스와 관리가 분리 가능해져 분산된 개인들이 직접 연결하며 경제활동을 하는 협동생산이 가능해진다는 것이다.

한계비용과 거래비용의 제로화는 플랫폼적 과점과 공유 및 협동이라는 상반된 형태의 전망을 제시한다. 현재 우리에게 보다 많이 보이는 것은 거대 플랫폼 기업의 엄청난 지배력이다. 하지만 여전히 많은 사람들이 비용 제로의 효과를 기업이 독차지하지 않고 다수 참여자들이 나누어 갖는 공유와 협동의 전망이 불가능하지 않다는 희망을 피력하고 있으며 부분적으로 실현하려는 노력을 기울이고 있기도 하다.

(6) 디지털 전환과 기업 구조 및 경계의 변화

일반적으로 연속적인 기술 변화에 대해 기업조직들은 예측과 대비를 통해 대응하지만 단절적 기술 변화에 이러한 대응방식은 효과적이지 못하다. 기업들이 기존의 경쟁력 기반을 활용하여 환경 및 직원들에 대한 통제력을 강화하려 할수록 기업들의 적응력은 더욱 약해질 가능성이 높다. 급격하고 빠르게 변화하는 환경에 대한 적응은 다양한 대안들을 탐색할 수 있도록 개방성과 유연함을 높일 때 성공할 가능성이 높아진다. 그에 따라 등장하게 될 기업 구조는 한편으로는 과학자들의 연구실을 닮을 수도 다른 한편으로는 첨단기술에 기반한 스타트업 기업을 닮을 수도 있다. 기존의 조직들이 이러한 변화를 성공적으로 이루는 것이 결코 쉬운 것은 아니다. 20세기 초반 전기가 도입되고 통신과 교통의 체계가 비약적으로 발전한 이후 많은 수의 기업들이 변화를 따라가지 못하고 사라진 것이 변화의 어려움을 보여준다. 지금도 상황은 비슷하다. 유형, 무형 자원을 충분히 갖추지 못한 중소기업 입장에서는 변화의 비용과 위험에 따른 어려움이 있겠지만, 조직의 규모가 크고 구조가 복잡한 대기업들 역시 불확실성과 모호함 때문에 변화를 주저하고 변화 방향이 자신들과 맞지 않는다고 생각할 가능성이 높다. 결국 최근의 디지털 전환 혹은 데이터 테크놀로지의 발전이 기업조직 구조와 조직 경계에 가져올 변화는 변화 속도를 따라잡기 위한 유연화와 개방화이다. 아래의 [그림 12-3]은 기업조직에 대해 최근의 디지털 전환이 요구하는 변화 내용을 구체적으로 나타낸 것이다.

이 그림에서 기업조직의 내부적, 외부적 유연화와 개방화, 공간의 분산화와 가상화는 한편에서는 급속한 변화 속도를 따라잡기 위한 필요 때문이기도 하지만 다른 한편에서는 기업조직에서 일하는 사람들의 경험과 의식, 가치를 반영하는 것이기도 하다. 새롭게 등장한 사이버-물리 체계 속에서 한편에서는 가상현실 혹은 증강현실을 통해 시공간의 경계를 넘나드는 경험을 했고 다른 한편에서는 물질계와 정보계의 구분을 넘나들며 엄청난 변화와 이동에 익숙해진 젊은 세대는 변화에 대한

그림 12-3 | 디지털 전환에 따른 기업조직의 변화

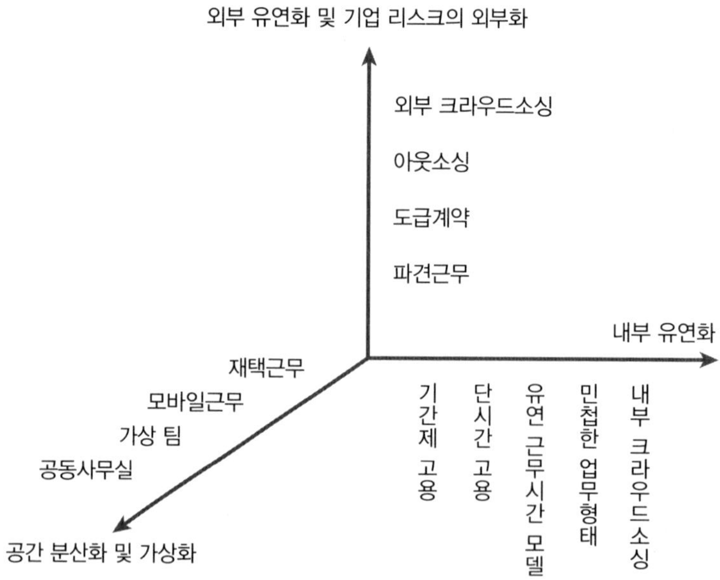

출처 : Hofmann & Günther, 2019.

적응력이 높을 뿐 아니라 변화 자체를 즐기는 경향도 있다. 디지털 전환을 어려서부터 겪어 유목민적 성향이 몸에 밴 디지털 원주민 세대에게 조직 구조의 유연화와 조직 경계의 개방화는 당연한 것이기 때문이다.

플랫폼 기업에서 일하는 방식과 이를 뒷받침하는 조직모형은 이러한 점들을 잘 보여준다. 플랫폼을 둘러싼 경쟁에서 어떤 기업이 궁극적으로 살아남아 시장을 지배하고 그에 따른 엄청난 이득을 누릴지는 미리 정해져 있지 않다. 플랫폼을 지배하는 기업들은 단지 남들보다 빨리 시장을 선점해서 경쟁우위를 장악한 것이 아니고 수요자인 고객들의 관심과 요구를 정확히 잘 파악하고 그에 대응하는 서비스를 시의적절하게 제공하는 알고리즘을 성공적으로 개발한 기업들이다. 플랫폼 경쟁에서는 빠르게 시장 변화를 파악하고 대처해서 고객들이 원하는 서비스와 기술을 제공하는 민첩성과 창의성이 플랫폼의 성공을 좌우한다.

이 경쟁에서 살아남으려면 기업들은 창의적 인재와 유연하고 자율적인 조직을 갖추고 고객 요구와 관심에 맞는 서비스와 솔루션을 신속하고 창의적으로 제공해야 한다. 미리 정해진 계획을 따르지 않고 유연하게 고객과 상호작용하며 창의적으로 일하는 대표적인 예가 소프트웨어 개발에서 널리 알려진 민첩 개발(agile development) 방식이다. 민첩 개방 방식은 최소한의 기능을 갖춘 베타 버전의 제품을 우선 만들어 사용자들에게 배포하고 사용자들의 의견을 널리 수집한 다음, 이를 바탕으로 문제점들을 개선하는 작업을 반복한다.

민첩 작업 방식이 적용되는 조직의 구조는 홀라크라시(holacracy)가 많이 언급된다. '자율적이면서 자급자족적인 결합체' 라는 의미의 홀라시(Holachy)에서 유래된 이 용어는 기존의 조직 구조의 기본적인 위계(hierarchy)와 대비된다. 요컨대 조직의 위계질서를 완전히 파괴하고 수평적 자율경영을 도입해서 역할과 팀을 중심으로 운영되어 모든 직원이 동등한 위치에서 같은 책임을 지고 일하는 구조이다. 기존의 위계구조가 부서 안의 수직적 직급으로 구성된다면 홀라크라시에는 수평적 서클에서 같은 직위에 상하 개념이 없이 일하는 구성원들이 있다. 홀라크라시의 실험은 온라인 신발유통업체인 자포스(Zappos) 최고경영자가 기존 위계구조를 허물고 수평적 서클들로 하여금 스스로 자율적으로 업무를 수행하게 하면서 이루어졌다(Robertson, 2015). 그 결과는 성공과 실패의 반반이었지만 이후 많은 조직들에서 관심을 갖고 홀라크라시의 원리를 도입하려는 시도들이 등장하게 되었다.

(7) 조직 구조 및 경계 변화에 따른 양극화

4차 산업혁명과 디지털 전환에 따른 조직 구조와 경계의 변화가 가져온 중요한 결과의 하나는 일자리와 일하는 사람들의 양극화이다. 기업들이 과거처럼 안정적인 조직 구조를 유지하고 장기적인 계획에 따라 운영되기 점점 더 어려워지면서 불확실성과 빠른 환경 변화에 대응하고자 유연하고 적응력이 높은 조직 운영으로 바뀌면서, 장기고용은 줄고 환경변화에 따라 조정 가능한 단기고용은 늘었으며, 기업 내부에서 수행하던 업무가 외부화되었다. 그런데 인력의 외부화나 유연화가 모든 업무와 일자리에 동일하게 적용되지는 않는다. 기업에 핵심적이고 가치기여가 높은 일자리들은 내부에서 안정적 조건으로 고용하는 반면, 대체 가능하고 희소성이 낮은 일자리들은 외부화하여 유연성을 높이려 한 결과 기업의 일자리는 양극화를 피하기 어렵다.

예를 들어 보면 우버나 에어비앤비와 같은 플랫폼 기업들에서 일하는 사람들 중 우버 운전자나 에어비앤비 임대자는 모두 이들 기업의 고용 직원이 아니라 계약된 독립 사업자이다. 이들이 자신들의 자동차나 집을 가지고 일하기 때문에 우버나 에어비앤비는 빠른 속도로 확장할 수 있었고 또한 그것은 거꾸로 이들 운전자나 임대자에게 이득이 되었다. 하지만 시장 상황 변화에 따른 불확실성은 이들이 각자 부담해야 할 몫이다. 물론 우버나 에어비앤비에도 사업을 계획하고 관리하거나 알고리즘을 만드는 인력들이 있다. 이들은 운전자들이나 임대자들과는 현격하게 다른 조건에서 고용되고 일할 것이다.

반드시 플랫폼 기업이 아니더라도 점점 더 많은 기업들은 그때그때의 필요에 따라 크라우드 혹은 기그(gig) 워크의 형태로 인력을 외부로부터 충원해서 일을 할 가능성이 높다. 기업 내부에서 상시적 업무를 보면서 일하는 사람들과 일시적으로 충원된 사람들 간의 속성이나 성향, 그리고 보상은 상당한 차이를 보인다. 기업에 남아 일하는 사람들은 대부분 중요한 전략적 판단과 의사결정 혹은 기술 및 서비스 개발과 시험에 관여된 업무를 수행하는 반면, 필요에 따라 일시적으로 충원되어 일하는 사람들의 경우 보다 일상적이거나 일시적인 업무의 필요를 충족시키는 일을 한다. 기업 내부에서 일하는 직원들은 보다 많은 판단과 선택, 창의적 문제해결 능력을 요하는 업무, 즉 기업 입장에서 전략적으로 중요한 업무와 책임을 맡는다. 이들을 동기부여하고 업무에 몰입하게 하기 위해 기업들은 명령과 타율적 통제에 의존하기보다 기꺼이 이들의 자기 선택과 자율권을 존중해 준다. 전문적이고 높은 창의성을 요하는 비일상 업무의 경우 스스로 전체 조직의 관점에서 생각하고 판단하여 일하게 하는 것이 효과적이기 때문이다. 반면 기업 외부에서 불안정하게 일하는 사람들의 경우 선택권이나 자율권은 제한되며 플랫폼의 알고리즘이 시키는 대로 단순하고 타율적인 업무가 주어질 뿐이다.

연습문제

01 21세기에 들어 정보통신기술이 발달하고 개인과 조직의 비대칭이 약해지면서 위계적 조직의 대안으로 수평적 (　　　　)가 중요해지고 있다.

02 디지털 전환에 따라 기업조직이 변화하고 있는 방향과 무관한 것은 다음 중 무엇인가?

① 조직구조와 경계의 유연화
② 민첩성의 강조
③ 공간의 분산과 가상화
④ 활동의 분산과 결정의 집중

03 플랫폼에 대한 설명으로 옳지 않은 것은 다음 중 무엇인가?

① 수요와 공급 측면의 규모의 경제이다.
② 일과 일자리가 양극화되는 경향이 나타난다.
③ 플랫폼은 독점적 우위를 누려서 안정적이다.
④ 플랫폼 기업의 예로 우버, 알리바바, 구글 등이 있다.

04 정보통신기술의 비약적 발전으로 개인과 조직의 관계에 근본적 변화가 나타났다고 주장하는 Clay Shirky는 이 경향을 (　　　　)로 요약해서 표현한다.

정답

01 네트워크　02 ④　03 ③　04 조직 없는 조직화

참고문헌

권태환, 임현진, 송호근.(2001). *신사회운동의 사회학: 세계적 추세와 한국*. 서울대학교 출판문화원.

김영미, 한준.(2007). 금융위기 이후 한국 소득불평등 구조의 변화: 소득불평등 분해, 1998~2005. *한국사회학*, 41(5), 35–63.

김영수.(2001). 새로운 조직형태의 기능적 생성과 제도적 확산: 경제기획 및 조정 부처의 사례를 중심으로 한 조직학적 연구. *한국사회학*, 35(4), 1–30.

김영수, 장용석.(2002). 제도화된 조직구조의 합리성에 대한 신화와 비판: 정부조직의 구조적 분화와 그 경제적 효과에 관한 비교연구, 1951–1990. *한국사회학*, 36(6), 27–55.

김인춘.(2007). 자본주의 다양성과 한국의 새로운 발전모델: 민주적 코포라티즘의 조건. *한국사회학*, 41(4), 202–241.

김필동.(2004). 21세기를 향한 한 · 일 · 중 대학개혁의 비교연구: 조직개혁을 중심으로. *한국사회학*, 38(3), 1–37.

김회성, 박기태, 이명진.(2009). 기업 사회공헌 결정요인의 시기별 변화에 관한 연구: 1990년대 초반 이후 기업의 기부금 규모를 중심으로. *한국사회학*, 43(4), 1–36.

노치준.(1998). *한국 개신교 사회학: 한국 교회의 위기와 전망*(Vol. 249). 한울.

이병규, 염유식.(2012). 중개 위치 점유의 증가와 감소에 관한 연구: 제17대 대한민국 국회의 대표 발의 연결망을 바탕으로. *한국사회학*, 46(4), 137–175.

이상돈.(2018). '68년 전후의 덴마크 코뮌 운동과 일상적 실천. *서양사론*, 138, 97–123.

이상민.(2002). 기업의 사회적 책임: 미국과 한국 기업의 사회공헌활동 비교. *한국사회학*, 36(2), 77–111.

______(2012). 동아시아 CSR의 사회적 구성: 글로벌 경제위기를 중심으로. *한국사회학*, 46(5), 141-176.

이재열.(1996). *경제의 사회학: 미시-거시 연계분석의 이론과 방법*(Vol. 64). 나남.

이철승.(2019). *불평등의 세대*. 서울: 문학과지성사.

장진엽.(2014). 유고슬라비아는 사회주의 나라인가?: 쏘련 공산당 중앙위원회의 공개서한에 대한 논평(Ⅲ). *노동사회과학*,(7), 313-355.

정동일.(2008). 구조화된 시장과 구성된 시장: 한국 병원의 설립과 도산, 1980-2005. *한국사회학*, 42(7), 77-110.

조대엽.(1999). *한국의 시민 운동: 저항과 참여의 동학*. 나남.

______(2007). 공공성의 재구성과 기업의 시민성: 기업의 사회공헌활동에 관한 거시구조변동의 시각. *한국사회학*, 41(2), 1-26.

조완형.(2018). 몬드라곤협동조합의 연대성 · 지역성 추구: 전략과 국내 시사점. *한국협동조합연구*, 36(1), 81-112.

최장집.(2002). *민주화 이후의 민주주의*. 서울: 후마니타스.

허남식.(2020). 한국 정부조직 개편의 경로의존성분석에 관한 연구. *정책개발연구*, 20, 227-259.

Abbott, A.(1988). *The system of professions: An essay on the division of expert labor*. University of Chicago Press.

Aldrich, H.(1999). *Organizations evolving*. Sage.

Alexander, J. C.(Ed.).(1987). *The micro-macro link*. Univ. of California Press.

Alexander, V. D.(1996). Pictures at an exhibition: Conflicting pressures in museums and the display of art. *American journal of sociology*, 101(4), 797-839.

Anheier, H. K. & Salamon, L. M.(2006). The nonprofit sector in comparative perspective. In *The nonprofit sector: A research hanbook* (pp. 89-114). Yale University Press.

Ansell, C.(2011). *Pragmatist governance: Re-imagining institutions and democracy*. Oxford University Press.

Argyris, C.(1982). The executive mind and double-loop learning. *Organizational dynamics*, 11(2), 5-22.

Arkin, R. M., Shepperd, J. A., Giacalone, R., & Rosenfeld, P.(1989). Self-presentation styles in organizations. *Impression management in the organization*, 1(1), 125-139.

Aron, R.(1955). *The opium of the intellectuals*(translated by T. Kilmartin). Greenwood Publishers.

Arthur, W. B.(1994). Positive feedbacks in the economy. *The McKinsey quarterly*, (1), 81-96.

Ashby, W. R.(1956). *An introduction to cybernetics*. Chapman and Unwin, London.

Astley, W. G. & Sachdeva, P. S.(1984). Structural sources of intraorganizational Power: A theoretical synthesis. *Academy of management review*, 9(1), 104-113.

Bacon, F.(2002). *새로운 아틀란티스*(김종갑 옮김). 에코리브르. (1627)

Bak, P., Tang, C., & Wiesenfeld, K.(1988). Self-organized criticality. *Physical review A*, 38(1), 364.

Barabasi. A.-L.(2002). *Linked: The new science of networks*. Perseus Publishing.

Barley, S. R. & Kunda, G.(2004). *Gurus, hired guns, and warm bodies. Itinerant experts in a knowledge economy*. Princeton University Press.

Barnard, C. I.(1938). *The functions of the executive*. Harvard University Press.

Baron, J. N. & Bielby, W. T.(1980). Bringing the firms back in: Stratification, segmentation, and the organization of work. *American sociological review*, 737-765.

Baron, J. N., Mittman, B. S., & Newman, A. E.(1991). Targets of opportunity: Organizational and environmental determinants of gender integration within the California civil service, 1979-1985. *American journal of sociology*, 96(6), 1362-1401.

Bauman, Z.(2000). *Liquid modernity*. John Wiley & Sons.

Becker, H. S.(Ed.).(1961). *Boys in white: Student culture in medical school*. Transaction publishers.

Bell, D.(1960). *The end of ideology: On the exhaustion of political ideas in the fiftie*. Harvard University Press.

Bellamy, E.(2011). *뒤를 돌아보면서: 2000~1887*(손세호 옮김). 지식을만드는 지식. (1888)

Benkler, Y.(2008). *The wealth of networks*. Yale University Press.

Berger, P. L. & Luckmann, T.(1966). *The social construction of reality: A treatise in the sociology of knowledge*. Anchor.

Berle, A. & Means, G.(1932). *The modern corporation and private property*. Transaction Publishers.

Blau, P. M.(1970). A formal theory of differentiation in organizations. *American sociological review*, 201-218.

__________(1977). *Inequality and heterogeneity: A primitive theory of social structure*(Vol. 7). New York: Free Press.

Blau, P. M. & Schwartz, J. E.(1974). *Crosscutting social circles: Testing a macrostructural theory of intergroup relations*. Routledge.

Blau, P. M. & Scott, W. R.(2003). *Formal organizations: A comparative approach*. Stanford University Press. (1962)

Breiger, R. L.(1974). The duality of persons and groups. *Social forces*, 53(2), 181-190.

Brunsson, N.(2002). *The organization of hypocrisy*. Copenhagen Business School Press.

Burawoy, M.(1978). *Manufacturing consent*. University of Chicago Press.

Burns, T. & Stalker, G. M.(1961). *The management of innovation*. Tavistock Publications.

Burt, R. S.(1992). *Structural holes*. Harvard University Press.

Campanella, T.(2012). *태양의 나라*(임명방 옮김), 이가서. (1623)

Carroll, G. R.(1985). Concentration and specialization: Dynamics of niche width in populations of organizations. *American journal of sociology*, 90(6), 1262–1283.

Carroll, G. R. & Hannan, M. T.(2000). *The demography of corporations and industries*. Princeton University Press.

Carroll, G. R. & Swaminathan, A.(2000). Why the microbrewery movement? Organizational dynamics of resource partitioning in the US brewing industry. *American journal of sociology*, 106(3), 715–762.

Castells, M.(1996). *The rise of network society*. John Wiley & Sons.

Chandler, A. D.(1977). *Strategy and structure: Chapters in the history of the American industrial enterprise*. Beard Books.

Chandler, A. D., Hikino, T., & Chandler, A. D.(1990). *Scale and scope: The dynamics of industrial capitalism*. Harvard University Press.

Chase, I. D.(1991). Vacancy chains. *Annual review of sociology*, 17(1), 133–154.

Coase, R. H.(1937). The nature of the firm. *Economica*, 4(16), 386–405.

Cohen, M. D., March, J. G., & Olsen, J. P.(1972). A garbage can model of organizational choice. *Administrative science quarterly*, 1–25.

Coleman, J. S.(1970). Social inventions. *Social forces*, 49(2), 163–173.

_______ (1982). *The asymmetric society*. Syracuse University Press.

_______(1986). Social theory, social research, and a theory of action. *American journal of sociology*, 91(6), 1309–1335.

Cook, K.(Ed.).(2001). *Trust in society*. Russell Sage Foundation.

Coser, L. A.(1956). *Men of ideas: A sociologist's view*. Free Press.

Crozier, M.(1964). *The bureaucratic phenomenon*. Tavistock Publications.

Davis, G. F., McAdam, D., Scott, W. R., & Zald, M. N.(Eds.).(2005). *Social movements and organization theory*. Cambridge University Press.

Deephouse, D. L. & Suchman, M.(2008). Legitimacy in organizational institutionalism. *The sage handbook of organizational institutionalism*, 49–77.

Dewey, J.(1948). Common sense and science: Their respective frames of reference. *The journal of philosophy*, 45(8), 197–208.

DiMaggio, P.(1986a). Cultural entrepreneurship in nineteenth–century Boston: The creation of an organizational base for high culture in America. In *Media, culture and society: A critical reader*. Sage Publications.

____________(1986b). *Nonprofit enterprise in the arts: Studies in mission and constraint*(Vol. 3). Oxford University Press.

____________(1987). Nonprofit organizations in the production and distribution of culture. In *The nonprofit sector: A research handbook*. Yale University Press.

DiMaggio, P. & Powell, W. W.(1982). The iron cage revisited: Conformity and diversity in organizational fields(No. 52). *Institution for social and policy studies*. Yale University.

Doeringer, P. & Piore, M. J.(1971). *Internal labor markets and manpower adjustment*. New York: DC Heath and Company.

Donaldson, L.(2001). *The contingency theory of organizations*. Sage.

Downs, A.(1957) *An economic theory of democracy*. Harper.

Du, C. L., Chang, S. I., Jin, J. K., & Lee, N. G.(2020). International social cooperative case study–Italy, Canada, and France. *Industry promotion research*, 5(1), 137–147.

Duncan, O. D.(1964). Social organization and the ecosystem. *Handbook of modern sociology*, 37–82.

Durkheim, É.(1984). *The division of labour in society*. Bloomsbury Publishing. (1893)

Duverger, M.(1951). The influence of electoral systems on political life. *International social science bulletin*, 3(2), 314–343.

Elsbach, K. D. & Sutton, R. I.(1992). Acquiring organizational legitimacy through illegitimate actions: A marriage of institutional and impression management theories. *Academy of management journal*, 35(4), 699–738.

Emerson, R. M.(1962). Power-dependence relations. *American sociological review*, 27(1), 31-41.

Erickson, R. & Goldthorpe, J. H.(1992). *The costant social flux*. Oxford Univ. Press.

Etzioni, A.(1975). *Comparative analysis of complex organizations*. Simon and Schuster. (1964)

Fayol, H.(1916). General principles of management. *Classics of organization theory*, 2(15), 57-69.

Foerster, H., Mead, M., & Teuber, H.(1952). Cybernetics: circular causal and feedback mechanisms in biological and social systems. *Southern medical journal*, 45(7).

Follett, P. M.(1926). The giving of orders. *Scientific foundations of business administration*. Baltimore, MD: Williams & Williams Co.

Friesen, J. W. & Friesen, V. L.(2004). *The palgrave companion to North American utopias*. Palgrave McMillan.

Frumkin, P.(2009). *On being nonprofit*. Harvard University Press.

Galbraith, J.(1973). *Designing complex organizations*. Reading, Mass.

Garfinkel, H.(1967). *Studies in ethnomethodology*. Wiley.

Geiger, R. L.(1986). Finance and function: Voluntary support and diversity in American private higher education. In *Private education*. Oxford University Press.

Gerschenkron, A.(1962). Economic backwardness in historical perspective. *The political economy reader: Markets as institutions*, 211-228.

Gladwell, M.(2013). *David and Goliath: Underdogs, misfits, and the art of battling giants*. Little, Brown.

Godwin, W.(2006). *최초의 아나키스트*(강미경 옮김). 지식의숲. (1793)

Goffman, E.(1959). *The presentation of self in everyday life*. Knopf Doubleday Publishing, NY.

__________(1961). *Asylums: Essays on the social situation of mental patients and other inmates*. Aldine Transaction.

Gouldner, A. W.(1960). The norm of reciprocity: A preliminary statement. *American sociological review*, 161–178.

Graham, H. D., Diamond, N., & Rosenzweig, R. M.(1997). The rise of American research universities. *Issues in science and technology*, 13(4), 82–91.

Granovetter, M.(1985). The problem of embeddedness. *American journal of sociology*, 91(3), 481–510.

Granovetter, M. S.(1973). The strength of weak ties. *American journal of sociology*, 78(6), 1360–1380.

Greve, H. R.(2003). *Organizational learning from performance feedback: A behavioral perspective on innovation and change*. Cambridge University Press.

Habermas, J.(1975). *Legitimation crisis*. Beacon Press.

Hall, P. A. & Soskice, D. W.(2001). *Varieties of capitalism: The institutional foundations of comparative advantage*. Oxford University Press.

Hannan, M. T. & Freeman, J.(1989). *Organizational ecology*. Harvard University Press.

Harlos, K. P. & Pinder, C. C.(2000). Emotion and injustice in the workplace. *Emotion in organizations*(pp.255–275). Sage.

Hickson, D. J., Hinings, C. R., Lee, C. A., Schneck, R. E., & Pennings, J. M.(1971). A strategic contingencies' theory of intraorganizational power. *Administrative science quarterly*, 216–229.

Hinings, C. R., Hickson, D. J., Pennings, J. M., & Schneck, R. E.(1974). Structural conditions of intraorganizational power. *Administrative science quarterly*, 19, 22–44.

Hochschild, A. R.(1983). *The managed heart: Commercialization of human feeling*. The University of California Press.

Hofmann, J. & Günther, J.(2019). Arbeiten 4.0. *HMD Praxis der* *wirtschaftsinformatik*, 56(4), 685–686.

Huber, J.(1991). *Macro-micro linkages in sociology*(Vol.6). SAGE Publications, Incorporated.

Huxley, A. L.(1988). *멋진 신세계*(이덕형 옮김). 문예출판사. (1932)

Hwang, H. & Powell, W. W.(2005). Institutions and entrepreneurship. In *Handbook of entrepreneurship research*(pp.201–232). Springer.

Iansiti, M. & Levien, R.(2004). *The keystone advantage: What the new dynamics of business ecosystems mean for strategy, innovation, and sustainability*. Harvard Business Press.

Jung, Dong-Il.(2010). 'An eye for an eye' or 'Live and let live': Reciprocal competition, Mutual forbearance and organizational learning in the hospital industry of Korea. *한국사회학*, 44(3), 45–73.

Kanter, R. M.(1977). *Men and women of the corporation*. Basic books.

Kaufmann, S. A.(1993). *The origins of order*. Oxford Univ. Press.

Kettl, D. F.(2005). *The next government of the United States: Challenges for performance in the 21st century*. IBM Center for the Business of Government.

Kim, Y. H. & Kim, Y. M.(2008). Changing faces of network capitalism in Korea: A case of corporate board of directors' network. *Korean journal of sociology*, 42(8), 39–58.

King, M. L.(2015). 나에게는 꿈이 있습니다(채규철, 김태복 옮김). 예찬사.

Kligman, G.(1990). Reclaiming the public: A reflection on creating civil society in Romania. *East european politics and societies*, 4(3), 393–438.

Krackhardt, D.(1990). Assessing the political landscape: Structure, cognition, and power in organizations. *Administrative science quarterly*, 342–369.

Latour, B. & Woolgar, S.(1979). *Laboratory life*. Princeton University Press.

Lawrence, B. S.(1997). Perspective: The black box of organizational demography. *Organization science*, 8(1), 1–22.

Lazarsfeld, P. F. & Merton, R. K.(1954). Friendship as a social process: A substantive and methodological analysis. *Freedom and control in modern society*, 18(1), 18–66.

Levinthal, D. A.(1997). Adaptation on rugged landscapes. *Management science*, 43(7), 934–950.

Lewin, K.(1951). *Field theory in social science: Selected theoretical papers*(Edited by Dorwin Cartwright). Harper & Row.

Lijphart, A.(2012). *Patterns of democracy*. Yale university press.

Lipset, S. M. & Rokkan, S.(Eds.).(1967). *Party systems and voter alignments: Cross-national perspectives*(Vol. 7). Free press.

Lipset, S. M. & Schneider, W.(1987). *The confidence gap: Business, labor, and government in the public mind*. Johns Hopkins University Press.

Luhmann, N.(1995). *Social systems*. Stanford University Press.

__________(2012). *Theory of society*(Vol.1). (Translated by Rhodes Barrett). Stanford University Press.

March, J. G.(1991). Exploration and exploitation in organizational learning. *Organization science*, 2(1), 71–87.

__________(1994). *Primer on decision making: How decisions happen*. Simon and Schuster.

__________(1995). *Democratic governance*. The Free Press.

__________(2006). Rationality, foolishness, and adaptive intelligence. *Strategic management journal*, 27(3), 201–214.

March, J. G. & Olsen, J. P.(1976). *Ambiguity and choise in organizations*. Bergen, Universitetsforkget.

March, J. G. & Simon, H. A.(1958). *Organizations*. New York: Wiley.

March, J. G. & Weissinger-Baylon, R.(Eds.).(1986). *Ambiguity and command: Organizational perspectives on military decision making*. Addison–Wesley Longman.

Martin, J. L.(2009). *Social structures*. Princeton University Press.

Maturana, H. R. & Varela, F. J.(1980). *The tree of knowledge: The* *biological roots of human understanding*. New Science Library/ Shambhala Publications.

Mayo, E.(1933). The Hawthorne experiment. Western electric company. (2016). *Classics of organization theory*, 134–141.

McAfee, A. & Brynjolfsson, E.(2017). *Machine, platform, crowd: Harnessing our digital future*. WW Norton & Company.

McClelland, D.(1967). *The achieving society*. Free Press.

McCord, P.(2018). *넷플릭스 성장의 비밀, 파워풀*(허란, 추가영 옮김). 한국경제신문사.

McGregor, D.(1957). The human side of enterprise. *Management review*, 46, 22–28.

McPherson, J. M. & Ranger-Moore, J. R.(1991). Evolution on a dancing landscape: organizations and networks in dynamic Blau space. *Social forces*, 70(1), 19–42.

McPherson, M.(2004). A Blau space primer: prolegomenon to an ecology of affiliation. *Industrial and corporate change*, 13(1), 263–280.

McPherson, M., Smith-Lovin, L., & Cook, J. M.(2001). Birds of a feather: Homophily in social networks. *Annual review of sociology*, 27(1), 415–444.

Merton, R. K.(1938). Social structure and anomie. *American sociological review*, 3(5), 672–682.

____________(1949). Social structure and anomie: Revisions and extensions. In *The family: Its function and destiny*(pp.226–257). Harper.

Meyer, J. W. & Rowan, B.(1977). Institutionalized organizations: Formal structure as myth and ceremony. *American journal of sociology*, 83(2), 340–363.

Meyer, M. W. & Zucker, L. G.(1989). *Permanently failing organizations*. SAGE Publications, Incorporated.

Michels, R.(1962). *Political parties: A sociological study of the oligarchic tendencies of modern democracies*. New York: Crowel–Collier.

Milanovic, B.(2010). *The haves and the have-nots: A brief and idiosyncratic history of global inequality*. Basic Books.

Miller, J. G. & Miller, M.(2012). The rise of the supertemp. *Harvard business review*, 90(5), 50–62.

Mills, C. W.(1956). *The Power Elite*. [On the Ruling Groups in the United States.]. Oxford University Press.

Moore, J.(1996). *The death of competition: Leadership and strategy in the age of business ecosystems*. New York, Harper Business.

More, T.(2007). *유토피아*(주경철 옮김). 을유문화사. (1516)

Morse, A. D.(1896). What is a Party?. *Political science quarterly*, 11(1), 68–81.

Nalebuff, B. J., Brandenburger, A., & Maulana, A.(1996). *Co-opetition*. London Harper Collins Business.

Nelson, R. R. & Winter, S. G.(1982). *An evolutionary theory of economic change*. Belknap Press of Harvard University Press.

Nye, Jr. J. S., Zelikow, P. D., & King, D. C.(1997). *Why people don't trust government*. Harvard University Press.

Odling-Smee, F. J., Laland, K. N. & Feldman, M. W.(2003). *Niche construction: The neglected process in evolution*. Princeton University Press.

Olson, M.(1971). *The logic of collective action*(revised edition). New York: Schocken.

Orwell, G.(2009). *1984*(김기혁 옮김), 문학동네. (1948)

Ostrom, E.(1990). *Governing the commons: The evolution of institutions for collective action*. Cambridge university press.

Padgett, J. F. & Ansell, C. K.(1993). Robust action and the rise of the Medici, 1400–1434. *American journal of sociology*, 98(6), 1259–1319.

Park, R. E.(1928). Human migration and the marginal man. *American journal of sociology*, 33(6), 881–893.

Parker, M., Cheney, G., Fournier, V., & Land, C.(Eds.).(2014). *The*

Routledge companion to alternative organization. Routledge.

Perrow, C.(1984). *Normal accidents: Living with high risk technologies*. Princeton Univ. Press.

_________(1991). A society of organizations. *Theory and society*, 20(6), 725-762.

_________(2002). *Organizing America*. Princeton University Press.

Peterson, R. A. & Berger, D. G.(1975). Cycles in symbol production: The case of popular music. *American sociological review*, 158-173.

Pfeffer, J.(1983). Organizational demography. *Research in organizational behavior*, 5, 299-357.

_________(1985). Organizational demography: Implications for management. *California management review*, 28(1), 67-81.

_________(1997). *New directions for organization theory: Problems and prospects*. Oxford University Press.

Pharr, S. J. & Putnam, R. D.(Eds.).(2000). *Disaffected democracies: What's troubling the trilateral countries?*. Princeton University Press.

Podolny, J. M. & Page, K. L.(1998). Network forms of organization. *Annual review of sociology*, 24(1), 57-76.

Powell, W. W.(1996). Inter-organizational collaboration in the biotechnology industry. *Journal of Institutional and Theoretical Economics(JITE)/Zeitschrift für die gesamte Staatswissenschaft*, 197-215.

Presthus, R.(1962). *The organizational society: An analysis and a theory*. Vintage Books.

Prigogine, I. & Lefever, R.(1974). *Stability and self-organization in open systems*(pp. 215-240). Wiley, New York.

Putnam, R. D.(2020). *The upswing: How America came together a century ago and how we can do it again*. Simon and Schuster.

Rawls, A. W.(2008). Harold Garfinkel, ethnomethodology and workplace studies. *Organization studies*, 29(5), 701-732.

Riesman, D.(1950). *The lonely crowd*. Yale University Press.

Rifkin, J.(2014). *The zero marginal cost society: The internet of things, the collaborative commons, and the eclipse of capitalism*. St. Martin's Press.

Ritzer, G.(1993). *The McDonaldization of society*. Pine Forge Press.

Robertson, B. J.(2017). *홀라크라시: 4차 산업혁명 시대, 스스로 진화하는 자율 경영 시스템*(홍승현 옮김). 흐름출판. (2015)

Rothschild-Whitt, J.(1979). The collectivist organization: An alternative to rational–bureaucratic models. *American sociological review*, 509–527.

Salancik, G. R. & Pfeffer, J.(1978). *The external control of organizations: A resource dependence perspective*. New York: Harper & Row.

Scheitle, C. P. & Dougherty, K. D.(2008). The sociology of religious organizations. *Sociology compass*, 2(3), 981–999.

Schlesinger, J. A.(1984). On the theory of party organization. *The journal of politics*, 46(2), 369–400.

Schmitter, P. C.(1974). Still the century of corporatism?. *The review of politics*, 36(1), 85–131.

Schmitter, P. C.(1995). On civil society and the consolidation of democracy: Ten general propositions and nine speculations about their relation in Asian societies. In conference on "Consolidating Third Wave Democracies" Taipei, Taiwan(August).

Scott, W. R.(1981). *Organizations: Rational, natural, and open systems*. Prentice Hall.

Selznick, P.(1948). Foundations of the theory of organization. American *sociological review*, 13(1), 25–35.

Shirky, C.(2009). *Here comes everybody: How change happens when people come together*. Penguin UK.

Simmel, G.(1908(1950)). The stranger(translated by K. Wolff). *The Sociology of Georg Simmel*. Free Press. pp. 402–408.

Simon, H. A.(1962). The architecture of complexity. *Proceedings of the American philosophical society*, 106, 467–82.

Spence, M.(1978). Job market signaling. In *Uncertainty in economics*(pp.

281–306). Academic Press.

Starr, P.(1982). *The social transformation of american medicine: The rise of a sovereign profession and the making of a vast industry*. Basic Books.

Stepan, A.(1988). *Rethinking military politics: Brazil and the Southern cone*. Princeton, NJ: Princeton University Press.

Stewman, S.(1988). Organizational demography. *Annual review of sociology*, 14(1), 173–202.

Stinchcombe, A. L.(1965). Organizations and social structure. *Handbook of organizations*, 44(2), 142–193.

Strauss, A. L., Fagerhaugh, S., Suczek, B., & Wiener, C.(1997). *Social organization of medical work*. Routledge.

Sultan, S. E.(2015). *Organism and environment: Ecological development, niche construction, and adaption*. Oxford University Press.

Swidler, A.(1979). *Organization without authority*. Harvard University Press.

Taylor, F. W.(2004). *Scientific management*. Routledge. (1911)

Tocqueville, A.(2018). *아메리카의 민주주의 2*(이용재 옮김). 아카넷. (1840)

Tushman, M. L. & O'Reilly III, C. A.(1996). Ambidextrous organizations: Managing evolutionary and revolutionary change. *California management review*, 38(4), 8–29.

Useem, M.(1984). *The inner circle*. New York: Oxford University Press.

Von Bertalanffy, L.(1968). *General system theory*. Penguin books.

Weber, M.(1947). Legitimate authority and bureaucracy. *The theory of social and economic organisation*, 328–340.

White, H. C.(1970). *Chains of opportunity*. Harvard University Press.

__________(1981). Where do markets come from?. *American journal of sociology*, 87(3), 517–547.

__________(1992). *Identity and control*. Princeton University Press.

__________(2008). *Identity and control*(2nd ed.). Princeton University Press.

Whyte, W. H.(1956). *The organization man*. Simon and Schuster.

Wiener, N.(1954). *The human use of human beings: Cybernetics and society*. Doubleday Anchor.

Williamson, O. E.(1975). *Markets and hierarchies: Analysis and antitrust implications*. The Free Press.

________________(1985). *The economic intstitutions of capitalism*. Simon and Schuster.

Wilson, J. Q.(1989). *Bureaucracy*. New York, NY: Basic.

Zamiatin, E. I.(1996). *우리들*(석영중 옮김). 열린책들. (1924)

Zuckerman, E. W.(1999). The categorical imperative: Securities analysts and the illegitimacy discount. *American journal of sociology*, 104(5), 1398–1438.

________________(2004). Structural incoherence and stock market activity. *American sociological review*, 69(3), 405–432.

찾아보기

인명 찾아보기

[저자약력]

한 준은 연세대학교 사회과학대학 사회학과 교수이다. 서울대학교 사회학과에서 학사와 석사를 마치고, 스탠포드대학교 사회학과에서 박사학위를 취득했다. 조직사회학과 함께 예술사회학, 삶의 질에 대해 연구하고 강의하고 있다. 한국사회학회 편집위원장과 부회장을 하였고, 현재(2022년) 회장이다. "20-30대 청년세대의 결혼 · 출산 가치관의 잠재유형과 한국사회 인식 및 개인적 미래 전망의 관련성"(공저), "사회적 기업 종사자의 이직/잔류 의도에 제도적 요인이 미치는 영향"(공저), "플랫폼 노동, 막다른 골목인가, 새로운 기회인가?", "평가 지표는 대학의 연구와 교육을 어떻게 바꾸는가: 사회학을 중심으로"(공저) 등의 논문이 있고, 저서로 『신뢰 : 한국사회의 제도에 대한 신뢰』, 『플랫폼 사회가 온다』(공저), 『커넥트 파워』(공저), 『4차 산업혁명, 일과 경영을 바꾸다』(공저) 등이 있다.

사회 안의 조직, 조직 안의 사회

2022년 2월 25일 제1판 1쇄 인쇄
2022년 2월 28일 제1판 1쇄 발행

저자와의 협의에 의해 인지첩부를 생략합니다.

저 자 한 준
발행인 강 희 일 · 박 은 자
발행처 다 산 출 판 사
서울특별시 마포구 대흥로 6길 8
등 록 1979. 6. 5. 제 3-86 호(윤)
전 화 717-3661
F A X 716-9945

정가 25,000원 파본은 바꾸어 드립니다.

http://www.dasanbooks.co.kr
ISBN 978-89-7110-622-8 93330